Das Geschlecht ist angeboren, aber wie wir uns als Frau oder als Mann verhalten, das lernen wir, und da sind Vorbilder gefragt. Für den kleinen Jungen ist es der Vater, an dem er sich orientiert und der ihm das Mann-Sein vorlebt. Oft jedoch ist der Vater abwesend; sei es durch Beruf oder außerfamiliär verbrachte Freizeit, durch Scheidung, manchmal durch Tod, oder emotional, durch die Einstellung: Erziehung ist Frauensache. An die Stelle der väterlichen Liebe und Zuwendung treten dann für den Sohn fremde Vorbilder und Verhaltensmuster, die er aus Film und Fernsehen lernt oder sich in Gruppen Gleichaltriger aneignet. Nicht selten gilt für den heranwachsenden Jungen ein Männlichkeitsbild, an dem er und seine eigene Familie eines Tages scheitern könnten. Jeder kennt sie: den Frauenhelden, den Karrieremann, denjenigen, der im Job wie auch zu Hause immer alles unter Kontrolle haben muß, der das Sagen haben muß. Der Psychiater und Familientherapeut Frank Pittman erklärt in diesem lebendigen Buch anhand zahlreicher anregender Beispiele auch aus vielen bekannten Kinofilmen, was mit diesen Männern geschehen ist, und er zeigt betroffenen Männern, wie sie ihren eigenen Söhnen selbst bessere Väter sein können.

Frank Pittman ist Psychiater und Familientherapeut und leitete mehrere Jahre den öffentlichen psychiatrischen Dienst in Atlanta/USA. Seit 20 Jahren betreibt er eine psychotherapeutische Praxis und unterrichtet an der Georgia State University und machte sich auch als Filmkritiker und Kolumnist einen Namen.

W0039143

Frank Pittman

WARUM SÖHNE
IHRE VÄTER BRAUCHEN

Der schwierige Weg zur Männlichkeit

Aus dem Amerikanischen von Peter A. Schmidt

Deutscher
Taschenbuch
Verlag

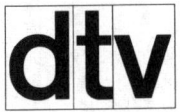

Ungekürzte Ausgabe
Dezember 1996
Deutscher Taschenbuch Verlag GmbH & Co. KG, München
© 1993 Frank S. Pittman
Titel der amerikanischen Originalausgabe:
Man Enough. Fathers, Sons, and the Search for Masculinity
G. P. Putnam's Sons, New York 1993
© der deutschsprachigen Ausgabe:
Gustav Lübbe Verlag GmbH, Bergisch Gladbach 1994
ISBN 3-7857-0713-4
Umschlaggestaltung: Boris Sokolow
Satz: Bosbach & Siebel Print Media Concept
Druck und Bindung: C. H. Beck'sche Buchdruckerei, Nördlingen
Printed in Germany · ISBN 3-423-35115-2

INHALT

MÄNNER UND IHRE VORBILDER _____ 9

Der Nimbus der Männlichkeit · Alles Schauspieler?

TEIL EINS
MÄNNLICHKEIT ALS ZWANG

1 DIE HEIMLICHE SUCHT DER MÄNNER _____ 26

Im Fitneßcenter · Geschlechterrollen und ihre Wirkung · Persiflierte
Männlichkeit · Therapeutenalltag · Auch Männer brauchen Liebe

2 WEIBERHELDEN _____ 52

Bei Frauen landen · Epische und lyrische Frauenhelden · Der Feind
im Ehebett · Homosexualität und Schürzenjägerei · Ein Frauen-
heldenleben · Die Jagd nach dem eigenen Schwanz

3 WETTKÄMPFERTYPEN _____ 77

Der Wettkampf mit dem Leben · Die Spiele der Kindheit · Im
Gleichschritt, marsch! · Wettkämpfertypen und ihre Erscheinungsformen · Die Tragödie der Wettkämpfer

4 HERRSCHERNATUREN _____ 102

Ein göttlicher Auftrag? · Die Bedrohung durch die weibliche
Sexualität · Frauen an der Kandare · Gnadenlose Weltverbesserer · Die heroische Haltung · Emotionale Eisschränke · Männer
weinen nicht · Bloß nichts anmerken lassen! · Gefährliche
Pedanten · Verzweifelte Männlichkeit

TEIL ZWEI
WIE MAN ZUM MANN WIRD

5 DER KNABE WIRD ZUM MANN _____ 130

Pubertät... · ...und ihre Verwirrungen · Das erste Mal · Partnerwahl ·
Vater weiß es am besten · Gespräche, die nie geführt wurden

6 DAS ALLMÄHLICHE VERSCHWINDEN DES VATERS _____ 149

Aufstieg und Fall des Patriarchats · Vaterrollen · Männlichkeitsmythen
nach dem Ende des Patriarchats · Etappen auf dem Weg zum Mann

7 MUTTERLIEBE _____ 179

Die Göttin · Der Sturz des Matriarchats · Der Krieg gegen die Mütter ·
Zusammenleben mit einer Frau

8 DIE BRUDERSCHAFT DER KNABEN _____ 201

Brüder · Gemeinsame Abenteuer · »Einer für alle und alle für
einen« · Wie man Freunde gewinnt · Blutsbrüder · Homophobie ·
Männliche Homosexualität · Die Jagd auf Frauen · Die Einsamkeit der Männer

9 HELDENMYTHEN _____ 227

Heldenabenteuer · Archetypen der Männlichkeit · Meine
kurze Heldenkarriere · Welche Helden wir wählen · Überlebensgroße
Helden · Selbstdisziplin

TEIL DREI
WENN MAN EIN MANN IST

10 ALS MANN UNTER MÄNNERN _____ 254

Willkommen im Team · Das Schweigen der Männer · Depression bei
Männern · Männerfreundschaften und ihre Hindernisse · Wenn Männer spielen · Wenn Männer arbeiten · Freunde und Blutsbrüder · Ad-
optivbrüder

11 DIE PARTNERSCHAFT MIT EINER FRAU _____ 284

Der Zorn der Frauen · Ohne Warnung · Gleichheit in der Ehe ·
Eine Reihe von Hindernissen · Das Geheimnis der Ehe · Mein Leben
als Ehemann

12 DAS LEBEN ALS VATER _____ 315

Angst vor der Vaterschaft · Jungen und Mädchen · Geschiedene
Väter · Vaterlose Väter · Heilende Väter · Mein Leben als Vater

BIBLIOGRAPHIE _____ 345

MÄNNER UND IHRE VORBILDER

»Die Männer waren nicht wirklich der Feind – sie waren Opfer genauso wie wir und litten unter einem altmodischen Männlichkeitsnimbus, der in ihnen ein völlig unnötiges Minderwertigkeitsgefühl aufkommen ließ, sobald es nicht den Bärentöter zu spielen galt.«
Betty Friedan

Ich hatte einmal einen Patienten namens Gym, einen dynamischen Geschäftsmann. Er war zu mir gekommen, weil er sich für einen Versager hielt. Gym hatte kurz zuvor seiner früheren Schule Geld gestiftet, von dem zu Ehren seines verstorbenen Vaters, eines berühmten Sportlers, eine Turnhalle errichtet werden sollte. Der Vater war mit einer anderen Frau davongelaufen, als Gym noch ein Kind war. Gym hatte ihn danach nur noch selten gesehen.

Gym hatte von seinem Vater stets zu hören bekommen, daß ein »richtiger« Mann sich nie mit dem zweiten Platz zufriedengeben dürfe, und hatte trotz seiner geringen Körpergröße und vieler Verletzungen mit verbissenem Einsatz eine Vielzahl von Sportarten betrieben. Der Vater war jedoch auf keiner Veranstaltung erschienen, bei der Gym antrat. Er hatte gesagt, ein »richtiger« Mann dürfe niemals einem anderen Mann die Gelegenheit geben, ihn schwitzen zu sehen. Gym war immer der Boss. Kein Mann hatte je Verletzlichkeit oder Unsicherheit an ihm erlebt.

Der Vater hatte Gym belehrt, »richtige« Männer ließen sich von ihren Ehefrauen nichts sagen. Wie sein Vater hatte Gym dreimal geheiratet und war allen drei Ehefrauen untreu gewesen. Er hatte sich dabei allerdings stets einsam und schuldig gefühlt und war sich albern vorgekommen. Sogar als Vater war Gym in die Fußstapfen seines alten Herrn getreten und hatte seine Kinder gedemütigt, wenn sie sich nicht durch besondere Leistung hervortaten. Die Kinder hatten sich jedoch aufgelehnt und sich als ständiger Unruheherd erwiesen.

Nun hatte Gym seinem Vater ein Denkmal errichtet, aber das Gefühl, der Mann zu sein, den sein Vater als Sohn respektieren würde, wollte sich noch immer nicht einstellen. Er sehnte sich nach einem Leben in Frieden mit sich selbst, aber das blieb ihm verwehrt, solange ihn der Vater nicht als *Mann* anerkannte. Ein Leben lang hatte er nach dem Vater gedürstet. Nunmehr machte er den Versuch, mich als den Vater zu engagieren, der ihm endlich sagen sollte, daß er in der Tat ein richtiger Mann geworden sei.

Gym fühlt sich in all seiner aufgeblähten Männlichkeit einsam und verlassen. Zu Männern kann er keine Nähe finden, Frauen kann er nicht lieben, er steht unter einer ständigen Anspannung. Was er nicht weiß: Den meisten anderen Männern ergeht es auch nicht wesentlich besser.

Neben der Behandlung von armen reichen Männern in meiner Praxis habe ich mich als Berater für ein lehrreiches, aber auch umstrittenes Projekt des Verwaltungsgerichts von Atlanta zur Verfügung gestellt. Richter Clinton Deveaux hat gemeinsam mit der Familientherapeutin Susan Adams eine Initiative gestartet, die darauf abzielt, jugendliche Ersttäter in eine Familientherapie einzubinden, statt ihnen Geld- oder Haftstrafen aufzuerlegen. Bei der Arbeit mit diesen orientierungslosen Jugendlichen und ihren engagierten, begeisterten Müttern haben Richter Deveaux und Susan Adams herausgefunden, daß der überwiegenden Mehrzahl der Knaben und jungen Männer, die in Schwierigkeiten geraten, entschieden die väterliche Hand fehlt. Es kommt zwar zu gelegentlichen Machoauftritten der Väter, bei denen sie ihren Jungen den Marsch blasen oder sie aus der Bredouille heraushauen, aber so gut wie nie gibt es echte väterliche Fürsorge und Leitung. Während das Familienleben allenthalben in die Brüche geht und die Väter ihre Söhne im Stich lassen, nehmen die Gewalttätigkeiten in unserer Gesellschaft überhand.

Familientherapie ermutigt zur Übernahme von Verantwortung und will keinesfalls die Menschen vor den Konsequenzen ihres Handelns schützen. So ist es nicht verwunderlich, daß sie sich bei der Behandlung dieser bedrängten Familien für gewöhnlich als erstaunlich wirksam erweist und die Rückfallquote dramatisch sinkt. Ebensowenig darf es überraschen, daß die abtrünnigen Väter, wenn sie sich wieder in die väterliche Pflicht genommen fühlen, in Angst und Schrecken davonlaufen möchten oder sich heftig gegen diesen Anspruch zur Wehr setzen. Sie haben selbst zuwenig Väterlichkeit in sich aufnehmen können, um nun in der Lage zu sein, davon wieder etwas abzugeben. Ihr ganzes Leben widmen sie der Aufgabe, sich als Mann zu beweisen. Die Vorstellung, etwas von der hart erkämpften Männlichkeit weiterreichen zu sollen, und sei es an den eigenen Sohn, kann bei ihnen nur Angst hervorrufen.

Einige wenige Männer, denen das väterliche Vorbild fehlte, haben es zu Industriemagnaten gebracht, aber die meisten werden nur zum Straßenrowdy, und dazwischen liegen keineswegs Welten. Für das Familienleben dürften beide Typen wenig tauglich sein. Männer kämpfen um Bodengewinn und ringen um die Herrschaft über Sachen und Menschen, sei es nun durch Krieg, bewaffneten Raubüberfall oder die Übernahme von anderen Firmen. Sie möchten sich gerne wie Männer fühlen dürfen, aber was immer sie auch tun, nie scheint sich bei ihnen die Empfindung einzustellen, »Manns genug« zu sein.

DER NIMBUS DER MÄNNLICHKEIT

Aber was ist denn nun »Männlichkeit«? Einfach ausgedrückt: Es ist das, was wir von einem Mann erwarten. Es sind jene Eigenschaften und Verhaltensweisen, durch die Männer ihrer Ansicht nach zu Männern gemacht werden und die den Unterschied zu den Frauen herstellen. Der Poet der Männlichkeit, Robert Bly, spricht von männlicher Stärke als »Wildheit«. Überreife Maskulinität wird zu »Machismus«, zum Machotum. Der Ausdruck dürfte sich vom griechischen Wort für »Kampf« oder auch vom spanischen »machete« herleiten. Soviel ist klar: Die Vorstellungen, die sich mit Männlichkeit verbinden, sind keineswegs stets freundlicher und sanfter Natur.

Männlichkeit ist eine kulturelle Konzeption. Wir gehen gerne davon aus, daß Männlichkeit naturgegeben sei, und es gibt auch ei-

nige meßbare Unterschiede zwischen dem statistischen Durch-
schnittsjungen und dem statistischen Durchschnittsmädchen, aber
darauf läßt sich kein Geschlechtsunterschied gründen. In seinem
Buch »Kannibalen und Christen« führt Norman Mailer aus, daß
»Männlichkeit nicht etwas [ist], was einem geschenkt wird, etwas,
womit man auf die Welt kommt, sondern etwas, das es zu erwerben
gilt ... Und man erwirbt es, indem man viele kleine Kämpfe ehrenvoll
gewinnt.«

Männlichkeit ist »ein künstlicher Zustand, eine Herausforderung,
die es zu bestehen gilt, ein Preis, der in einer gewaltigen Anstrengung errungen werden muß.« So resümiert David Gilmore in »Manhood in the Making« (Die Entstehung der Männlichkeit), nachdem er
sich damit auseinandergesetzt hat, wie Jungen in verschiedenen Kulturen zu Männern werden. Gilmore versucht zu definieren, was einen
Mann ausmacht und was einem Jungen durch die Mannbarkeitsrituale eingeflößt werden soll. Er schreibt: »In den meisten von uns betrachteten Kulturen bedeutet Mannsein die Fähigkeit, eine Frau
schwängern, Anempfohlene vor Gefahr schützen und eine Familie
versorgen zu können ... Männlichkeit ist gleichsam eine männliche
Hervorbringung; ihre heroische Komponente ergibt sich aus ihrer
Selbstgenügsamkeit und Disziplin, aus dem absoluten Vertrauen auf
sich selbst.« Gilmore weiß zu berichten, daß beim Stamm der Fuchs-
indianer von Iowa ein wirklicher Mann zu sein als »das Große Unmögliche« gilt. Kein Mann, der sich aufmacht, die totale Männlichkeit zu erringen, wird jemals sein Ziel erreichen und tatsächlich
»Manns genug« sein.

Männlichkeit sollte ihre Aufgabe darin sehen, die Familie zu
schützen, aber die Jagd nach dem »Großen Unmöglichen« kann Männer dazu treiben, die Familienbande zu kappen und sich der Macht
der Frauen zu entziehen. Männer können nicht immer gleichzeitig
das tun, was ein Mann tun muß, um sich als ein solcher zu *fühlen*,
und das, was ein Mann tun muß, um ein solcher zu *sein*.

Männlichkeit ändert sich mit den Zeiten und variiert von Ort zu
Ort. Sie existiert aber auch nicht lediglich als Vorstellung im Kopfe
eines einzelnen Kerls: Diese Vorstellung haben alle Kerle miteinander gemeinsam. Sie besteht aus einem Verhaltenskodex, der den

Männern »männliche« Haltungen und Handlungsweisen (wie immer jene auch definiert sein mögen) jederzeit und überall verbindlich vorgibt. Männlichkeit umfaßt die Symbole, Uniformen, Kampfgesänge und Spielregeln, wodurch eine Mannschaft eine *Mann*schaft ist und kein Frauenverein. Männlichkeit ist ein Hauptberuf.

Männlichkeit ist immer auch Sache einer Gruppe. Bei der Entwicklung und Ausübung seiner Männlichkeit ist ein Mann von einem unsichtbaren Chor, dem Fanclub all der anderen Männer, umgeben, der pfeifend oder beifallklatschend seine Versuche der Annäherung an das männliche Idealbild begleitet, der ihn anfeuert, seiner Männlichkeit zuliebe noch mehr von seiner Menschlichkeit aufzugeben, und der ihn der Lächerlichkeit preisgibt, sobald er sich nicht mehr das Äußerste abverlangt. Die Mitwirkenden dieses Chores sind seine Kameraden und Konkurrenten, seine Kumpels und Chefs, seine männlichen Vorfahren und kulturellen Leitfiguren – und vor allem sein Vater, der als reale Person in seinem Leben eine Rolle gespielt haben mag oder vielleicht auch nur in Form des Mythos von dem Manne existierte, der eines Tages verschwand.

Männlichkeit bedeutet für jede Generation etwas anderes. Mein eigener unsichtbarer Männerchor und Fanclub ist ein anderer als der meines Vaters, meines Sohnes oder meines Neffen. Mein Sohn vernimmt zwar meine Stimme, so wie ich die meines Vaters vernehme, aber daneben gibt es auch noch andere Stimmen zu hören. Viele davon ertönen aus der jeweiligen kulturellen Umgebung. Mein Vater wurde zur gleichen Zeit geboren wie John Wayne und James Stewart. Damals amtierte Teddy Roosevelt im Weißen Haus. Ich wurde unter Franklin D. Roosevelt geboren, im selben Jahr wie Woody Allen und Elvis Presley. Ich bin in Alabama und Georgia in Kleinstädten aufgewachsen und durchlebte meine Jugend, als Harry Truman Präsident und John Wayne der Herrscher der Leinwand war, während mein Vater hochgradig männlich irgendwo im Pazifik alle Hände voll zu tun hatte, den Japanern eins auf den Hut zu geben. Viele der Stimmen aus meinem Chor habe ich mit anderen Männern gemeinsam, die in jenen Tagen heranwuchsen. Mein Sohn, der unter John F. Kennedy geboren wurde, stammt aus dem gleichen Jahrgang wie Tom Cruise. Die Muster von Männlichkeit haben sich im Laufe der Jahre zwar gewandelt, aber den wenigsten von uns dürfte es gelungen sein, vor dem unablässigen Gesang des unsichtbaren Macho-Chores die Ohren zu verschließen. Und für die meisten von uns bedeutet das, sich zu immer höheren Graden von Männlichkeit aufschwingen zu müssen, wie immer diese auch gerade definiert sein mag.

Männlichkeit soll vom Vater an den Sohn weitergegeben werden. Frauen, gleichgültig, wie wunderbar und liebevoll sie sind, können uns keine männliche Identität vermitteln. Wenn wir auf den Vater verzichten müssen, dann brauchen wir Großväter, Onkel und Stiefväter, die uns auf dem Weg vom Knaben zum Mann begleiten. Sollte es in unserer Familie an Männern fehlen, dann regt sich früh das Bedürfnis nach einem Mentor. Ein verzerrtes und übertriebenes Männlichkeitsbild dürfte die Folge sein, wenn andere Jugendliche und die Machohelden der Leinwand die einzigen Männer sind, die wir kennen.

Männlichkeit wird problematisch, wenn Männer – aber auch Frauen – allem Maskulinen mit übertriebener Hochachtung begegnen, also dem *Nimbus der Männlichkeit* erliegen. Zivilisation ist seit nunmehr einigen tausend Jahren eine vorwiegend männliche Veranstaltung. Somit gebührt auch den Männern der Löwenanteil von dem Lob und dem Tadel für das, was mit uns, unseren Mitmenschen und der Welt geschehen ist, seit alles darangesetzt wurde, die Natur zu zähmen und unserem Gesichtskreis unseren Stempel aufzudrücken. Männer, die in ihrem Bestreben, sich soweit wie möglich ihr Mannestum zu bestätigen, sich selbst, ihre Familien und die Welt zugrunde richten, praktizieren keine echte Männlichkeit. Was sie für Männlichkeit halten, ist vielmehr deren groteske Karikatur. Bei Männern, die ein übertrieben maskulines Gehabe an den Tag legen, dürfen wir davon ausgehen, daß ihnen als Heranwachsenden die männliche Führung gefehlt hat und daß sie kulturelle Klischees wörtlich genommen haben. Sie werden von der Angst gewürgt, nicht mannhaft genug zu sein. Sie zappeln in den Fangarmen des Nimbus der Männlichkeit.

Warum ist den Männern ihre Männlichkeit so lieb und teuer? Weil Männer darauf getrimmt worden sind, für ihr Mannestum das Leben hinzugeben, und weil sie zudem wissen, daß sie bei weitem nicht so männlich sind, wie sie glauben, sein zu müssen. Frauen haben durchaus die Macht, einem Mann die Männlichkeit zu geben oder auch zu nehmen, und sind dadurch für Männer furchtbar wichtig und gleichzeitig furchtbar gefährlich. Das ist alles sehr verrückt, aber auch das gehört zum Rätsel der Männlichkeit.

Damit der Wildwuchs von Männlichkeit, dessen Zeugen wir ständig sind, von Männern, Frauen und der gesamten Gesellschaft kontrolliert werden kann, müssen wir verstehen lernen, auf welche Weise Männer zu Männern werden. Dabei geht es nicht nur darum, wie sich Männlichkeit formt, es ist auch zu klären, wie es dazu kommt, daß Männer in den Bann des Nimbus der Männlichkeit geraten.

ALLES SCHAUSPIELER?

Neulich nahm ich an der Sitzung einer Männergruppe teil. Eine Runde von Therapeuten, mit denen ich bisher nicht in Kontakt war, die allerdings deutlich ein Gespür für diesen Problemkreis entwickelt hatten, versuchte einen Tag lang miteinander zu einer Definition von Männlichkeit zu gelangen. Es ging auch um die Schwierigkeiten, die jeder von uns in der Auseinandersetzung mit diesem Phänomen hatte. Wir waren uns einig, daß es nicht, wie uns von der feministischen Literatur immer wieder unterstellt wird, eine wie auch immer geartete männliche Machtvollkommenheit war, die unsere Gemeinsamkeit ausmacht. Ebensowenig war es unsere Heterosexualität – die schwulen und die abstinenten Männer in unserer Gruppe sind mit den gleichen Problemen konfrontiert. Es ist noch nicht einmal die Tatsache, daß wir alle einen Penis haben (einer meiner Freunde verlor seinen Penis als Folge einer Krebserkrankung, ist aber nichtsdestotrotz ein Mann), und es ist auch nicht das Y-Chromosom. (Ich habe erlebt, wie Menschen, die genetisch weiblich sind, als Mann aufgezogen wurden, und sie mußten die Erfahrungen der Männer teilen, während andererseits als Frauen aufgezogene, genetisch aber männliche Personen in ihrem Leben mit den völlig anderen, aber keinesfalls geringeren Problemen konfrontiert sind, mit denen sich eben Frauen herumschlagen müssen.)

Der gemeinsame Nenner für uns Männer ist die Erfahrung, von Frauen in einem kulturellen Umfeld erzogen worden zu sein, das unsere Väter daran gehindert hat, uns so nahe zu kommen, daß sie uns das Mannsein hätten beibringen können. Wir sind in einer Welt groß geworden, die Männern den Mut raubte, über Männlichkeit zu reden und deren Wurzeln und Geheimnisse zu erforschen, in einer Welt, die die Männlichkeit mit dem Glorienschein eines unerreichbaren Heldenmythos umgibt, aber keine greifbaren Vorbilder liefert, die uns zeigen, was wirklich zu tun ist. So wuchsen wir heran, wobei wir unsere Männlichkeit bloß vorspiegelten, und wußten noch nicht einmal genau, welches Maß an Männlichkeit angebracht war. Wir waren alle, wenn auch in unterschiedlichem Maß, Imitatoren – wir standen andächtig und mit offenem Mund vor dem strahlenden Nimbus der Männlichkeit, während wir uns zugleich schämten angesichts des dürftigen Mannestums, das wir in uns selbst vorfanden.

Wenn ich über Männlichkeit spreche, muß ich jedesmal an meinen Neffen Frank Pittmann Rutter denken, der für mich wie ein Sohn war. Er war ein hochrangiger Soldat und Pilotenausbilder bei der Marine und kam um, als sich sein Flugzeug über Meridan, Mississippi, in einen Rauchpilz verwandelte. Er meldete zwar über Funk, daß seine Maschine außer Kontrolle geraten war, aber er blieb heroisch an Bord und stürzte ab »wie ein Mann«.

Während ich den Nimbus der Männlichkeit zu enträtseln suche, für den das Leben zu opfern den Männern beigebracht wird, bedrängt mich die Frage, weshalb Pitt eigentlich in den Tod gehen mußte.

Wir werden doch alle von den gleichen Fragen umgetrieben. Aber erst wenn wir uns zusammentun und uns bewußt werden, daß wir alle diesen Kampf führen, können wir zu einem Gefühl von Verbundenheit und Ganzheit kommen. Unsere Isolation findet damit, vielleicht zum ersten Mal, ein Ende.

Die Geschichten, die in solchen Gruppen erzählt werden, hören sich allemal sehr ähnlich an. Wie immer ist der Austausch über die für uns alle so verwirrenden Frauen bald abgeschlossen, und Ge-

sprräche über Vaterschaft stiften neue Vertrautheit. Die meisten von
uns haben die Barriere zwischen sich und dem Vater erlebt und
waren davon überzeugt, daß ein Mann zu sein eben auch bedeutet,
seinen Weg alleine gehen zu müssen. Als wir selbst Väter wurden,
suchten wir unsererseits die Nähe zu den Kindern, aber das Mannsein geriet immer wieder störend dazwischen. Nun haben wir Männer angefangen, darüber zu reden.

In unserer Gruppe war ein Mann, der sich ausschließlich seinen
Kindern widmete, die an einer Erbkrankheit litten und langsam zugrunde gingen. Er wußte genau, daß sie niemals das Erwachsenenalter erreichen würden, und er wußte auch, daß er sich nicht für ihre
Zukunft einsetzte, sondern für seine eigene Entwicklung als Mann
und Mensch. Solange es noch Gelegenheit dazu gab, versuchte er,
seiner Vaterschaft soviel wie möglich abzugewinnen. Seine Freunde
konnten nicht begreifen, wieso er seine ganze Lebenskraft für etwas
einsetzte, was keinerlei Aussicht auf Erfolg bot.

Ein älterer Mann hatte seinen erwachsenen Sohn bei sich aufgenommen. Der Sohn hatte sein Leben völlig in den Sand gesetzt, arbeitete nicht und kam mit nichts zurecht. Er lag nur maulend herum
und beschwerte sich über die Unzulänglichkeit der Eltern. Der Vater,
der mit den Tränen kämpfte, sah ein, daß seine beschützende Haltung mehr schadete als nützte. Er wußte wohl, daß er seinen Sohn
vor die Tür setzen mußte. Es zerriß ihm das Herz, daß hier mit der
heilenden Kraft seiner Vaterliebe nichts mehr auszurichten war. Wir
alle begriffen, daß allerdings auch der Hinauswurf ein Akt väterlicher Liebe darstellte.

Ein anderer Mann hatte die Beziehung zu seiner Familie abge-
brochen und sich gemeinsam mit seiner neuen Partnerin entschieden, keine Kinder zu haben, sondern sein Leben der Selbstfindung
und der Entfaltung seiner Möglichkeiten zu widmen. Er war sein eigenes Hätschelkind. Natürlich konnte er auch der Gruppe nichts
geben.

Ein Junge, dem in der Phase, in der sich seine Männlichkeit heraus-
bildet, die Erfahrung des alltäglichen Umgangs mit dem Vater oder
einem anderen Mann fehlt, kann nur raten, wie Männer zu sein

haben. Vielleicht weiß ein vaterlos aufwachsender Junge sogar,
wieso kein Vater bei ihm ist, und wenn etwa die Väter im Krieg sind
oder bei der Arbeit oder auf dem Sportplatz oder auch Frauen hinterherlaufen, dann wird ein Junge wohl annehmen, daß Männer eben
zu kämpfen, zu arbeiten oder mit Bällen beziehungsweise mit aufregenden Frauen zu spielen haben. Oder aber der Junge kommt auf den
Gedanken, daß Männer – als das im Verhältnis zu den ihnen bekannten Frauen »andere Geschlecht« – all das darstellen müssen, was
Frauen gerade nicht sind. Was immer sich der Amateurmann über
das Wesen jener Männer zusammenreimt, die nicht in einen Fami-
lienzusammenhang integriert sind – es wird seiner eigenen Vorbereitung auf die Rolle in einer Familie kaum dienlich sein.

Männer, die nicht in ausreichendem Maße die Liebe und Anerkennung des Vaters spüren durften, tragen oft ein typisch männliches
Schamgefühl mit sich herum. In Pat Conroys Filmepos »Der Herr der
Gezeiten« ist Tom Wingo (gespielt von Nick Nolte) ein Mann, der als
Junge vom Vater zum Gefühlsrohling gemacht wurde, der es nicht
geschafft hat, die Mutter aus einer fürchterlichen Ehe zu retten, der
nicht verhindern konnte, daß Mutter, Schwester und er selbst verge-
waltigt wurden, und der vom älteren Bruder gerettet werden muß.
Tom wurstelt sich durch sein Leben, findet eine Anstellung als Footballtrainer, heiratet und zieht Kinder groß. Er geht stets seiner Mutter aus dem Weg und ist immer von Schamgefühlen bedrängt, weil
er sich nicht als wirklicher Mann bewährt hat. Als der heroische ältere Bruder getötet wird, verkriecht sich Tom vor dem Leben, bis eine
Therapeutin (dargestellt von Barbra Streisand) die verborgenen
Schamgefühle ans Licht bringt und Tom zu einer befreiten Existenz
als Mann verhilft, die sich im Sinne von Conroy in der Rolle des Ret-
ters und Beschützers bewährt. Tom muß nunmehr seine Therapeutin
vor ihrem schrecklichen Ehemann retten und beschützen, bevor er
sich endlich Manns genug fühlt und nach Hause zu seiner Frau, seinen Kindern und seiner Arbeit zurückkehrt.

In »Der Herr der Gezeiten« wird das heimliche Schamgefühl the-
matisiert, das sich bei Männern entwickelt, wenn ihnen der Vater seinen Segen verweigert, wenn sie keinen Heroismus in sich entdecken
können, wenn sie das Gefühl ihrer Unzulänglichkeit voreinander

verheimlichen müssen und wenn sie von Frauen abhängig sind, die das heimliche Unzulänglichkeitsgefühl nicht verstehen können.

Männer, denen die Leitbilder fehlen, haben keine Ahnung davon, was es mit ihrer Scham, Einsamkeit und Verzweiflung auf sich hat, mit ihrer rastlosen Suche nach Liebe, Bestätigung und Anerkennung, mit ihrer nur allzu großen Bereitschaft, mit praktisch jedem um praktisch alles in Wettbewerb zu treten. Und selbst wenn sie, so wie ich, wissen, daß die Ursache des Schmerzes der fehlende Vater ist, dann wissen sie noch lange nicht, was sie zur Linderung des Schmerzes unternehmen sollen.

Zweifellos würde sich die Situation dieser Männer etwas verbessern, wenn sie sich anderen Männern zuwendeten, um Zuneigung und Unterstützung zu erhalten, aber die kulturell vorgegebene Homophobie, die Scheu vor dem gleichen Geschlecht, dürfte sich dabei störend bemerkbar machen. Man hat uns eben beigebracht, es sei »schwul«, wenn Männer die Liebe anderer Männer suchen. Das verlorengegangene Band zwischen Kind und Vater könnte von diesen vaterlosen Männern jedoch auf weit wirksamere Weise neu geknüpft werden, wenn sie sich kopfüber in die Aufgabe stürzen würden, ihre eigenen Kinder aufzuziehen. Und für die, die selbst keine Kinder haben, gibt es haufenweise Kinder und Erwachsene, um die man sich väterlich kümmern könnte.

Dieses Buch geht nicht nur auf das Elend jener Männer ein, die zuwenig väterliche Zuwendung erhielten, um nun ohne Unbehagen in ihrer Männlichkeit ruhen zu können, es handelt auch von der heilenden Kraft, die Männern zuströmt, wenn sie die vergessene Berufung zur Vaterschaft wiederentdecken.

Das Schreiben dieses Buches, das beträchtliche Zeit in Anspruch genommen hat, war für mich eine schmerzliche und zugleich erhellende Erfahrung. Seit Pitts Tod im Jahre 1985 habe ich mich mit dem Projekt beschäftigt. Während der letzten Jahre war Männlichkeit das dominierende Thema – sowohl bei den Gesprächen mit meiner Familie und mit meinen Freunden als auch in den Therapiestunden mit meinen Patienten und ebenfalls auf den Workshops, die ich in diesem und in anderen Ländern veranstaltet habe.

Die in diesem Buch vorgestellten Schwierigkeiten der Männer
mit ihrer Männlichkeit sind nicht etwa klinische Anomalien: Sie
sind der Normalfall. Und da es sich natürlich vielfach genauso um
meine eigenen Probleme wie die eines jeden beliebigen anderen
Mannes handelt, sind weite Passagen des Buches vielleicht allzu
autobiographisch geworden.

Die Männer, die in diesem Buch auftreten, gehören nicht nur zu
meiner Familie und zu meinem Leben, sie entstammen auch den
Lebensgeschichten jener Männer, die mich in den letzten 30 Jahren
in meiner Praxis aufgesucht haben. Sie sind geblendet vom *Nimbus der Männlichkeit*, kehren angestrengt ihre Mannhaftigkeit hervor, um die Liebe der Frauen und die Anerkennung anderer Männer zu gewinnen und um sich vielleicht sogar ihren Anteil am
Heldentum in dieser Welt zu sichern – wobei sie ihr männliches
Aufholprogramm so sehr forcieren, daß es in Gefahr gerät, krankhaft zu werden. Bei Patienten von mir habe ich die Namen und
Identitäten unkenntlich gemacht und manchmal sogar eine Geschichte mit einer anderen vermischt. Bei den Mitgliedern meiner
Familie und bei einigen meiner Freunde, die nichts dagegen hatten,
in diesem Buch identifiziert werden zu können, habe ich jedoch unverdrossen den Namen stehenlassen.

Vieles über die Vorgänge in unserer Gesellschaft konnte ich aus
Filmen erfahren, insbesondere, was die kulturellen Normen von
Männlichkeit angeht. Der Film ist gerade in seinem Streben nach allumfassender Popularität zu einem bedeutsamen Kulturerzeugnis geworden. Er ist sozusagen eine moderne Pipeline, die mittels der Mythen unserer Zeit das kollektive Unbewußte anzapft.

Wie jeder, der über Männer und Männlichkeit schreibt, beschäftige auch ich mich in diesem Buch viel mit Mythologie. In meiner
therapeutischen Praxis verstehe ich mich als Pragmatiker und als
harter, allem Firlefanz abgeneigter Realist. Carl Gustav Jung, der
das Interesse der Psychologie auf das »kollektive Unbewußte«
lenkte, hat auf mich nie einen nennenswerten Einfluß ausgeübt.
Wenn ich über Mythologie rede, dann meine ich damit nichts Mystisches. Ich verstehe darunter vielmehr Geschichten, auf die etwas
in uns auf besondere Weise anspricht, Geschichten, die für viele

Menschen eine tiefe Bedeutung besitzen. Mythen sind nicht notwendigerweise altertümliche oder phantastische oder wahrheitsferne Histörchen: Religion, Literatur, Comic strips, Fernsehen und insbesondere der Film repräsentieren Mythen, die Eingang gefunden haben in unsere Kultur. Die Sprache der Männer ist am Versuch der Erklärung von Männlichkeit gescheitert, aber an den Mythen der Männer läßt sich ablesen, wodurch sich ein Männerleben definiert. Was an Bedeutung durch den Raster der Worte fällt, findet sich in den Geschichten wieder.

In den letzten zwei Jahren habe ich für die Zeitschrift »New Woman« eine monatliche Ratgeberkolumne für Männer geschrieben. Einige der in diesem Buch wiedergegebenen Geschichten sind zuvor schon in dieser Kolumne mit dem Titel »Not For Men Only« (Nicht nur für Männer) erschienen.

Der erste Abschnitt dieses Buches trägt die Überschrift *Männlichkeit als Zwang*. Er beginnt mit dem Kapitel über »Die heimliche Sucht der Männer«. Es geht dabei um die Liebesaffäre der Männer mit ihrer eigenen Männlichkeit und deren verheerende Folgen für das Leben der Betroffenen. Ich berichte darin von einigen meiner Patienten und von den Opfern, die sie dem »Nimbus der Männlichkeit« gebracht haben. Die Kapitel zwei, drei und vier befassen sich mit drei weitverbreiteten Erscheinungsformen der »Maskulopathie«, der pathologischen Männlichkeit, mit denen ich in meiner Praxis, im Alltag und manchmal auch bei mir selbst immer wieder konfrontiert bin: den »Schürzenjägern«, den »Wettkämpfertypen« und den »Herrschernaturen«.

Abschnitt zwei heißt *Wie man zum Mann wird*. Hier versuche ich darzustellen, wie sich Männlichkeit entwickelt. In Kapitel fünf wird beschrieben, was es für einen Jungen bedeutet, zum Mann zu werden; dabei ist zu berücksichtigen, wie die Männlichkeit eines Jungen durch das Verhältnis zu seiner Mutter, zum Vater, zu seinen Spielkameraden, zu seinem sich verändernden Körper, zu in Aussicht genommenen Sexualpartnern und zu seiner Gefährtin geformt wird. Danach werde ich mich, ausgehend von eigenen Erfahrungen, mit einigen jener Probleme befassen, mit denen sich ein Junge konfrontiert sieht, der ohne ausreichende väterliche Zuwendung auf-

wachsen muß und dadurch in die in unserer Gesellschaft immer
häufiger werdende Zwangslage gerät, daß zu wenige oder gar keine
vertrauten häuslichen Vorbilder zur Verfügung stehen, an denen er
sich in seiner maskulinen Entwicklung ausrichten kann.

Kapitel sechs, »Das allmähliche Verschwinden des Vaters«, ist eine
Betrachtung darüber, wie sich die Beziehungen zwischen Vätern und
Söhnen in unserer Welt, die vom Niedergang des Patriarchats geprägt ist, verändern und wie die Väter in bezug auf ihre familiäre
Funktion zunehmend in Verwirrung geraten. Das Kapitel befaßt sich
mit der Geschichte des Patriarchats, der Funktion des Vaters in der
patriarchalischen Familie und der heutigen Vaterrolle. Unsere sich
wandelnde Einstellung zum Vatermythos wird ebenso behandelt.

Kapitel sieben, »Mutterliebe«, widmet sich Müttern und Söhnen.
Es stellt dar, wie das Ausscheiden des Vaters aus dem Familienleben
bei Männern eine so massive Angst vor Frauen erzeugen kann, daß
sie ihre Mütter vor den Kopf stoßen, die Ehefrauen betrügen, die
Töchter vernachlässigen und vor jeglicher Verpflichtung ihnen
gegenüber davonlaufen.

Kapitel acht trägt den Titel »Die Bruderschaft der Knaben«. Es beschreibt, wo die Wurzeln der Männerkumpanei liegen und wieso
Kumpel für das Leben eines Mannes so wichtig sind. Es zeigt, wie die
Kumpel das männliche Streben eines Mannes abpuffern und kana-
lisieren und dafür sorgen, daß er sich nicht in der Beziehung zu seiner Gefährtin verliert.

Kapitel neun betrachtet unsere »Heldenmythen«, unsere überlebensgroßen Vorbilder in puncto Männlichkeit, die Jungen und Männer zur Überwindung ihres Narzißmus anspornen und sie veranlassen können, ihre Verantwortung für ihren Lebensbereich zu
übernehmen. Wenn Väter die Vorbildfunktion für die Söhne verlieren, können Helden diesen Platz einnehmen. Jene können sich aber
als so übermächtig erweisen, daß sie weniger inspirierend als vielmehr niederdrückend wirken. Das Bild des Filmhelden des vergangenen halben Jahrhunderts spiegelt in seiner Veränderung den Wechsel unserer männlichen Vorbilder wider.

Die wahrhaft heldische Tat des Mannes ist jedoch die aufgrund
von Selbsterkenntnis erfolgende Ein- und Unterordnung der Männ-

lichkeit – die Eingliederung in die Beziehung zu den Mannschafts-
kollegen, zum Partner und insbesondere zu den Kindern. Mit diesem
Thema befaßt sich der letzte Abschnitt des Buches.

Dieser Abschnitt drei ist mein Rat für die Existenz, die man führt,
»wenn man ein Mann ist« – gegeben nach bestem Wissen und Gewissen. Es geht um die Überwindung der pubertären Stufe des ritu-
ellen Männlichkeits*beweises*, um zu einer Praxis *gelebter* Männlichkeit zu gelangen.

Kapitel zehn betrachtet den »Mann unter Männern«. Es untersucht, wie das uns anerzogene männliche Konkurrenzverhalten in
Verbindung mit unserer Homophobie uns gerade von den Schick-
salsgenossen abschottet, die zum Verständnis der uns von unserer
Männlichkeit beigebrachten Verstümmelungen in der Lage wären.
Das Kapitel zeigt, wie ein Mann »Mann unter Männern« werden
kann, wie er dazu gelangt, sich im vertrauten Umgang mit seinen Geschlechtsgenossen sicher und geborgen zu fühlen. Es stellt Modelle
der Männlichkeit vor, die den Schwerpunkt auf Teamwork und Gefolgschaft legen, auf Wettbewerb *mit* den anderen und nicht auf
Konkurrenz *gegen* sie.

In Kapitel elf geht es um »Partnerschaft mit Frauen«. Darin wird
untersucht, wie sich das Männlichkeitstraining hinderlich für die Beziehung zu einer Frau auswirken kann, hinderlich für Intimität,
Gleichberechtigung und eheliche Treue. In diesem Kapitel werden
Modelle einer Männlichkeit aufgezeigt, die ohne Angst vor der Weiblichkeit und ohne das Bedürfnis nach männlicher Überlegenheit aus-
kommt, welches untrügliches Kennzeichen männlichen Schamge-
fühls ist. Das Kapitel möchte dazu ermutigen, sich mit einem
weiblichen Partner zu dem durchaus mannhaften Ziel von Gleichheit
und Vertrautheit aufzumachen, und zeigt, wie die auf Gleichberechtigung gebaute Beziehung zu einer Frau den Mann mit dem Gefühl
belohnt, männlich genug zu sein.

Kapitel zwölf schließlich betrachtet »das Leben als Vater«. Indem
der Mann seinen Kindern weitervermittelt, was er aus seiner Existenz
als Mann unter Männern und als Partner einer mit ihm auf gleicher
Stufe stehenden Frau gelernt hat, hat seine Männlichkeit ihren Höhe-
punkt erreicht. Das Kapitel beschreibt, welche Früchte die Vater-

schaft für einen Mann trägt. Es erläutert, wie er sein eigenes Erwachsenwerden fördert, indem er Söhne und Töchter aufzieht und
wen er sonst das Glück hat, heranwachsen zu sehen. Schließlich legt
es dar, wie ihn diese Rolle den eigenen Eltern gegenüber zu Verständnis und Vergebung gelangen läßt und warum Vaterschaft ein
praktisch unerläßlicher Bestandteil im Heranreifen von Männlichkeit
ist.

TEIL EINS
MÄNNLICHKEIT ALS ZWANG

1 DIE HEIMLICHE SUCHT DER MÄNNER

»Welch ein Meisterwerk ist der Mensch! wie edel durch Vernunft! wie unbegrenzt an Fähigkeiten! in Gestalt und Bewegung wie bedeutend und wunderwürdig, im Handeln wie ähnlich einem Engel! im Begreifen wie ähnlich einem Gott! die Zierde der Welt! das Vorbild der Lebendigen! Und doch, was ist mir diese Quintessenz von Staube?«

Shakespeare, »Hamlet«

»Macho bringt oft nicht mucho.«

Zsa Zsa Gabor

Um dem männlichen Nimbus bis zur letzten Konsequenz gerecht zu werden, müßte ich »wie ein Mann« mein Leben aufs Spiel setzen. Die Gelegenheit dazu bekam ich unlängst, als ich mich zu Lehrveranstaltungen in Neuseeland aufhielt und an der modernen Version eines von den Neuen Hebriden stammenden Mannbarkeitsritus teilnahm: am Bungyspringen. Ich warf mich an einem um das Fußgelenk geschlungenen Gummiband hängend fast 45 Meter tief von einer Brücke hinab in einen tosenden Fluß. Während ich mein Leben riskierte, um etwaigen Zweiflern in meinem unsichtbaren männlichen Fanclub mein Machotum zu beweisen, während ich diesen beängstigenden, unwürdigen und keineswegs angenehmen Ausbruch pubertärer Idiotie tapfer durchstand, wußte ich genau, daß die Sache völlig blödsinnig war. Als ich mich jedoch erst einmal auf der Brücke befand, erstickte die Furcht vor der Blamage jeden Gedanken an Umkehr. Auf dem Weg nach unten sah ich, wie meine Frau von oben lachend Bilder von mir schoß. Es kam mir unendlich töricht und traurig vor, daß ich mir diese Eskapade geleistet hatte, und vor mein geistiges Auge trat die kleine Überschrift, die sich auf der Seite mit den Nachrufen finden würde: »In die Jahre gekommener Psychologe absolvierte Mannbarkeitsritual.« Beim Herausklettern aus der Schlucht war mir nicht ganz klar, ob ich die Mannbarkeit noch vor oder schon hinter mir hatte. Ich fühlte mich jungenhaft und männlich zugleich.

Es ist durchaus möglich, daß das leidenschaftliche Interesse im Leben eines Mannes nicht den Frauen gilt oder Männern oder Spielzeug oder dem Ruhm, noch nicht einmal den eigenen Kindern, sondern seinem Mannestum. In seinem Leben kann jederzeit der Moment kommen, an dem er in Versuchung gerät, zugunsten seiner Männlichkeit alles, was bisher seinen Lebensinhalt bildete, über den Haufen zu werfen. Er mag diese Leidenschaft vor Frauen geheimhalten und sogar vor sich selbst, aber die anderen Jungs kennen aus eigener Erfahrung dieses Gefühl sehr gut, und die gewiefteren von ihnen haben uns alle schon in dieser Gefühlslage ertappt.

Beim Gang durch das Leben kämpfen Männer unentwegt mit Anforderungen, von denen sie glauben, sie würden von ihrer Männlichkeit an sie herangetragen. Sie versuchen ihrer Vorstellung von dem, wie ein Mann zu sein hat, gerecht zu werden, und dabei mag sogar eine recht brauchbare Annäherung an ein Ideal von Männlichkeit herauskommen. Vielleicht messen sie sich auch an mythischen Vorstellungen von heroischer Männlichkeit und müssen dabei ihr Ungenügen feststellen, so daß sie das anstrengende Streben nach Männlichkeit aufgeben, sich ganz davon abwenden und statt dessen feminin werden. Oder sie bleiben ihr Leben lang kleine Jungen und schrecken davor zurück, ein Mann zu werden. Es ist aber auch möglich, daß sie bei allem, was ihnen männlich erscheint, ganz besonders auf die Tube drücken.

Diese Kraftmeierei kann so exzessive Formen annehmen, daß aus diesen Männern regelrechte Machomonster werden, die weder zu Hause noch am Arbeitsplatz ordentlich funktionieren, oft noch nicht einmal auf der Straße, weil sie andauernd ihre Männlichkeit beweisen müssen und niemals lockerlassen können. Für Männer, bei denen dieses Verhalten besonders ausgeprägt ist, scheint eine wettbewerbsfreie Kameradschaft mit anderen Männern, in der beide Seiten ihre

Verletzlichkeit nicht verbergen, ein Unding zu sein, ebenso undenkbar wie ein kooperatives und gleichrangiges Verhältnis zwischen
Mann und Frau, in dem Gefühlstiefe und Offenheit herrschen. Möglicherweise haben sich die Väter dieser Männer auf irgendeine Weise
dünngemacht und den Sohn allein gelassen mit knabenhaften Vorstellungen von Männlichkeit und mit der Überzeugung, daß Männer
durch die Flucht vor Mama zu Männern werden.

IM FITNESSCENTER

Wie alle Männer habe auch ich mich ein Leben lang eingehend mit
der Männlichkeit befaßt. Seit einigen Jahren jedoch kann ich eine
ihrer ungebremsten Spielarten direkt und sozusagen in freier Wildbahn beobachten. Mein Triathlon betreibender Sohn und meine Töchter, die geübte Langstreckenläuferinnen sind, setzten mir so lange zu,
bis ich aufhörte, meine drei Päckchen Zigaretten pro Tag zu qualmen,
und zum ersten Mal in meinem Leben ein Fitneßstudio aufsuchte.

Das Studio lag im Keller eines Clubs, dessen Mitglied ich war. Ich
fand dort zum einen eine Maschinerie vor, die es zu bezwingen galt,
aber auch eine Fundgrube reiner, naturbelassener Männlichkeit: Rin-
ger von der High-School und College-Footballspieler, republikanische
Millionäre im mittleren Alter und ehemalige Sportler, die sich inzwischen als Winkeladvokaten oder orthopädische Chirurgen betätigen,
Cadillac-Händler und Baulöwen, Männer mit Haaren auf Brust und
Rücken, vermutlich auch auf Fußsohlen und Handflächen – Männer,
die über Sport und Geldverdienen und Jägerei und Krieg reden, miteinander um die Wette trainieren und sich über Frauen beklagen. Das
sind nicht die Männer, die ein Familientherapeut in seiner Praxis zu
sehen bekommt (eher schon laden die Jungs ihre Frauen und Kinder
zur Reparatur dort ab). Diese Männer leben in einer sehr realen und
konkreten Welt.

Sie sind die Gewinner der verschiedenen sozialen und sportlichen
Ausscheidungskämpfe, die mir in der High-School und im College
immer soviel Angst gemacht hatten. Sie repräsentieren die lupenrein-
sten Exemplare von Männlichkeit, die unsere Gesellschaft anzubieten

hat, es sind, anders gesagt, gute, starke, gesunde, unkomplizierte, maskuline Männer.

Zu meiner Überraschung war von krankhaft übertriebener Männlichkeit bei den älteren Kerlen kaum etwas zu merken. Sie haben es nicht nötig, den Mann herauszuhängen, sie *sind* Männer. Sie machen sich gutmütig über sich selbst lustig, lassen die Trainingshanteln wie Jo-Jos herauf- und herunterflitzen und beschweren sich dabei, sie hätten keinen Mumm in den Knochen. Sie jammern, sie hätten kein Geld, während sie den Mercedes vom Vorjahr gegen einen neuen eintauschen, dessen Farbe ihrer Frau besser zusagt. Selbst diejenigen, die von Mutter Natur am großzügigsten ausgestattet worden sind, spötteln stets über ihre angeblich winzigen Pimmelchen und ihre sexuellen Unzulänglichkeiten. Bei allem, was ansteht, ergründen diese Kerle, wie die maskuline Antwort aussieht – und genau die geben sie dann von sich.

Beim Training gibt es zwischen den Generationen Reibereien über das Radioprogramm. Die älteren Herren bevorzugen Country-music mit traurigen Liedern über Männer, die ihr Leben verpfuscht haben, ihre muskelbepackten Pißnelken von Söhnen bestehen hingegen auf Heavy Metal Music, und zwar von einer Lautstärke, daß sich in erwachsenen Männern Mordgedanken zu regen beginnen. Die Buben scheinen schmerzhafte Geräusche für etwas Männliches zu halten. Diese halbgaren Männer tigern herum und brüllen sich gegenseitig Durchhalteparolen zu, während sie wechselweise im Eiltempo ein umfangreiches Trainingsprogramm mit Gewichten durchziehen. Sobald das Durchschnittsalter der Trainingsgruppe unter dreißig fällt, kommt man sich vor wie in einer Filmszene aus »Conan, der Barbar«.

Ich fürchtete, ich würde nicht dazupassen. Sobald ich alleine in dem Raum mit den Trainingsmaschinen war, stellte ich mir im Radio einen Sender mit klassischer Musik ein und trainierte zu Mozart. Während ich langsam das Vertrauen dieser Männer zu gewinnen suchte, vermied ich es peinlich, mit ihnen in Konkurrenz zu treten. Wenn ich jetzt nach nunmehr fast zehn Jahren zurückblicke, kann ich kaum noch nachvollziehen, wie deplaziert ich mir damals vorgekommen war. Heutzutage fühle ich mich dort absolut zu Hause und zähle diese Männer zu meinen besten Freunden. Die Haare auf dem

Rücken lassen zwar immer noch auf sich warten, aber zu meiner
Überraschung haben sich meine Muskeln so prächtig entwickelt, daß
ich ohne Hemd fast schon wie einer von den Jungs aussehe.

Wenn niemand zuhören kann, wollen einige der Männer hin und
wieder von mir etwas über die Welt der Gefühle und der Beziehungskisten wissen, wobei sie mir dann direkt oder indirekt auch
etwas über sich selbst verraten. Das gilt nicht nur für die älteren
Männer, mit denen ich jede Menge an Lebenserfahrungen teile, sondern auch für die jungen Kerle, die nur ihre Männlichkeitsmythen
haben, aber nicht genug praktische Erfahrungen, um daran ihre Vorstellungen messen zu können.

Ich beobachtete diese Menschen zunächst mit wohlwollender,
aber amüsierter Distanziertheit, bald schon nahm ich jedoch ihre
Verletzlichkeit und auch ihre Isolation und Einsamkeit wahr. Ich
neigte anfangs dazu, mir überlegen vorzukommen, indem ich mir
zugute hielt, daß ich dieser zwanghaft männlichen Geisteshaltung
nicht auf den Leim gegangen war. Je mehr ich mich aber mit den ge-
schlechtstypischen Leitbildern befaßte, die das Verhalten beider Geschlechter verzerren und pervertieren, desto klarer wurde mir, daß
auch ich einer von diesen Jungs war – etwas intellektueller und in
Fragen des geschlechtsspezifischen Verhaltens etwas flexibler, etwas
abgeklärter vielleicht auch, aber im Grunde nicht wirklich verschieden von ihnen.

Ich habe meinen Trainingskumpeln gebeichtet, daß ich ein Buch
über Männer und Männlichkeit in Arbeit hätte. Und vor kurzem bat
ich sie, mir zu erzählen, was sie unter Männlichkeit verstünden. Ein
riesiger und außergewöhnlich kluger Footballspieler einer College-
mannschaft sagte im Scherz zu mir: »Männlichkeit ist, wenn man
mehr als hundert Kilo wiegt, auf der Bank über zweihundert Kilo
drückt und sich auf dem Spielfeld bewegen kann, wie man will.« Ein
noch jüngerer Bursche nahm ihn wörtlich und pflichtete bei: »Männlichkeit bedeutet, daß man sich auf dem Spielfeld behaupten kann.
Das hat weniger mit Körpergröße zu tun als vielmehr mit Aggressivität.« Ein junger, ziemlich kleinwüchsiger Kerl, der wie besessen
trainierte, meinte: »Männlichkeit bedeutet, groß und stark zu sein.«
Ich fragte: »Warum groß und stark?« Er antwortete: »Weil die Weiber

auf große und starke Typen stehen, jedenfalls die, die einen guten Körper haben.« Ich fragte einen vierten Burschen, ob auch er damit einverstanden sei, daß es bei Männlichkeit vorwiegend auf Größe, Stärke und Aggressivität ankomme, aber er war anderer Meinung. Er sagte: »Ich habe welche gekannt, die waren groß und stark genug, um dir den Arsch aufzureißen, aber sie waren schwul.« Die anderen Burschen stimmten zu, daß nur Heterosexuelle richtige Männer sein könnten, aber dann kamen ihnen doch Bedenken, und sie bedauerten, daß ein so unerfreuliches Thema aufgekommen war.

Ein drahtiger Golfspieler äußerte, Männlichkeit bedeute, »genügend Dampf im Schlag zu haben, um es am Wochenende auf den ersten Platz auf der Abschlagsliste zu bringen«. Einige Männer meinten, Männlichkeit bestünde darin, »seinen Weg bis zum Ende zu gehen, wie Rocky, egal, ob man gewinnt oder nicht«. Andere sagten, man müsse »tun, was man zu tun hat, ohne darüber zu jammern«.

Zwei etwas erfahrenere Männer gerieten in eine Diskussion. Der eine sagte, Männlichkeit sei, »alles zu tun, was nötig ist, damit man wie ein Mann *erscheint*«. Der andere hielt dagegen, man müsse »alles tun, was nötig ist, damit man sich wie ein Mann *fühlt*«.

Ein früherer Footballspieler und Trainer im Profigeschäft, ein Mann von gewaltiger Körperkraft, der zwar mein Alter, aber das Doppelte meines Gewichtes hatte, stellte fest: »Männlichkeit ist, wenn man ohne Gesichtsschutz 16 Jahre lang Profifootball spielt.« Mein Onkel Harry, der im Zweiten Weltkrieg als Feldchirurg für sein Stehvermögen mit Orden ausgezeichnet worden war, hatte mir versichert: »Männlichkeit ist, unter Beschuß 36 Stunden lang ununterbrochen am Operationstisch zu stehen.«

Der stärkste Mann im Club sagte, er habe sich am meisten als Mann gefühlt, nachdem er Jahre härtester Ausbildung an der Militärschule von Virginia durchgestanden hatte, obwohl er jetzt noch Alpträume davon bekommt. Während er dies aussprach, konnte ich ihm meine Bewunderung nicht versagen. Der Grund war allerdings ein ganz anderer: Er hatte vor einigen Jahren seine über alles geliebte achtzehnjährige Tochter durch einen Autounfall verloren und sich danach nicht aufgegeben, sondern eine Riege junger Gewichtsheber um sich geschart, die nunmehr versuchten, es ihm an Kraft und Dis-

ziplin gleichzutun. Mit seinen Übungs- und Fitneßplänen ist er zum
Mentor eines Rudels von Halbwüchsigen geworden, denen an allen
Ecken und Enden eine väterliche Hand fehlt.

Die Unterhaltung geriet bald in Untiefen, nachdem jemand ein-
geworfen hatte, ein richtiger Mann sei jemand, der Quiche essen
könne, wann immer er Lust darauf habe. Alsbald wurde darüber de-
battiert, was »richtige Männer« essen würden. Jeder von uns konnte
Erinnerungen beisteuern, wie wir uns ein Gefühl von Männlichkeit
verschafft hatten, indem wir mit einem Schuß Bourbon aufgemotz-
tes Bier getrunken und Würstchen hinuntergewürgt hatten, die so
scharf waren, daß sich im gesamten Verdauungskanal Blasen gebildet haben mußten. Wir erzählten, wie wir in unserer Jugend mit unseren Kumpeln an der Theke gesessen und gepökelte Schweinshaxen,
hartgekochte Eier und andere »Männernahrung« verdrückt hatten,
also im wesentlichen Salz und Pfeffer, das in Cholesterin schwamm.
Selbst beim Essen hört für Männer der Zwang nicht auf, den anderen Jungs unter die Nase reiben zu müssen, wie hart man ist.

Wenn Männer älter werden, verändert sich ihr Verhältnis zur
Männlichkeit. Beherrschung des Gefühlslebens und Charakterstärke
gewinnen gegenüber der Betonung der Körperkraft an Bedeutung.
Ein Mann, der sich kurz zuvor mit seiner Frau ausgesöhnt hatte und
auf einmal wieder bis über beide Ohren in sie verliebt war, sagte:
»Männlichkeit ist, wenn man es fertigbringt, ein Lächeln in das Gesicht einer Frau zu zaubern.« Er war der einzige von den reiferen
Männern, der Frauen erwähnt hatte. Die meisten Männer sind viel
leidenschaftlicher an ihrer Männlichkeit interessiert als an ihren
Frauen oder selbst an ihrer Sexualität, auch wenn sie sich alle Mühe
geben, es zu verheimlichen.

GESCHLECHTERROLLEN UND IHRE WIRKUNG

Carol Gilligan, Psychosoziologin in Harvard und Autorin des grund-
legenden Werkes über Geschlechtsunterschiede mit dem Titel »In a
Different Voice« (Mit anderer Stimme) führt die Sage von Psyche an,
der schönen Prinzessin, die der menschlichen Seele den Namen ge-

geben hat. Man hatte Psyche zur Heirat mit Cupido gezwungen, der sie nur in der Nacht aufsuchte. Da sie ihn nie zu Gesicht bekam, kam ihr der Gedanke, er sei ein häßliches Ungeheuer, das getötet werden müsse. Eines Nachts, während Cupido schlief, hielt sie ein Licht über ihn und wurde gewahr, daß ein schöner, verletzlicher Jüngling an ihrer Seite lag.

Ich will damit keineswegs behaupten, daß alle Männer schöne und verletzliche Jünglinge seien, aber irgendwann haben wir einmal als solche angefangen. Was ist mit uns geschehen? Wie sind wir zu den Ungeheuern der feministischen Alpträume geworden? Die Antwort ist natürlich, daß man uns einem sorgfältigen und wohldurchdachten geschlechtsbezogenen Training unterzogen hat, das manchmal brutal war, immer jedoch auch einen weiteren Schritt der Entmenschlichung bedeutete und uns große Stücke unseres Selbst gekostet hat. Kleine Mädchen mußten sich einer ähnlichen Veranstaltung unterwerfen, die auch bei ihnen Verkrüppelungen zur Folge hatten. Sofern das Geschlechtstraining erfolgreich war, ist uns allen die Hälfte unserer Persönlichkeit abhanden gekommen.

Der Feminismus hat mich alles, was ich über Geschlechtsidentität zu wissen glaubte, noch einmal überdenken lassen. Ich hielt mich für das Musterbeispiel eines emanzipierten Mannes, für einen schneidigen Vorkämpfer der Gleichheit der Geschlechter, für einen Mann, der die geschlechtsbezogenen Vorurteile unserer Kultur längst hinter sich gelassen hat. Wenn Frauen in meiner Praxis vor mir saßen und sich über die Männer beklagten, lag mir nichts ferner als der Gedanke, daß ihre Klage auch mir gelten könne. Dann begannen mir die Feministinnen meines Arbeitsgebiets und in meiner Familie vorzuwerfen, ich würde vielfach noch in typisch männlichen Bahnen denken und nicht zur Kenntnis nehmen, wie mit den Frauen immer noch auf rüde Art Schlitten gefahren würde.

Ich beschäftigte mich daraufhin mit feministischer Literatur, wobei sich für mich zwei Dinge klar herausschälten. Das erste war, daß die traditionelle geschlechtsspezifische Erziehung den Frauen Fesseln angelegt und sie in engen, begrenzten und wenig behaglichen Lebenspositionen festgeschrieben hat.

Es gibt Frauen, die sich gerne mädchenhaft geben, und es gibt an-

dere, die über die Beschränktheit und Ungerechtigkeit ihrer Ge-
schlechterrolle in Zorn geraten. Manche Frauen sind über das, was
sie als ungleiche Machtverteilung zwischen Männern und Frauen erleben, so aufgebracht, daß sie behaupten, überhaupt keine Macht zu
haben: Sie machen geltend, daß die Männer die Macht an sich gerissen hätten und sie endlich wieder abgeben müßten. Konsequenter-
weise zielt ihr Verhalten darauf ab, jeden Mann, der ihnen begegnet,
emotional zu verstümmeln, um ihm seine Übermächtigkeit heimzu-
zahlen.

Die meisten Frauen verstehen es, die Männer durch ihre Weiblichkeit zu gängeln, ohne ihnen dabei Angst einzujagen. Sie sind allerdings gezwungen, einen Teil ihrer Persönlichkeit hinter einem
Schild von mädchenhaftem Getue zu verstecken. Die weibliche Position bietet beträchtliche Macht, aber wenig Beweglichkeit.

Aus der feministischen Literatur konnte ich zweitens lernen, daß
die traditionelle geschlechtsspezifische Erziehung sich auf Männer
in einer Weise auswirkt, die nicht minder einengend und verkrüp-
pelnd ist.

Männer sind darauf trainiert und spezialisiert, ihre Gefühle und
selbst das Leben für das zu opfern, was man ihnen als ihre männliche Pflicht eingetrichtert hat. Männern bietet sich keine große Palette an Alternativen: Männer arbeiten. In Edward Albees Stück »A
Delicate Balance« (Gefährdetes Gleichgewicht) erklärt eine Frau
ihrer Tochter: »Die Sorgen eines Mannes sind simpel: Geld und der
Tod; zusehen, daß am Ende alles klappt, bis er am Ende selber zu-
sammenklappt.« Im Gegensatz zu Frauen haben Männer die traditionellen Geschlechterrollen nie in Frage gestellt. Männlichkeit
war für sie nie ein Thema, es sei denn in der Sorge vor dem Ungenügen der eigenen.

Die Mehrzahl der Männer, die ich in meinen Therapiestunden zu
sehen bekomme, leidet unter dem Gefühl, weniger Macht zu haben,
als ihnen zusteht. Man will es allen recht machen und ist angesichts
der abhanden gekommenen Gefühle völlig hilflos. Sie wären nicht
schlecht erstaunt, wollte man ihnen nachsagen, sie sonnten sich in
einer ungebührlichen Machtfülle.

Es ist nur wenigen Frauen klar – und die feministische Literatur geht darüber hinweg –, daß Männer gegenüber Frauen gleichzeitig Angst und Verehrung empfinden. Männer suchen sich, gegebenenfalls sogar mit Gewalt, vor der vernichtenden Wucht weiblicher Unzufriedenheit zu schützen. Extrem zur Schau getragene Männlichkeit ist ein Zeichen dafür, daß der Mann Angst hat und sich bedroht fühlt; es ist ein Zeichen dafür, daß er ein Machtdefizit zu spüren glaubt. Männer, die Frauen meiden, aber auch jene, die Frauen verführen, mundtot machen, schlagen oder gar ermorden, tun das nicht aus sadistischem Vergnügen am weiblichen Schmerz – ein feministisches Stereotyp über die Motive der Männer –, sondern aus einem Gefühl der Schwäche, gepeinigt von der Empfindung männlicher Unzulänglichkeit.

PERSIFLIERTE MÄNNLICHKEIT

Wieviel Männlichkeit ist genug Männlichkeit? Wann wird es zuviel? In Familien, in denen Vater und Mutter anwesend sind oder zumindest sowohl männliche als auch weibliche erwachsene Familienmitglieder, lernen die Kinder die Geschlechterrollen anhand dessen, wie Männer und Frauen miteinander umgehen. Wo der Vater aus welchem Grund auch immer fehlt, ist den kleinen Buben die Gelegenheit genommen, durch Beobachtung zu lernen, wie ein wirklicher Mann mit einer wirklichen Frau ein wirkliches Leben führt. Wenn in der Adoleszenz das Gruppenverhalten von den Jugendlichen ausgeprägtes Männlichkeitsgehabe fordert, wird es Jungen ohne häusliches väterliches Vorbild schwerfallen, eines Tages zu bemerken, daß das Halbstarkentum lediglich eine Durchgangsphase und keine Einstellung fürs ganze Leben ist. Wenn das Vorbild fehlt, werden Jungen dazu neigen, die Männlichkeit zu übertreiben, und eine Karikatur von Männlichkeit liefern.

In ihrem Buch »In a Different Voice« (Mit anderer Stimme) erklärt Carol Gilligan, daß dieses Problem dann entsteht, wenn die Bürde der Kinderaufzucht von einer Frau alleine getragen werden muß und die Erziehungsarbeit nicht zwischen Mann und Frau aufgeteilt oder von beiden gemeinsam geleistet wird. Wenn eine Mutter ihre Tochter

großzieht, darf sie davon ausgehen, daß das Kind eines Tages ein
Leben führen wird, das dem ihren beträchtlich ähnelt und daß die
Tochter mit der Mutter in Kontakt bleiben wird, um ihr Leben nöti-
genfalls mit mütterlichem Rat und Beistand zu meistern. Einen Sohn
muß die Mutter aber auf ein ganz anderes Leben vorbereiten, ein
Leben, das sie weder zur Gänze kennt noch kennen kann.

Die Mutter muß dem Sohn beibringen, wie man die Regeln ein-
hält und befolgt. Sie muß ihm zeigen, wie man sich erfolgreich gegen
die anderen Jungs behauptet. Und sie muß ihn darauf vorbereiten,
die Zuneigung einer Frau zu erobern, welche sich um ihn kümmern
und die von ihr begonnene Aufgabe zu Ende führen kann, nämlich
den Sohn zum Familienmenschen zu machen. Aber eine Frau mag
sich bei der Aufgabe, ihrem Sohn das Mannsein beizubringen, bewähren, so gut sie will, der Sohn wird stets wissen, daß sie ein Ersatz
ist, und er wird zur Überbewertung der Unterschiede zwischen Mann
und Frau neigen, die er in ihr verkörpert sieht.

Wenn der Junge ein Zuviel an Verführungskunst mitbekommt,
wird er vielleicht ein *Weiberheld* werden, der sich seiner Männlichkeit dadurch versichert, daß er der Frau zu Hause aus dem Weg geht,
aber die Frauen außerhalb seines Hauses verführt, was ihm einen
doppelten Sieg über das andere Geschlecht, seinen »Widerpart«, beschert. Wenn er sich allzu verbissen in Selbstbehauptung übt, dann
wird aus ihm vielleicht ein Konkurrenzhammel, ein *Wettkämpfertyp*,
für den das ganze Leben ein einziger Wettbewerb mit den anderen
Buben ist, bei dem nur der als Mann anerkannt wird, der regelmäßig
den Sieg davonträgt. Wird ihm schließlich zuviel Respekt vor Vorschriften eingetrichtert, dann wird er vielleicht eines Tages zur *Herrschernatur*, zum Leithammel, der meint, immer angeben zu müssen,
wo es langgeht, und glaubt, die anderen ständig unter seiner Kuratel
halten zu müssen.

Diese drei Spielarten der Maskulopathie, der überentwickelten
Männlichkeit, treten immer dann auf, wenn der Vater fehlt oder zuwenig in Erscheinung tritt. Sie sind ein Zeichen dafür, daß der Vater
sich seiner eigenen Männlichkeit nicht sicher genug ist, um dem Jungen genügend Rückendeckung zu geben oder gegebenenfalls dessen
männlichen Überschwang zu bremsen. Jedes dieser drei Syndrome

von Maskulopathie stellt eine schwere Behinderung des Jungen bei der Partnersuche dar, es belastet das Familienleben und kann sogar dazu führen, daß ein friedliches und gelassenes Verhältnis zur Umwelt unmöglich wird.

Bei den Versuchen, unsere Mannhaftigkeit unter Beweis zu stellen, erregen wir das Mißfallen unserer Umgebung weniger aufgrund der Tatsache, daß wir dem Nimbus der Männlichkeit nicht gerecht werden, sondern vor allem deshalb, weil wir in unserer Angst viel zu dick auftragen.

THERAPEUTENALLTAG

»Seit sich der Mann aus der Beherrschung durch die Natur
gelöst hat, ist die Männlichkeit der fragilste und problematischste
aller psychischen Zustände.«
Camille Paglia, »Die Masken der Sexualität«

In meiner Praxis werde ich täglich Zeuge des schmerzhaften Kampfes, den Männer mit den Fallstricken eines mystifizierenden Männerbildes führen. Manche der Männer, die zu mir kommen, zeigen Symptome eines oder mehrerer der maskulopathischen Syndrome, andere versuchen lediglich als Mann das ihrer Meinung nach von ihnen erwartete Bild abzugeben, wobei sie aus ihrem Leben und dem Leben der ihnen Anvertrauten prompt ein einziges Trümmerfeld machen. Sie schlagen sich dabei weniger mit ihren Ehefrauen herum und noch weniger mit den Müttern, sondern in erster Linie mit dem Vater – selbst wenn sie ihn seit Jahren nicht mehr gesehen haben, falls überhaupt. Man hat den Eindruck, diese Männer seien zu einem Kampf gezwungen, der ihnen am Ende die Anerkennung und die erlösende Erklärung des Vaters bringen soll, sie hätten nun das erforderliche Maß an Männlichkeit erreicht.

Ein typischer Tag in meiner Praxis sieht beispielsweise so aus:

8 Uhr. Arch ist ein großgewachsener, gutaussehender Mann, der arm und ohne Vater im Schwarzenghetto von Detroit aufgewachsen

ist. Sein Vater war ein halbprofessioneller Footballspieler gewesen, hatte aber als Folge eines harten Kopftreffers mit dem Ball einen Gehirnschaden davongetragen. Er starb, nachdem er noch einige Jahre als Invalide dahingedämmert war. Die Mutter von Arch war Krankenschwester und überließ den heranwachsenden Jungen sich selbst. Er war ein guter Basketballspieler und konnte durch seine sportlichen Leistungen ein Stipendium zum Besuch des College ergattern. Er ging noch jung eine Ehe mit einer starken und lebenstüchtigen Frau ein, die seiner Mutter nicht unähnlich war. Als Physiotherapeutin verdiente sie genug, um die Familie samt der drei Kinder zu versorgen.

Über Jahre hinweg verdiente Arch nicht genügend Geld, um selbst für seine Designerklamotten und schnieken Autos aufkommen zu können. Seine Frau duldete diese Extravaganzen, da sie seinem romantischen Wesen in großer Liebe zugetan war. Arch war immer zur Stelle, und man konnte viel Spaß mit ihm haben. Er war auch derjenige, der sich vorwiegend um die Kinder kümmerte. Seine Frau war ebenfalls vaterlos aufgewachsen. Sie wollte, daß ihre Kinder einen Vater hatten, auch wenn es manches an ihm auszusetzen gab.

Tief in seinem Inneren fühlte sich Arch jedoch einem Druck ausgesetzt, selbst Geld zu verdienen. Er nahm einen Job als Reisevertreter an. Er verdiente dabei ziemlich gut, war aber die meiste Zeit auf Achse. Wenn er nach Hause kam, wurde das von ihm verdiente Geld zwar bereitwillig angenommen, aber er fühlte sich nicht mehr seiner Familie zugehörig. Er dachte, er könne den Stellenwert, den seine Familie ihm einräumte, vielleicht dadurch heben, daß er noch mehr Geld nach Hause brachte. Als ihm eine Stellung als Vertreter für Südamerika angeboten wurde, griff er zu. Solange er draußen Geld scheffelte, fühlte er sich in seiner Männlichkeit hinreichend bestätigt, aber sobald er nach Hause kam, ging die alte Leier wieder los, er sei zuviel unterwegs. Da er nicht besonders konfliktfreudig war, vermied er es bald ganz, nach Hause zu kommen. Er ließ sich mit anderen Frauen ein, die ihn nicht besonders gut kannten und die zu beeindrucken er natürlich nicht verfehlte. Er gab viel Geld für seine Bekanntschaften aus, wobei er erzählte, er sei alleinstehend. Im Gegensatz zu seiner Frau machten ihm seine Freundinnen nie die Hölle heiß. Als Archs Frau mehr und mehr über sein geheimes Leben herausbekam, nahm ihre Duldsamkeit rapide ab, und der Konflikt verschärfte sich.

Vor kurzem hatte sie ihm ein Ultimatum gestellt: Er habe entweder sein Vertreterdasein aufzugeben und sich um das Zusammenleben mit seiner Familie zu bemühen, oder sie werde die Scheidung einreichen und ihm sein ganzes Geld fortnehmen. Wie auch immer er sich entscheidet, er wird in jedem Fall das Geld einbüßen, das ihm das Gefühl verleiht, ein erfolgreicher Mann zu sein. Wir hatten schon gestern einen Termin, um zu einer Entscheidung zu gelangen. Er ist deprimiert, aber er will nicht, daß irgend jemand erfährt, wie er sich fühlt. Er vergeudete die ganze Stunde damit, seinen Charme zu versprühen, damit ich ihn nett finden soll, obwohl er weiß, daß ich der Meinung bin, er lasse alle Beteiligten hängen, vor allem aber sich selbst. Er weiß immer noch nicht, was er tun soll, und je mehr Druck von seiner Frau ausgeübt wird, desto tiefer rutscht er in seine Depression. Es ist für ihn unmöglich, seine eigene Vorstellung von dem, was er sich als Mann schuldig ist, und die Anforderungen seiner Familie unter einen Hut zu bringen.

9 Uhr. Bart ist in ärmlichen Verhältnissen auf dem Lande aufgewachsen. Er war gezwungen, mit fünfzehn Jahren von der Schule abzugehen, weil er der Tochter des Nachbarfarmers ein Kind gemacht hatte und sie heiraten mußte. Er war keine besondere Leuchte gewesen, und seine Familie war der Meinung, der Schulabgang mache ohnehin keinen Unterschied. Sein Vater konnte zwar selbst kaum lesen und schreiben, aber er hatte es zum Eigentümer einer eigenen Farm gebracht und zum Prediger in seiner eigenen Kirche.

Barts Vater wußte stets, was richtig war, und verhielt sich entsprechend. Für Barts moralischen Fehltritt brachte er kein Verständnis auf, und auch die Heirat änderte nichts an der Entrüstung des Vaters. Bart lief davon und ging in die Stadt. Seinen Lebensunterhalt und den seiner schwangeren Frau bestritt er als Strichjunge. Die Sache gefiel ihm – seine Kunden waren nett zu ihm. In seinem bisherigen Leben war er noch nie von einem Mann zuvorkommend behandelt worden. Zu Weihnachten bot er in aller Naivität und Un-

schuld seinem Schwiegervater einen sexuellen Dienst als Geschenk
an. Ein Aufschrei der Empörung war die Folge. Die Familie der jungen Frau machte die Heirat rückgängig und verweigerte Bart den Zugang zu seiner kleinen Tochter.

Bart heiratete erneut und machte vielerlei Versuche, seinen
Lebensunterhalt auf andere Weise zu verdienen. Er war mittlerweile
in einer öffentlichen Nervenheilanstalt gelandet, als ich gerade noch
rechtzeitig auf ihn aufmerksam wurde. Es gelang mir, seine Tochter
wieder mit ihm zusammenzubringen und für ihn über eine Organi-
sation, die Rehabilitation durch Qualifikation förderte, eine Ausbildung als Krankenpfleger zu arrangieren. Er kam mit dem Pflegebe-
ruf prächtig zurecht, aber unlängst, an die 22 Jahre, nachdem ich
mich zum ersten Mal mit Bart beschäftigt hatte, mußte er infolge
eines Herzinfarkts seine Arbeit aufgeben und in Invalidenrente
gehen. Seine Frau brachte ihn zu mir in die Praxis, weil er an Depressionen litt. Sein inneres Gleichgewicht ging in die Binsen, wenn
er nicht etwas tun konnte, was ihm die Anerkennung anderer Männer einbrachte. Ich hatte Bart schon seit zwölf oder fünfzehn Jahren
nicht mehr gesehen, aber er hatte für mich ein Geschenk besorgt –
einige alte Mozartplatten, die er auf dem Flohmarkt aufgetrieben
hatte. Bart verstand es, jedem Mann Freude zu bereiten, nur dem eigenen Vater nicht. Unglücklicherweise war der Vater inzwischen ver-
storben, und Bart mußte zusehen, wie er mit dem Problem ohne ihn
fertig wurde. Er kam zu dem Entschluß, es mit freiwilliger Mitarbeit
in einem Pflegeheim für Militärveteranen zu versuchen.

10 Uhr. Chip hatte seit der Scheidung und erneuten Heirat des Vaters bei seiner Mutter in Maine gelebt. Nachdem die Mutter von
ihrem Mann sitzengelassen worden war, hatte sie einige Zeit gebraucht, bis sie ihr Leben wieder in geregelte Bahnen lenken konnte.
Ihr vormaliger Ehemann war immer noch der Meinung, daß sie auf
das einzige Kind der Ehe einen schlechten Einfluß ausübe. Er war der
Ansicht gewesen, Chip sei rüpelhaft und undiszipliniert geworden,
und hatte ihn im neunten Schuljahr auf eine Militärschule geschickt.
Zu jedermanns Überraschung war Chip von der Anstalt begeistert. Er
fing an, seinen Körper zu trainieren, und bekam in den letzten drei

Jahren die Statur eines Gewichthebers. Er hatte sich zu einem leistungsstarken Sportler und respektgebietenden militärischen Vorgesetzten gemausert. Das ganze Jahr über hielt er sich prächtig in Form. Seine Mutter und die Großeltern himmelten ihn an. Die Sommerferien mit Vater und Stiefmutter waren jedoch jedesmal eine einzige Pleite. Der Vater war ein ängstlicher, kleiner Mann, der unentwegt an dem Jungen Charakterzüge der Mutter entdecken zu müssen glaubte. Er fand immer etwas, was als Anlaß für Kritik und sogar für Strafe herzuhalten hatte. Chip entwickelte langsam, aber sicher eine feindselige Haltung gegen den Vater und die junge Stiefmutter, die sich schließlich auch offen äußerte. Chips Vater war zu mir gekommen, weil er dachte, ich könne Chip vielleicht wieder an die Kandare nehmen. Als alle drei bei mir in der Praxis erschienen, erklärte der Vater, er habe sich scheiden lassen, weil ihm seine Frau mit ihrer Labilität den letzten Nerv geraubt hätte. Er habe jedoch seinen jungen Sohn bei ihr gelassen, damit sie Gesellschaft hatte. An dieser Stelle konnte sich die Stiefmutter nicht mehr zurückhalten und tischte eine Geschichte auf, die illustrieren sollte, wie verrückt ihre Vorgängerin gewesen war. Während die zwei über Chips Mutter herzogen, hatte ich den Eindruck, als wolle Chip jeden Moment aufspringen und den beiden an die Gurgel gehen. Nach ein paar Einzelsitzungen mit Chip hatten sich zwei Dinge klar herausgeschält: seine Wut auf den Vater und das Bedürfnis, seine Mutter zu beschützen. Als der Vater die Familie verließ, war Chip erst sieben Jahre alt gewesen, aber von da an hatte er in der Überzeugung gelebt, der Mann im Leben seiner Mutter zu sein, der die Verantwortung trug, ihr Retter und Beschützer. Zu der gestrigen Therapiestunde hatte ich Chip und den Vater allein geladen. Ich konnte den Vater dazu bringen, sich aufrichtiger mit seinen Affären, die zum Zusammenbruch der Ehe geführt hatten, auseinanderzusetzen und die vielfältigen kleinen Betrugsmanöver gegenüber seiner Frau und seinem Sohn und ebenso seine Abwehrhaltung einzugestehen. Er bekannte sogar, Angst davor zu haben, daß ihn sein Sohn hassen könnte, weil er es nicht geschafft hatte, der Mann zu sein, der er hätte sein sollen. Die beiden Kerle fingen an zu heulen, und als sie gingen, lag der Arm des Vaters auf der Schulter seines riesenhaften Sohnes.

11 Uhr. Doug kenne ich schon seit Jahren. Er und seine Frau betreiben die chemische Reinigung, zu der wir immer unsere Kleidung bringen. Wir haben ihre zwei Kinder hinter dem Ladentisch aufwachsen sehen, und die Familie hat allen Grund, auf die beiden stolz zu sein. Doug ist eine Seele von einem Mann, ehrlich, freundlich und von einer fast schon lasterhaften Hilfsbereitschaft, stets bereit, einen zerbrochenen Knopf zu ersetzen oder sich bei einem bösen Flecken ganz besonders ins Zeug zu legen. Ich habe zwar nie eigens darüber nachgedacht, aber die Idee, daß Doug jemals unglücklich sein könnte, wäre mir wohl niemals in den Sinn gekommen. Ich war also ziemlich überrascht, als Doug anrief, um einen Termin zu vereinbaren. Als er bei mir in der Praxis war, erzählte er mir von der finanziellen Katastrophe, die er auf sich zukommen sah. Jetzt, da die Kinder aus dem Haus waren, wünschte sich Dougs Frau ein kleines Anwesen auf dem Lande, aber das Geld hatte dafür nicht ganz gereicht. Doug hatte also einen großen Kredit aufgenommen und ein zweites Geschäft gekauft, das der ältere Sohn übernehmen sollte. Der neue Laden kam aber einfach nicht aus den roten Zahlen heraus, und Doug beschlich allmählich das Gefühl, daß ihm seelisch und auch körperlich die Luft ausging. Er machte sich Sorgen um seinen Sohn, der über den geschäftlichen Mißerfolg tief enttäuscht war. Dougs Vater hatte geschäftlichen Schiffbruch erlitten, als Doug noch ein Kind war. Der Vater hatte sich von dem Schlag nie wieder erholt, war in Depressionen versunken und hatte sich schließlich umgebracht. Auch Doug mußte mittlerweile mit Depressionen kämpfen. Ihm war jegliches Interesse an Sex verlorengegangen, er entzog sich den Gesprächen im Familienkreis, verspürte keinen Appetit, und während er sich durch sein Tagewerk quälte, dachte er an nichts anderes als ans Schlafen – falls er das Glück haben sollte, ein Auge zumachen zu können. Er dachte oft über Selbstmord nach, aber er war sich sicher, daß er etwas derart Unverantwortliches niemals tun würde. Es machte ihm gewaltig zu schaffen, daß es ihm nicht gelungen war, seinen Sohn auf die Laufbahn eines erfolgreichen Geschäftsmannes zu bugsieren. Das schrecklichste war für ihn aber die Vorstellung, seiner Frau, die ihr Leben lang brav an seiner Seite hinter dem Ladentisch gestanden hatte, das Geständnis machen zu müssen, daß er

ihren Traum von einem schönen Häuschen auf dem Land zu erfüllen nicht in der Lage war.

13 Uhr. Earl hat seine äußerst erfolgreiche Firma verkauft und sich zur Ruhe gesetzt. Seine inzwischen erwachsenen Kinder sind fortgezogen, und er ist jetzt mit Elise, mit der er seit mehr als 40 Jahren verheiratet ist, allein im Haus. Earl wurde während all dieser Jahre von der Vorstellung verfolgt, daß Elise ihn nicht liebe. Kurz vor der Heirat hatte Elise die Verlobung aufgekündigt und sich in eine irritierende und skandalöse Affäre mit einem offensichtlichen Taugenichts gestürzt. Gnädigerweise dauerte das Techtelmechtel nicht lange. Elise kehrte zu Earl zurück, heiratete ihn und schenkte ihm Kinder, die sie großzog. Sie war ihm allzeit eine treue Ehefrau, so wie er ihr ein treuer Gatte war. Aber seit 45 Jahren löchert Earl seine Frau regelmäßig mit bohrenden Fragen über vielerlei Einzelheiten ihrer damaligen Affäre mit jenem Mann, den er nur als den »Gauner« bezeichnet. Sie wiederum hat es stets vermieden, auf seine Fragen einzugehen, weil er sich über dieses Thema viel zu sehr aufregt. Das ganze Leben der beiden ist davon überschattet. Die geschäftlichen Erfolge bedeuteten Earl nur wenig, da er sich ungeliebt vorkam. Elise war mehrmals drauf und dran, Earl zu verlassen, aber es gab keinen Platz, wohin sie hätte gehen können.

Das Paar geht mittlerweile auf die Siebzig zu, ist aber immer noch sexuell aktiv. Jedesmal, wenn sie miteinander schlafen, bohrt in Earl die Frage, ob Elise nicht lieber mit dem »Gauner« zusammen wäre. Das Paar hat schon gelegentlich Therapieversuche unternommen, aber meistens führte das nur zu neuen Schwierigkeiten. Elise besteht nachdrücklich darauf, daß ihr die Einzelheiten, die Earl so rastlos zu ergründen sucht, längst entfallen seien. Earl stößt sich gewaltig daran, daß sämtliche bisher aufgesuchten Therapeuten ihn umgehend für verrückt erklärt hatten, was, wie ich gestehen muß, auch meine erste Reaktion gewesen war. Wie kann sich ein Mann nur sein ganzes Leben mit einer solchen Lappalie vergällen?

Schließlich stellte ich die Frage, die mir der Schlüssel des ganzen Problems zu sein schien: Ich fragte Elise, wie groß der Penis des »Gauners« gewesen war. Sie wußte es nach 45 Jahren nicht mehr zu sagen, die sexuelle Begegnung hatte im Dunkeln stattgefunden, und sie hatte auch nicht so genau hingesehen und so weiter und so fort. Die Frage brachte jedoch Earls lebenslang gehegte Befürchtung ans Licht, daß ihn bei der geringen Größe seines Penis keine Frau würde lieben können, es sei denn, sie hätte noch nie einen anderen Mann gehabt.

Earl redete sich anschließend die Horrorgeschichten über die Hänseleien von der Seele, mit denen sein älterer Bruder ihn fertiggemacht hatte, als er ziemlich spät eine ziemlich matte Pubertät durchlebte. Earls Empfindungen waren so frisch, als fände das Geschehen gerade jetzt erst statt. Elise verhielt sich feinfühlig und stärkte ihrem Mann den Rücken. Sie gab zu verstehen, daß ihr Schwanzlängenvergleiche herzlich gleichgültig waren, aber Earls Kleinkrämerei und Rechthaberei seien ihr all die Jahre beträchtlich auf den Wecker gegangen. Sie war froh, sich wenigstens einmal ein kurzes Abenteuer mit einem Mann erlaubt zu haben, »der sich nicht immer moralisch so verdammt überlegen vorkam«.

14 Uhr. Fonville war ein betuchter Junggeselle aus einer kleinen Stadt in der Nähe von Atlanta. Er lebte sehr gut von dem Einkommen, das er als Nutzfahrzeughändler mit seinem vom Vater ererbten Geschäft verdiente. Die meiste Zeit verbrachte er zusammen mit einer Gruppe von Freunden beim Angeln oder Bridge. Er ging mit Frauen aus, wenn ihm danach war, kam aber sonst ganz gut ohne Frau zurecht. Das änderte sich erst, als seine Mutter starb. Er war schon über vierzig, als er Fanny heiratete. Fanny war ein gutaussehendes Herzchen mit leichten Gebrauchsschäden, das schon durch die Hände einiger bösartiger oder zumindest unangenehmer Liebhaber und Ehemänner gegangen war. Sie war großgewachsen, dunkelhaarig und von exotischem Reiz, ganz besonders wenn sie sich in eines ihrer 3000 Dollar teuren Chanelkostüme geworfen hatte oder gar in eine noch kostspieligere Phantasierobe. Derart aufgetakelt pflegte sie die für die zweiten Ehefrauen reicher alter Herren veranstalteten Wohltätigkeitsbälle unsicher zu machen, auf denen die jungen Damen einen Platz in der feinen Gesellschaft von Atlanta zu ergattern suchten.

Fonville wollte eigentlich nur Angeln und Bridgespielen wie immer, aber Fanny beabsichtigte – koste es, was es wolle – die soziale Position zu erklimmen, die ihr nichtsnutziger Vater ihr vorenthalten hatte. Sie entwarf und baute das denkbar großzügigste Landhaus auf einem riesigen Grundstück in der Nähe der Stadt. Fonville warf ihr das Geld nur so hinterher. Das Landhaus verschlang jedoch mehr Geld, als Fonville aufzubringen in der Lage war. Wenn er anklingen ließ, man könne doch auf diesen oder jenen Firlefanz verzichten, schloß sich Fanny schmollend in ihr Zimmer ein. Er verletzte ihre Gefühle, und ihm schien nur die Wahl zu bleiben, entweder auf seine Spiele mit den anderen Jungs zu verzichten und seine Zeit mit Fanny zu verbringen, wie sie es sich in der Tat von ihm gewünscht hatte, oder Fanny dadurch ruhigzustellen, daß er ihr Geld in den Rachen warf. Letzteres war einfacher, bis es schließlich kein Geld mehr gab, das er vom Geschäft abzweigen oder bei der Bank borgen konnte. An diesem Punkt wurde er zornig und weigerte sich, weiter für die Baukosten aufzukommen. Fanny zahlte es ihm heim, indem sie sich dem jungen Bauunternehmer an den Hals warf. (In der feinen Gesellschaft von Atlanta können Frauen bei Affären mit ihren Bauunternehmern oder Tennislehrern jederzeit mit jedermanns Nachsicht rechnen, nicht aber, wenn sie zweimal im gleichen Kleid erscheinen.)

Fonville war gekränkt, obwohl nicht so recht klar wurde, was ihm mehr zu schaffen machte: der Verlust von Fanny oder der Verlust all des Geldes, das ihn die Auflösung seiner Ehe noch zusätzlich kosten würde. Er mußte immer wieder an das Lieblingslied seines Vaters denken: »Ein hübsches Weib bringt nur Verdruß, wenn man mit ihr leben muß.« Sein Vater hatte ihm oft genug versichert: »Eine Frau, die nicht gut aussieht, mein Sohn, macht's dir auch nicht schlechter, aber für den halben Preis.« Fonville kam sich reichlich dämlich vor, und es fiel ihm nichts Besseres ein, als alles einfach laufen zu lassen und auf den Rest von Liebe zu bauen, den ihm seine im besten Sinn des Wortes teure Gattin noch entgegenbringen mochte. Sie saugt ihm das letzte Mark aus den Knochen, aber macht ihn gleichzeitig immer noch scharf. Das Pärchen steht jede Woche bei mir auf der Matte, und Fonville darf erfahren, zu welchem Preis ein Schäferstündchen in dieser Woche gehandelt wird. Und ich gebe mir wieder einmal alle

Mühe, ihm klarzumachen, daß er besser daran täte, sich mit der Frau, die er liebt, ins Benehmen zu setzen, als auch noch den Rest seines finanziellen Rückhalts aufs Spiel zu setzen.

15 Uhr. Garth ist ein erfolgreicher Schönheitschirurg. Er selbst ist seine beste Empfehlung. Er hat Nase und Augenlider korrigieren und seine Röllchen absaugen lassen. Auf seinem Kopf sprießen in ordentlichen Reihen eingesetzte kleine Haarbüschel. Seine eigene Mutter würde ihn nicht mehr erkennen. Seine Frau Grace hat eine ähnliche Perfektionsprozedur über sich ergehen lassen. An ihrem Bauch und den Oberschenkeln wurde das Fett abgesaugt, und ein großartiger Busen ragt steil empor zu ihrem perfekt gestalteten Kinn und den nagelneuen Wangen. Auch bei den Zwillingskindern des Paares haben Zahnspangen und orthopädische Schuhe den Vervollkommnungsprozeß schon eingeleitet. Garth verdient Geld wie Heu, und die vier konnten überall hingehen und ihr perfektes Aussehen bewundern lassen.

Seit der Geburt der Zwillinge hat Grace jedoch an den merkwürdigsten Körperregionen Gewicht angesetzt, da an jenen Stellen, die für den normalen Fettansatz vorgesehen sind, die für die Einlagerung von Fett zuständigen Zellen abgesaugt worden waren. Selbstredend erscheint sie in den Augen von Garth jetzt etwas mißgestaltet. Grace hingegen fühlte sich davon eigentlich kaum beeinträchtigt; sie war glücklich mit ihrer kleinen Familie und den Berufsaussichten, die sich ihr nach Abschluß ihrer Ausbildung boten. Garth jedoch fand ihre Veränderung unerträglich. Er nörgelte unentwegt an ihr herum und machte ihr Vorschriften, was sie zu essen und welche Gymnastik sie zu betreiben hatte. Sie nahm aber trotzdem stetig zu. Als das Paar zu mir kam, war Grace »fett« (sie hatte vielleicht an die neun Kilo über ihrem Idealgewicht) und niedergeschlagen, aber nicht wegen ihres Gewichts, sondern weil Garth ihretwegen Wutanfälle bekam und sich weigerte, sich mit ihr in der Öffentlichkeit sehen zu lassen.

Garth begann seinem Vater immer ähnlicher zu werden, obwohl er betonte, daß sein Vater ein plumper Sack gewesen sei und nie ordentlich Geld verdient habe, so daß die Versuche des alten Herrn, jedermann in seiner Umgebung herumzukommandieren, völlig fehl am Platze gewesen seien. Er selbst jedoch habe einen perfekten Körper und finanzielle Erfolge und dürfe somit auch Unterordnung erwarten.

Heute verbrachte ich eine weitere Stunde mit diesem Paar, in der ich versuchte, Garth begreiflich zu machen, daß sein Vater mit seinen Ansichten über männliche Rechte und Pflichten auf dem Holzweg gewesen war. Der Alte habe zwar das Recht gehabt, sich selbst mit seinem Perfektionismus unglücklich zu machen, aber man wird eben nicht dadurch glücklich, daß man immer alles richtig macht, sondern dadurch, daß man lernt, die Dinge anzunehmen, wie sie nun einmal sind. Es will ihm nicht in seinen Kopf – die Stimme des Vaters ist immer noch zu stark.

16 Uhr. Hank und Ian sind ein schwules Paar und leben schon fast zehn Jahre zusammen. Hank, ein Rechtsanwalt, ist etwa 40 Jahre alt und verliebte sich in den jüngeren Ian, der an einer High-School Footballtrainer ist, als jener noch aufs College ging. Ihrer Beziehung zuliebe haben beide Männer ihr heterosexuelles Leben aufgegeben; Hank hat sich sogar von seiner Frau und seinen zwei Töchtern getrennt. Die Beziehung zwischen den beiden Männern lief gut, Ian befielen allerdings ab und zu Zweifel, ob dies wirklich das Leben war, das er sich vorgestellt hatte, und stolperte in einige Affären. Es gelang Hank immer wieder, Ian für sich zurückzugewinnen. Er riß sich geradezu ein Bein aus, um es ihm ganz besonders recht zu machen, wobei er unentwegt darauf herumritt, was er alles ihrer »Ehe« zuliebe geopfert hatte.

Ian, dessen Vater es nie gelungen war, die Mutter so gründlich zu manipulieren, wie er es gerne gehabt hätte, verstand es bestens, Hank um den Finger zu wickeln. Seit es AIDS gab, war es jedoch undenkbar geworden, sich immer wieder mit anderen Männern einzulassen. Als Ian auf die dreißig zuging, begann er sich zu fragen, ob er nicht doch lieber heiraten und Kinder haben wollte. Hank lenkte Ians erzieherischen Schwung auf seine beiden Töchter, aber diese waren schon so gut wie erwachsen und wußten mit dem im eigenen Saft schmorenden Stiefvater nicht viel anzufangen. Ian spielte den Beleidigten und sagte, er wolle ein Baby, sein eigenes Kind. Seine Männlichkeit, die Hank doch so sehr schätze, verlange das. Ian hatte damit die einzige Forderung gestellt, die ihm der ansonsten nicht so leicht zu überfordernde Hank, der aber leider keine Gebärmutter hatte, nicht erfüllen konnte. Diese Runde war an Ian gegangen. Er konnte unglücklich sein, und Hank stand hilflos davor. Gleich seinem heroischen Vorbild Achilles konnte Ian sich beleidigt in sein Zelt zurückziehen und dadurch, daß er sich selbst das Glück versagte, in der Partnerschaft die Macht ausüben.

17 Uhr. Junior kam allein und niedergeschlagen zu mir. Der hübsche Kerl besucht einen oberen Jahrgang der High-School. Nach einem blauen Brief von seiner Schule und einem weiteren Zwischenfall, der sich bruchlos in die endlose Reihe von schweren Auseinandersetzungen mit seinem Vater Jeffrey einfügte, war er von zu Hause weggelaufen. Er wäre jetzt ganz gern wieder dorthin zurückgekehrt, aber er hatte Angst, sein Vater würde ihm ein Jahr lang Hausarrest geben. Jeffrey war immer schnell zur Hand mit derlei Drohungen.

Jeffrey arbeitete hart, aber er brachte es einfach zu nichts. Er war selten zu Hause. Wenn er einmal da war, stritten er und seine Frau die meiste Zeit über Junior und diskutierten, ob sie sich ein Scheidungsverfahren leisten könnten. Die Mutter verlangte, daß Jeffrey zu dem Jungen ein bißchen nett sei, aber das ließ ihn jedesmal rasend werden. Sein eigener Vater, ein Hauptfeldwebel, war zu keiner Zeit nett zu ihm gewesen, und er hatte nie soviel Mist gemacht wie Junior; wieso also sollte Junior einen Anspruch auf Liebe und Anerkennung haben? Jeffrey pflegte zu seiner Frau zu sagen: »Wieso soll ich Junior gerne haben? Bekommt er denn nicht schon genug Liebe von dir? Ich habe keine Liebe in mir, die ich ihm geben könnte. Alle Leute, die mich lieben wollten, haben entweder nach einiger Zeit aufgesteckt, oder sie sind mir irgendwie auf den Wecker gegangen.«

Ich habe mit dieser unglücklichen Familie das alles schon mehrfach durchgekaut, aber wir gerieten immer wieder in die gleiche Sackgasse: Junior wollte um seiner selbst willen geliebt und akzeptiert werden, unabhängig davon, ob er seine Sache gut oder schlecht machte, während Jeffrey der Meinung war, man würde damit nur Juniors Schwächen belohnen.

Ich rief Jeffrey an und bereitete ihn darauf vor, daß ich Junior jetzt zu ihm nach Hause schicken würde. Jeffrey war bereit, sich mit dem Jungen auf Verhandlungen über ein paar Verhaltensregeln einzulassen, aber er ging keinen Zentimeter davon ab, daß der Junge sich erst am Riemen reißen müsse, bevor er nett zu ihm sein werde. Der Junge bedachte mich mit einem Blick, der in aller Deutlichkeit zu verstehen gab, daß er sich niemals am Riemen reißen werde, solange er sich nicht geliebt fühle. Ich drückte also den weinenden Junior ein bißchen und schickte ihn nach Hause, wo die Strafe schon auf ihn wartete. Mit Jeffrey werde ich mich ein weiteres Mal zusammensetzen, und ich werde wieder versuchen, ihn davon zu überzeugen, daß auch Männer Liebe brauchen. Jeffrey weiß, daß er selbst liebebedürftig ist, aber er schämt sich darüber so sehr, daß ihm noch nie der Gedanke gekommen ist, daß andere Männer das gleiche Bedürfnis haben könnten wie er.

Einmal pro Woche kommt am Ende des Tages mein langjähriger Masseur Rick in meine Praxis. Rick wuchs in einer mittellosen schwarzen Familie in Atlanta auf. Sein Vater war zwar wortkarg und mürrisch, aber Rick hatte als einer der wenigen Jungen des Viertels das Glück, überhaupt einen Vater in der Familie zu haben. Er ging nach der High-School von zu Hause fort, trat in die Air Force ein und heiratete in England. Er schwor heilige Eide, er werde ein besserer Vater werden, als es sein Vater gewesen war. Eine Serie von katastrophalen medizinischen Fehlern hatte zur Folge, daß seine Frau mit den beiden Söhnen England wegen des Versorgungsanspruchs gegenüber der dortigen nationalen Krankenversicherung nicht verlassen kann. Rick seinerseits erhält in England keine Arbeitserlaubnis. Mit seinen riesigen Händen und seiner sanften Natur lindert er nun den Streß anderer Männer. Für seine Kinder kann er nichts anderes tun, als ihnen Geld zu schicken und zu hoffen, daß er sie einmal im Jahr besuchen kann. Er ruft sie jede Woche an. Ich lasse mich gern von ihm massieren, wenn er gerade vorher mit seinen Söhnen gesprochen hat. Rick läßt dann ein bißchen von seiner väterlichen Energie auf mich überströmen und macht es mir möglich, mehr von der Qual all dieser schamerfüllten, einsamen Männer wegzustecken, die vorne und hinten nicht wissen, wie sie ihrer Vorstellung von Männlichkeit gerecht werden sollen.

AUCH MÄNNER BRAUCHEN LIEBE

Wir müssen den Männern helfen, die verschütteten Bereiche ihrer Persönlichkeit wieder freizulegen, zuerst aber müssen wir sie aus dem Würgegriff ihres Männlichkeitsdrills befreien. Es ist durchaus möglich, ihnen ein anderes maskulines Verhaltensmodell nahezubringen, sie aus der Befangenheit in Scham und Einsamkeit zu erlösen und sie zu veranlassen, ihre Verletzlichkeit nicht vor anderen Männern zu verstecken. Sogar für den Aufbau einer partnerschaftlichen Beziehung mit einer Frau kann man ihnen Hilfestellung geben. All dies ist möglich, aber man darf dabei einige Dinge nicht vergessen:

1. Pathologisch maskulines Verhalten ist ein Zeichen für die Angst des Mannes vor der eigenen Unzulänglichkeit. Männliches Imponiergehabe ist nichts weiter als das Bemühen, jeden zu verjagen, der den Finger auf Schwachstellen legen könnte.

2. Männer, die an einer pathologischen Männlichkeit leiden, sind nicht in der Lage, weiblichen Zorn zu ertragen. Sie reagieren mit Panik, laufen davon oder fangen an, sich krankhaft männlich zu gebärden, als käme ihnen in jeder wütenden Frau die Mutter entgegen, die ihnen ihre Männlichkeit wieder wegnehmen möchte.

3. Der Kern des Problems exzessiver Männlichkeit ist eine unerfüllte Sehnsucht nach Liebe und Anerkennung eines Vaters, eines Mannes, dessen Wort die Bestätigung gibt, daß ein respektabler Grad von Männlichkeit errungen sei und man nun lockerlassen könne.

Wir werden niemals bessere Männer auf die Beine stellen, solange wir nicht bessere Väter haben, Väter, die sich nicht vor dem Job drücken, wenn es ernst wird. Unsere Väter haben uns nicht beigebracht, wie wir mit unserer Männlichkeit zurechtkommen sollen, und unsere Mütter und Partnerinnen können uns dabei nicht helfen, mögen sie sich auch noch so anstrengen. Selbst wenn wir weiterhin vor den Frauen zittern, müssen wir aufhören, sie für unseren Zustand verantwortlich zu machen und von ihnen die Lösung unserer Probleme zu erwarten.

Wir dürfen auch nicht die Augen davor verschließen, was wir mit unserer Männlichkeitssucht uns selbst, unseren Freunden und insbesondere unseren Söhnen antun. Eine Möglichkeit ist sicherlich, so lange zu warten, bis unsere Kinder uns zeigen, wie man mit seiner Männlichkeit zurechtkommt, aber wir könnten uns auch gegenseitig als Väter, Ratgeber, Bruder, Blutsbruder oder einfach als Mannschaftskamerad bei unseren Problemen mit der Männlichkeit unter die Arme greifen. Wir dürfen ruhig einmal selbstsüchtig sein: Mit der Unterstützung und Ermutigung anderer Männer leisten wir uns sehr wohl auch selbst einen guten Dienst.

Zu vollständigen Männern können wir nur durch andere Männer werden, die uns zum »Mann« ernennen, salben oder weihen. Wir brauchen einander zum Vollzug dieses Aktes; hier schlägt das Herz der Männerbewegung.

Einstweilen sind die Familien, die therapeutischen Praxen, die Männergruppen, ist die ganze Welt noch voll von Männern, die einst anmutige und verletzliche Knaben waren und die durch ihre Maskulopathie, ihre krankhafte Männlichkeit, zu *Weiberhelden, Wettkämpfertypen* und *Herrschernaturen* verbogen worden sind.

2 WEIBERHELDEN

»Den wenigsten Frauen ist klar, daß das Fremdgehen ihres Mannes nicht das geringste mit ihnen selbst zu tun hat.«
Philip Barry, »Nacht vor der Hochzeit«

Ungefähr die Hälfte aller verheirateten Männer in unserer Gesellschaft hat bereits einen Seitensprung hinter sich oder wird ihn eines Tages begehen. Untreue spielt sich in vielerlei Formen ab: als zufälliger und belangloser Ausrutscher für eine Nacht, als überwältigende und die Orientierung raubende Leidenschaft, die eine Flucht aus der bedrückenden Realität in eine Welt der Phantasie gewährt, oder als netter, gemütlicher Ausgleich zu einer Ehe, aus der man weder ganz aussteigen noch richtig in sie zurückkehren will. Frauen wie Männer können solche Affären haben. Eine besondere und ausschließlich von Männern praktizierte Spielart der Untreue ist jedoch die hemmungslose Schürzenjägerei. Hier dient die zwanghaft und wahllos praktizierte Verführung vorwiegend der Aufladung eines matt gewordenen Männlichkeitsgefühls.

In dem französischen Film »Cousin, Cousine« von 1975 klagt der Frauenheld Guy Marchand über seine Gattin: »Sie will einfach nicht verstehen, daß es für einen Mann nur eine Möglichkeit gibt zu beweisen, daß er ein Mann ist: Er muß mit anderen Frauen schlafen.«

Der Weiberheld ist auf den beständigen Wechsel des Sexualpartners angewiesen, um sich selbst davor zu schützen, eine dauernde und verpflichtende Verbindung zu ein und derselben Person einzugehen. Er definiert Männlichkeit mit Kategorien aus dem Sexualbereich (wobei er die Zugehörigkeit zu seinem Geschlecht überbetont, nicht etwa die Sexualität!). Er nimmt seine Geschlechtszugehörigkeit und die entsprechenden Rollenklischees ziemlich wörtlich. Wenn er sein männliches Gefieder nicht sträuben oder gar schwingen kann, fühlt er sich sofort unbehaglich. Geschlechtsspezifische Stereotypen und das Verhaltensrepertoire des Schürzenjägers können der kulturellen Überlieferung entstammen oder sich der Familientradition verdanken. Die Verhaltensmuster vererben sich über Generationen vom Vater zum Sohn.

Weiberhelden haben Angst vor Frauen. Für einen Mann, dessen Definition seiner Männlichkeit von Frauen abhängig ist, sind Frauen gefährliche und mächtige Widersacher. Diese Männer bewältigen ihre Angst, indem sie in Frauen den »Gegensatz« zum Mann ausmachen, sie gegenüber Männern als zweitrangig betrachten und den Lebenszweck der Frauen in erster Linie darin sehen, dem Manne zu Diensten zu sein, und zwar insbesondere in sexueller Hinsicht.

Für den Weiberhelden sind Status und Absicherung der Lebensbedingungen Ausdruck seiner Männlichkeit, die damit zur wichtigsten aller Tugenden aufrückt. Männlichkeit kann auf zweierlei Weise errungen werden: durch Wettstreit mit anderen Männern oder durch sexuelle Herrschaft über Frauen. Ein Mann, der Konkurrenzrangeleien mit anderen Männern aus dem Wege geht und auch nicht ständig mit Frauen ins Bett steigt, tut seiner Männlichkeit Abbruch und erleidet Statusverlust. Die größte erdenkliche Statusminderung bestünde darin, unter die Kontrolle einer Frau zu geraten. Männlichkeit bestätigt und bewährt sich folglich in der Flucht vor der Kontrolle durch die Frau.

Der Weiberheld kann sich Frauen gegenüber feindselig und grausam verhalten, wobei die Verführung dazu dient, sie zu erniedrigen. Oft ist er aber auch durch Frauen eingeschüchtert und verängstigt, so daß die Verführung für ihn eine Maßnahme zu ihrer Zähmung darstellt. Selbst die netten, freundlichen Verführer, die glauben, sie würden die Frauen mögen, behandeln sie oft nur als austauschbare und jederzeit ersetzbare Objekte. Diese Männer sind primär an der Geschlechtlichkeit der Frauen interessiert, auch dann, wenn ihnen ein Gespür für die Persönlichkeit der jeweiligen Frau nicht abgeht.

In unserem Alltagsverständnis gelten Weiberhelden als komische Figuren, als unartige, in der Pubertät verharrende Buben, die ihre

Männlichkeit aufzubauen und gleichzeitig den Fängen von Mama zu entkommen suchen. In der von Männern verfaßten Emanzipationsliteratur erscheinen sie hingegen als tragische Gestalten, die mit ihrer »normalen« polygamen Disposition keinen Platz in einer Kultur finden, die eine »perverse« Monogamie praktiziert. Die feministische Literatur begreift den Weiberhelden als Bösewicht, als gefährlichen Fußkranken der Evolution, als Zeitgenossen, der im Primatenstadium steckengeblieben ist.

Ob wir nun den Weiberhelden als Angehörigen eines falschen Entwicklungsstadiums, einer falschen Kultur oder der falschen Spezies begreifen – stets lauert dahinter der Argwohn, daß mit ihm etwas nicht stimmt. Die Frauenhelden empfinden sich selbst wiederum keineswegs als anormal. Sie sind davon überzeugt, daß man sie beneidet und bewundert, und setzen schlicht voraus, daß jeder Mann sich so verhält wie sie oder sich jedenfalls so verhalten würde, wenn er es könnte. Oft glauben sie sogar, daß auch Frauen sich in derselben Weise aufführen oder es zumindest möchten. Zumeist sind sie sich ihrer Wut auf Frauen nicht bewußt. Sie behaupten, die Frauen zu »lieben«, und »konsumieren« sie doch nur ein ums andere Mal.

BEI FRAUEN LANDEN

Kyle ist einer meiner Trainingsgenossen. Er ist Anfang vierzig, ein eifriger, selbstbewußter und entschlossener Schürzenjäger. Während seiner zwanzigjährigen Ehe hat er mit nahezu tausend Frauen geschlafen – zumindest wenn man sich an seine Formel hält, die da lautet: eine Frau pro Woche. (Es wurmt ihn allerdings, daß er sich von der Basketballkanone Wilt Chamberlain deutlich in den Schatten stellen lassen muß, der 10 000 Eroberungen – das wären 1,2 pro Tag seit seinem fünfzehnten Lebensjahr – für sich in Anspruch nimmt.)

Kyle hat als Immobilienmakler ein Vermögen gemacht und kann sich trotz seiner bescheidenen Herkunft mittlerweile fast alles erlauben, was das Herz begehrt; aber dennoch gibt es für ihn nichts Reizvolleres, als Röcken hinterherzulaufen.

Kyles Karriere als Schürzenjäger begann drei Tage nach seiner Hochzeit. Er war der ihm frisch angetrauten Frau überdrüssig und konnte an nichts anderes denken als an eine der Brautjungfern. Er brach seine Hochzeitsreise vorzeitig ab, um dieser Brautjungfer nachzusteigen, was er auch mit einem Erfolg krönte. Die Heirat änderte nichts an einem Muster, das sich seit seinem vierzehnten Lebensjahr eingeschliffen hatte. Damals schon hatte er hinter dem Rücken seiner ersten Flamme mit deren bester Freundin herumpoussiert. Heute geht er in Single-Bars, wo er kaum etwas trinkt, aber fleißig die Damen aushält. Es dauert meist keine Stunde, und er hat eine Frau gefunden, die es mit ihm auf dem Parkplatz treibt oder ihn kurz in eines der Häuser begleitet, die auf seiner Maklerliste stehen, oder aber sich auf eine Geschäftsreise mitnehmen läßt.

Kyle trifft sich nie öfter als zweimal mit derselben Frau. Er hatte sich diese Regel zu eigen gemacht, nachdem er einmal unerfreulicherweise begann, zu einer seiner Frauen Zuneigung zu empfinden. Es handelte sich um eine Mitarbeiterin, die jeden Nachmittag für einen Aufhüpfer in sein Büro kam. Er erzählt gerne einen Witz. Frage: »Was ist ein Romantiker?« Antwort: »Ein Mann, der nicht begriffen hat, daß eine Frau wie die andere ist.«

In den letzten Jahren ist Kyle aufgefallen, daß er es manchmal gar nicht bis zum Geschlechtsakt kommen lassen will. Das Spiel ist im Grunde vorbei, sobald die Frau eingewilligt hat. Er sagt allerdings auch nicht nein, wenn er ins Bett eingeladen wird. Er befürchtet, man könnte ihn für schwul halten, wenn herauskommen sollte, daß er vor dem Geschlechtsverkehr mit einer Frau gekniffen hätte.

Kyle bezeichnet sein Treiben als »Abhaken« von Frauen. Er hat einen Erfolg »gelandet«, wenn er sie verführt oder dazu gebracht hat, daß er ihnen mehr bedeutet als sie ihm. Das Konzept des Abhakens beinhaltet ferner, daß die Frau jetzt einsortiert und ad acta gelegt ist und nie wieder aufs Tapet kommen wird.

Wozu, fragt Kyle, sollte ein Mann sich eine andere Situation wünschen? Er befindet sich zwar in einem unentwegten Wettbewerb mit anderen Männern, fühlt sich dabei aber ziemlich entspannt. Er richtet sein Konkurrenzverhalten sorgfältig an den Regeln der Männerwelt aus, und die Männer, mit denen er Umgang hat, können ihn gut leiden. In der Gegenwart von Frauen, die noch nicht »abgehakt« sind, benimmt er sich verkrampft, wird steif und formell und läßt übertriebene Höflichkeitsrituale vom Stapel. Er spielt ein Spielchen, das er niemals zu gewinnen hofft: Er tut so, als sei er auf der Suche nach einer Frau, die »besser« ist als seine eigene, hofft aber inständig, niemals eine solche zu treffen, da er ja schließlich nicht wünschen kann, sich die Kosten und Belastungen einer Scheidung aufzuladen. Außerdem sei es sowieso so gut wie ausgeschlossen, daß er einer Frau begegnet, die so »doof« sei wie seine eigene, die in all den Jahren nicht den geringsten Argwohn gehegt hat (wie er denkt). Er hält sich für einen sehr glücklichen Mann. Er hat drei Kinder und mußte noch nie eine einzige Windel wechseln, zu einem Elternabend oder zum Kinderarzt gehen oder die Kinder zur Schule fahren. Er hat alle Frauen bekommen, die ihm gefielen, muß keine von ihnen ein zweites Mal ertragen und wird in den Bars, in denen er verkehrt, von jedem Mann beneidet.

Kyles Vater war nicht, wie sonst oft in solchen Fällen, selbst ein Schürzenjäger. Kyle sagt, er sei ein Pantoffelheld gewesen, ohne Erfolg, ohne Glück und ohne die Fähigkeit, die Mutter zufriedenzustellen. Wie er wollte Kyle keinesfalls werden. Sein Vorbild war vielmehr der jüngere Bruder seiner Mutter, ein mehrfach geschiedener Hallodri, von Kyles Mutter angebetet und vom frömmelnden Vater verachtet. Kyle glaubt, daß sein Vater jahrzehntelang impotent war. Schon früh wußte Kyle, daß er ein »richtiger Mann« werden wolle und kein »Schlappschwanz mit Mösenangst« wie sein Vater.

Kyle kann über Gary Hart und Bill Clinton, die sich erwischen ließen, nur lachen. Er läßt sich über Präsident Kennedy und seine Affären aus, über die polygamen Patriarchen des Alten Testaments und über die Mormonen, obwohl ich Kyle auf historischem und religiösem Gebiet kaum als Kenner bezeichnen würde. Er schützt sich mit großem Geschick vor der Einsicht, daß an dem, was er treibt, etwas nicht in Ordnung ist. Im Mittelpunkt seines Lebens steht – wie bei allen Weiberhelden – die wilde Entschlossenheit, seinen Ruf als normaler Mann zu sichern. Je deutlicher er sich vom weiblichen Geschlecht abhebt und je großartiger seine Siege über die Frauen sind, desto zweifelsfreier erweist er sich als Mann.

EPISCHE UND LYRISCHE FRAUENHELDEN

Wie ich gehört habe, sagt Jack Nicholson im Originaldrehbuch von
Jules Feiffers Film »Die Gewißheit des Fleisches« zu Art Garfunkel,
der seinen Stubenkameraden im Internat spielt: »Weißt du noch, damals, als wir noch klein waren, da mochten wir die Mädchen nicht.
Wir mögen sie noch immer nicht. Wir mögen nur den Sex.«
    In der Tat mögen Weiberhelden die Frauen nicht wirklich. Es kann
sogar sein, daß sie noch nicht einmal den Sex mögen.

Weiberhelden wie Kyle betrachten sich gerne als Männer mit
übergroßem sexuellen Appetit, als Männer von so ausgeprägter
Männlichkeit, daß ihnen der Sinn eben zu sehr und zu oft nach sexueller Betätigung steht. Die meisten von ihnen haben allerdings beträchtlich weniger Geschlechtsverkehr als monogame Männer, die
eine sexuell abwechslungsreiche Ehe führen. Allerdings gibt es unter
den Weiberhelden auch einige, die sich täglich in einer bunten Abfolge mit wechselnden Partnerinnen zwei oder mehr Orgasmen zu
verschaffen wissen. Sie erschöpfen sich und reiben sich wund auf der
Jagd nach einem Gefühl, das ihnen immer wieder wie Sand durch die
Finger zu rinnen scheint.

In seinem Roman »Die unerträgliche Leichtigkeit des Seins« beschäftigt sich Milan Kundera mit der Frage, wonach Frauenhelden
eigentlich streben. Der Roman handelt von einem Mann, der alles für
eine Frau aufgibt, die er mit wiederholten, zwanghaften und freud-
losen Seitensprüngen quält. Kundera kommt zu dem Schluß, daß es
zwei Gruppen von Frauenhelden gibt, die lyrischen und die epischen.

Epische Frauenhelden wie Kyle suchen die Vielfalt, suchen
Frauen jeglichen Typs, jeglicher Gestalt, Farbe und Stellung. Ihm
geht es um die *Frau* schlechthin in all ihrer Mannigfaltigkeit. Jede
neue Frau verschafft ihm eine neue Erregung, über jede Frau, die ihm
entgeht, ist er unglücklich. Wenn er die *Frau* in all ihren unendlich
vielfältigen Erscheinungsformen genossen hat, darf er sich endlich
als *Mann* fühlen.

Der lyrische Frauenheld dagegen ist auf der Suche nach Vollkommenheit. Er ist darauf aus, sich in jede Frau zu verlieben, bis er
an ihr einen Makel bemerkt. Er ist zu einem Leben voller Enttäu-

schung verdammt. Es gibt keine Frau, die so perfekt wäre, daß sie ihn
befriedigen und ihm das Gefühl vollkommener Männlichkeit schenken könnte.

Der Prototyp des epischen Frauenhelden ist Don Juan, oder »Don
Giovanni«, wie er in Mozarts berühmter Oper heißt. In jener Oper hat
er Donna Anna verführt und ihren Vater getötet. Jetzt verbirgt er sich
im Wald mit Zerlina, einem Bauernmädchen, das er auf ihrer eigenen
Hochzeit ver- und entführt hat. Donna Elvira, seine verstoßene Verlobte, jagt hinter ihm her und versucht ihn zurückzugewinnen. Don
Giovannis Diener Leporello vertreibt den glücklosen Verfolgern die
Zeit, indem er ihnen die Eroberungen seines Herrn aufzählt: »In Ita-
lien sechshundertvierzig, in Deutschland zweihunderteinunddreißig,
hundert in Frankreich, einundneunzig in der Türkei, in Spanien jedoch schon eintausendunddrei!« Leporellos Bewunderung für seinen
Herrn ist grenzenlos. Ganz besonders imponiert Leporello, der sich
selbst als wenig erfolgreicher Amateurverführer betätigt, daß Don
Giovanni keinerlei Unterschiede macht: »Was kümmert ihn Reichtum, ob sie häßlich oder schön von Gestalt, solange ein Rock ihr Gewand.« Am Ende erscheint Donna Annas Vater als steinerner Gast. Er
will Don Giovanni in die Hölle zerren und fordert ihn auf, Reue zu
zeigen und seiner Lebensweise abzuschwören. Giovanni weigert
sich. Niemand soll ihm Feigheit nachsagen können. Ein Don Giovanni würde lieber sterben, als sich den gesellschaftlichen Regeln zu
unterwerfen. Seine Männlichkeit oder das, was er darunter versteht,
ist ihm wichtiger als sein Leben.

Ein außergewöhnlich charmanter lyrischer Frauenheld mit
hohem Frauenumsatz erklärte mir einmal: »Für mich sind alle Frauen
begehrenswert. Jede Frau, die ich noch nicht gehabt habe, verkörpert
für mich ein Geheimnis, und ich bin von ihr wie besessen. Ich muß
sie einfach unentwegt ansehen, ich muß sehen, wie sie sich bewegt
und atmet, ich muß sie riechen und schmecken. Ich will nichts anderes, als ihre Eigenheiten herauszufinden und ihr Lust zu bereiten. Ich
will, daß sie sich in Wohlgefallen räkelt – ich sage ihr alles, was sie
gerne hört. Es wird ja nicht lange dauern, und ich bin für immer aus
ihrem Leben verschwunden.«

Der Frauenheld scheint auf alarmierende Weise frei von Skrupeln

zu sein, wenn er sich herausnimmt, mit kindlichem Vergnügen alles
das zu tun, was ihm Spaß macht. Manche von ihnen sind so verfüh-
rerisch, daß ihnen kaum je eine Frau widerstanden hat. Die ihnen so
häufig und freigebig geschenkte Liebe hat ihr Selbstvertrauen ge-
steigert. Diese Männer sind keineswegs unfähig, Freude zu schenken,
bevor sie den unvermeidlichen Schmerz zufügen. Aber auch, wenn
der Weiberheld anfänglich einer Frau Zufriedenheit gewähren kann,
bleibt er selbst immer unbefriedigt.

DER FEIND IM EHEBETT

Frauenhelden halten nichts von Monogamie und ehelicher Treue,
finden sich noch nicht einmal bereit, ein eheliches Stillhalteabkom-
men auszuhandeln – all dies würde ja Gleichberechtigung unter den
Geschlechtern voraussetzen. Die Vorstellung, ein Mann sollte einer
Frau in so persönlichen Dingen wie der sexuellen Partnerwahl ein
Mitspracherecht einräumen, ist für diese Männer schlichtweg eine
Zumutung. Oft kommen diese Männer aus einer Volksgruppe oder
einem religiösen Milieu, in dem der Glaube hochgehalten wird, der
Liebe Gott habe den Mann nach Seinem Ebenbild geschaffen und
ihm aufgetragen, die Frau und ihre gefährliche Sexualität unter
männlicher Kontrolle zu halten. Männliche Vorherrschaft und dop-
pelte Moral sind bei solchen Männern vielfach Bestandteile eines
Glaubensinhalts.

So reizend Frauenhelden auf freier Wildbahn auch sein mögen,
zu Hause benehmen sie sich oft wie Scheusale. Zu Hause wird die
Gefahr, unter weibliche Kontrolle zu geraten, am deutlichsten spür-
bar. Die Ehegattin ist für den Weiberhelden die Verkörperung all
dessen, was an Frauen bedrohlich ist. Sie stellt für ihn ein Hinder-
nis dar bei seiner Jagd nach Verführungserfolgen, die er braucht, um
sich zu vergewissern, daß er die Frauen im Griff hat und nicht die
Frauen ihn.

Für den Schürzenjäger ist die Ehe ein Attribut seiner Ehefrau, das
sie als Instrument einsetzt, um damit die ihm zustehende Freiheit zu
beschneiden. Er kann natürlich seine Wut und Geringschätzung auch

auf anderen Gebieten zum Ausdruck bringen. Er kann sich seine Männlichkeit dadurch bestätigen, daß er die Kontrolle über bestimmte Sparten ausübt, beispielsweise die Finanzen, oder indem er sich manchen Anforderungen einfach verweigert, wie etwa zu Hause anzurufen oder sich um die Kinder zu kümmern. Er verteilt die Aufgaben und bestimmt, was wichtig ist. Er kann sogar, falls es ihm nötig erscheint, zum Mittel körperlicher Gewalt greifen, um seinem Machtanspruch Nachdruck zu verleihen. Er kann sich darauf verlegen, seiner Frau gewisse Dinge zu befehlen oder zu verbieten, damit er vor ihr als der große Zampano dastehen kann. Oft meckern diese Männer unablässig über »Emanzen« und haben stets eine Geschichte über die Torheiten und die Unfähigkeit der Frauen auf Lager. Je weniger er in seinem eigenen Lebensbereich von Erfolg verwöhnt ist und je mehr er von Frauen abhängig ist, desto größer wird seine Neigung, Frauen herabzuwürdigen.

Ein von Grund auf weiberfeindlicher Frauenheld hat meist schon viele von fortwährenden Seitensprüngen überschattete Ehen hinter sich, wobei er oft seiner Frau die Schuld für sein Fremdgehen zuschiebt. Wenn er von seinen Eskapaden nach Hause kommt, gibt es häufig Streit oder setzt es gar Schläge. Das Verhaltensschema kann sich hin und wieder für eine Weile lockern, wenn er sich aus Unachtsamkeit mit einer Frau einläßt, die seine Mätzchen nicht duldet und gewillt ist, ihn sitzenzulassen, wenn er sich nicht anders aufführt. Er gibt dann vielfach seine Schürzenjägerei eine Zeitlang auf und bleibt seiner neuen Gefährtin über einige Monate oder Jahre treu, bis ihre Wachsamkeit erlahmt, weil sie ihn mag oder ihm vertraut – oder bis sie ihn heiratet.

Ich hatte einmal mit einem pensionierten Armeeoffizier zu tun, der jahrelang ein Verhältnis zu der Frau seines besten Freundes unterhielt. Nach dem Tod des wohlhabenden Freundes heiratete er die Witwe und ließ sich von ihr aushalten, während er sich mit anderen Frauen vergnügte. Seine letzte Eroberung war die Nichte seiner Gattin. Diese erfuhr davon, als sie von zu Hause fort war, und stellte den Gatten telefonisch zur Rede. Sie machte ihm eine Szene. Er sagte darauf, er würde sich ein solches Theater von einer Frau nicht bieten lassen, und zur Strafe könne *sie* sich jetzt anhören, wie er ihr Porzellan, das sie von ihrer Mutter geerbt hatte, auf die Erde schmeißen werde. Er warf alles in Stücke. Sie drohte, ihn zu verlassen, wenn er nicht zu mir in Behandlung ginge. Als mir die beiden die Geschichte erzählten, bezeichnete ich das Zerschlagen des Porzellans unachtsamerweise als Überreaktion. Der Mann erhob sich daraufhin und ließ mich wissen: »Wenn Sie nicht kapieren, warum mir gar nichts anderes übrigblieb, als dieses Porzellan kaputtzumachen, dann haben Sie einfach keine Ahnung, wie man mit Frauen umgehen muß. Als nächstes werden Sie mir noch erzählen, sie hätte womöglich das Recht, mir vorzuschreiben, mit wem ich ins Bett gehe. Ich begebe mich doch nicht in die Händes eines Perversen wie Sie!« Er marschierte hinaus und sie hinterher, wie ich leider berichten muß.

Vor ein paar Jahren, als mein Buch über eheliche Untreue »Private Lies: Infidelity and the Betrayal of Intimacy« (Private Lügen: Untreue und der Bruch des Vertrauens) herauskam, wurde ich in die Fernsehshow von Oprah Winfrey eingeladen. Ich sah mich dort einem Publikum von 150 Männern gegenüber, die sich bereit erklärt hatten, in einer landesweit übertragenen Sendung über ihre Seitensprünge zu reden. Auf Oprahs Frage, warum Männer fremdgehen, erklärte ich, der Grund liege in ihrer Angst vor Frauen. Das Publikum reagierte gereizt mit Trampeln, Kriegsgeschrei und Tiergebrüll. Ein Mann war sofort aufgesprungen und erwiderte: »Ich fürchte mich vor keiner Frau. Sie können mir jede Frau, die Ihnen einfällt, vor die Füße werfen, und ich werde mich auf sie stürzen. Es ist mir völlig egal, wer sie ist.« Oprah machte den Männern begreiflich, daß ich sie keineswegs bezichtigte, sie hätten Angst vor Sex, meine Meinung sei vielmehr, sie hätten Angst davor, unter die Fuchtel einer Frau zu geraten. Daraufhin erzählte der Mann die traurige Geschichte seiner kurzen Ehe.

Er sagte: »Ich habe diese Frau geheiratet, nachdem ich zuvor drei Jahre mit ihr zusammengelebt und sie sich mir gegenüber nie etwas herausgenommen hatte. Dann haben wir also eines Morgens geheiratet. Wir kommen aus dem Standesamt, und ich sage zu ihr, ich werde jetzt die Straße runtergehen wie immer und mit den Jungs eine Runde Ball spielen. Da antwortet sie: ›Ach, Liebling, kannst du nicht hier bei mir bleiben?‹ Sie hatte mich kaum geheiratet, und schon dachte sie, ich sei ihr Eigentum! Ich hab' sie einfach stehenlassen und mir eine andere gesucht. Was wäre ich denn für ein Kerl, wenn ich mir von einer Frau vorschreiben ließe, was ich tun soll!« Bei den anderen Männern herrschte einhellige Zustimmung.

Frauenhelden sehen in der Ehefrau den Todfeind, und sie betrachten Frauen generell nicht so sehr als menschliche Wesen, sondern als Objekte. In einem »Bumsverhältnis« mit einer Frau, die bezüglich der Männer sämtliche idealistischen und romantischen Erwartungen hat sausenlassen und deren Verachtung der Ehe sich mit ihrem eigenen Unmut trifft, können sie sich jedoch von ihrer netten Seite zeigen. Eine besonders verbitterte Frau, die mit mehreren Männern ein derartiges Verhältnis hatte, machte zu mir die zynische Bemerkung: »Jeder verheiratete Mann geht fremd, zumindest jeder, mit dem ich ins Bett gegangen bin.« Der Frauenheld kann natürlich mit einer solchen Frau niemals eine Ehe eingehen, da das Entscheidende der Beziehung ja gerade darin besteht, daß auf eine tiefere Bindung und Romantik nicht der geringste Wert gelegt wird.

Der kühnste von allen unseren Frauenhelden ist James Bond. Er scheint darauf aus zu sein, regelmäßig sein Leben aufs Spiel zu setzen, wenn er die Frauen, die auf ihn angesetzt sind und ihn töten wollen, in sein Bett lockt und ihnen derartige sexuelle Wonnen bereitet, daß sie ihm zuliebe ihre Auftraggeber verraten. Seine berühmteste Eroberung war Pussy Galore, eine faschistische lesbische Mörderbraut, der er in allen Punkten den rechten Weg wies. Bond wird sein Leben auf jede Weise und für jede Sache riskieren. Eines aber wird er niemals tun: Mit Miss Moneypenny schlafen, dem Sexobjekt ohne Risiko, das allzusehr an eine Ehefrau erinnert.

Wettbewerbsorientierte Männer, die sich als Versager betrachten, umgeben sich gerne mit Frauen, denen sie sich überlegen fühlen können. In Woody Allens Film »Innenleben« verführt der erfolglose Ehemann einer erfolgreichen Schriftstellerin seine Schwägerin. Er sagt zu ihr: »Es ist ja schon so lange her, daß ich mit einer Frau geschlafen habe, bei der ich mich nicht unterlegen gefühlt habe.«

Im allgemeinen bleibt dem Frauenheld sein Haß auf das andere Geschlecht und seine Angst vor ihnen verborgen, da er immer wieder auf Frauen stößt, die seinen Haß und seine Furcht teilen. Sie wenden sich gegen alles Weibliche, somit auch gegen sich selbst

und schließlich gegen die grundsätzliche Gleichberechtigung der
Geschlechter, die die Ehe im eigentlichen Sinne ausmacht.

HOMOSEXUALITÄT UND SCHÜRZENJÄGEREI

Wenn Weiberheldentum und Donjuanismus durch folgende Kriterien
bestimmt werden: (1) zwanghafte Männlichkeit, (2) wilde Entschlossenheit, sich niemals dem »entgegengesetzten« Geschlecht auszulie-
fern, und (3) sexueller Wettstreit mit anderen Männern, dann wäre
der Don Juan in Reinkultur ein Homosexueller. Das Schwulenleben
konzentrierte sich auf phallische Symbolik, auf die höfliche Meidung
alles Weiblichen und auf hemmungslose Verführung anderer Männer. Es war bemerkenswert promiskuitiv. AIDS hat eine gewaltige
Veränderung bewirkt. Es gibt nun monogame Homosexuelle, die eine
Ehe führen wollen, wenn auch nicht mit einer Frau. Außerdem gibt
es viele enthaltsame Homosexuelle, denen die Sphäre der Schwulen
als Zuflucht dient vor der »normalen« Männerwelt mit ihrem Machogehabe und dem ewigen Konkurrenzkampf um die holde Weiblichkeit.

Männer, die den gewaltigen Preis für das Schwulsein in unserer
Gesellschaft entrichteten, haben sich ihre sexuelle Freiheit eine
ganze Menge kosten lassen. Viele haben deshalb auf einem Recht zu
ungehemmter Promiskuität bestanden. Homosexuelle Schürzenjägerei war eine verbreitete Erscheinung.

Es gibt eine Anzahl von regulär verheirateten Männern, die bis-
exuell aktiv sind. Sie führen nebenher ein Schwulendasein im Untergrund. Möglicherweise sind solche Männer von ihrer Frauen-
angst gezwungen worden, zur Ehefrau auf Distanz zu gehen; nur bei
anderen Männern können sie zu einer entspannten Sexualität finden. Bei anderen braucht die Sexualität mit Frauen keineswegs problematisch zu sein, aber sie suchen mehr Abwechslung, als ihnen
die größte Anzahl von Frauen bieten würde. Manche suchen auch
nur wie damals zu Beginn ihrer Pubertät die Nähe zu einem Mann,
wobei sie diese Nähe nicht anders herzustellen wissen als über die
Sexualität.

Ungeachtet dessen, ob ein Mann mit Frauen oder Männern herumschläft, es bleibt Schürzenjägerei und entspringt nach wie vor mit größter Wahrscheinlichkeit dem Bestreben, durch Sexualität zu einem Gefühl erfüllter Männlichkeit zu gelangen und gleichzeitig der furchteinflößenden Macht der Frauen zu entkommen, die den Status der Männlichkeit verleihen und auch wieder entziehen können.

EIN FRAUENHELDENLEBEN

»Der erste Verrat ist nicht wiedergutzumachen. Er ruft eine Kettenreaktion hervor, bei der jeder Verrat uns weiter vom Ausgangspunkt des Urverrates entfernt.«
Milan Kundera, »Die unerträgliche Leichtigkeit des Seins«

Ein Mann, der sich auf eine Karriere als Weiberheld einläßt, hat ein einsames Leben vor sich. Und es ist nicht einfach umzukehren.

Sie haben Lex wahrscheinlich schon einmal im Fernsehen gesehen oder im Sportteil der Zeitung von ihm gelesen. Lex ist Profigolfspieler. Er ist nicht mehr häufig unter den Gewinnern der großen Turniere zu finden, wie noch vor 15 oder 20 Jahren, aber er hält ein solides Leistungsniveau und enttäuscht nie seine Zuschauer. Sein Verdienst ist ansehnlich, und über fehlende Aufmerksamkeit braucht er sich auch nicht zu beklagen. Überdies ist er ein Liebling der Presse. Er hat drei prächtige Söhne, einer davon ist selbst ein talentierter Golfspieler, ein anderer orthopädischer Chirurg an einem Krankenhaus und der dritte angehender Sportjournalist. Dann ist da noch Louise, seine gutaussehende, intelligente, liebevolle Frau, die auch gelegentlich in der Presse Erwähnung findet. Sie sehen beide aus wie Fotomodelle und erscheinen gemeinsam in den Anzeigen für Sportbekleidung. Lex und Louise haben alles, aber sie fühlen sich beide unglücklich, und das schon seit Jahrzehnten. Auch Lex' Leistung als Golfer fängt inzwischen an darunter zu leiden.

Lex ist in sehr ärmlichen Verhältnissen in einer Stadt in der Nähe von Fort Worth aufgewachsen. Seine Eltern waren noch halbe Kinder, als sie heirateten, weil Lex' Mutter schwanger wurde. Der Vater war 17 Jahre alt, dunkel und gutaussehend, außerordentlich verwegen und atemberaubend selbstsicher. Er verdiente sein Geld als Klinkenputzer, und Gott allein weiß, vor welcher Lumperei er gerade davongelaufen war, als er in jener Stadt landete. Es hieß, er habe Cherokeeblut in den Adern, aber er selbst wußte nichts dazu zu sagen. Er war von zu Hause fortgelaufen, nachdem ihn sein Vater wieder einmal im Suff verdroschen hatte, und niemand hatte sich bis dahin die Mühe gemacht, ihm Näheres über seine Herkunft mitzuteilen. Lex' Mutter war einfach und schüchtern, ein dralles, gesundes zwanzigjähriges Farmermädchen. Sie war im Haus geblieben, nachdem ihr Vater gestorben war, hatte sich um die kränkelnde Mutter und die schwächlichen kleinen Brüder und Schwestern gekümmert. Sie wartete darauf, daß jemand auftauchte und sie dort herausholte, und dieser neu in die Stadt gekommene junge Mann schien zu wissen, wo es langging. Die beiden trafen sich, sie wurde schwanger, und dann wurde geheiratet.

Sie hatten beide eine nur mangelhafte Schulbildung und daher Schwierigkeiten, ihren Lebensunterhalt zu verdienen. Lex' Mutter bekam in der Schwangerschaft immer mehr gesundheitliche Probleme, und seinem Vater war jeder Anlaß recht, die Kurve zu kratzen. Er verschwand regelmäßig für ein paar Tage, und die Mutter von Lex machte dann kein Auge zu und aß nicht, bis er wieder zurück war. Er kam jedesmal wieder zurück, manchmal sogar mit Geld in der Tasche, manchmal mit einer Geschlechtskrankheit, manchmal auch bloß mit prahlerischen Lügengeschichten.

Als Lex neun Jahre alt war, zog der Vater mit der Familie in eine hübsche Wohnung mit Ausblick auf einen Park. Lex erhielt als Geschenk ein prächtiges neues Fahrrad, etwas, wovon er bisher noch nicht einmal zu träumen gewagt hatte. Er bekam auch seine ersten Golfschläger, und es gab Versprechungen, daß ab jetzt alles eitel Freude sein würde.

Am nächsten Tag kam jedoch der Vater nach der Arbeit nicht nach Hause. Der Chef rief an und berichtete, Lex' Vater hätte in der Firma Geld gestohlen und man habe ihn hinausgeworfen. Die Mutter von Lex, die noch nie auf eigene Faust versucht hatte, Arbeit zu finden, konnte die Miete nicht bezahlen. Sie verkaufte das neue

Fahrrad von Lex und verkroch sich in ihrem Bett. Die Golfschläger
durfte Lex behalten. Er fand einen Job als Schuhputzer und schaffte
es, die Familie über Wasser zu halten, bis der Vater wieder auftauchte
und die Familie in eine billigere Wohnung umzog. Lex erinnert sich
zwar auch noch an seinen Zorn auf den Vater, am deutlichsten aber
an die Angst, die er vor ihm hatte. Auch er wäre am liebsten fortgelaufen.

Wenige Jahre später brannte der Vater zusammen mit einer Ar-
beitskollegin durch. Wegen eines Autodiebstahls endete die Flucht
für ihn im Gefängnis. Diesmal war er wirklich lange fort.

Als Lex fünfzehn war, hatte er sich mittlerweile schon fast an
die beständige Anwesenheit des Vaters gewöhnt. Er war sicherer
geworden und hatte die Zeit, als dieser immer wieder fortlief, schon
fast vergessen. Sein Vater, der als Verkäufer arbeitete, unternahm
zwar gelegentlich Reisen, aber er war immerhin so oft zu Hause,
daß er regelmäßig eine Baseballmannschaft der Amateurliga trainieren konnte. Als altem Charmeur war es ihm gelungen, einer Frau
in der Verwaltung des Country-Clubs für Lex die Erlaubnis zur Be-
nutzung des dortigen Golfplatzes abzuluchsen. Lex erhielt sogar
Golfunterricht.

Auf einmal war der Vater wieder fort. Während Lex die High-
School zu Ende brachte, verdiente er den Lebensunterhalt für sich
und seine Mutter als Golfcaddie. Nach dem Schulabschluß bekam der
vielversprechende Golfspieler ein Stipendium fürs College. Die Mutter hatte schon alles in die Wege geleitet, um wieder zu ihrer invali-
den Mutter und dem Großvater zu ziehen, als plötzlich nach dreijähriger Abwesenheit der Vater vor der Tür stand. Er ließ wie immer
sein Schwerenöterlächeln aufblitzen und sagte: »Was ein Mann tun
muß, muß er eben tun«, was ihm Erklärung genug zu sein schien.

Lex war so erleichtert, daß ihm der Vater die ewig jammernde
Mutter abnahm, die zu nichts mehr zu gebrauchen war, daß er beinahe vergaß, auf den Alten wegen dessen langer Abwesenheit böse
zu sein. Er schrieb sich an der Southern Methodist University ein und
war alsbald ein neuer Stern am Golferhimmel. Man wollte ihn spon-
sern, engagieren oder ihm einfach nur schöntun, und dabei fiel so
manches für ihn ab. Aber was noch wichtiger war, Lex durfte sicher

sein, daß sein Vater sich großspurig zu jedem seiner Wettkämpfe einfinden würde.

Lex war mit Louise schon seit dem 9. Schuljahr befreundet gewesen. Ihre Eltern waren Alkoholiker, die sich unentwegt zankten. Sie wohnte noch daheim und schmiß den Haushalt. In der Zeit, als Lex sein erstes Studienjahr absolvierte, wurde der Vater von Louise immer bösartiger, und sie bekam es mit der Angst zu tun. Ihr Leben wurde immer unerträglicher, während das von Lex in immer erfreulichere Bahnen geriet. Sie überredete ihn zu heiraten. Sie war das erste und einzige Mädchen, mit dem er geschlafen hatte, und er war entschlossen, sich um sie zu kümmern. Er gewann Gefallen an der Sache. Sie, die ihn in all den fürchterlichen Jahren immer wieder aufgerichtet hatte, als sein Vater andauernd verschwunden und seine Mutter ein Häufchen Elend war, als vorn und hinten das Geld nicht reichte, sie saß jetzt in der Klemme, und er durfte als Retter in der Not einspringen. Er konnte sich jetzt als der Mann erweisen, der sein Vater niemals gewesen war.

Nach der Hochzeit von Lex und Louise verschwand der Vater aufs neue. Lex ging vom College ab. Mit der Unterstützung einiger Sponsoren machte er die Ausscheidungsturniere der Profigolfer mit und verdiente bald genug Geld, um seine Mutter in eine eigene Wohnung ziehen zu lassen. Seit jener Zeit sorgt er für ihr Auskommen.

Lex und Louise waren glücklich. In kurzer Folge kamen drei Söhne. Louise blieb zu Hause bei den Buben und ließ Lex alleine reisen. Sie kümmerte sich auch verstärkt um Lex' Mutter, die an nervösen Zuständen litt und sich seit dem letzten Verschwinden ihres Mannes stark verändert hatte.

Lex genoß es, mit seinen Kollegen zusammenzusein. Es erinnerte ihn an die Zeit, als er und seine Kumpel von seinem Vater trainiert worden waren. Unter den Spielerkollegen des Golfzirkus wurde viel getrunken, manche nahmen Drogen. Man machte sich einen Spaß daraus, Frauen aufzureißen, und es gab auch immer Frauen, die hinter Sportlern her waren – sogar hinter Golfspielern. Die Kumpel versicherten Lex, daß es doch völlig in Ordnung sei, mit diesen Frauen zu schlafen, Louise würde ohnehin nichts davon erfahren, und außerdem: »Was eine Frau nicht weiß, macht sie nicht heiß.«

Lex ließ sich auf ein paar Flirts ein, aber er war sehr darauf bedacht, daß es nicht zu weit ging. Damit die Spielerkollegen Ruhe
gaben, tat er so, als würde er mit allen möglichen Frauen schlafen.
Schließlich geriet er aber in eine Situation, in der er sich durch einen
Rückzieher eine Blöße gegeben hätte. Also schlief er mit der Frau. Sie
bedeutete ihm nichts, und der Sex bedeutete ihm auch nichts. Alles
war ganz schnell vorbei, aber hinterher verspürte er eine merkwürdige Mischung von Stolz und Scham. Er wartete auf die fürchterlichen Konsequenzen, die sich eigentlich einstellen müßten, doch
nichts dergleichen geschah. Schließlich überwog das gute Gefühl,
und er machte es wieder und wieder. Eine Weile lang versuchte er,
zum Ausgleich zu Louise besonders nett zu sein, bis er es allmählich
immer häufiger vermied, nach Hause zu kommen. Er begann, erfun-
dene Geschichten über sein Leben bei den Turnieren aufzutischen.
Bald gab es nichts mehr, worüber er sich mit Louise hätte unterhalten können.

Lex zog einen Nachbarn ins Vertrauen, und der Nachbar erzählte
alles seiner Frau Alice. Bei einem Grillfest hinter dem Haus machte
sich die Frau des Nachbarn an Lex heran und meinte, sie habe läu-
ten hören, daß er gewisse verborgene Talente habe, und er möchte sie
doch einmal besuchen. Lex ging hin. Über eine Reihe von Jahren traf
er sich in unregelmäßigen Abständen mit Alice. Sie sprachen über
sich selbst und ihre Ehen. Es war ihnen klar, daß sie nicht ineinan-
der verliebt waren, aber sie hatten beide das Bedürfnis nach einem
Menschen, mit dem sie offen reden konnten. Sie waren verbündet
durch ihre Missetat. Alice erzählte Lex, daß sie ihren Mann nicht
liebe, und Lex war sich nicht sicher, ob er Louise liebte. Lex hielt sich
etwas darauf zugute, daß er nicht so wie sein Vater davongelaufen
war. Wenn auch kein treuer, so war er doch stets ein loyaler Ehemann
und zuverlässiger Vater geblieben. Seine Söhne würden niemals die
schlimmen Erfahrungen machen müssen, die er durchzustehen hatte.

Nach einiger Zeit zog Alice mit ihrem Mann fort, und Lex war
gleichzeitig erleichtert und traurig über den Verlust. Es gab niemand
mehr, mit dem er sich über seine zweite Existenz aussprechen
konnte.

Dann wurde er im Fernsehen von Babs interviewt. Babs war eine der ersten Sportmoderatorinnen bei einer großen Fernsehgesellschaft und sah blendend aus. Wenn irgendwo Golf gespielt wurde, dann war sie in der Nähe. Sie war begehrenswert und unnahbar zugleich. Er wollte zeigen, was er draufhatte und machte ihr einen Antrag. Er bot sämtlichen Charme auf, den er sich bei seinem Vater abgeschaut hatte. Er kam zum Zuge und fühlte sich wie ein großer Eroberer. Er verliebte sich in Babs, aber sie hatte sehr viel ehrgeizigere Pläne und machte ihm klar, daß sie hinter einem Mann mit dem großen Geld her war und nicht hinter einem Kerl, der auf Golfturnieren den Schläger schwang. Außerdem wollte sie nichts von seinen Kindern wissen. Für den Moment war er jedenfalls gut genug. Babs brach Lex das Herz, als sie schließlich doch den reichen alten Knacker fand, der von seinen Kindern getrennt war und sich voll und ganz ihr widmen konnte.

Lex durchlebte einige schwere Jahre, in denen er bösartig und deprimiert war. Er verbrachte mehr Zeit mit seinen Söhnen und noch weniger Zeit mit Louise. Sie ordnete alle seine Angelegenheiten, aber er wußte einfach nicht, worüber er sich mit ihr unterhalten sollte. Für eine Weile verzichtete er sogar auf Seitensprünge – er war von seinen Kindern einfach zu sehr in Anspruch genommen. Sexuell klappte es zwischen ihm und Louise sehr gut, und er versuchte unentwegt, der Ehe Auftrieb zu verschaffen, indem er mit Louise und für sie alles mögliche unternahm, aber er fühlte sich dabei immer einsam, weil er über die Dinge, die ihn beschäftigten, nicht mit ihr reden konnte. Er wäre am liebsten davongelaufen. Er wurde von dem gleichen Gefühl ergriffen wie damals, als ihn der Vater mit der Mutter sitzengelassen hatte.

Lex wurde immer aufbrausender, bekam Gewichtsprobleme, fing an, ein bißchen zu viel und zu oft zu trinken. Er beschloß, etwas für seine Gesundheit zu tun, und ging zur Kur. Dort begegnete er Cynthia, der Aerobic-Queen. Sie war von seiner Prominenz beeindruckt und er von ihrem Körper. Cynthia war soeben wieder einmal eine Ehe eingegangen, an deren Dauerhaftigkeit sie auch diesmal nicht glaubte. Sie hatte die Antennen ausgefahren. Sie verstanden sich prima im Bett, machten zusammen Pläne, und alles lief phantastisch, aber sie wollte, daß er Louise verließ. Das war ausgeschlossen. Er

suchte in ihr die Partnerin für ein »Bumsverhältnis«. Wie konnte sie
um alles in der Welt von ihm verlangen, seine Frau zu betrügen und
das zu tun, was sein Vater getan hatte? Sein Zorn auf Cynthia legte
sich in der gesamten Zeit ihres Zusammenseins nicht. Sie hatte nicht
die geringste Ahnung, worum es ihm in seinem Leben überhaupt
ging.

Während der Affäre mit Cynthia plagte ihn geradezu zwanghaft
der Gedanke an seinen Vater. Er engagierte einen Privatdetektiv, der
den Alten finden sollte und auch fand. Der Vater, der nie beim Militär gewesen war, hatte sich in ein Veteranenhospital in Cincinnati
gemogelt, wo er sich mit den Folgen eines Lebens herumschlug, das
voller Exzesse gewesen und von einem sorglosen Umgang mit der
Gesundheit geprägt war. Der Alte war jetzt 55 Jahre alt, völlig ausgebrannt und sehnte sich nach etwas Ruhe. In seinen Papieren fanden sich Hinweise auf eine weitere Ehefrau und eine andere Familie,
aber der Alte versicherte Lex, daß das alles Humbug sei. Es war sinn-
los, die Wahrheit aus dem Vater herausbekommen zu wollen, und Lex
war daran im Grunde auch nicht interessiert. Er brachte den Vater
nach Hause zur Mutter, die vor Freude ganz aufgelöst war, und erklärte sich bereit, für den Rest ihres Lebens für beide zu sorgen – vor-
ausgesetzt, sie ließen ihn in Ruhe.

Nachdem er seinen Vater gefunden hatte, erstickte er fast an
Selbstvorwürfen angesichts der Ähnlichkeiten, die er zwischen sich
und dem fürchterlichen Alten, den er gleichzeitig so sehr liebte und
verabscheute, feststellen zu müssen glaubte. Er gestand Louise all
seine Affären. Sie war längst im Bilde. Wie hätte sie auch nicht im
Bilde sein sollen: schließlich liebte sie ihn doch. Louise erinnerte ihn
daran, was für eine vorzügliche Ehefrau sie ihm in all diesen Jahren
gewesen war und wie ekelhaft er sich aufgeführt hatte. Dann vergab
sie ihm. Er machte mit Cynthia Schluß und schwor heilige Eide, daß
er Louise auf ewig treu sein werde.

Die Jungen wurden einer nach dem anderen erwachsen und verließen das Haus. Louise war munter wie immer, freudig kümmerte sie
sich um alles. Sie schien völlig zufrieden mit den wenigen abgenag-
ten Knochen, die Lex ihr gelegentlich hinwarf. Sie hatte nach wie vor
mit karitativer Arbeit viel zu tun und ging auch gern ins Theater.

Das Theater langweilte Lex, aber er wollte ein guter Ehemann sein, und so begleitete er sie. Bei einer Vorstellung von Eugene O'Neills »Der Eismann kommt« konnte er es vor lauter Überdruß und Ungeduld kaum noch aushalten, als er diesen Männern auf der Bühne zusah, die seinem Vater so bedrückend ähnlich waren. Sie erzählten sich in einer Pennerkneipe gegenseitig den größten Mist, ließen lauter Schnapsideen vom Stapel, was sie noch alles aus ihrem Leben machen wollten. Sie warteten auf die Ankunft ihres Kumpels Hickey, eines Reisevertreters, der es zu etwas gebracht hatte. Schließlich, im letzten Akt, kommt Hickey und erzählt ihnen die Geschichte seiner Ehe mit Evelyn. Er erzählt ihnen, wie Evelyn ihn geliebt und ihm vertraut hat, trotz all der nicht eingehaltenen Versprechungen und all der anderen Frauen. Sie verzieh ihm immer wieder und ließ ihn zu sich zurückkommen und versicherte, sie sei fest davon überzeugt, daß er sich eines Tages ändern werde. Und jedes Mal betrog er sie erneut. Es schien keinen Ausweg zu geben. Er dachte daran, sich selbst zu töten, aber damit würde er Evelyn in völliger Verzweiflung zurücklassen. Er dachte daran, einfach fortzugehen, aber damit würde er der armen Evelyn das Herz brechen. Schließlich wußte er, was zu tun war: Er tötete *sie*, nachdem sie ihm einmal zu oft verziehen hatte.

Endlich brach sich bei Lex die angestaute Wut auf Louise Bahn. Er konnte nicht mit einer Frau leben, die zugelassen hatte, daß er sich selbst und ihr all dies angetan hatte. Er wollte Louise zwar sexuell treu bleiben, aber er entschloß sich, eine seelenverwandte Frau zu suchen, mit der er ein platonisches Verhältnis eingehen konnte. Er fand Denise. Ihr Mann hatte sie und ihre Kinder soeben zugunsten von Kokain und einer Stripperin sitzenlassen. Denise war deprimiert, Lex war deprimiert, und sie hatten sich gegenseitig eine Menge zu erzählen. Er erzählte Denise rückhaltlos alles, mit dem Erfolg, daß sie ihm an die Wäsche ging. Lex war eigentlich nicht dafür, aber als die Dinge ihren Lauf nahmen, konnte er auch nichts mehr dagegen machen.

Er stemmte sich mit aller Macht dagegen, eine Neuauflage des Lebens zu inszenieren, das sein Vater geführt hatte. Lex sprach mit all seinen Freunden, viele von ihnen waren Sportskameraden, die ande-

ren vorwiegend Selbständige zwischen vierzig und fünfzig. Einige
wenige waren ihr Leben lang treu gewesen und mit ihrem nicht besonders abenteuerlichen Leben recht zufrieden. Zwei seiner Freunde
hatten für eine andere Frau oder wegen Alkohol und Drogen ihre Ehe
aufgegeben, aber dann noch viel mehr Schwierigkeiten bekommen.
Der eine war wieder nach Hause zurückgekehrt. Der andere war total
abgestürzt.

Die meisten Männer erzählten ihm Geschichten, die der seinen
sehr ähnlich waren. In den siebziger Jahren hatten sie sich die Philosophie des »Playboy« zu eigen gemacht und hatten versucht, möglichst viele Frauen aufzureißen. Sie hatten Spaß daran, aber ihre
Ehen wurden auf einmal kompliziert. Die meisten hatten es ihren
Frauen gebeichtet, manche auch nicht, die meisten hatten mit dem
Fremdgehen aufgehört, manche taten es noch gelegentlich, aber sie
waren alle unter den Fittichen ihrer Ehe geblieben und genossen das
Gefühl, ein ehrenhaftes und anständiges Leben zu führen, auch wenn
der Funke der Leidenschaft nicht immer leicht zu entfachen war. Sie
waren einigermaßen glücklich. Jeder von ihnen riet Lex dringend,
bei Louise zu bleiben und Denise aufgeben. Man konnte ja ruhig
von Zeit zu Zeit ein bißchen mit einer anderen Frau herummachen,
man mußte eben nur aufpassen, daß sie einem nicht zu sehr ans Herz
wuchs. Er solle aber besser die Finger davon lassen, da er den Hang
habe, sich zu verlieben, und damit alles durcheinanderbringe. Man
betrachtete die romantische Ader von Lex als Charakterschwäche,
die es zu überwinden galt.

Lex wußte nicht, wie er sich verhalten sollte, aber seine Freunde
machten ihn wütend. Sie waren nicht einsam, so wie er. Sie hatten
ein bißchen von ihrer Freiheit geopfert, um ihrer Einsamkeit zu entkommen, und taten jetzt genau das, worüber sie sich früher bei Kollegen, die weniger auf Männlichkeit erpicht waren, so lustig gemacht
hatten: Sie spielten den Familienmenschen. Für Lex kam diese Möglichkeit nicht in Betracht. Er hatte Louise zu übel mitgespielt, um zu
Hause je wieder eine gute Figur machen zu können. Es war ihm unmöglich, sich neben einer Frau als Mann zu fühlen, der gegenüber er
kleine Brötchen backen mußte. Er hatte das Gefühl, in der Falle zu
sitzen.

Lex sprach mit seinen Söhnen, die ihn schätzten und verehrten. Von seinem Geständnis waren sie nicht überrascht. Sie mißbilligten seine Handlungen und sagten, sie würden ihm in dieser Hinsicht garantiert nicht nacheifern. In der raschen Art ihrer Generation meinten sie, wenn sie jemandem begegnen würden, den sie lieber hätten als ihre Ehefrau, dann würden sie sich eben scheiden lassen oder vielleicht warten, bis die Kinder groß sind, und dann die Scheidung einreichen. Andererseits waren sie sich doch nicht so sicher, ob das der Weisheit letzter Schluß war. Sie ließen jedenfalls keinen Zweifel aufkommen, daß sie ihn auch dann noch lieben würden, wenn er ihre Mutter verlassen sollte – aber sie waren nicht bereit, sich mit Denise abzufinden, da sie die Familie auseinandergebracht habe.

Das wiederum machte Lex wütend. Man gestand ihm auf der einen Seite jede beliebige Frau auf der ganzen Welt zu, und dann war es auf der anderen Seite doch nicht recht: Immer noch war er nicht wirklich frei.

Er rutschte in eine schwere Depression und begann von Selbstmord zu reden, aber weder Louise noch Denise ließen locker. Er benahm sich den beiden gegenüber gemein, aber auch das nützte nichts. Louise kam ihm immer mehr vor wie seine Mutter, und er bemerkte auf einmal, daß er auf seine Mutter, die ihr ganzes Leid immer ihm aufgeladen hatte, noch viel wütender war als auf den Vater, der ihn die Scherben hatte zusammenkehren lassen. Wieder kam der heftige Wunsch, einfach fortzulaufen, in ihm auf. Langsam begriff er, wie sich sein Vater gefühlt haben mußte. Da er es aber nicht schaffte, dem Vater zu verzeihen, konnte er auch sich selbst nicht vergeben.

Er begann eine Therapie, in die er den Vater ebenfalls einbezog. Dieser suchte etwas Licht in sein vor langen Jahren geübtes Verhaltensmuster zu bringen: Er hatte sich für etwas geschämt, das er ausgefressen hatte – für gewöhnlich waren es Weibergeschichten –, und bekam Angst, daß sich seine Frau darüber aufregen würde. Dann lief er eben weg, bis Gras über die Sache gewachsen war. Seit dem neunten Lebensjahr von Lex hatte er sich so verhalten. Der Alte war froh, jetzt einen anderen Weg eingeschlagen zu haben: Er hütete das Haus, kümmerte sich um seine kränkliche Frau und war stolz auf den Sohn. An die vielen anderen Frauen und Mädchen, mit denen er sich eingelassen hatte, verschwendete er keinen Gedanken mehr – dieses Mal würde er alles richtig machen. Er betonte, daß er für Lex sehr viel mehr getan habe als sein eigener Vater für ihn. Er erinnerte Lex wieder einmal an die Golfschläger, die er ihm vor fast 40 Jahren geschenkt hatte. Er forderte seinen Sohn auf, über die Fehler, die er begangen hatte, hinwegzusehen und einmal »fünf gerade sein zu lassen«. Der Alte war weder beschämt, noch hatte er ein schlechtes Gewissen. Lex sah aus, als wolle er ihm an die Gurgel, bis er allmählich begriff, daß sein Vater deshalb nicht mehr unter einem schlechten Gewissen litt, weil er aufgehört hatte, die Dinge zu tun, die ihm zuvor Gewissensbisse verursacht hatten. Er tat jetzt nichts Verwerfliches mehr und war mit sich im reinen.

Lex trat seinem Vater in der Therapie offen gegenüber, entwickelte Verständnis für ihn und in der Folge auch für sich selbst. Im Laufe der Zeit konnte er seinem Vater vergeben und eine neue Annäherung wagen, als dieser sich mit dem Gespenst des eigenen Vaters auseinanderzusetzen begann. Lex söhnte sich sogar mit der Mutter aus und legte sein übertriebenes Verantwortungsgefühl für sie ab. Dadurch, daß er den Vater an die Seite der Mutter plazierte, wurde Lex zum ersten Mal in seinem Leben sein eigener Herr; freilich sitzt er noch immer inmitten des Schlamassels, in den er sein eigenes Leben gesteuert hat.

Lex lebt jetzt für sich allein. Er trägt sich mit dem Gedanken, sich gütlich von Louise zu trennen und ihr alles zu vermachen, aber er scheint mit der Scheidung nicht von der Stelle zu kommen, solange er es nicht schafft, der herzzerreißend unselbständigen Denise den Laufpaß zu geben, obwohl er ihr übelnimmt, daß sie sich wegen der schlimmen Folgen der Affäre für ihn und seine Familie keine Gedanken zu machen scheint. Er verabscheut sie inzwischen, aber je mehr er Denise mit seinem Wunsch, sie zu verlassen, verletzt, desto stärker peinigen ihn die von ihr ausgelösten Schuld- und Verantwortungsgefühle. Es sind die gleichen Gefühle, die ihm bei seiner Mutter und bei Louise zu schaffen gemacht haben.

Manchmal fragt er sich, ob er nach einer Frau Ausschau halten sollte, der er noch nicht weh getan hat. Er sagt: »Bei Denise zu bleiben würde für mich bedeuten, alles aufzugeben, was ich habe und was ich bin. Wenn ich mit Louise weiter verheiratet bliebe, hätte ich Rückhalt in der Familie, ich würde beweisen, daß ich treu bin, und bekäme den Beifall meiner Familie und meiner Freunde. Es hieße für mich Stabilität, Zufriedenheit und Rechtschaffenheit. Es würde bedeuten, erwachsen zu sein. Ich bin aber meines Vaters Sohn, und ich geniere mich und will am liebsten weglaufen. Ich spüre, wie der Alte in mir steckt, und hasse mich selbst dafür. Ich gebe mir Mühe, der Mann zu sein, der er jetzt ist und nicht der von damals, und der Krieg zwischen diesen beiden Männern tobt in meiner Brust. Ich weiß nicht mehr, wer ich bin. Ich bin wieder der neunjährige Junge, dessen Vater ausgerissen ist und dem man sein Fahrrad wegen der Miete wieder verkauft hat und der für den Unterhalt der Mutter arbeiten gehen mußte. Manchmal denke ich, daß jetzt endlich einmal ich an der Reihe bin. Ich weiß einfach nicht, wie man ein Mann ist. Ich weiß, wie man ein braver oder ein böser Junge ist – das hat mir mein Vater beigebracht –, aber ich fange erst jetzt langsam an zu lernen, was ein Mann ist.«

DIE JAGD NACH DEM EIGENEN SCHWANZ

Ich habe Frauenhelden früher immer beneidet. Ich hörte mir die Geschichten an über epische Frauenhelden wie John F. Kennedy, der angeblich jeden Tag im Weißen Haus drei Frauen vernaschte, oder über lyrische Frauenhelden wie Warren Beatty, der mit jeder begehrenswerten Frau aus der Welt des Films eine kurzlebige Romanze hatte. Ich hatte Freunde, die Frauenhelden waren, und anfänglich schien mir ihr Leben reizvoll. Aber mag es nun Schlauheit oder Feigheit gewesen sein, mein Frauenheldentum spielte sich in meiner Phantasie ab. Das sollte sich als kluge Wahl erweisen. Die Burschen, die ich damals so beneidete, haben sich wahrlich auf kein einfaches Leben eingelassen. Sie fühlen sich zu Hause nicht richtig wohl, sie haben keine Liebe gefunden und ihre Männlichkeit auch nicht. Ich glaube nicht, daß der Sex die Ursache ihres Elends ist – Sex ist für sich genommen viel erfüllender als die meisten Dinge, für die Männer ihr Leben einzusetzen bereit sind. Aber ein Leben als Frauenheld

verträgt sich nicht mit Aufrichtigkeit. Frauenhelden verbringen ihr
Leben hinter den feindlichen Linien, sie müssen sich verstecken und
verstellen, nie gibt es jemand, dem sie vertrauen können und vor
dem sie nicht auf der Hut sein müssen.

Männer, die sich durch Schürzenjägerei selbst zu bestätigen suchen, verlieren mehr und mehr von der Männlichkeit, der sie nach-
jagen. Sie opfern die Ehefrau, die sie wirklich kennen und lieben
könnte, und die Kinder, durch die sie sich selbst kennenlernen könnten – weil sie sich herausgefordert fühlen, die Macht des Weiblichen
zu zähmen, um dadurch für sich selbst Männlichkeit zu gewinnen.
Wenn aber eine Frau nach der anderen als Spenderin der Männlichkeit versagt, fühlt sich der Mann betrogen. Verzweiflung über sein
Unvermögen oder wütende Ausfälle sind oft die Folge. Er weiß, daß
er nicht die Macht hat, sich selbst zum Mann zu machen, und er weigert sich zu glauben, daß den Frauen diese Macht ebensowenig zu
Gebote steht. Der Mann bewegt sich in einem fatalen sexuellen Teufelskreis. Er jagt dem eigenen Schwanz hinterher.

3 WETTKÄMPFERTYPEN

»Gewinnen ist nicht alles, es ist ein und alles.«
Vince Lombardi

»Nette Jungs sind immer die letzten.«
Leo Durocher

Wettkämpfer widmen ihr Leben dem Wettstreit mit den anderen Jungs. Voll entwickelte Wettkämpfernaturen können alles zum Gegenstand eines Ausscheidungskampfes machen, vom Einkommen bis zum Handicap beim Golf, von der Alkoholmenge, die sie bis zum Eintreten des Brechreizes in sich hineingießen können, bis zu den Beträgen, die sie, ohne mit der Wimper zu zucken, hinblättern. Von der Karriere der Ehefrau bis hin zu den Schulnoten der Kinder gerät alles in den Sog der Konkurrenz. Ob sie nun das Gewinnen genießen oder schlichtweg nur das Verlieren fürchten, ohne Wettstreit fühlen sie sich nicht lebendig. Und sie müssen gewinnen, sonst geht ihr Selbstwertgefühl in die Binsen.

Diese Männer betreiben ihr Leben lang Schattenboxen. Ihr Publikum ist natürlich der Vater, der es nie verstand, ihnen das Gefühl zu vermitteln, ein Mann zu sein. Er hat es einfach vergessen und sich etwas anderem zugewendet.

DER WETTKAMPF MIT DEM LEBEN

Ich kann nicht verhehlen, daß ich selbst zu den Wettkämpfern gehöre. Meine Rivalität und mein Neid auf andere hat mir das Leben keineswegs erleichtert, und glücklicher bin ich dadurch auch nicht geworden. Es ist mir nie gelungen, von mir selbst so überzeugt zu sein, daß ich die Konkurrenzkämpfe völlig hätte lassen können, aber ich habe mir große Mühe gegeben, meine Neigung in Bahnen zu lenken, wo sie möglichst wenig Schaden und Selbstquälerei verursacht.

Ein ganz anderer Fall ist Mark. Wir wuchsen zusammen auf, und mein Freund war genauso wettbewerbsorientiert wie ich. Aber er mogelte. Sein Vater war im Krieg gefallen, als Mark acht Jahre alt war, und er wuchs bei Mutter, Großmutter und Tanten in einem großen Haus mit viel altmodischem Prunk und kärglichen sanitären Einrichtungen auf. Mark war das einzige Kind und der Augapfel der Frauen, die ihn großzogen. Er überlegte sich jeweils genau, auf welche Art von Wettstreit er sich einlassen wollte. Für sportliche Großtaten fehlten ihm, wie mir auch, die körperlichen Voraussetzungen. In unserer frühen Jugend legte er bei Modellbau und Brettspielen großes Geschick an den Tag, später erwies er sich als kühner Bäumekletterer und Ladendieb. Seine herausragende Begabung aber war verbaler Natur: Seine Spezialität waren brillante Formulierungen und vernichtende Bemerkungen. Er mochte sich von unseren sportlichen Freunden – stärkere, besser aussehende und beliebtere Burschen als wir – aufs Korn nehmen, wen immer er wollte, er ließ jedem die Luft heraus. Mark konnte schreiben, was er dann auch tat; und er war der erste von meinen Kameraden, der seine Ergüsse gedruckt sehen durfte.

Mark heiratete Marcia. Sie hatte den größten Busen von allen Mädchen in unserer Stadt, und außerdem konnte sie ähnlich sarkastisch und geistreich sein wie Mark. Mit einer gewissen Geldsumme, die Marcia geerbt hatte, gingen sie nach London, und Mark schrieb seinen ersten (und letzten) Roman. Er war autobiographisch und erzählte von unserer Stadt. Mark hatte von sich selbst ein so großartiges und heroisches Bild gezeichnet, daß ihn seine alten Freunde, vor allem jene, die besonders vom Konkurrenzdenken geprägt waren, hinter seinem Rücken auslachten. Allerdings war auch Neid im Spiel, Neid darauf, daß er Gelegenheit gehabt hatte, sich vor der Welt so darzustellen, wie er gerne gesehen werden wollte. Ihr Repertoire an

Kunstgriffen und Bemerkungen, mit denen man den Freunden zeigt, was eine Harke ist, hatten Mark und Marcia in London sogar noch erweitern können. Sie waren furchterregend geistreich und verwandelten jede Cocktailparty in einen sportlichen Wettkampf.

Mark versuchte sich als Herausgeber einer Zeitschrift. Das Blatt war anspruchsvoll und lebendig, aber es fand keinen Anklang. Marks abfällige Urteile, die an keinem ein gutes Haar ließen, wirkten irritierend. Anschließend betätigte er sich als Restaurantkritiker für eine größere Zeitung. Das gab ihm Gelegenheit, an den ausgesuchten Speisen, die er auf diese Weise umsonst aufgetischt bekam, und der zuvorkommenden Bedienung herumzumäkeln. Von Zeit zu Zeit trafen wir uns noch, aber er meinte immer, mich fertigmachen zu müssen, und ich hatte keine Lust mehr mitzuspielen. Ich verlor ihn aus den Augen.

Dann kam eines Tages ein Anruf von Marcia. Mark hatte schon seit Jahren nicht mehr gearbeitet. Die Erbschaft war aufgebraucht, und die beiden lebten von Marcias Gehalt als Verkäuferin in einem Spielzeuggeschäft. Mark hatte schwere Alkoholprobleme, was nichts Neues war; schon auf der High-School hatte er sich damit gebrüstet, jeden Mann seiner Gewichtsklasse unter den Tisch trinken zu können. Inzwischen konnte er jedoch die Sauferei nicht mehr vertragen. Er weigerte sich, zu den Anonymen Alkoholikern oder in eine Therapie zu gehen. In der Hoffnung, der Schock würde ihn zur Besinnung bringen und dazu führen, daß er etwas für sich unternahm, raffte Marcia sich schließlich dazu auf, ihn hinauszuwerfen. Er kroch aber statt dessen bei seiner früheren Sekretärin, die drogenabhängig war, unter und fing selbst an, Drogen zu nehmen. Als seine neue Gefährtin eine Entziehungskur anfing, betrank er sich maßlos und schnitt sich die Handgelenke auf. Er besudelte sich von oben bis unten mit seinem Blut. So zugerichtet stand er dann plötzlich vor Marcias kleiner Wohnung. Sie rief mich an, und ich eilte zu ihr hinüber. Mark lag erbärmlich stinkend in einem abgedunkelten Schlafzimmer. Als ich eintrat, hob er den Kopf und sagte: »Na, Pitts, du alter Spießer. Immer noch mit derselben Frau verheiratet, was? Ich möchte wetten, ich habe im letzten Jahr mehr Frauen aufs Kreuz gelegt als du in deinem ganzen Leben!« Dann bekotzte er sich mit etwas Grünem und wurde ohnmächtig. Selbst im Moment der tiefsten Erniedrigung konnte Mark nicht von seinem Renommiergehabe lassen. Ohne Vater aufgewachsen, hat er sein ganzes Leben mit dem Versuch vergeudet, die Enttäuschung über eine nicht besonders erfolgreiche Zeit als Junge durch Triumphe im Erwachsenenalter zu überwinden.

DIE SPIELE DER KINDHEIT

Auch andere Geschöpfe lernen im spielerischen Wettkampf, wie man sich durchsetzt, bevor sie den Herausforderungen der Erwachsenenwelt die Stirn bieten können. Bei Wölfen fangen die männlichen und weiblichen Welpen eines Wurfs schon im Alter von drei Wochen an, sich untereinander zu balgen. Sie lernen sich gegeneinander und miteinander zu behaupten. Der Status sowohl der männlichen wie der weiblichen Tiere bestimmt sich über Körpergröße und Aggressivität. Das Alphamännchen und das Alphaweibchen erlernen ihre dominanten Rollen, und die anderen Tiere lernen, sich einzuordnen.

Jungen verhalten sich nicht viel anders als Wolfswelpen, wenn sie ihre Körperkräfte und ihre Angriffslust bei Sport und Spiel miteinander messen. Dieses kameradschaftliche Konkurrenzverhalten besitzt etwas beinahe leidenschaftlich Intimes und Brüderliches und ist ein notwendiger Bestandteil im Leben eines Mannes. Es dürfte für Jungen nachteilig sein, ohne Brüder aufzuwachsen. Es ist ein Mangelzustand, der uns verformt. Uns Einzelsöhnen gehen diese gutmütigen Statusbalgereien, bei denen Wolfswelpen sich bewähren müssen und jeder überlebt und anschließend wieder Eintracht herrscht, zweifellos ab. Wir Menschenwelpen haben es statt dessen mit den Kindern aus der Nachbarschaft oder mit Klassenkameraden zu tun. Stets riskieren wir, abgewiesen zu werden, wenn wir zu oft gewinnen oder auch verlieren oder wenn wir nicht das richtige Spiel spielen. Durch diese Spiele der Kindheit werden die anderen Jungen zu unseren Wahlbrüdern. Es ist ein Vorgang von allerhöchster Wichtigkeit, bei dem nicht gepfuscht werden darf. Man muß sich an die Regeln halten.

Manche Jungen, wie mein Freund Mark, begehen den Fehler, sich

über die von den anderen Jungen akzeptierten Spielregeln hinwegzusetzen. Mark wollte, daß sein eigenes Spiel gespielt wird, damit er
gewinnen und den anderen Jungen eins auswischen konnte. Für
Wolfs- wie Menschenkinder ist das aber eine schlechte Vorbereitung
für das Leben auf freier Wildbahn. Wir brauchen Wahlbrüder, von
denen wir wissen, daß sie mit uns in der gleichen Mannschaft sind,
daß sie auch beim Wettstreit gegeneinander nicht verhindern wollen,
daß wir eine gute Figur machen und uns wohl fühlen, da wir sonst
nicht unser Bestes geben könnten. Vielleicht bewahrt uns nur der
nach Regeln ablaufende Wettstreit auf einem vorgegebenen Spielfeld
vor der krassen Alternative, über die anderen Jungen entweder mör-
derisch herzufallen oder uns in sie zu verlieben, sobald wir im späteren Leben in näheren Kontakt zu ihnen treten.

IM GLEICHSCHRITT, MARSCH!

Nachdem sich das Leben von kleinen Jungen ein Dutzend Jahre um
die Spiele gedreht hat, die Knaben miteinander spielen, erfährt ihr
Körper auf einmal eine Veränderung – und damit wird alles anders.
Aber die Erinnerung an diese Zeit der größten Geborgenheit im
Leben eines Mannes bleibt. Es war eine Zeit, in der nur eines wichtig
war, nämlich mit den anderen Buben zu spielen, die nichts anderes
sein wollten als gutmütige Rivalen. Das Leben wird niemals mehr so
einfach sein.

Mit dem Fortschreiten der Pubertät beginnen sich Knaben zunehmend dafür zu interessieren, wie gut sie ein weibliches Wesen beeindrucken und schließlich auch befriedigen können. Sie versuchen verzweifelt festzustellen, wer den größten Pimmel hat und welcher am
besten funktioniert, bis sie sich ihres männlichen Prachtstückes so sicher geworden sind, daß sie es an einer Frau auszuprobieren wagen.
Die ersten Runden gehen zwar an die Jungs mit der frühesten Pubertät und dem größten Penis, Meister aller Klassen wird jedoch derjenige, der als erster zu einem Mädchen unter die Decke schlüpfen
darf. Diese Wettbewerbe prägen uns für immer. Die Verlierer, deren
männliches Selbstwertgefühl zu wenig Bestätigung erhalten hat, nei-

gen dazu, eine endlose Folge von Wiederholungswettkämpfen zu inszenieren, für die sie alles andere opfern.

Eine Wettkämpfernatur par excellence ist »Der große Santini« in Pat Conroys gleichnamigem Buch über seinen eigenen Vater. In dem 1979 nach dieser Vorlage gedrehten Film spielt Robert Duvall den Oberst Bull Meechum. Er befiehlt seinen Kindern, zur größeren Ehre ihres Vaters jeden Wettkampf anzunehmen. Die vier Kinder sitzen auf der Eingangstreppe, und Oberst Meechum hält in voller Uniform vor seiner vierköpfigen Truppe, die er mit »Saukerle« anredet, eine Ansprache. Der Vater schärft seinen Kindern ein: »Ihr seid Meechums... Ein Meechum ist ein Vollblüter, ein Gewinner auf allen Strecken. Ein Meechum bekommt die höchsten Noten, gewinnt die meisten Preise, zeigt die besten sportlichen Leistungen, ist der Beliebteste von allen und liegt immer ganz vorn an der Spitze, ganz egal, was er sich gerade vorgenommen hat. Ein Meechum gibt niemals auf, gibt niemals nach, zieht niemals den Schwanz ein, fängt nie an zu heulen, läßt sich nie etwas anmerken, und nie, nie, nie, niemals und unter keinen Umständen verliert er aus den Augen, daß es die Familie der Meechums ist, die er repräsentiert und deren Ehre er hochzuhalten hat. Ich will, daß ihr Saukerle diesen Flecken hier merken laßt, daß ihr angekommen seid. Ich will, daß diese Landheinis die Augen aufreißen und sich verwundert fragen, was zum Teufel auf einmal in ihre Stadt hineingefegt ist.«

In einer späteren Szene spielt Meechum mit seinem ältesten Sohn Basketball, während die übrige Familie zusieht. Der Sohn schlägt den Vater schließlich mit einem Punkt Vorsprung, aber der Alte will den Sieg des Jungen erst dann gelten lassen, wenn er sich zwei Punkte erkämpft hat. Die Frau und die anderen Kinder schreien vor Empörung über die unsportliche Haltung des Alten, aber er jagt sie davon. Dann nimmt er sich den Jungen vor, der ihn besiegt hat, und nennt ihn »Feigling« und »Mädchen«, weil er nicht weiterspielen will. Meechum fängt an, den Ball immer wieder am Kopf des Jungen abprallen zu lassen, während dieser langsam und würdevoll zu seinem Zimmer zurückgeht. Meechum sagt: »Ben, du bist meine Lieblingstochter, das kann ich dir schwören.« Ben antwortet darauf: »Das Mädel hat dir gerade den Arsch aufgerissen, Oberst.«

Es bedarf kaum einer besonderen Erwähnung, daß Ben am Ende des Films aus seiner Mannschaft hinausfliegt. Stets wurde von ihm erwartet, der Sieger zu sein, während er zugleich wie ein Verlierer behandelt wurde. Er hat einen gegnerischen Spieler mit Körpereinsatz abgeblockt, was an sich nicht so schlimm ist, aber hier handelte es sich leider um Basketball.

Väter, die eine harte Konkurrenz gegenüber ihren Kindern aufbauen, sind Ungeheuer. Dieser Vater hat das innerste Gefühl seines Kindes, gut genug zu sein, zugunsten eines läppischen Sieges geopfert. Er glaubt vielleicht, er könne seinen Sohn auf diese Weise hart machen, so wie er selbst von einem ständig konkurrierenden Vater zu einem rauhen Kerl getrimmt wurde, aber er wird dieses Kind nur in die Verzweiflung treiben und genauso bösartig werden lassen, wie er selbst es ist. Väter müssen Söhnen (und Töchtern) ihre Siege gönnen.

Es scheint jedoch andererseits unvermeidbar, und vielleicht ist es auch bis zu einem gewissen Punkt für die Kinder selbst ein starker Antrieb, daß Väter *über* ihre Kinder in Wettstreit geraten. Gott weiß, wie sehr mein Vater sein Konkurrenzbedürfnis durch mich und meine Schwester befriedigt hat, und ich selbst habe leidenschaftlich und erfolgreich alle meine Kinder zum Gegenstand von Wettbewerben gemacht, und zwar vom Tage ihrer Empfängnis an. Gleich mir sind auch alle meine Kinder in dem Bewußtsein, das Familienbanner hochhalten zu müssen, durch ihre Prüfungen gegangen.

In der Militärschule, die ich besuchte, wurden jeweils am Jahresende drei Medaillen verliehen: eine für wissenschaftliche Leistung, eine für Rhetorik und eine für militärische Disziplin. In meinem Abschlußjahr versprachen mir meine Eltern ein gelbes Kabriolett, falls ich alle drei Medaillen erringen würde – was bisher noch niemand geschafft hatte. Ich war Feuer und Flamme. Ich hatte jedes Jahr die Medaille für wissenschaftliche Leistung gewonnen, und das Erreichen der 99 Punkte war für mich ein Spiel, das ich ohnehin vorwiegend mir selbst zuliebe spielte. Außerdem hatte dadurch auch jemand wie ich, der kein Sportsmann war, etwas zum Angeben. Ich meldete mich für den Rhetorikwettbewerb und gewann auch diesen. Ich rezitierte mit großer Gebärde die Rede Victor Hugos zur Verteidigung von Dreyfus, wobei ich allerdings nicht ganz verstand, worum es ging.

Aber dann kam noch das obligatorische Wettexerzieren. Früher hatte ich es nie besonders ernst genommen. Wie mein Freund Mark, so hatte auch ich an jedem Wettbewerb, bei dem ich mir keine Gewinnchancen ausrechnen konnte, ostentatives Desinteresse gezeigt. Diesmal strengte ich mich jedoch wirklich an und gab mir außerordentliche Mühe. Ich paßte genau auf und war sehr auf Zack. Es schien nicht enden zu wollen, aber schließlich waren nur noch einer meiner Klassenkameraden und ich im Wettbewerb. Wir exerzierten fehlerlos, bis der Offizier, der die Befehle bellte, eine Geste in meine Richtung machte. Ich nahm an, ich hätte einen Fehler gemacht, und trat aus dem Glied. Das war jedoch ein Irrtum. Der Offizier wollte nur, daß ich in engerer Formation exerzierte. Ich war jedoch aus dem Tritt gekommen und machte kurz darauf wirklich einen Fehler. Die Medaille war futsch und das gelbe Kabriolett auch. Statt dessen bekam es meine Mutter, und sie ließ mich noch nicht einmal damit fahren. Sie rieb mir meinen Mißerfolg noch zusätzlich unter die Nase. Mein Vater tat das zwar nicht, aber er schützte mich auch nicht vor dem Drang meiner Mutter, mich für ihr Konkurrenzbedürfnis zu verschleißen. Er nahm meinen großen Erfolg kaum wahr und konnte sich nicht die paar Worte abringen, daß ich jetzt ein respektabler Mann sei und mich nicht mehr nach der Decke zu strecken brauchte.

Ich hatte für die Universitäten von Harvard und Yale Stipendien erhalten, aber ich war auf meine Eltern so sauer, daß ich beide Stipendien ausschlug. Stets hatten sie von mir verlangt, daß ich mich um den ersten Platz balgte, daß ich mein Mannsein *bewies*, anstatt mich einfach als Mann leben zu lassen. Ich schrieb mich statt dessen an der Washington and Lee University ein, wo ich hoffte, daß die Rangelei um die ersten Plätze ein Ende haben würde. Wie sich herausstellen sollte, fand in Washington und Lee die Konkurrenz weniger auf wissenschaftlichem als auf sozialem Gebiet statt, und ich bemühte mich um gesellschaftlichen Schliff, während ich langsam aus meiner Wettkämpferrüstung stieg. Ich hatte eine gute Wahl getroffen. Nie hatte ich gelernt, wie man mit Eleganz verliert. Mein Leben war blockiert, solange ich unter dem Zwang stand, stets auf dem obersten Treppchen zu stehen. Ich mußte erst lernen, einfach ein junger Mann unter vielen zu sein.

WETTKÄMPFERTYPEN UND IHRE ERSCHEINUNGSFORMEN

Männer können ihre Neigung zu zwanghaftem Konkurrenzverhalten auf sehr verschiedene Weise ausleben. Nicht alle diese Verhaltensformen sind negativ zu bewerten, manche können sogar recht zuträglich sein, solange man es nicht übertreibt. Die ewigen *Wettstreiter*, die aus allem einen Wettbewerb machen und stets Zensuren verteilen, führen ein Leben voller Streß, werden selten ihre Anspannung los und betätigen sich immer wieder als schlimme Nervensägen. *Neidhammel* sind notorisch unglücklich und vielfach auch noch bösartig. *Nacheiferer* sind in ihrer Strebsamkeit nicht zu bremsen, und wenn sie bei der Wahl ihrer Galionsfigur mit Geschick vorgehen, kann die Herausbildung einer gesunden männlichen Identität der Lohn ihrer Anstrengung sein. *Abenteurer* führen oft ein interessantes Leben, aber sie lassen sich auch vielfach auf unnötige Wagnisse ein. *Arbeitstiere* sind produktive und nützliche Zeitgenossen, aber davon bedroht, sich zu Tode zu schuften. Es muß zwar nicht soweit kommen, aber es fällt ihnen schwer, ruhig zu Hause zu sitzen und sich dabei wohl zu fühlen.

WETTSTREITER

»Nichts scheint denen trübe, die gewinnen.«
Shakespeare, »Heinrich IV.«

Es gibt Männer, die sich nie ganz von den Spielen ihrer Kindheit lösen können. Noch im Erwachsenenalter versuchen sie, andere in Wettkämpfe hineinzuziehen. Manchmal veranstalten sie sogar den Wettstreit allein in ihrem Kopf, und wenn sie ihren Punktsieg errungen haben, freuen sie sich diebisch über den Triumph. Gelegentlich wird man von einem solchen »Weltmeister« mit der Mitteilung überrascht, man sei ihm soeben in einem Wettkampf unterlegen, an dem teilgenommen zu haben einem völlig neu ist.

Während Nick und Nutley aufwuchsen, fehlte ihnen einfach alles. Sie mußten ohne Vater, Geld, Kultur und sozialen Status groß werden. Als sie schließlich gemeinsam ein erfolgreiches Unternehmen leiteten, betrachtete jeder den anderen als seinen besten Freund. Sie waren beide bei mir in Therapie, wobei allerdings keiner weiß, daß ich den anderen kenne, und jeder will, daß seine Behandlung ein Geheimnis bleibt. Sie haben vor mir Dinge enthüllt, die sie sich gegenseitig nie gestehen würden: ihre Ängste, ihre Pleiten, ihre Sorgen mit der Ehe und den Kindern. Wenn sie zusammen sind, spucken sie große Töne, wie toll ihr Leben sei. Sie haben immer Fotos zum Herumzeigen in der Tasche von ihren exotischen Hunden, siegreichen Rennpferden, Feriendomizilen, ihren erfolgreichen Kindern und dürren Ehefrauen. Als Nick sich einen neuen Bentley kaufte, rannte Nutley sofort los und besorgte sich einen neuen Rolls-Royce. Als Nick ein Haus am Strand von Florida kaufte, mußte es für Nutley ein Chalet in der Schweiz sein. Als Nick eine Safari in Afrika machte, zog Nutley mit dem Hundeschlitten zum Nordpol. Als Nick ein Verhältnis mit einer Dreißigjährigen begann, angelte Nutley sich eine Zwanzigjährige. Als Nicks Frau ein Baby bekam, machte Nutley seiner Frau die Hölle heiß, weil sie keine Zwillinge gebar. Sie verschleißen sich in dem unermüdlichen Bestreben, sich gegenseitig auszustechen, und machen nebenher noch ihren Ehefrauen und Kindern das Leben schwer.

Nick und Nutley haben niemanden, dem sie sich anvertrauen können. Da es keiner von ihnen geschafft hat, seinen hochgeschraubten Männlichkeitsansprüchen gerecht zu werden, können sie sich nicht einmal vor dem Mann entspannt geben, den sie für ihren besten Freund halten. Die Last der einst erlittenen Demütigung, die sie noch immer mit sich herumschleppen, preßt sie ein Leben lang in das Verhaltensschema der Konkurrenz gegenüber jedem anderen Mann – und selbst der ist davon nicht ausgenommen, der gleich ihnen die bedrohlichen Schrecken der Armut und nunmehr des Reichtums erlebt hat und den sie doch eigentlich als Blutsbruder betrachten müßten.

Sich von meiner Wenigkeit behandeln zu lassen ist den beiden deshalb erträglich, weil sie wohlhabendere, schlauere und attraktivere Männer sind als ich, was ich auch nicht müde werde, ihnen zu versichern. Leider bin ich etwas größer als sie, so daß ich ihnen zuliebe in ihrer Gegenwart den Buckligen spiele.

Bei den meisten der leichten bis mittelschweren Fälle von Wettstreitsucht, wie die, von denen ich und die meisten meiner Freunde betroffen sind, lassen sich die Spieler freilich nicht so leicht in die Karten schauen. Wir würden uns kaum dazu herablassen, jemanden anzurempeln und anzuschnauzen: »Ich mach dich fix und fertig«, oder uns im nächsten Pissoir zum Nachbarn hinüberzulehnen und triumphierend zu raunzen: »Meiner ist aber größer als deiner.« So elementar und unverstellt geht es bei uns nicht ab. Wir machen zwar letztlich auch nichts anderes, aber wir wissen die Form zu wahren.

Da sind jene, die eine Show um ihre untrüglichen Geschmacksnerven machen und beispielsweise in feinen Restaurants grundsätzlich den Wein zurückgehen lassen. Sie laben sich an ihren Triumphen über uns Banausen, die sich über alles freuen, was man ihnen vorsetzt. Ferner gibt es jene, die sich selbst Denkmäler errichten oder alles mit ihrem Namen versehen, seien es Kinder, Bücher, Gebäude, wohltätige Einrichtungen oder Ländereien. Sie streben nach Unsterblichkeit, nähren die Hoffnung, nach ihrem Tode als Erinnerung weiterzuleben – in posthumem Wettstreit mit der zukünftigen Männergeneration.

Die Angebereien von Wettstreitern sind zwar insbesondere in ihren subtilen Spielarten ärgerlich, aber kaum tödlich. Der Zweck der Übung ist, den Wettstreit auf kleiner Flamme schmurgeln zu lassen, nicht, ihn abzuwürgen. Wenn wir in eine solche Situation verwickelt werden, dann wissen wir, daß in diesem Mann noch eine von einem früheren Wettstreit herrührende alte Wunde schwärt und er nun befürchtet, wir könnten ihn in einer für ihn beschämenden Weise an die Wand spielen.

Männer können nicht in ihre Jugend zurück, um die Punkte zu machen, die sie damals verpatzt haben. Das ist eine schmerzhafte Erkenntnis. Diese Spiele sind aus und vorbei, und es gibt sie nur noch im Bewußtsein der Verlierer. Auch die damaligen Gewinner hängen unter Umständen immer noch in Gedanken den Spielen nach, die sie ihrerseits verloren haben. Es ist vielleicht ein universelles Charakteristikum von Männern, daß die Verlierer eines wichtigen Wettbewerbs ewig darüber nachgrübeln, ob die Sache auch anders hätte laufen und wie sie den besseren Rang hätten erreichen können, der ihnen gerade jetzt so sehr von Nutzen sein könnte.

Die hübsche kleine Komödie »The Best of Times« (Die beste aller Zeiten) von 1983 zeigt uns das Leben von Robin Williams und Kurt Russel 20 Jahre nach dem Tag, an dem Williams den entscheidenden Spielzug des Meisterschaftsspiels ihrer Kleinstadtmannschaft vermasselt hatte. In dem Stück erhalten sie die Gelegenheit, das Spiel noch einmal zu spielen und damit einen weiteren Versuch zu unternehmen, das Verliererimage loszuwerden und auf die Sonnenseite des Lebens zu wechseln. Wir alle kennen diese Phantasien. Im Leben der ewigen Wettstreiter jedoch, deren Männlichkeitsanspruch verlangt, das Spiel so lange immer wieder neu zu spielen, bis sie zum Sieger erklärt werden, gewinnen diese Phantasien die Oberhand.

NEIDHAMMEL

»Hat sich jemand allen Ernstes je zu seinem Neid bekannt? Dem Neid haftet etwas an, das allenthalben als schändlicher angesehen wird als selbst das gemeinste Verbrechen.«
Herman Melville, »Billy Budd«

Männer, die es aufgegeben haben, um den Sieg zu kämpfen, sind auf jene neidisch, die nach wie vor groß herauskommen. Sie versuchen sich dadurch noch so etwas wie Anerkennung zu verschaffen, daß sie den Gewinnern Knüppel zwischen die Beine werfen. Als Personen, die an der eigenen Männlichkeit zweifeln, gehen sie daran, die Männlichkeit von Männern, die sie als ihre Gegner empfinden, scheibchenweise abzutragen.

Jeder, dem Konkurrenzverhalten anerzogen worden ist, ist anfällig für Neid. Neid gehört zu den unerfreulichsten Gefühlen. Er ist entehrend und herabsetzend für den, der ihn empfindet. Wenn wir das

Gefühl haben, in unserer eigenen Schmach förmlich zu ertrinken und von den vom Schicksal Begünstigten wie Luft behandelt zu werden, dann kann es nicht ausbleiben, daß wir unsere eigene Erniedrigung zu bewältigen suchen, indem wir unseren Zorn auf all jene richten, denen in der letzten Zeit der Glücksstern des Gewinners geleuchtet zu haben scheint. Für den zur Zielscheibe unseres Neides gemachten Menschen ist das allenfalls sehr befremdlich, wußte der Beneidete doch gar nicht, daß er an einem Wettbewerb teilgenommen hatte. Desungeachtet werden wir die himmlischen Geister nicht so sehr um Manna für uns anflehen, sondern vielmehr um ein Gewitter bei der Siegesparade unseres Gegners – oder darum, ihn impotent werden zu lassen.

Olaf war einer der penetrantesten jungen Männer, die je durch die Tür meiner Praxis getreten sind. Er knallte mir sofort an den Kopf, daß ich zweifellos so viele wichtige Patienten hätte, daß ich mich unmöglich für seinen Fall interessieren könne. Das sei aber schon in Ordnung, er hätte nämlich schon viele Therapeuten kennengelernt, die wesentlich beeindruckender waren als ich. Er nannte einige Namen, und ich machte auf Stichwort »ah« und »oh«. Er müßte mir allerdings mitteilen, daß selbst diese Koryphäen ihm nicht hätten helfen können, weil sie alle viel zu versnobt seien. Ich meinerseits dürfte wohl auch kaum in der Lage sein, ihn zu verstehen, da ich vermutlich einen Vater gehabt hätte, während seiner ihn sitzengelassen habe. Feixend meinte er, ich hielte mich wohl für den Allergrößten, da ich mir Honorarforderungen erlaubte, die weit über das hinausgingen, was er als Möbelpacker verdiene. Sein Chef hatte ihm Geld gegeben, damit er mich aufsuchen konnte, er habe nämlich – hier lachte er – die leidige Angewohnheit, bei jedem Umzug das wertvollste Stück fallen zu lassen und kaputtzumachen. All diese privilegierten reichen kleinen Arschlöcher, ließ er mich wissen, deren Daddies sich um sie kümmerten und die das ganze Haus voll toller Sachen hätten, die würden ihm immer im Weg herumstehen, ihn rausschmeißen, hinter seinem Rücken über ihn tuscheln und Streit mit ihm anfangen, und das alles nur, weil er sich von deren hochnäsigem Getue nicht beeindrucken lasse. Dann sagte er: »Diesen ganzen Arschlöchern sind ihre Sachen zehnmal wichtiger als Menschen«, wobei er seine Füße auf meinem Couchtisch ausstreckte und zwei tiefe Kratzer quer über die ganze Tischplatte hinterließ.

Ich macht ihn darauf aufmerksam, daß paranoide Menschen, die sich ein Leben lang als das arme Opfer sehen und vor lauter Neid auf die ganze Welt bei jedermann Unlauterkeit vermuten, möglicherweise solche Ekel sind, daß in der Tat jeder an ihnen etwas auszusetzen hat. Ich verheimlichte nicht, daß ich knapp davor stand, ihm eins aufs Dach zu geben. Er sei ein ungezogener, nervtötender und so sehr in seinem Selbstmitleid befangener Patron, daß ihm jeder andere Mensch schnurzpiepegal sei.

Das gefiel Olaf. Er kam zu dem Schluß, daß ich der erste ehrliche Mensch sei, dem er begegnet ist. Ich meinerseits rang mich dazu durch, ihn als Patienten zu akzeptieren. Noch am selben Nachmittag zertrümmerte er jedoch ein altes, unbezahlbares Klavier und flog aus der Firma. Er wollte immer noch zu mir in die Therapie kommen, aber nur, wenn ich ihn umsonst behandeln und das Taxi bezahlen würde. Als ich mich weigerte, darauf einzugehen, meinte er, ich sei genauso ein Arschloch wie alle anderen.

Ich fürchte, ich war für Olaf keine große Hilfe. Es gibt wohl Neidhammel, die von ihrem Neid schon so zerfressen sind, daß jede Hilfe zu spät kommt.

Ein Mann, der sein Leben lang stets den kürzeren zieht und den sein Neid auf die Erfolgreichen nachts nicht schlafen läßt, kann irgendwann durchdrehen und auf einen Autofahrer schießen, der ihn mit seinem Wagen geschnitten hat. Raffgierige Unternehmer und Schlägertypen tummeln sich zwar nicht auf dem gleichen Spielfeld, aber sie spielen das gleiche Spiel, bei dem es nicht darum geht zu gewinnen, sondern darum, daß der andere verliert. Ihr Neid bringt sie dazu, anderen Menschen Leid zuzufügen, wobei sie diese Menschen mit den Siegern jener Wettkämpfe um den Pokal der Männlichkeit identifizieren, die sie in der Pubertät verloren haben. Nach wie vor hegen sie die Hoffnung, daß der Schmerz des Siegers sich wie Balsam auf die Wunden des Verlierers legen möge.

NACHEIFERER

»Nur wenige haben die Charakterstärke, sich ohne einen Tropfen Neid
am Erfolg eines Freundes zu erfreuen.«

Aischylos

Man muß schon sehr gefestigt sein, um die Siegesfeier eines Freundes lächelnd ertragen zu können. Und doch fördert es nur unsere
Entwicklung, wenn wir an Wettbewerben teilnehmen und unsere Rivalen daraufhin abklopfen, inwieweit sie als Vorbild für uns in Frage
kommen. Das Nachahmen von Männern, die wir bewundern, kann
ein nützlicher Ausgleich für die abwesenden Väter und Brüder sein,
die uns ihre Hand nicht reichten, als wir von ihnen als Mann akzeptiert werden wollten. Nachahmung ist das beste Mittel gegen Neid
und gleichzeitig der Mechanismus, durch den Jungen die Charaktere
ihrer Rollenvorbilder für sich übernehmen.

Nachahmung ist prinzipiell eine gute Sache, aber auch sie kann
zu weit getrieben werden. Puckett war ein junger Mann, dessen Vater
schon ziemlich früh gestorben war. Puckett begann einem Onkel
nachzueifern, der als Brezelfabrikant ein Vermögen gemacht hatte
und von dem es außerdem hieß, daß er eine Geliebte habe. Puckett
verdiente viel Geld mit Brezeln und betätigte sich als Schürzenjäger,
verlor aber das Interesse an beidem, als er erfuhr, daß der Onkel impotent war. Er kaprizierte sich prompt auf einen Großvater, der
wegen seiner Selbstentsagung und seines religiösen Eifers geachtet
wurde. Puckett ließ Brezeln Brezeln und Frauen Frauen sein und
wurde ein Gottesmann, der an Straßenecken missionierte. Den
Lebensunterhalt konnte er davon allerdings nicht bestreiten, so daß
er wieder die Schulbank drückte, um wie der beste Freund seines Vaters Anwalt zu werden. Er warf alle Eigenheiten über Bord, die nicht
zum Charakter dieses Anwalts paßten, begann dafür aber Pfeife zu
rauchen und sogar ein bißchen zu humpeln wie jener. Den Notendurchschnitt, der Voraussetzung für ein Jurastudium war, schaffte er
allerdings nicht. Er versank in eine Depression und wandte sich an
mich. Ich versuchte Puckett zu vermitteln, wie man seine Wünsche
und seine Möglichkeiten zu einem gesunden Ausgleich bringen

kann. In jüngster Zeit sieht seine Kleidung so aus, als stamme sie aus Notverkäufen von Transport- und Brandschäden, womit sie der meinen gleicht; er fährt wie ich einen uralten Jaguar, hat sich einen weichen Südstaatenakzent zugelegt, obwohl er aus der Bronx stammt, und bei Symphoniekonzerten sitzt er in der Reihe hinter mir. Andererseits humpelt er noch ein bißchen und geht in die Kirche, aber im Brezelbereich kommt er gut voran. Vielleicht gelingt es ihm, ein bißchen von allem unter einen Hut zu bekommen.

Vorbilder für Männlichkeit sind überall zu finden. Jungen und Männer, die nie den Segen ihres Vaters hatten, fühlen sich oft von Männern angezogen, die eine heroische Ausstrahlung haben. Politiker, die sich als Machos gebärden – wie Harry Truman, der den Kritiker fertigmachte, der die musikalischen Fähigkeiten seiner Tochter in Zweifel zog, oder wie der im Cowboykostüm herumstolzierende Ronald Reagan –, geben ganz hervorragende Modelle ab. In New York City war Donald Trump eine Saison lang das beste Vorbild für den angehenden Erfolgsmenschen. Und Ross Perot, dem der geradezu mythische Ruf vorauseilt, sein Vermögen zur Rettung von in Geiselhaft geratenen Arbeitern einzusetzen, schien für kurze Zeit auf perfekte Weise sämtliche Voraussetzungen für einen Heldenkult in sich zu vereinen: ein quicklebendiger Milliardär aus dem Westen zu Pferde.

Das klassische Gebiet für den männlichen Nachahmungskult ist der Sport. Sportfans, die bekanntlich weitaus mehr dazu tendieren, die Leistungen und Großtaten anderer Männer nachzuahmen, als sie deshalb zu beneiden, können so schlecht nicht sein. Sie respektieren, daß ein Spiel nach klaren und fairen Regeln ablaufen muß. Sie machen sich die charakterliche Haltung der Spieler zu eigen, die ihre Spielzüge an einem respektierten Bezugsrahmen ausrichten und sich daran gewöhnen müssen, bei Sieg und Niederlage nicht gleich auszurasten. Diese Spieler sehen sich obendrein immer häufiger in ein Leben versetzt, in dem Prominenz und Überfluß bestimmende Faktoren sind – was genügen dürfte, um weniger disziplinierte Naturen zu verderben. Sportfans machen ihr Idol gerne bis aufs I-Tüpfelchen nach, wobei nicht einmal Warzen ausgelassen werden. Nachahmer schicken ihren Stellvertreter vor, der für sie die Elfmeter schießt. Sie haben ihr Selbstwertgefühl und Mannstum an einen Champion als ihren Sachwalter delegiert.

Auf einer kulturell etwas anders gelagerten Ebene des männlichen Strebens streiten Opernfreunde beispielsweise über den künstlerischen Rang der Tenöre Luciano Pavarotti und Placido Domingo, wobei ich an dieser Stelle eine Lanze für Alfredo Kraus brechen möchte, der mit seinen 60 Jahren ein hohes C schmettert, das dem hohen C dieser jungen Grünschnäbel in nichts nachsteht. Rangeleien dieser Art fehlt vielleicht das Urige des sportlichen Wettkampfes, bei dem die Entscheidung, wer der Bessere ist, auf der Ebene ungeschlachter Körperlichkeit fällt – aber sie hören sich angenehmer an.

Wenn Männer ihr Selbstwertgefühl zu sehr von einem Helden abhängig gemacht haben und sich in dessen Nachahmung verlieren, dann kann es passieren, daß ihr unsichtbarer männlicher Chor und Fanclub nur noch einen einzigen Ton anstimmt. Ihrer Nachahmung fehlt die Vielfalt, die zur Herausbildung einer rundum entwickelten Männlichkeit gehört. Sportfans sind, was die Beständigkeit ihrer Gefolgschaft betrifft, glücklicherweise treulose Tomaten und wechseln prompt das Idol, wenn es den Ball nicht richtig trifft. Die Bewunderer musikalischer Größen dagegen kommen oft nie über das Idol hinaus, dem sie in früher Jugend verfallen sind. Es tut weh, wenn man beispielsweise beobachtet, wie in die Jahre gekommene Fans der »Grateful Dead« ihr Leben in kultureller und geschmacklicher Hinsicht der Nachahmung ihrer Vorbilder widmen. Ich habe Berichte über Zusammenkünfte von Leuten gelesen, die ihr Leben lang als Elvis Presley verkleidet herumlaufen. Ich kenne auch die Bilder von Michael Jackson, der sich vom Schönheitschirurgen das Aussehen von Brooke Shields verpassen ließ. Man möchte diesen Burschen wünschen, die Musik an den Nagel zu hängen und Sportfans zu werden.

ABENTEURER

»... die Gabe, jederzeit das Antlitz seines Wunsches und die Gestalt seines Traumes zu schauen, ohne welche die Welt keine Liebenden und
keine Abenteurer hätte.«
Joseph Conrad, »Lord Jim«

Die Träume und Sehnsüchte von Abenteurern sind Gebilde eigener
Art; Abenteurer lassen sich bei der Herausbildung und Bestätigung
ihres Mannestums von eigenen Vorstellungen leiten. Dabei mögen
sie sich sehr wohl auf furchterregende und gefährliche Abenteuer
einlassen, bei denen es keineswegs in geringerem Maße um Wettbewerb geht als bei den Spielen, deren Regeln von den anderen Jungen festgelegt worden sind, aber der Abenteurer erschafft sie sich in
seinen Spielen selbst und ist nicht abhängig von der üblichen Rangelei um männlichen Status. Sir Edmund Hillary hat den Mt. Eve-
rest nicht deshalb bezwungen, »weil der Berg eben da war«, sondern
deshalb, weil Sir Edmund da war. Um seinem Männlichkeitsanspruch gerecht zu werden, mußte er etwas leisten, das bisher noch
kein anderer Mann geleistet hatte.
    Quigley war Bestattungsunternehmer – und Abenteurer. Er hatte
eine brutale Kindheit hinter sich und eine fürchterliche erste Ehe mit
einer Frau, die der Meinung war, mißbraucht worden zu sein, und
von da an ihrerseits auf jeden losging, der in ihre Nähe kam. Er ergriff die Flucht vor dieser Ehe, zog seine Kinder groß und versuchte
Frieden zu finden. Er, der sein Leben lang mit der schreckenerregen-
den Seite des menschlichen Lebens zu tun gehabt hatte, fühlte sich
am lebendigsten und am wohlsten, wenn er lebensgefährliche Abenteuer unternehmen konnte. Das Abenteurertum bereitete ihm Vergnügen, aber es gab ihm auch das Gefühl, sein Leben im Griff zu
haben. Auf dem Gipfel des Mt. McKinley fand er unerschrocken den
Tod, und er hat es sich gewiß auch nicht anders gewünscht. Beim
Bungyspringen in Neuseeland mußte ich an ihn denken.
    Oft gehen Männer den gängigen Konkurrenzspielen aus dem
Wege, meistens deshalb, weil sie diese Spiele nicht wirklich beherrschen und dabei keinen Blumentopf gewinnen können. Manchmal

aber denken sie, der Wettbewerb mit den anderen Jungs sei unter
ihrer Würde. Wenn sie sich schon ins Zeug legen, dann alleine. Die
anderen Jungen und Männer sind oft verblüfft über die Bereitschaft
dieser Burschen, sich an Aufgaben heranzuwagen, die wesentlich
mehr von ihnen fordern als die üblichen Mannbarkeitsrituale.

Ich hatte eine Periode, in der ich mich auf vielerlei verrückte und
riskante Unternehmungen einließ, da ich bei den üblichen Spielen, in
denen es um den Status als Mann ging, nicht mitmachen konnte.

Mein Sohn Frank IV betrieb alle möglichen Sportarten mit be-
trächtlichem Erfolg, aber es reichte nirgendwo zum sportlichen Su-
perstar. Das änderte sich erst, als er auf die bis dahin kaum beachtete
Disziplin des Langstreckenlaufs aufmerksam wurde und sie in der
High-School zu seiner Spezialdisziplin machte. Heute, gut 15 Jahre
später, ist Langstreckenlauf eine große Sache, aber damals an seiner
High-School war diese Sportart noch so wenig bekannt, daß er im
Querfeldeinlauf seinen eigenen Trainer spielen mußte. Er gewann mit
seiner Läufermannschaft die Meisterschaften des Bundesstaates und
wurde zu einer Art Lokalmatador. Er war eine schonungslose Kämpfernatur, wenn es um Ziele ging, die er sich selbst gesetzt hatte.

Mein Neffe Harrison war auf dem Golfplatz groß geworden und
hatte es alsbald zum Juniorenmeister unseres Staates gebracht. Wenn
der Rest der Familie auf Abenteuerjagd ging, schloß er sich aus. Er
kletterte nicht mit auf die Berge, war beim Wildwasser-Kajakfahren
nicht dabei und buddelte auch nicht mit uns in Höhlen herum. Er
spielte immer nur Golf und wollte sich von diesem Born seiner
männlichen Identitätsvergewisserung nicht trennen. Nachdem er
den Plan, professioneller Golfspieler zu werden, aufgegeben hatte,
verkaufte er ein paar Jahre lang Ledersitzmöbel und verdiente damit
so viel Geld, daß er sich zur Feier seines dreißigsten Geburtstags
einen Abenteuerurlaub von einem Jahr gestatten konnte, um all das
nachzuholen, was er in seiner Jugend bei strenger geregelten Wettbewerben versäumt hatte. Nachdem er in Borneo mit dem Floß Flüsse
hinuntergefahren war, die auf keiner Landkarte verzeichnet sind, rief
er uns aus Bali an: Er habe sich entschlossen, wie seine Mutter und
sein Stiefvater den Lehrerberuf zu ergreifen – am liebsten wolle er
Golflehrer für die Kinder aus den Innenstädten werden.

Ich habe Harrisons erfolgreiche Wettbewerbskarriere mit Vergnügen verfolgt, aber Gewinnen, gleichgültig, ob es um Geld oder nur um Ruhm geht, wird mit der Zeit langweilig und belanglos. Bei Harrisons abenteuerlichen Vorstößen in die entlegenen Regionen der Welt und in die Sphären des Geistes bin ich ein eifriger Trittbrettfahrer. Er läßt mich an seiner Suche nach einem angemessenen Betätigungsfeld für seine gewaltige Tatkraft und seine poetische Natur teilhaben.

Abenteurer meiden den Wettbewerb mit den anderen Jungen und messen statt dessen ihre Kräfte in der Auseinandersetzung mit der Natur, der Gesellschaft oder ganz allgemein der Wirklichkeit. Die Abenteuersuche kann jedoch ein so einsames und antisoziales Unterfangen werden, daß dem Abenteurer etwas völlig entgeht, in dessen Genuß andere Männer kommen, die zusammenarbeiten: das Gefühl der Zugehörigkeit zu einer brüderlichen Gemeinschaft. Das Leben wird gefährlich, und die Zeit wird knapp, wenn ein Mann nicht schon beim Heranwachsen erfahren hat, daß er über genügend Männlichkeit verfügt, und sich dieses Gefühl statt dessen nachträglich mit großem Aufwand verschaffen muß. Oder wie Bilbo Baggins in »The Hobbit« klagte: »Abenteuer führen leicht dazu, daß man zu spät bei Tisch erscheint.«

ARBEITSTIERE

Wenn Männer erwachsen geworden sind, geht es nicht mehr um sportliche Leistung oder Penisgröße, sondern um wirtschaftlichen Erfolg. Der Erfolgsmaßstab für erwachsene Männer ist das, was sie unter dem Strich verdienen.

Wettbewerbsorientierte Männer, denen es nicht genügt, ihr Auskommen und ein erträgliches Leben zu haben, suchen ihre Stellung in der Hackordnung durch das Herumwedeln mit einem dickeren Scheckbuch zu verbessern. Natürlich besteht immer die Möglichkeit, sich das Geld durch Diebstahl, Erbschaft, Heirat oder Lottogewinn zu beschaffen, aber meistens versuchen es die Männer mit Arbeit. Solange sie arbeiten, dürfen sie das Gefühl haben, daß der Wettbewerb um einen Platz näher am Alphamännchen für sie doch noch offen ist.

Wettkämpfer hängen gern dem Glauben an, Erfolg würde sich nur durch den Konkurrenzkampf gegen die anderen Bewerber einstellen. An den meisten Arbeitsplätzen sind jedoch Kooperation und Gemeinschaftsgeist gefragt, und Konkurrenzgeist ist nur Sand im Getriebe. Ich habe regelmäßig Männer vor mir sitzen, die in wettbewerbsfreien Erziehungs- und Verwaltungsberufen, z. B. als Lehrer, Trainer oder Manager, versagt haben, weil sie ihrem Beruf einen Konkurrenzaspekt abgewonnen haben, der ihre eigentliche Arbeit behinderte.

Wettkämpfernaturen geht es oft nur darum herauszubekommen, wer am längsten oder am härtesten arbeiten kann, wer sich am rücksichtslosesten aufreibt. Diese Burschen arbeiten einem solchen Wettstreit zuliebe Nächte durch, sei es, um selbst den Siegerpreis einzuheimsen, sei es, um anderen den Sieg saurer zu machen. Diejenigen, die sich ins Zeug legen, um den Sieg davonzutragen, tun das oft mit Enthusiasmus und Optimismus, und das Spiel macht ihnen Freude. Männer jedoch, deren verzweifelter Kampf allein dem Zweck gilt, nicht zu verlieren, haben quälende Ängste auszustehen und zerfressen sich in Neid auf den, der so entspannt und begeistert an die Sache herangehen konnte, daß er der Gewinner wurde.

Arbeitsbesessene Wettkämpfer lieben zwar vielfach ihre Arbeit, haben aber die Freude an allen anderen Aspekten ihres Lebens verloren. Zu Hause ist es ihnen unbehaglich, Frau und Kinder empfinden sie als Störung. Es gibt viele Männer, die sich vormachen, daß sie nur ihrer Frau und den Kindern zuliebe *so* hart arbeiten und *so* viel Geld verdienen. Sie schaffen es nicht, sich einzugestehen, daß ihre Arbeitswut nichts anderes darstellt als eine Neuauflage der alten Schulhofrangeleien mit den anderen Buben.

Rooker war vorzeitig von der Schule abgegangen. Er hatte eine Firma gegründet und mit Geschick und Kreativität geführt, bis er sie für eine Million Dollar wieder verkaufte, als er gerade 22 Jahre alt war. Er kam sich vor wie ein König, war er doch unvergleichlich erfolgreicher gewesen als sein arbeitsbesessener Vater, den er kaum gekannt hatte. Er hatte vor, sein Geld so einzusetzen, daß er noch viel

mehr Geld damit verdienen konnte. Er war voller Enthusiasmus. Zu
diesem Zeitpunkt begann seine Frau jedoch eine Affäre mit einem
Mechaniker und verließ ihn. Sie hatte keine Lust, ihr Leben »als die
feine Dame eines Millionärs« zu verbringen.

Ich versuchte mit den beiden eine gemeinsame Therapie zu machen, aber ich bekam Rooker so gut wie nie zu Gesicht. Er bot zwar
immer wieder einen Termin an, um dann aber jedesmal kurz vorher
wieder abzusagen, weil ihm irgendein Geschäftstermin dazwischen-
gekommen war. Er schlug vor, sich am Sonntag zu treffen, bevor er
mit ein paar Kunden zum Golfspielen ging, oder früh am Morgen vor
seinem Arbeitsfrühstück mit ein paar Anwälten. Als ich versuchte, ihm
klarzumachen, daß seine Ehe augenscheinlich für ihn keinen sehr
hohen Stellenwert besitze, sagte er: »Aber du lieber Himmel, hier geht
es doch ums Geschäft! Sie können doch nicht erwarten, daß ein Mann
sich von den Gefühlen einer Frau sein Geschäft kaputtmachen läßt!
Ein Mann, der seine Geschäfte sausenläßt, nur um über seine Ehe zu
quatschen, ist eine Pfeife! So einer wird nie Erfolg haben.« Seine Frau
ließ sich scheiden.

DIE TRAGÖDIE DER WETTKÄMPFER

Jeder von uns hat etwas vom Wettkämpfer in sich. Jeder heranwachsende Junge merkt eines Tages, daß sein Status, sein Ansehen
und vielleicht sogar das Ausmaß von Liebe und Geld, das ihm in seinem Leben zuteil werden wird, von seinem Erfolg im Wettstreit mit
den anderen Jungs abhängt. Wir können mit diesem Wissen leben,
für uns selbst und auch, was die anderen betrifft, und wir versuchen
damit tolerant umzugehen. Dies gelingt, solange sich jeder an die üblichen Regeln hält. Männer, die sich nicht männlich genug fühlen,
können jedoch einen verzweifelten Konkurrenzdrang entwickeln,
dem sie unablässig auf regelwidrige, nervtötende und destruktive
Weise Luft zu machen suchen.

Das ist eine tragische Geschichte, und zwar nicht nur für alle anderen, sondern auch für den Konkurrenzhammel selbst: Je mehr Erfolg er hat, desto weniger werden sich seine Mitmenschen veranlaßt

sehen, ihm die Bestätigung zu geben, die er in Wahrheit eigentlich sucht. Sind sie erst einmal erwachsen geworden, hat das elterliche Interesse für ihr Streben nach Männlichkeit nachgelassen, und es ist wenig wahrscheinlich, daß ihnen noch einmal jemand über den Weg läuft, der sich für das Wohl und Wehe ihrer Männlichkeit besonders interessiert.

Ich kenne einen Mann namens Spike, der in gewissen Abständen große Erfolge zu verzeichnen hatte. Er sagte mir, daß ihm sein rastloser Konkurrenztrieb vom Vater eingeimpft worden war. Der Vater war ein unglücklicher, deprimierter Alkoholiker, für den Glück lediglich ein Zeichen von Schwäche war. Er fürchtete, seine Söhne könnten bequem und selbstzufrieden werden, bevor er das für ihn Bestmögliche erreicht hatte. Er tat folglich alles, was er konnte, um bei ihnen keine Selbstsicherheit und keinen Respekt für die eigene Person aufkommen zu lassen. Er zwang sie in eine so heftige Konkurrenz gegeneinander, daß sie nie zu einem vertrauten Verhältnis fanden. Spike war der Jüngste und verkörperte die letzte Hoffnung seines Vaters, einen Champion zu produzieren. Der Alte demütigte Spike in Gegenwart aller, prügelte ihn regelmäßig, gab ihm das Gefühl, dumm und nichtsnutzig zu sein, und stellte ihm Aufgaben, denen er unmöglich gewachsen sein konnte. Er duldete bei Spike nicht das geringste Anzeichen von Empfindsamkeit oder Mitleid, von geistigen oder musischen Interessen oder von Freundlichkeit. Um aus Spike eine rücksichtslose Kämpfernatur zu machen, verpaßte er seinem Sohn ein emotionales Abstumpfungstraining.

Spike wuchs mit so gewaltigen Selbstzweifeln auf, daß er sich auf jedem Gebiet beweisen zu müssen glaubte. Er war Sieger in sportlichen Wettkämpfen, dann Kriegsheld, dann Unternehmer, dann ein berühmter Schriftsteller und schließlich ein einflußreicher Politiker. Er konnte jedoch zu niemandem eine vertraute Beziehung aufbauen, schon gar nicht zu einem andern Mann, denn Männer waren für ihn entweder Konkurrenten oder Leute, die mit seinem Spiel nichts zu tun hatten. Seiner Gattin treu zu sein war ihm ebenfalls unmöglich, denn das Verführen von Frauen gehörte zum Wettbewerb. Auch bei seinen Kindern hielt er es nicht aus, denn mit ihnen vergeudete er nur wertvolle Zeit, die ihm fehlte, wenn es um die wirklich wichtigen

Dinge ging. Jedes Zusammensein mit seinen Kindern mündete ohnehin in ein Desaster, da er als Vater nichts anderes zu tun wußte als das, was sein Vater mit ihm gemacht hatte. Freunde besaß er natürlich auch nicht. Er hatte nie welche gehabt.

Spike schien nicht zu begreifen, daß seine Anstrengungen, die Menschen zu beschämen, verletzend wirkten. Er wußte nicht, daß er selbst verletzt worden war. Er war davon überzeugt, daß ein Mann sich Stolz und Wohlbefinden nur dadurch verschaffen konnte, daß er allen anderen Männern noch größere Schmach bereitete, als er selbst hatte erleiden müssen. Man ist geneigt anzunehmen, Spikes ungewöhnliche Talente und seine weitreichenden Erfolge hätten ihm bei der Überwindung seines Minderwertigkeitsgefühls geholfen. Das war jedoch keineswegs der Fall. Die höhnisch spottende Stimme des Vaters übertönte den gesamten unsichtbaren männlichen Fanclub.

Um sein Minderwertigkeitsgefühl loszuwerden, mußte Spike in seinem Vater das Ungeheuer erkennen, das selbst beschämt und mit roher Gewalt in die Brutalität hineingetrieben worden war. Er mußte lernen, überhaupt erst einmal wahrzunehmen, wie er andere Männer, einschließlich seiner Brüder, betrachtete, wie sein Erfolg auf andere Männer wirkte und wie diese auf seine gefühllose, brutale Boshaftigkeit reagierten. So alt und erfolgreich, wie er war, mußte er unter den Männern des Milieus, dem seine Bewunderung galt, auf die Suche nach Mentoren gehen. Er mußte noch einmal ganz von vorne lernen, wer er war und was er war.

Männer, die von ihren Vätern nicht geliebt und bestätigt, sondern statt dessen beschämt und lächerlich gemacht worden sind, strampeln sich entweder unentwegt ab, um Bestätigung zu erhalten, oder sie ziehen sich zurück und leben mit eingezogenem Schwanz. Das Gefühl der Beschämung ist die treibende Kraft sowohl beim chronischen Kampf um Anerkennung wie auch beim Rückzug in ein lebenslanges Schattendasein. Für Wettkämpfer gibt es nie ein Finale. Gleichgültig, wie viele Medaillen sie gewonnen, wie viele Frauen sie verführt oder wie viele Statussymbole sie angehäuft haben, das Bewußtsein ihrer Männlichkeit tritt auf der Stelle, und zwar ziemlich genau dort, wo der Vater es vorgezeichnet hat. Das Voranschreiten über diesen Punkt hinaus wird zur Lebensaufgabe.

Wettkämpfer, und Weiberhelden nicht minder, betreiben jedoch die Suche nach ihrem Mannestum am falschen Ort. Bei Frauen werden sie nicht fündig werden, und bei den anderen Jungs auch nicht. Kameraden können lediglich das Gefühl der Zugehörigkeit vermitteln. Sie können den Suchenden in ihre Mannschaft aufnehmen, wo er die Bestätigung erhalten wird, nicht besser und nicht schlechter zu sein als die anderen. Wem dieses Gefühl, einer von den Jungs zu sein, nicht reicht, um sich »Manns genug« zu fühlen, der hat einen einsamen Kampf vor sich.

4 HERRSCHERNATUREN

»Dann sprach Gott: Laßt uns Menschen machen als unser Abbild, uns ähnlich. Sie sollen herrschen über die Fische des Meeres, über die Vögel des Himmels, über das Vieh, über die ganze Erde und über alle Kriechtiere auf dem Land.«
Genesis 1, 26

»Der große Glaubensakt ist die Entscheidung des Menschen, sich nicht als Gott zu betrachten.«
Oliver Wendell Holmes in einem Brief an William James

EIN GÖTTLICHER AUFTRAG?

Männer fühlen sich von höchster Stelle dazu berufen, über die Dinge zu herrschen. In unseren gesegneten kleinen Köpfen hat sich der Gedanke eingenistet, ein göttlicher Auftrag verpflichtet uns, die Natur zu erobern und zu beherrschen, Menschen mit anderem Aussehen zu überwältigen und zu beherrschen und uns natürlich vor allem die Frauen botmäßig zu machen, die ansonsten über die Stränge schlagen und Aufruhr und Chaos heraufbeschwören würden.

Die Herrschaftsbefugnis über Menschen und Sachen ist von Gott über Adam und Papi auf uns gekommen. In den letzten Jahrzehnten gab es eine Unterbrechung in dieser Kette, als Frauen und Kinder gegen die gottgegebene männliche Autorität aufmüpfig wurden, die Männer vor den väterlichen Pflichten davonliefen und ihre Söhne der Ausstrahlungskraft des jeweils gerade aktuellen Rockstars oder Sportidols überantworteten.

Das Patriarchat machte offenbar schon zu Beginn der vierziger Jahre einen angestaubten und lächerlichen Eindruck. Das berühmte Theaterstück »Das Leben mit Vater« von Lindsay und Crouse basiert auf der Geschichte eines Mannes namens Clarence Day. Er wuchs um die Jahrhundertwende mit einem Vater auf, der meinte, alles unter Kontrolle haben zu müssen, seine Frau jedoch, die ihn gern getauft gesehen hätte, nicht in den Griff bekam. Clarence Day wehrte entschieden diese weibliche Attacke auf seine männliche Autorität ab.

In der 1947 gedrehten Filmversion dieser Geschichte spielt William Powell den Vater und Jimmy Lydon den jungen Clarence. Meine Lieblingsstelle in diesem Film ist jene Szene im Arbeitszimmer des Vaters, in der Clarence soeben eine verwirrende Begegnung mit seiner Freundin hatte, die in Tränen aufgelöst durchs Zimmer gerannt war. Vater unternimmt nun den Versuch, dem heranwachsenden Sohn seine Erfahrungen über das Wesen der Frauen zu vermitteln. Er läßt Clarence in der ganz in Leder und Eiche gehaltenen Bibliothek Platz nehmen und belehrt den Jungen: »Clarence, Frauen sind nicht die Engel, für die du sie hältst! Also – zuerst muß ich dir etwas erklären. Siehst du, Clarence, wir Männer müssen dafür sorgen, daß die Welt in Gang gehalten wird, und das ist gar nicht so einfach. Das kostet Arbeit und Nachdenken. Ein Mann muß Zahlen und Fakten kennen. Er muß sich alles genau überlegen. Aber nehmen wir einmal eine Frau. Eine Frau denkt – nein, jetzt sage ich etwas Falsches. Eine Frau denkt überhaupt nicht. Eine Frau regt sich auf! Und sie regt sich über die blödesten Sachen auf!«

Vater versichert erneut, daß er sich nicht taufen lassen wird. Niemals wird er seine eigene Autorität untergraben, indem er eine Macht anerkennt, die größer ist als er selbst. Er erklärt: »Clarence, wenn ein Mann der Ansicht ist, daß etwas falsch ist, dann soll er es auch nicht tun, und wenn er denkt, es ist richtig, dann muß er es auch machen. Das hat überhaupt nichts damit zu tun, ob er seine Frau liebt oder nicht ... Frauen! Sie regen sich auf, und dann wollen sie, daß du dich auch aufregst. Wenn man unbeirrt vernünftig und logisch argumentiert, dann kann man sich natürlich auch behaupten. Aber wenn sie dich *herumkriegen*, dann geht der Streit bald nur noch darum, ob du sie liebst oder nicht. Ich schwöre dir, ich weiß nicht, wie sie das immer wieder schaffen. Laß dich nicht herumkriegen, Clarence! Laß es nicht dazu kommen!«

Clarence lauscht ernst und würdevoll den Weisheiten des Vaters, möchte aber noch gerne wissen, was ein Mann angesichts einer weinenden Frau tun soll. Selbst der Vater muß zugeben, daß er hier ratlos ist, aber er wiederholt seine Empfehlung: »Du mußt ihnen einfach begreiflich machen, daß das, was du tust, zu ihrem Besten ist…, und immer daran denken: Nicht nachgeben!«

Clarence nickt mit dem Kopf und marschiert hinaus. Er weiß jetzt alles, was er über Frauen wissen muß, und er hat ebenso begriffen, daß es den Männern aufgegeben ist, die Welt um sie herum zu beherrschen.

Im Rückblick erscheint die patriarchalische Haltung rundum lächerlich. Männer, die sich auf den heiligen Paulus berufen, der sie zum Haupt der Familie bestellt habe, dürften heutzutage in den meisten Kreisen schallendes Gelächter ernten. Aber immerhin haben die Väter als Patriarchen eine häusliche Rolle ausgefüllt, in der sie für ihre Kinder greifbar waren. Es gibt für einen Mann keine wichtigere Aufgabe, als seine Kinder großzuziehen. Dafür braucht man keineswegs gottähnlich zu sein. Dennoch entdecken viele Männer erst dann, mit wie geringem Einsatz man dieser Aufgabe gerecht werden kann und wieviel man dafür zurückbekommt, wenn sie sie schon zurückgewiesen haben.

Sturdivant, um ein Beispiel zu nennen, hielt sich für einen modernen Mann, für das Gegenteil seines streng patriarchalischen Vaters, dessen Interesse sich auf die eigenen vier Wände beschränkte. Sturdivant hatte nicht vor, ein eintöniges Leben zu Hause zu führen. Es lag ihm fern, den Haushalt selbst in die Hand zu nehmen – er kam vielmehr öfter einmal vorbei, um nach dem Rechten zu sehen und um sich zu vergewissern, daß der Laden so lief, wie er es angeordnet hatte. Er wollte, daß alles seinen Anordnungen und Terminvorgaben entsprechend ausgeführt wurde, war aber selten persönlich anwesend, wenn er nicht gerade inspizierte und nachprüfte, ob es etwas auszusetzen gab. Er traf sämtliche Entscheidungen – wo und wie die Familie zu leben hatte, welche Kleidung sie zu tragen und wie sie sich zu ernähren hatte, welche Spiele zu spielen waren. Er sorgte dafür, daß immer eine angenehme, ruhige und respektvolle Atmosphäre herrschte – Klagen waren nicht erwünscht, insbesondere nicht über ihn, über sein Reglement oder seine seltene Anwesenheit. Schließlich war er es, der alles bezahlte, und wenn er fort war, dann einzig und allein deshalb, weil er arbeiten oder geschäftliche Kontakte knüpfen mußte oder sich nach der Arbeit seine wohlverdiente Erholung gönnte.

Lange Zeit wagte niemand einen Mucks. Heute, nach Jahren schweren Alkoholmißbrauchs und periodischer Schürzenjägerei ist Sturdivants Ehe im Eimer. Er verlor sein Vermögen, als der Markt für seine Produkte zusammenbrach. Seine Frau hat die Scheidung eingereicht und einen anderen Mann gefunden. Sturdivant ist jetzt seit mehr als einem Jahr trocken. Er müht sich redlich um sein Auskommen und ist seiner neuen Freundin treu. Er ist völlig perplex, daß seine Frau, die er geliebt und so viele Jahre beherrscht und ignoriert hat, sich jetzt, da er sich geändert hat, auf einmal von ihm abwendet. Sturdivant ist ein Charmeur. Er ist immer davon ausgegangen, daß er mit seinem Charme alles regeln kann. Er war sich sicher, daß ihm zumindest »wertvolle Stunden« mit seinen Kindern vergönnt sein würden.

Dann geschah etwas, das ihm zu Bewußtsein brachte, was er in Wirklichkeit verloren hatte. Sein dreijähriger kleiner Junge war das Wochenende über bei ihm. Als er und der kleine Junge zusammen beim Pinkeln standen, sah der Kleine zu seinem Papi hoch und sagte: »Roger sagt, daß man seinen Pillermann hinterher immer schütteln muß.« Da brach Sturdivant zum ersten Mal in dieser ganzen fürchterlichen Geschichte in Tränen aus. Die schreckliche Erkenntnis durchfuhr ihn, daß ein anderer Mann seinen Sohn lehren würde, ein Mann zu sein. Wenn er bei seinen Kindern gewesen war, war er ihnen gegenüber als ihr Eigentümer, als Herrscher und sogar als Diktator aufgetreten, genau wie sein Vater, den er deshalb verachtet hatte. Das hingegen, was sein Vater noch zusätzlich getan hatte, hatte Sturdivant allerdings versäumt: Er war nicht präsent gewesen, er hatte sein Leben nicht mit der Familie geteilt. Das Wichtigste war ihm entgangen. Er hatte die negativen Seiten des patriarchalischen Herrschers ausgespielt, ohne jedoch andererseits die nützlichen Aspekte zu ver-

mitteln, die der »praktizierende« Ehemann und Vater schon durch
seine Anwesenheit bietet.

DIE BEDROHUNG DURCH
DIE WEIBLICHE SEXUALITÄT

So überholt die zugrundeliegenden Rollenvorstellungen auch sein
mögen, ich sehe immer noch genug junge Burschen und Männer, die
das Gefühl ihrer Männlichkeit aus der Beherrschung von Frauen ziehen. Minderjährige Burschen, die ihren Körper manchmal gar mit
Steroiden aufgemotzt haben, denen aber auf jeden Fall das Testo-
steron und die Unsicherheit in den Schläfen pochen, stolzieren im
muskelbetonenden T-Shirt durch die Einkaufszentren und halten
Händchen mit zierlichen Friseusen in voller Kriegsbemalung. Die
Burschen sind angestrengt um grimmiges Aussehen bemüht. Wenn
andere Burschen mit ihrem Mädchen liebäugeln, brechen sie unverzüglich Raufereien vom Zaun, die später mit allen Details zum besten gegeben werden. Sollte die Kleine sich gar erlauben, die Aufmerksamkeit des Rivalen, und sei es noch so verstohlen, zu erwidern,
dann muß sie allerdings damit rechnen, daß Hackfleisch aus ihr gemacht wird.

Junge Männer haben gemordet oder Selbstmord begangen, weil
sie ihrer Verpflichtung, ein Mädchen sexuell unter Kuratel zu halten,
nicht nachkommen konnten. Othello war ein wilder General und
Statthalter von Zypern, aber dennoch brach für ihn alles zusammen,
als er glaubte, seine Frau sei seiner Kontrolle entglitten. Er erdros-
selte sein geliebtes Weib Desdemona, nachdem der neiderfüllte Leut-
nant Jago ihn davon überzeugt hatte, daß sie flatterhaft genug gewesen sei, einem anderen Mann ihr Taschentuch zu geben. Ich habe
Männer erlebt, die eine Frau wegen eines Kleenex ermordet haben.
(Der Fairneß halber sei nicht verschwiegen, daß ich auch Frauen erlebt habe, die einen Mann für noch weniger als ein Kleenex umgebracht haben.)

Als ich noch auf der Unfallstation der öffentlichen Krankenan-
stalten von Atlanta gearbeitet habe, konnte man darauf wetten, daß

wir an jedem betriebsamen Freitagabend Männer und Frauen würden zusammenflicken müssen, die von eifersüchtigen Partnern nach tatsächlichen oder eingebildeten Treuebrüchen durch Messerstiche oder Schüsse verletzt worden waren. Von Eifersucht ganz besonders betroffen sind junge Männer, arme Männer und solche, die sich für Versager halten. Ein Mann muß irgend etwas kontrollieren können, und wenn Männer sonst nichts anderes haben, ist die Frau das Objekt, das sich anbietet.

Der Film »Rambling Rose« wurde nach Calder Willinghams gleichnamigem melodramatischen Roman gedreht. Er spielt während der Depressionszeit in einem kleinen Ort im Süden der USA. Die sexuellen Eskapaden von Rose sind Thema Nummer eins in dem Städtchen. Rose, dargestellt von Laura Dern, ist ein Opfer von Inzest und noch einer ganzen Reihe anderer Mißhandlungen seitens der Männer. Ihre Promiskuität wird von ihr selbst und von dem heranwachsenden Sohn als befreiende Kraft empfunden. Der Vater und der Hausarzt, beide Opfer von Roses sexuellem Freiheitsdrang, fühlen sich davon bedroht und hecken einen Plan aus, um Rose zu sterilisieren. Sie hoffen, auf diese Weise den Fluß von Roses sexuellen Begierden trockenlegen zu können. Auf ähnliche Weise versuchte man in anderen Zeiten und an anderen Orten durch Beschneidung der Klitoris oder durch Jungfräulichkeitskulte dem ersehnten Ziel näher zu kommen, die weibliche Sexualität sicher unter männlicher Kontrolle zu halten. Das gegenwärtige Bestreben, in der Abtreibungsfrage die Rechte der Frauen einzuschränken, ist ein weiterer Versuch, die weibliche Sexualität wieder einem starren männlichen Reglement zu unterwerfen.

Rose gerät übrigens zum Schluß an ihren Mister Right, einen Polizisten, dem sie früher einmal, als er einen Streit zwischen zweien von ihren Verehrern zu schlichten versuchte, bis auf den Knochen in den Finger gebissen hatte. Auch er will sie dominieren. Wir merken sofort, daß die Ehe unter einem schlechten Stern steht, denn beim Hochzeitsempfang gerät sie in albernes Entzücken über dieses »Picknick«, aber ihr neuer Bräutigam ist unsensibel genug, ihr den Spaß mit Belehrungen darüber zu verderben, daß es sich hier um ein »Barbecue« handle, da es bei einem Picknick nicht üblich sei, Fleisch zu grillen, und hier werde schließlich gegrilltes Fleisch gereicht.

Thor ist einer meiner Patienten. Er ist unglaublich massig und so häßlich, daß es fast schon weh tut. Sein ganzes bisheriges Leben litt er unter extremer Unsicherheit. Früher hatten ihn die anderen Jungen wegen seines Mondgesichts und seiner Glupschaugen unentwegt gehänselt, bis er auf einmal ein solcher Brocken war, daß sich keiner mehr an ihn herantraute. Jeder machte einen großen Bogen um ihn. Er war arm, ohne Vater und einsam. Er träumte von einer Frau, die ihn liebte. Als Installateur kam er zu Geld, aber die Unsicherheit bezüglich seiner sexuellen Anziehungskraft wurde dadurch nicht geringer, obwohl ihm jetzt durchaus Frauen zu Gebote standen. Er konnte aber kein Vertrauen in ihre Liebe setzen.

Als Thor zu mir kam, hatte er eine Gattin, eine Geliebte und zwei ehemalige Ehefrauen zu versorgen, die es natürlich alle unter Kontrolle zu halten galt. Bei allen pflegte er täglich unerwartet aufzutauchen und das Terrain zu inspizieren, um sich zu vergewissern, daß kein anderer Mann darin herumgewildert hatte. Eine der Exfrauen in seinem Stall war unverfroren genug, den Nachbarjungen zum Fernsehen einzuladen. Thor bekam Wind von der Sache und legte Fernsehapparat und Sofa mit einer Schrotflinte in Trümmer. Er war der Ansicht, infolge seiner Unterhaltszahlung seien die Gegenstände sein Eigentum, und er war nicht bereit hinzunehmen, daß sich ein anderer triumphierend darauf breitmachte.

Thor heulte mir vor, er wolle doch bloß geliebt werden. Es war ihm schlichtweg unbegreiflich, daß Frauen wie seine Exgattin ihn nicht in der von ihm gewünschten Weise liebten, wo er sich ihnen gegenüber doch so großzügig gezeigt hatte. Thor war klinisch gesehen möglicherweise nicht mehr ganz normal, obwohl er im alltäglichen Leben äußerst erfolgreich war. Was seine Gemütsverfassung angeht, unterschied er sich nicht wesentlich von anderen Männern, die ihr Selbstgefühl dadurch aufbauen müssen, daß sie den Pascha spielen.

Die Zeitungen berichten täglich von Männern wie Thor, nur daß diese Burschen sich nicht mit dem Sofa und dem Fernseher begnügten, sondern die Exfrau oder den jugendlichen Besucher gleich mit weggepustet haben. Der Mann, der einen Molotowcocktail in den Happy Land Social Club geworfen hatte und zum erfolgreichsten

Massenmörder der Kriminalgeschichte wurde, nachdem dort 87 Menschen bei lebendigem Leib verbrannt waren, wollte lediglich seiner Freundin zeigen, was eine Harke ist, weil sie sich zuwenig um ihn und zuviel um andere Männer gekümmert hatte.

Ich habe in meiner Praxis Männer gehabt, die wegen der Affäre ihrer Frau am Boden zerstört waren. Die gereifteren unter ihnen haben deswegen nicht gleich ihre Ehe sausenlassen, sich selbst umgebracht oder einen Mord verübt. Aber sie machten sich selbst völlig fertig mit der Frage, warum ihre Frau einen anderen Mann vorgezogen hat. Selbst wenn die Frau wieder reumütig und mit wehenden Fahnen zu ihrem Mann zurückkehrt, geht das Machtgefühl des Ehemannes oft komplett in die Binsen, da *seine* Frau sich als *ihr* eigener Herr gezeigt hat. Zwanghafte oder gewalttätige Eifersucht nährt sich zum Teil aus der Konkurrenzsituation, in die der betrogene Ehegatte getrieben wird. Jeder Mann, dessen Frau fremdgegangen ist, will wissen, wie groß der Schwanz des Mannes war, der ihm Hörner aufgesetzt hat – auch wenn er sich nicht zu fragen traut. Die Eifersucht wird ferner durch den festen Glauben des Betrogenen geschürt, sein Mannestum verlange von ihm, den Daumen auf die Frau zu halten.

Väter haben im allgemeinen ihre Freude an den sexuellen Abenteuern ihrer Söhne. Bei Töchtern jedoch fühlen sie sich oft zu strenger Kontrolle aufgerufen. Vielleicht steckt dahinter ein männlicher Wettbewerb mit den Verehrern, bei dem es darum geht, wer bei dem Mädchen das letzte Wort hat. Ein Mann äußerte mir gegenüber den beunruhigenden Satz: »Ich werde nicht zulassen, daß irgendein anderer Mann mit meiner Tochter schläft, solange ich für ihren Unterhalt sorge. Ich lasse mir doch nicht die Äpfel von meinem Baum plündern.«

Hinzu kommt ein anderes Element, nämlich das Gefühl des Vaters, ein Verwalteramt wahrnehmen zu müssen – als ob Gott ihm aufgetragen hätte, darauf aufzupassen, daß Eva keinen Apfel ißt beziehungsweise Töchter bis zur Hochzeit ihre Unschuld behalten.

Underbush war eigentlich ein ganz vernünftiger, solider, etwas langweiliger Mann, der zuviel arbeitete und gelegentlich auch zuviel trank. Er betrachtete es aber als seine wichtigste Lebensaufgabe, über die Keuschheit seiner Tochter Virginia zu wachen, damit sie ebenso jungfräulich in die Ehe gehe, wie es bei ihm und seiner Frau der Fall gewesen war. Für Underbush ist diese Mission ein unverzichtbarer Bestandteil seines männlichen Selbstgefühls.

Der Vater von Underbush, ein engstirniger und verbitterter Mann, hatte seinem Sohn zwar ein paar soziale Tugenden vererbt, aber auch die Angst vor sozialer Mißbilligung. Underbush war Zeuge geworden, wie sich sein Vater abfällig über einen Nachbarn äußerte, der zwar größeren wirtschaftlichen Erfolg hatte, aber mit einer Tochter geschlagen war, die ein uneheliches Kind bekam – was dem Nachbarn, mit dem Underbushs Vater in einem unerklärten Wettstreit stand, einen klaren Punkteverlust einbrachte. Ganz in diesem Sinne wählte Underbush sorgfältig die Fernsehprogramme aus, die Virginia ansehen durfte, schickte sie auf christliche Erziehungsanstalten und achtete darauf, daß ihre Freunde nur aus absolut einwandfreien Familien kamen.

Als Virginia 15 Jahre alt war, durfte sie einen Besuch beim Bruder ihres Vaters und dessen Tochter machen. Es sollte sich herausstellen, daß Underbushs Nichte ein bißchen wilder war, als Underbush für vertretbar hielt, und einige von Virginias Tagebucheintragungen gefielen ihm überhaupt nicht. Er machte seinem Bruder eine große Szene und brach den Kontakt völlig ab. Er begann Virginia auf Schritt und Tritt zu verfolgen und spionierte ihr nach, wenn sie ins Kino ging. Er hörte ihr Telefon ab und zerbrach sich jeden Tag stundenlang über jede Einzelheit ihrer Gespräche den Kopf. Die meiste Zeit hielt er sie an kurzer Leine und unter strenger Überwachung. Er schleppte sie sogar zum Arzt, der ihre Jungfräulichkeit zu überprüfen hatte. Schließlich zog seine Frau die Notbremse und schickte das Mädchen auf ein strenges Internat, mit der Anweisung, es sei besonders darauf zu achten, daß das Mädchen seine Unschuld nicht verliere.

Kaum war Virginia im Internat, verlor Underbush jegliches Interesse an der Jungfräulichkeit seiner Tochter. Es war ja nun nicht mehr seine Aufgabe, darüber zu wachen, und somit war es auch keine Angelegenheit mehr, die sein männliches Selbstwertgefühl betraf. Mit seinem Bruder versöhnte er sich allerdings nicht. Diesen Sieg kostete

er voll aus: Er war ein besserer Hüter von Sitte und Anstand als sein
Bruder.

FRAUEN AN DER KANDARE

Um bei manchen Männern die Alarmlämpchen angehen zu lassen,
brauchen Frauen keineswegs mit den Augen zu klimpern oder gar die
Röcke fallen zu lassen. Diese Männer scheinen eine Art eingebauten
Detektor für weibliche Umtriebe zu haben. Jeder Mucks einer Frau
signalisiert ihnen Unbotmäßigkeit. Diese Männer scheinen unentwegt in Habachtstellung zu verharren, allzeit bereit, ihrer Verantwortung dadurch gerecht zu werden, daß sie Frauen davon abhalten,
etwas Unangemessenes zu tun, unangemessene Ausgaben zu tätigen
oder vielleicht nach eigenem Gutdünken etwas zu essen.

Einer der unerträglichsten Ehemänner, die mir je begegnet sind,
war Victor, ein von früh bis spät schwer arbeitender Chiropraktiker.
Der Vater war schon in Victors Jugend gestorben. Der alte Mann
hatte Victor auf dem Sterbebett angefleht, dafür Sorge zu tragen,
daß die Mutter nicht das Familienvermögen vergeudet. Die Mutter
hatte das Hotel und die Farm der Familie bewirtschaftet und war all
die Jahre in finanzieller Hinsicht sehr gut zurechtgekommen, aber
Victor, dem biblischen Adam darin keineswegs unähnlich, war der
Ansicht, er habe vom Vater den Auftrag erhalten, alle Weiber, alles
Geld und alle Dinge unter seine Herrschaft zu bringen. Er machte
sich selbst und seiner Mutter das Leben zur Hölle, bis er endlich heiratete und darangehen konnte, nunmehr seiner Frau beim Geldaus-
geben in den Arm zu fallen. Dabei war seine Frau schon eine
Schnäppcheneule, die immer sämtliche Läden nach dem billigsten
Sonderangebot abklapperte. Die Pfennigfuchserei wurde schnell zu
ihrem Hauptberuf.

Victor war ein wohlhabender Mann mit umfangreichem Wertpa-
pierbesitz, aber er prahlte damit, wie gut er seine Frau an der Kandare hatte. In seinem Haus gab es keine Klimaanlage, Löcher in den
Wänden wurden nicht repariert, die Polsterung quoll aus den Sofas,
und abgebrochene Stuhlbeine wurden durch Bücherstapel ersetzt. Es

gab nur einen Schwarzweißfernseher, Büchsen wurden von Hand geöffnet, und es war lediglich ein Satz Bettbezüge vorhanden. Victor schlief in einem modrigen Kellerraum auf einer ramponierten Couch. Falls je einmal ein Mann bei ihm zu Hause vorbeikommen sollte, so brüstete er sich, dann würde dieser ganz schön Augen machen, wie gut seine Frau parierte. Der Besucher würde ihn bestimmt für einen Mordskerl halten. Victors Vater hätte seine Freude an ihm gehabt.

Oft versuchen Männer ihrer Frau vorzuschreiben, was sie essen soll und wieviel sie wiegen darf. Für manche Männer ist das Aussehen ihrer Frau ein Spiegel ihrer eigenen Männlichkeit und deswegen etwas, das es zu kontrollieren gilt. Vielleicht verordnen sie ihren Frauen jenes modische spillerige Aussehen, das Tom Wolfe in »Fegefeuer der Eitelkeiten« bei jenen bis auf die Knochen abgemagerten Frauen als Resultat der »sozialen Röntgenstrahlen« diagnostizierte. Oft sind die um das Gewicht ihrer Frau so besorgten Männer selbst ziemlich pummelig. Männer, die um ein paar zusätzliche Pfunde ihrer Frau ein großes Theater veranstalten, haben nicht selten Affären mit recht üppigen Schönheiten. Die Sorge um das Gewicht hat mit Sexualität nicht das geringste zu tun, sie ist vielmehr ein Ausdruck des männlichen Bestrebens, über die Frau zu herrschen.

Ich hatte eine Patientin, die von ihrem mäkeligen Ehemann unablässig wegen ihres dicken Hinterns gepiesakt worden war. Schließlich begann sie eine Fastenkur, die in Magersucht ausartete. Sie bekam eine schwere Anorexie und war bald nur noch Haut und Knochen. Ihr Mann war sehr beunruhigt über ihr entsetzliches Aussehen. Als sie langsam wieder etwas zu sich nehmen konnte, meinte er, sie solle sich doch von ihrem Arzt eine Diät zusammenstellen lassen, die verhindere, daß sie an den Hüften wieder Gewicht ansetze, und an den Fesseln könne sie ruhig noch etwas mehr abnehmen. Da dämmerte ihr, daß dieser Mann lebensgefährlich für sie war.

GNADENLOSE WELTVERBESSERER

Wenn Männer ihr Selbstwertgefühl schon von der Herrschaft über die Sexualität oder das Gewicht einer Frau abhängig machen, dann ist damit zu rechnen, daß sie über alles und jedes herrschen wollen. Manchmal wollen sie das tatsächlich. Dann führen sie einen Kampf gegen die Natur und setzen alles daran, in einem Rasenstück das Wachstum eines jeden Kräutleins zu unterbinden, das sie nicht selbst eingepflanzt haben. Oder sie versuchen ihre wenig begeisterten Kinder auf all jenen Gebieten zu Meisterleistungen anzutreiben, die dem Vater am Herzen liegen. Manche erklären sogar dem Straßenverkehr den Krieg und möchten den anderen frustrierten Verkehrsteilnehmern makellose Manieren beibringen. Andere leisten sich Auseinandersetzungen über Pünktlichkeit und sind eingeschnappt, wenn jemand zu spät kommt, als ob ihr Wert als Mann entscheidend von der Pünktlichkeit anderer abhängen würde.

Es ist sehr erhellend, Männern zuzusehen, die ein Sportereignis verfolgen. Es gibt Männer, die glauben, durch den Fernseher hindurch auf den Gang eines Spieles einwirken zu können. Ich habe sogar Männer kennengelernt, die meinten, sie könnten das Wetter beeinflussen. Mein eigenes besonderes Kontrollbedürfnis gilt dem Publikum von Filmen und Konzerten. Ich bin wild entschlossen, jedermann zu gutem Benehmen zu zwingen, und wenn Leute unentwegt flüstern, gerate ich oft in heftige Wortwechsel. Zu Tätlichkeiten ist es zwar noch nicht gekommen, aber ich war mehrfach knapp davor.

Den Objekten der Einflußnahme mag das Bedürfnis, Kontrolle auszuüben, selbstsüchtig und naseweis vorkommen, aber die Männer, die sich als Weltverbesserer betätigen, sind der Meinung, sie würden Ordnung schaffen, Mißstände beseitigen und alles wieder ins rechte Lot bringen. Ein Mann müßte sich verantwortungslos vorkommen und würde sich vor sich selber schämen, wenn er die Dinge außer Kontrolle geraten ließe, solange er noch eine Möglichkeit sieht, für den »richtigen« Ablauf zu sorgen. Während die meisten von uns in erster Linie geliebt werden wollen, sind Herrschernaturen jederzeit bereit, auf Liebe zu verzichten, wenn das der Preis dafür ist, die erste Geige spielen zu können. Machiavelli schrieb in »Der Fürst«: »Es stellt sich die Frage, ob es besser sei, mehr geliebt als gefürchtet oder mehr gefürchtet als geliebt zu werden. Man mag darauf antworten, wir sollten bestrebt sein, beides zu erreichen. Liebe und Furcht können jedoch schwerlich nebeneinander bestehen, und da wir gezwungen sind, zwischen ihnen zu wählen, ist es unserer Sicherheit weitaus dienlicher, gefürchtet denn geliebt zu werden.«

DIE HEROISCHE HALTUNG

Sofern ein weiser Mann den Drang in sich verspürt, andere zu beherrschen, wird er zuallererst bemüht sein, sich selbst zu beherrschen. Männer, die nicht ganz so weise sind, können die Selbstbeherrschung übertreiben. Dann werden sie oft zu Maschinen, wobei ihnen meist auch noch die Fähigkeit zu fühlen abhanden kommt. Dieser Verfassung entsprach das heroische Ideal meiner Jugendzeit.

Die damaligen Leinwandhelden waren starke und schweigsame Typen in der Tradition von John Wayne und Gary Cooper. Es waren Männer, die nie eine Träne vergossen oder ein Wort der Klage hören ließen, wenn sie in die Mangel genommen oder in Stücke geschossen wurden. Damals hatten junge Burschen Football zu spielen. Wir mußten Schmerz, Verzicht und Erniedrigung ertragen lernen, bis wir bar aller menschlichen Gefühle waren. Beim ersten Anzeichen wankender Selbstkontrolle wurde meinesgleichen, wenn die Familien es sich leisten konnten, auf eine Militärschule geschickt. Konnte die Familie es sich nicht leisten, kam man direkt zum Militär. Die Jungs, die keine Familie hatten, mußten auf die Reformschule, die nach militärischem Vorbild ausgerichtet war.

Ich verbrachte vier Jahre auf der Militärschule. Mein Vater war soeben aus dem Zweiten Weltkrieg zurückgekehrt, und meine Erziehung hatte in den Händen von Frauen gelegen. Jetzt mußte zuerst einmal meine Verweichlichung überwunden werden. Ich wollte mich nicht in den Rahmen des gerade aktuellen Männerbildes pressen lassen, vermutlich, weil ich mir nicht vorstellen konnte, daß es die mir gemäße Schablone war. Ich war tatsächlich nicht dafür geschaffen, aber ich lernte, so zu tun, als wäre ich es doch. Ich war weder stark noch schweigsam. Ich hatte Gefühle, die ein richtiger Mann einfach nicht haben durfte, und die Dinge, die uns in Ehrfurcht erschauern machen sollten, kamen mir lächerlich vor.

Auch die Mädchen erwarteten anderes von mir. Sie drängten mich, weniger zu reden und nicht soviel zu lächeln. Sie hofften, daß ich auf diese Weise einfältig und brutal oder doch wenigstens einfältig und mürrisch wirken würde, was den Neid der anderen Mädels hervorgerufen hätte, wenn sie sich mit mir sehen ließen. Ich gab mir zwar redlich Mühe, aber der gefühlsarme, starke Schweigsame war einfach nicht mein Typ und würde es auch kaum werden.

Bei der angestrengten Arbeit an unserer heroischen Haltung entging uns völlig, daß der Held, den wir uns zum Vorbild nahmen, so gefühlsarm war, daß er überhaupt nicht in der Lage war, seine Siege zu genießen. Als ich Jahre später die inzwischen erwachsen gewordenen, nach Heldentum strebenden Gefährten meiner Jugend wiedertraf, hatte ich inzwischen begriffen, daß sie überhaupt nicht mitbekamen, was um sie herum vorging. Sie taten lediglich ihre Pflicht, hielten sich an die Regeln und versuchten dem gerecht zu werden, was andere Leute von ihnen erwarteten. Als Junge kann man nur dann ein Held werden, wenn man nichts wahrnimmt. Bewußtheit und Offenheit sind unheroisch.

EMOTIONALE EISSCHRÄNKE

Die meisten Menschen sind damit zufrieden, bei sich und anderen Menschen das *Verhalten* unter Kontrolle zu haben. Die weitaus gefährlichere Spezies, die ich »Homokliten« nennen möchte, will auch die *Gefühlswelt* beherrschen. Diesen Menschen genügt es nicht, wenn jemand das »Richtige« tut, sie verlangen außerdem, daß man dabei auch das »Richtige« zu empfinden hat. Ihr Ideal ist, lediglich das zu tun, was »richtig« ist, und sich dabei über Gefühle so weit hinwegzusetzen, daß sie am Ende überhaupt nichts mehr fühlen.

Damals zu Beginn der sechziger Jahre, als die Welt die Pubertät noch vor sich hatte, wollte der Psychologe Roy Grinker den Beweis erbringen, daß es mindestens noch ein paar Normale auf der Welt gab, Menschen, die nicht unter Gefühlsproblemen zu leiden hatten. Er unterzog verschiedene Gruppen den damals gängigen psychologischen Tests und stellte dabei fest, daß er die meisten »normalen« Er-

gebnisse bei den männlichen Studenten eines der Kirche naheste-
henden College für ernsthafte und nicht übermäßig intellektuelle
junge Männer zu verzeichnen hatte.

Diese Burschen repräsentierten das gesellschaftliche Ideal der
Eisenhauer-Ära nach dem Zweiten Weltkrieg: pflichtbewußte, nicht
besonders phantasievolle, emotionslose, die Regeln getreu befol-
gende Zeitgenossen. Sie stammten aus stabilen Elternhäusern, und
Stabilität war auch ihr eigenes Lebensziel. Sie zweifelten nichts an,
stellten keine Fragen, lehnten sich nie auf und machten, was man
ihnen auftrug. Sie waren glücklich und zufrieden mit der Welt, die
sie vorgefunden hatten. Grinker nannte diese jungen Leute »Homokliten«, im Gegensatz zu »Heterokliten«, wie der wissenschaftliche
Begriff für Erscheinungen lautet, die den gewohnten Regeln widersprechen. Wenn diese Burschen etwas auf gar keinen Fall waren,
dann die Ausnahmen irgendeiner Regel. Grinker beobachtete sie über
viele Jahre hinweg. Erwartungsgemäß heirateten sie Frauen, die genauso waren wie sie selbst, und ihre Kinder wurden auch nicht anders. Ihr Leben verlief ereignislos in eintönigen Bahnen, und sie
waren damit zufrieden.

Ich kenne diese Männer. Viele der Jungen, mit denen ich aufgewachsen bin, waren reine Homokliten. Sie schaffen es nicht, gleichzeitig zu fühlen und zu denken. Sie versuchen, nicht daran zu denken, wie ihnen gefühlsmäßig zumute ist, und wollen von ihrer
Umgebung nicht auf der emotionalen Ebene angesprochen werden.
Bei Fragen, die sich nicht in das Schema »Richtig« oder »Falsch« pressen lassen, geraten sie aus der Fassung. Fragen, auf die es keine eindeutige Antwort gibt, hassen sie geradezu, weil Zweifel für sie unerträglich sind. Das Leben soll für sie ablaufen wie ein Baseballspiel:
leidenschaftslos, nach Regeln, die über jede Diskussion erhaben sind,
mit einem Haufen Statistiken und einem Schiedsrichter in jeder Ecke,
der aufpaßt, daß keiner pfuscht. Und das Spiel darf erst dann enden,
wenn ein eindeutiger Sieger feststeht.

MÄNNER WEINEN NICHT

Zu meinen ersten Erinnerungen gehören die Besuche meines Großonkels Walter und meiner Großtante Ramona. Diese Besuche liefen nach einem sich stets wiederholenden Muster ab, das mir heute noch nachgeht. Onkel Walter war ein ruhiger und aufgeräumter Mann, der gerne alles reparierte. Er brachte mir immer Werkzeug mit – Hämmer, Äxte und Sägen. Ich konnte noch nicht laufen, da besaß ich schon eine eindrucksvolle Werkzeugsammlung. Tante Ramonas Mitbringsel waren ihre Geschichten und ihre Liebe zum Theater. Sie pflegte sich wie ein Paradiesvogel zu kleiden, mit vielen Tüchern, Fächern und Federschmuck. Sie hatte selbst keine Kinder und überschwemmte mich und meine Schwester mit einer Flut mütterlicher Zuneigung. Um uns zu unterhalten, erzählte sie uns auf Teufel komm raus die unglaubwürdigsten Geschichten, wobei sie viel zu laut lachte.

Nach einiger Zeit kam Tante Ramona wieder auf den Teppich und fing an, uns etwas vorzuschluchzen, wie glücklich sie doch wäre, bei uns sein zu dürfen. Wir fühlten uns geliebt und waren glücklich, da wir sie so glücklich machen konnten, daß sie Tränen über uns vergoß. Aber Onkel Walter wurde es offensichtlich unbehaglich, und er flüsterte ihr so leise wie möglich zu: »Also, also, meine Liebe, nun reg dich doch nicht auf.« Tante Ramona gab allemal scharf zurück: »Sag du mir nicht, wann ich mich aufregen darf!« Onkel Walter pflegte dann ruhig und vernünftig zu erklären, daß es »falsch« von ihr sei, die Kinder »durcheinanderzubringen«, und bat sie, sie möge »sich beruhigen und wieder nett sein.« Das war Wasser auf ihre Mühlen. Tante Ramona platzte der Kragen, und einmal schrie sie trotzig: »Vielleicht möchte ich fröhlich sein, vielleicht möchte ich traurig sein, aber einfach nur nett sein möchte ich niemals!«

Homokliten kennen kein emotionales Auf und Ab. Sie finden es sehr bedauerlich, daß um sie herum jeder, der ihnen nahesteht, allmählich in ohnmächtiger Verzweiflung versinkt. Die Ehefrau eines Homokliten erzählte mir, sie hätte sich einmal wegen eines ihrer Kinder große Sorgen gemacht. Es gelang ihr nicht, ihren Ehemann dazu zu bewegen, die Angelegenheit mit ihr zu besprechen, und sie sagte

zu ihm: »Ich weiß gar nicht, was du bei dieser Sache empfindest.« Er
rechtfertigte seine emotionale Kühle, indem er ihr entgegnete: »Gar
nichts, und das ist auch gut so. Denn wenn wir uns jetzt auch noch
darüber streiten, wie es in unserer Ehe laufen soll, dann haben wir
überhaupt keine Chance mehr.« Für ihn bedeuteten Gefühle den Verlust der Kontrolle, und die Situation beunruhigte ihn viel zu sehr, als
daß er sich Gefühle und Kontrollverlust hätte erlauben können.
Wenn Männer sich bei bestimmten Anlässen unbeteiligt und emp-
findungslos zeigen, dann oft nicht etwa deshalb, weil ihnen die
Sache als viel zu unbedeutend erscheint, sondern weil sie ganz im
Gegenteil zu beunruhigend ist.

Der Humorist James Thurber besaß ein tiefes Verständnis für diese
Sachverhalte. Seine Bücher »Von Männern, Frauen und Hunden« und
»Der Krieg zwischen den Frauen und den Männern« handeln davon.
In einer seiner klassischen Karikaturen ist eine Frau zu sehen, die in
der Wohnung Amok läuft, während ihr Mann in aller Ruhe mit über-
legenem Lächeln die Zeitung liest. Die Frau schreit: »Warum habe ich
nur unter mein emotionales Niveau geheiratet?«

Ein Homoklit kann jemanden, der ihn ernst nimmt, zum Wahnsinn treiben. Da er so gefestigt, ausgeglichen und normal erscheint,
übt er auf Menschen, die an sich selbst zweifeln und die sich von der
bei ihm vermuteten Stärke Sicherheit versprechen, große Anziehungskraft aus. Wenn sie sich ihm anschließen, wird er sie freilich
immer unsicherer werden lassen, da sie auf die Wechselfälle des Lebens stets »falsch« reagieren.

Ein homoklitischer Mann wird an einer Frau kritisieren, daß sie
stärker empfindet als er – sie friert mehr, ist stärker beunruhigt, zorniger oder einfach nur in höherem Maße gestört von der lauten
Musik –, und deshalb ist etwas bei ihr nicht in Ordnung.

In Harold Pinters Theaterstück »Dr. Johnsons Heimkehr« bringt
ein Mann seine Frau zum ersten Mal nach Hause mit, um sie seiner
Familie vorzustellen. Die Frau ist die Ruhe selbst, aber er ist wegen
des Besuchs so nervös, daß er ihre Ruhe überhaupt nicht wahrnimmt.
Er versucht unentwegt, sie zu beruhigen. Schließlich sagt sie, sie
wolle nach draußen gehen, um ein bißchen Luft zu schnappen. Er
gerät ganz aus dem Häuschen: »Aber was soll denn ich derweil tun?

Das letzte, was ich jetzt möchte, ist Luft schnappen zu gehen. Wozu willst du denn nur an die Luft?«

Ich hatte einen Patienten, dem es unmöglich war zuzugeben, daß er Gefühle hatte. Er stellte seine Identität über das her, was er nicht fühlte. In der Stadt, in welcher seine Familie seit Generationen das Sagen hatte, war Wilkes als der verwöhnte und bewunderte Prinz aufgewachsen. Seine Mutter war ein damenhaftes, aber leichtsinniges Geschöpf, sie war von ihrem Vater gleichzeitig angebetet und verachtet worden. Ihr Mann, Wilkes Vater, hatte große Würde und Ausstrahlung besessen.

Er hatte sich nie Ruhe gegönnt, nie den gestärkten Kragen aufgeknöpft und sich nie etwas davon anmerken lassen, was es bedeutete, daß jedermann in der Stadt von ihm abhing. Nach dem Tode des Großvaters hatte er in jungen Jahren die Baumwollspinnerei der Familie übernommen und sich während der ganzen Depressionszeit abgerackert, um seiner Familie und der Stadt das Auskommen zu ermöglichen. Wilkes war sein einziger Sohn. Wenn die Zeit gekommen war, sollte er die Fabrik übernehmen.

Wilkes hatte immer eine hervorragende Figur gemacht. Er war der Vorsitzende der Studentenvertretung, hatte die Abschlußrede gehalten, war der Kapitän der Footballmannschaft, der Pitcher der Baseballmannschaft. Kapitän der Basketballmannschaft zu werden war ihm nicht vergönnt, da er leider nur einen Meter siebzig groß war und sich somit von seiner Konstitution her auf diesem einen Gebiet nicht zum Matador eignete. Er schenkte sich trotzdem nichts und hatte immer das nagende Gefühl, er hätte noch etwas wachsen und ein besserer Basketballspieler werden müssen, um seinem Erbe voll gerecht zu werden.

Er schrieb sich an der staatlichen Universität ein, wo er mit guten Leistungen seinem stolzen Vater alle Ehre machte. Anschließend ging er zur Armee. Sein Vater starb, während er Kriegsdienst in Vietnam leistete; die Fabrik war hochverschuldet und mußte verkauft werden. Von da an verlief das Leben von Wilkes ganz anders als vorgesehen, aber er hat keine emotionale Beziehung dazu.

Er berichtet, Furcht hätte er in Vietnam nicht gekannt – »Alles ist in Gottes Hand« –, aber er begann unter Beklemmungen zu leiden.

Als er wieder nach Hause kam, habe er sich keineswegs für seine Teilnahme am Vietnamkrieg geschämt: »Ich habe nur meine Pflicht getan, und zu meiner Pflicht gehörte auch, nicht zu fragen, wozu wir überhaupt dort waren.« Er war auch nicht wütend auf die demonstrierenden Kriegsgegner: »Das Recht auf freie Meinungsäußerung war eines der Ziele, für das ich dort gekämpft habe.« Er besuchte ein juristisches Kolleg in der Stadt und trat in die Anwaltskanzlei des Mannes ein, der auf dem College der Stubenkamerad seines Vaters gewesen war. Es war eine renommierte Sozietät, in der er gut vorankam, bis er eines Tages entdeckte, daß sein Gönner und Hauptteilhaber in unsaubere Geschäfte verwickelt war. Er versicherte mir, daß er damals keinerlei Zorn verspürt habe: »Gott allein kann die Taten anderer Menschen beurteilen. Das war doch schon ein alter Mann, und ich bin sicher, daß er etwas durcheinander war.« Er machte eine eigene kleine Kanzlei auf, die ganz ordentlich läuft. »Ich bin mit viel Geld groß geworden. Ich weiß, wie das ist, und jetzt brauche ich das nicht mehr. Ich bin sicher, für die Kinder ist es besser so. Für mich war es wunderbar, daß ich so großzügige Eltern hatte. Aber die Zeiten haben sich geändert.« Unter Druck fühlt er sich keineswegs: »Man hat mir von klein auf beigebracht, hart zu arbeiten. Herausforderungen machen mir Spaß. Ich bin es gewohnt, 18 Stunden am Tag zu arbeiten.«

Wilkes entwickelt Streßsymptome aller Art. Er ist davon völlig überrascht, denn er hat überhaupt nicht das Gefühl, unter Streß zu sein. Die Symptome machen ihm derart zu schaffen, daß er eine Weile lang seiner Arbeit nicht mehr nachgehen konnte. Trotzdem geht er jeden Tag ins Büro, lächelt und tut so, als würde er funktionieren. Er will auf keinen Fall als Verlierer dastehen und hat Angst, die anderen Leute könnten denken, er sei nicht gut beieinander, denn *dann* müßte er sich über seinen Zustand wirklich Sorgen machen.

Wilkes erklärt, sein Footballtrainer an der High-School habe ihm eines beigebracht: »Man verliert nur dann, wenn man eine negative Einstellung hat. Wenn man dem Gedanken, man könnte verlieren, einfach gar keinen Raum gibt, dann wird man auch gewinnen. Angst zu haben ist gefährlich. Wenn man Angst hat, können einem die schlimmsten Sachen zustoßen.«

Ich kenne diese Art Männer genau. Mein Vater war auch einer von dieser Sorte. Er führte seinen Vorgesetzten eines Tages in der Baumwollfabrik, wo er arbeitete, eine neue Kämmaschine vor, die die Baumwollfasern voneinander trennt und einheitlich ausrichtet, bevor sie zu Garn versponnen werden. Dad machte eine besonders weit ausholende Handbewegung und geriet dabei mit der Hand in die Maschine, die ihm einen Finger abriß und zwei weitere zerquetschte. Er wickelte ein Taschentuch um das, was von seiner Hand noch übriggeblieben war, und zwar so geschickt, daß niemand das Blut bemerkte, bis es aus seiner Tasche auf den Boden tropfte. Er wollte nicht, daß seine Vorgesetzten erfuhren, wie unvorsichtig er gewesen war, und vor allem sollte keiner denken, er sei so wehleidig, daß er Dingen, die passé waren, und seien es auch ein Finger oder zwei, eine Träne hinterherweinte. Männer weinen nicht, klagen nicht und brauchen kein Mitleid.

BLOSS NICHTS ANMERKEN LASSEN!

Homoklitische Männer sind auch groß darin, sich keine Unsicherheit anmerken zu lassen – würden sie sich doch sonst anderen Menschen ausliefern. Es gibt Männer, die über jede Kleinigkeit des täglichen Familienlebens informiert zu werden verlangen, aber niemals zu Hause anrufen, wenn sie sich verspäten. Es gäbe ihnen das Gefühl, überwacht zu werden. Außerdem haben sie Angst, sich wegen der Unpünktlichkeit Vorwürfe anhören zu müssen.

Männer zeigen sich auch notorisch unwillig, nötigenfalls anzuhalten und nach dem Weg zu fragen. Mein Vater hätte eher den Globus unter Wasser umrundet, als einzugestehen, daß er sich verfahren hatte, und zu wenden – oder gar anzuhalten und zu fragen. Mir wurde das klar, als wir alle im Sonntagsstaat zu einer Hochzeit in die denkwürdige Stadt Cordele fuhren, einer Siedlung in Süd-Georgia, die sich ansonsten nur durch die Unzahl von Fröschen auszeichnet, die nach einem Regenguß in die Häuser der Einheimischen hüpfen. Die Brauteltern hatten meinen Eltern beschrieben, wie man zu dem Restaurant gelangte, wo der Hochzeitsempfang stattfand. Mein Vater

saß am Steuer. Er war sicher, Ruth und Russ hätten gesagt, an der
Baptistenkirche gehe es links ab. Mutter war sich genauso sicher, sie
hätten »rechts« gesagt.

An der Kreuzung angekommen, wies mein Vater nach links, und
Mutter zeigte nach rechts. Joanna und ich konnten gerade noch
sehen, wie das gesuchte Lokal rechter Hand verschwand, aber Vater
war schon nach links abgebogen. Da wir ihn nicht überzeugen konnten, bestand Mutter darauf, er solle an einer Tankstelle anhalten und
fragen. Dad raunzte, er habe so etwas Mickriges noch nie nötig gehabt und werde auch nicht ausgerechnet jetzt damit anfangen. Mutter verlangte, daß Vater umkehrte, aber Vater tat das, was sie sagte,
nur dann, wenn sie betrunken war. Unglücklicherweise war sie diesmal nüchtern. Wir saßen alle brav im Auto und warteten darauf, daß
Vater endlich seinen Fehler einsah. Er meisterte solche Situationen
für gewöhnlich, indem er auf eine Straße abbog, die ihn wieder
zurückbringen konnte, und dann behauptete, er habe bewußt die
schönere Strecke gewählt. Leider führte die Straße, auf der wir uns
befanden, schnurstracks in ein Sumpfgebiet, und auf beinahe zwanzig Kilometer gab es nirgendwo eine Abzweigung. Die Straße endete
schließlich abrupt im Hof einer Farm.

Immerhin befand sich dort ein kleiner Kiosk, an dem ein Junge
gekochte Erdnüsse verkaufte. Dad in seinem Smoking versuchte das
Gesicht zu wahren. Er kaufte ein paar Portionen gekochte Erdnüsse
und sagte zu dem Jungen: »Es war ja eine lange Fahrt, aber wir konnten doch nicht zu der Hochzeit gehen, ohne deine Erdnüsse probiert
zu haben.« Der Junge erwiderte darauf: »Klar, Mister, ein Haufen
Leute nimmt die falsche Straße. Das hält mein Geschäft am Laufen.«
Joanna und ich waren auf dem ganzen Weg zurück zum Restaurant
mucksmäuschenstill. Unsere feinen Kleider waren über und über mit
Erdnußmus bekleckert, als wir beim Hochzeitsmahl eintrafen.

Als ich heranwuchs, dachte ich, nur mein Vater hätte diese merkwürdige Halsstarrigkeit, wenn es darum ging, einen Fehler zuzugeben. Mit der Zeit bemerkte ich jedoch, daß manche meiner Freunde
es auch nicht über sich brachten, nach dem Weg zu fragen. Ich amü-
sierte mich köstlich über soviel Dummheit.

Dann machte ich den Führerschein und setzte mich selbst ans

Steuer. Ich verfuhr mich andauernd und konnte nun das gleiche Phänomen auch bei mir beobachten. Ich wußte, daß es absurd war, aber
kaum saß ich hinter dem Lenkrad, hatte ich das Gefühl, allwissend
sein zu müssen, keine Schwäche zeigen zu dürfen und mir nicht anmerken lassen zu dürfen, wenn ich vom Wege abgekommen oder
über die Richtung im Zweifel war. Ich haßte es, wegen des Fahrzeugs
vor mir bremsen zu müssen, als ob der Wagen vor mir einen Sieg
über mich errungen hätte oder mich als Geisel festhielt – lieber setzte
ich beim Überholen mein Leben aufs Spiel. Ich haßte es, wegen einer
umspringenden Ampel scharf bremsen zu müssen, was als schlechte
Abschätzung des Bremsweges und fehlende Aufmerksamkeit ausge-
legt werden könnte – lieber fuhr ich elegant bei Rot über die Kreuzung. Ich wurde wütend, wenn jemand bemerkte, daß ich nicht sauber eingeparkt hatte. Wenn ich aus Unachtsamkeit an meiner
Einfahrt vorbeifuhr, tat ich so, als wollte ich auf dem Nachhauseweg
noch schnell eine Besorgung machen. Sobald ich am Steuer saß, war
ich ein völlig anderer Mensch.

Beim Autofahren habe ich dieses Symptom mittlerweile im Griff,
aber beim Schreiben hat es wieder fröhliche Urstände gefeiert. Ich
genieße es, wenn ein Redakteur meinen Text bearbeitet, und meine
Redakteure waren für mich all die Jahre hochgeschätzte Leute. Betsy
ist natürlich diejenige, die alles, was aus meiner Feder fließt, als erste
zu Gesicht bekommt. Aber wenn sie mir beim Schreiben über die
Schulter sieht, werde ich schlagartig von einer Schreibhemmung be-
fallen. Ich habe Angst, einen Fehler zu machen und vor meiner eigenen Frau als Trottel dazustehen, die nach 32 Jahren besser als jeder
andere weiß, was für ein Trottel ich bin, und mich, der Herr sei ge-
priesen, dennoch liebt.

Heranwachsenden Männern wird beigebracht, daß eine schwere
und einsame Verantwortung auf ihnen lastet. Sie müssen alles richtig machen, müssen die Obhut der Mütter verlassen und in die Welt
hinaustreten, um mit allem alleine fertig zu werden. Wenn wir um
Hilfe bitten, dann ist das ein Zeichen von Schwäche, ein Zeichen der
Abhängigkeit von einem anderen Mann oder einer Frau: Wir haben
versagt. So albern es auch ist, aber es sind schon Leute geschlagen,
angebrüllt und sogar getötet worden, weil sie unverzeihlicherweise

Zeugen der Schande eines Mannes wurden, der nach dem Weg fragen mußte.

GEFÄHRLICHE PEDANTEN

Youngblood gehört zu den Männern mit der unerfreulichsten homoklitischen Ausprägung, die mir je begegnet sind. Seine Mutter kam in die Nervenheilanstalt, als er noch ein Kind war. Man hielt es für erwiesen, daß sie verrückt war, denn sie hatte aufgehört, sich um den Haushalt zu kümmern. Im Spülbecken stapelte sich das schmutzige Geschirr, im Schlafzimmer lagen Berge von schmutziger Wäsche, und Youngbloods Vater schien als Hausmann eine solche Niete zu sein, daß er lieber seine Frau fortschaffen ließ, als sich selbst um den Dreck zu kümmern.

Youngblood war das älteste Kind. Er nahm es auf sich, alles in Ordnung zu halten, damit niemand etwas von der verrückten Mutter merken sollte. Er gab seinem Vater die Hauptschuld an der peinlichen Situation und nahm sich eisern vor, in seinem eigenen Leben niemals etwas drunter und drüber gehen zu lassen. Aus Youngblood wurde ein ordentlicher und pünktlicher kleiner Mann, der stets alles gut in Schuß hielt. Er machte einige Anläufe, eine Ehe zu führen, aber er konnte die von anderen Menschen um ihn herum verursachten Geräusche und ihre Unordnung nicht ertragen. Kinder im Haus trieben ihn an den Rand des Wahnsinns. Seine zweite Frau mußte die Kinder seinetwegen auf ein Internat schicken, aber auch in den Ferien waren ihm die Kinder zuviel, und überdies machte es ihm arg zu schaffen, daß sie nicht die erwarteten Noten nach Hause brachten. Er wurde immer unzufriedener und ließ sich schließlich scheiden.

Youngblood hätte gern wieder geheiratet, aber er merkte, daß er gegen Unordnung einfach zu allergisch war. In der Therapie versuchte ich ihm in dieser Hinsicht etwas mehr Gelassenheit anzutrainieren. Er schaffte es schließlich, eine Kaffeetasse ungespült im Becken stehenzulassen, aber als er auf meine Weisung das Haus verlassen sollte, ohne das Bett gemacht zu haben, packte ihn am Arbeitsplatz die Panik, und er mußte nach Hause, um alles in Ordnung zu bringen. Es hatte ihn die Angst überfallen, ein Handwerker könne ins Haus kommen und angesichts des nicht gemachten Bettes denken, Youngblood sei genau wie der Vater ein unfähiger Schlamper.

In dem jüngst sehr erfolgreichen Film »Der Feind in meinem Bett«, der sich mit dem Horror häuslichen Zusammenlebens befaßt, wird die von Julia Roberts gespielte Ehefrau von einem mäkeligen Ehemann terrorisiert. Er findet es richtig, sie zu schlagen – natürlich völlig emotionslos –, damit sie begreift, wie wichtig es ist, Konservendosen alphabetisch geordnet aufzustellen. Sie täuscht ihren Tod vor, und es gelingt ihr, dieser Ehe zu entfliehen und ein neues Leben zu beginnen. Dann kommt der Moment, der das Blut in den Adern gefrieren läßt: Sie findet die Handtücher in ihrem Badezimmer fein säuberlich aufgehängt vor und weiß, daß der bis zum Wahnsinn korrekte Ehemann sie wieder aufgespürt hat.

Viele Frauen haben sich um ein Zusammenleben mit derartigen Männern bemüht, die den Haushaltsinspektor spielen und mit weißen Handschuhen über Tür- und Fensterrahmen fahren, um nachzuprüfen, ob ihre unfähige Frau es dort oben wieder zu Staubansammlungen hat kommen lassen. Ich weiß von einem Mann, der die Wasserhähne täglich poliert haben wollte, damit keine Fingerabdrücke darauf zu sehen waren. Es schien ihm wirklich sehr wichtig zu sein. Ich habe deshalb dem Paar vorgeschlagen, das Polieren zu seinem Hobby zu machen und nicht so sehr zu ihrer Pflicht.

GEWALTBEREIT

»Die Tendenz, Männlichkeit mit der Fähigkeit zu brachialer Gewalt gleichzusetzen, hat in Amerika eine lange Tradition.«
Marshall Fishwick

Männer, die am eigenen Leibe eine gewalttätige Erziehung erfahren mußten, haben jeden Grund zu der Annahme, es sei richtig, andere Menschen unter Einsatz von Gewalt zu beherrschen. Gewissensbisse über gewalttätiges Verhalten gegenüber Frauen, Kindern und ihresgleichen sind ihnen meist fremd.

Wenn ich Männer befrage, warum sie gewalttätig geworden sind, erhalte ich oft zur Antwort, das Opfer ihrer Gewaltausübung habe ihnen keine andere Wahl gelassen. Sie erleben ihr gewaltsames Vorgehen nicht als Resultat eines freien Willensaktes – der Gewaltausbruch war keine überlegte, noch nicht einmal eine gefühlsmäßige, sondern eine automatische Reaktion, wie ein Kniesehnenreflex, ein Reflex, der dadurch ausgelöst wird, daß jemand in irgendeiner Form aus der Reihe tanzt. Eine Frau gerät in Aufregung und will sich nicht beruhigen, ein Mann hat unerlaubterweise irgendeine Grenze überschritten – der gewalttätige Mann erlebt diese Vorfälle so, als würde etwas außer Kontrolle geraten. Sein Männlichkeitsempfinden läßt die Alarmsirene ertönen, und sein Körper, nicht seine Vernunft, führt den Schlag. Wenn ein Mann einer Frau gegenüber gewalttätig wird, fehlt ihm oft völlig das Gefühl, die Kontrolle über sich selbst verloren zu haben. Er meint vielmehr, daß er die Kontrolle über jemand anderen verloren hat, den zu kontrollieren seine Pflicht war.

VERZWEIFELTE MÄNNLICHKEIT

Weiberhelden laufen ihren Ehefrauen davon und verführen zwanghaft andere Frauen. Wettkämpfertypen können sich nicht in die Gemeinschaft der übrigen Jungen einordnen, weil sie ihren Sieg alleine und nach eigenen Regeln erkämpfen wollen. Herrschernaturen müssen die Welt ihren Vorstellungen gemäß verändern und mit beunruhigenden Gefühlen aufräumen. Alle diese Männer verbringen ein einsames und von Schamgefühlen überschattetes Leben. Sie verjagen diejenigen, die ihnen nahekommen wollen, und verhindern, daß jemand sie kennenlernt und versteht. Ihr Lebenskonzept funktioniert nicht, hat nie funktioniert und wird nie funktionieren. Diese Männer sind unter ihrer männlich verhärteten Schale immer noch die gleichen hübschen, verletzlichen Knaben, die sie einst waren. Wenn man nur weit genug in sie hineinleuchtet, stößt man auf diesen Knaben, der sich in großem Schmerz und trostloser Einsamkeit tief in ihnen versteckt hält und die kostbare Männlichkeit bewacht.

Was ist bei ihnen so entsetzlich schiefgelaufen? Um das zu verstehen, müssen wir uns mit der Geschichte der Männlichkeit befassen, mit den männlichen Heldenmythen und mit den Methoden, die angewendet werden, um Knaben zu Männern zu erziehen. Wir müssen untersuchen, was zwischen einem Jungen und seinem Vater, zwischen einem Mann und seiner Mutter vorgeht. Wir müssen herausfinden, was sich zwischen dem Jungen und der Welt abspielt, die er mit den anderen Jungen teilt.

TEIL ZWEI
WIE MAN ZUM MANN WIRD

5 DER KNABE WIRD ZUM MANN

»Schnippel und Schnappel und Schwänzchengewackel:
Das ist es, woraus kleine Buben gemacht sind.«
Anonym

»Alle Männer waren einmal Buben, und Buben sind immer auf der Suche
danach, wie sie zu Männern werden.«
James Dickey

PUBERTÄT...

Wir wissen zwar von Anfang an, daß wir Männer werden sollen, aber
das Y-Chromosom kann man nicht sehen. Das einzige sichtbare Zeichen unserer Männlichkeit ist ein kleiner Zipfel, den wir obendrein
immer schön versteckt halten sollen. Also müssen wir Knabenkleidung tragen, mit Spielzeug für Knaben spielen und versuchen, uns
wie Knaben zu verhalten. Wenn wir mit anderen Jungen zusammen
sind, betätigen wir uns als Cowboys, Soldaten, Footballspieler oder
Weltraumfahrer. Wir üben, wie man im großen Bogen von der Ve-
randa pinkelt oder sich im Matsch wälzt und überhaupt all die Sachen macht, die Mädchen nicht machen.
    Wir müssen demonstrieren, daß unser Zuhause für uns kein ge-
eigneter Aufenthalt ist. Wir sind entweder zu laut oder zu unordent-
lich oder zu ungebärdig oder zu tollpatschig. Wir gehören ganz eindeutig in den Dschungel zu den wilden Tieren, vor denen wir keine
Angst zu haben brauchen, weil wir ja eines von ihnen sind. Außer-

dem stehen wir unter dem Schutz des magischen Zipfels und eines unsichtbaren Fanclubs aus lauter Männern, die uns anfeuern, damit wir im heißen Gefecht nicht den Mut sinken lassen.

Groß sind wir noch nicht, auch nicht stark, und wir können auch noch nicht viel für das Anschwellen unserer Muskeln tun, also müssen wir versuchen, das, was fehlt, durch Mut zu ersetzen. Lange, bevor aus unserem Zipfel ein Riemen wird, hängen wir an die große Glocke, daß wir Sackträger sind.

Wir stolzieren umher und versuchen den großen, starken Mann zu markieren, aber unsere Mütter pfuschen immer wieder dazwischen, indem sie uns daran erinnern, daß wir kleine Jungen sind. Wenn wir bereit sind, nächtens unseren Mut an den Gewalten der Finsternis zu erproben, tritt Mutti auf und schickt uns zum Zähneputzen und ins Bett. Mutti behandelt uns, als sei sie, und nicht unsereiner, der Eigentümer unseres Körpers und unseres Lebens. Sogar unser magischer Zipfel läßt sie kalt. Wir sind immer noch ihr Baby, was zwar sehr schön ist, wenn uns etwas weh tut oder wenn wir ihre Dienste brauchen, aber sie reißt uns auch aus unserer männlich erhabenen Phantasiewelt und läßt uns in die Banalität des Kleinkinderalltags abstürzen.

Wir haben Sehnsucht nach unserem Vater. Wir ziehen seine Sachen an und versuchen buchstäblich, in seinen Schuhen herumzulaufen. Jeder väterliche Gegenstand hat eine Aura, kann Mannestum auf uns übertragen. Wir hängen uns an den Vater und betteln ihn an, uns jegliche männliche Betätigung zu lehren, Bälle zu werfen, den Wald zu erforschen, uns dorthin mitzunehmen, wo er arbeitet. Da wir soviel mehr Zeit mit unserer Mutter verbringen, kriecht die Angst in uns hoch, sie könnte uns so sehr zähmen, daß wir nicht mehr zu dem wilden Tier taugen, das wir doch, wie wir genau wissen, sein müssen. Wir wollen, daß uns unsere Väter davor bewahren, unter die Fuchtel unserer Mütter zu geraten. Wir befürchten, das Weibliche könnte ansteckend sein, und wir wollen nicht, daß es auf uns abfärbt. Wir wünschen uns, mit Vater gesehen zu werden, mit Mannsbildern herumzuhängen und zu tun, was Männer tun.

Wir üben männliches Auftreten und versuchen, soviel Männlichkeit wie möglich herauszubilden. Die Sache ist uns etwas peinlich, da

es sich eigentlich um Hochstapelei handelt. Wir üben also vor dem
Spiegel und vor Fremden und erproben uns in großen Gesten, äffen
die von uns bewunderten Männer nach. Natürlich drücken wir dabei
immer zu sehr auf die Tube. Sofern wir einen Vater (oder Onkel oder
Großvater) um uns haben, dem wir vertrauen, den wir bewundern
und in dem wir uns wiederfinden können, haben wir auch ein Vorbild, dem sich nacheifern läßt. Falls uns unser größerer Bruder imponiert, können wir uns an ihm orientieren, obwohl auch er möglicherweise noch mit seiner Rolle kämpft. Vielleicht müssen wir Stars
und Sporthelden imitieren, und es kann auch vorkommen, daß wir
uns an Gleichaltrige – die ebenfalls den großen Mann spielen – halten müssen, um festzustellen, wann wir zu dick auftragen.

Wenn Jungen ohne feste Vaterbindung älter werden und die
Suche nach ihrem Mannestum verzweifelter wird, besteht die Gefahr,
daß sie sich zu Banden zusammenschließen, in denen sie voreinander ihre Männlichkeit zur Schau stellen. Das artet oft aus, gerät zu
Demonstrationen von wildem Machotum und schlägt leicht in Ge-
walttätigkeit um.

...UND IHRE VERWIRRUNGEN

»Ich kann eigentlich nicht verstehen, wie Männer überhaupt ernst sein
können. Sie haben dieses empfindliche Dings an ihrem Körper hängen,
das mal rauf und mal runter geht, wie es will. Wenn ich ein Mann wäre,
müßte ich unentwegt über mich selbst lachen.«
Yoko Ono

Die Pubertät eines Knaben ist ein Übergangszustand, bei dem das
seelische Gleichgewicht erheblich durcheinandergerät. Sie ist vielleicht nicht so dramatisch und tiefgreifend wie die Menarche bei
einem Mädchen, wenn auch die erste Ejakulation bei einem Jungen
durchaus soviel Angst auslösen kann wie die erste Menstruation bei
einem Mädchen. Aber für den Knaben ist die Pubertät viel verwirren-
der, weil sein Körper eine so große Veränderung durchmacht. Vor der
Pubertät sehen sich Knaben und Mädchen bis auf die eher unschein-

baren Geschlechtsorgane fast zum Verwechseln ähnlich. Von Geburt
an – und heutzutage schon vorher – wird um diese kleinen Genitalien
viel Aufhebens gemacht, und sie werden einmal zu den bestimmen-
den Faktoren des Lebens, aber in den ersten zwölf bis fünfzehn Jahren sind sie kaum mehr als Vorboten künftiger Ereignisse.

Bei Mädchen setzt schon etwas früher die Menstruation ein. Das
ist ein aufregendes Ereignis, aber die Spielgefährtinnen bekommen
nichts davon mit. Sie werden größer und runden sich, doch unter
dem Make-up bleiben sie immer noch erkennbar sie selbst. Für Jungen ist die Geschichte viel konfuser. Ihre Pubertät setzt später,
manchmal sehr viel später ein, und die Verzögerung ist eine Krän-
kung. Während die großen, runden Mädchen sich schon wie Frauen
zurechtmachen, sind die präpubertären Jungen mit ihren unmarkan-
ten, unbehaarten Körpern noch immer nichts anderes als schmutzige
Rangen, die beinahe als Kinder der gereiften Mädchen durchgehen
könnten.

Der Geschlechtsapparat ist der erste Teil des Körpers, der sich
wandelt. Zunächst sprießt hier und da ein Schamhaar, und dann,
plötzlich und unvermittelt, entfaltet sich der Penis in seiner ganzen
Pracht und wirkt völlig deplaziert an dem Knabenkörper, aus dem er
herausragt. Der Penis eines Knaben wirkt gewaltig, viel zu groß zum
Verstecken, überhaupt schon viel zu groß, und doch, er ist zu klein,
immer viel zu klein. Er hat seinen eigenen Willen und reagiert immer
im falschen Moment auf die stets falschen Reize, ist fatal vorwitzig
und doch in seinen Reaktionen ein Ausbund von Ehrlichkeit. Man
muß sich viel mit ihm beschäftigen, er muß gemessen, erforscht und
mit dem der anderen Jungen verglichen werden. Große Sorge gilt
seinem Verhalten in der Gegenwart von Mädchen. Der Junge hat
wenig Kontrolle über ihn, und ein paar Jahre lang ist noch völlig
offen, wer wem gehorcht. Der Junge muß unentwegt masturbieren,
um seinem Ständer die Spannung zu nehmen. Aber sooft er ihm auch
Erleichterung verschafft, im unpassendsten Moment steht er wieder.
Wenn man ihn aber braucht, ist nichts mit ihm los. Angst verträgt er
überhaupt nicht, da meldet er sich sofort auf Nimmerwiedersehen ab.
Der Junge ist zur einen Hälfte eines siamesischen Zwillingspaares
geworden. An seinen Körper angeheftet ist diese andere, unabhän-

gige Person, die ihn als treuer, aber unzuverlässiger Gefährte auf seinem Weg begleitet.

Während der Junge sich damit herumschlägt, mit dieser eigen-
willigen Kreatur fertig zu werden, bekommt er Stachelbeerbeine, und
die Behaarung auch der höhergelegenen Körperregionen nimmt un-
aufhaltsam zu. All dies vollzieht sich, dem Blick der Außenwelt entzogen, unter seiner Knabenkleidung, bis der Junge auf einmal eine
andere Stimme bekommt und seine Hosenbeine eines Morgens plötzlich 30 Zentimeter zu kurz sind. Der Haarwuchs hat sein pickeliges
Gesicht erreicht, sein Körper verströmt Bocksgerüche, die Muskeln
schwellen – wieder einmal viel zuwenig –, und der Junge hat keine
Ähnlichkeit mehr mit dem Knaben, der er vor einem Jahr oder erst
gestern gewesen war.

Was seinen Körper betrifft, sieht er nun zum großen Teil wie ein
Mann aus, und die ungeduldigen Mädchen, die schon vor ihm ihre
Pubertät erlebt haben, erwarten nun, daß er sich auch wie ein Mann
benimmt, damit sie sich wie eine Frau fühlen können. Er fühlt sich
aber noch nicht als Mann, und seine Eltern behandeln ihn auch noch
nicht so. Vielfach ist den Eltern sogar entgangen, was sich in seinen
Hosen oder in seinem Kopf ereignet hat. Er selbst weiß überhaupt
nicht, wie er mit den Eltern darüber sprechen soll. Im Anfangssta-
dium klammert er sich noch an die anderen Jungen, die den gleichen
aufregenden und erschreckenden Wandel durchleben. Sie bilden eine
eigene soziale Gruppe, eine sehr intime zumal, in der sie die Geschlechtlichkeit, die ihnen so sehr auf den Nägeln brennt, abwechselnd meiden oder aufs Korn nehmen und wo sexuelle Phantasien,
Ängste und Ammenmärchen den Gesprächsstoff bilden.

Das Verhältnis eines Mannes zu seinem Penis bestimmt sich in
jener pubertären Periode, als seine männliche Identität zwischen seinen Beinen hing. Sein Penis ist sein erster und für eine gewisse Zeit
einziger Bestandteil, der ihm durch und durch männlich vorkommt.
Da er in Ehrfurcht vor der Männlichkeit aufwuchs, die zu entwickeln
von ihm gefordert wurde, ist ihm dieses erste Gewißheit schenkende
Symbol lieb und teuer.

Wenn Jungen männliche Vorbilder haben, können sie lernen,
ihren Penis unter Kontrolle zu halten. Ein Junge, dem das Vorbild

fehlt, sieht sich gleichsam andauernd auf seinen Penis verwiesen, der so viel männlicher zu sein scheint als alles übrige an ihm. So wird er leicht zum lebenslangen Sklaven eines unsensiblen, unkommunikativen, unzuverlässigen, absolut selbstbezogenen, rückgratlosen Stückes Fleisch.

Mit der Zeit, wenn die Messungen und Vergleiche zu einem gewissen Vertrauen in seine körperliche Normalität geführt haben (obwohl die Überzeugung bleibt, daß sein Penis zu klein ist), unternimmt ein Junge das Wagnis, sich in die Hände eines ebenso aufgeregten und angstgepeinigten Mädchens zu begeben. Manche Jungen, die sich ihrer Männlichkeit weniger sicher sind und sich leichter beeinflussen lassen von dem, was es angeblich alles an Erfordernissen, Erwartungen oder Gefahren gibt, schieben diesen Schritt hinaus oder unterlassen ihn völlig. Über Jahre hin oder ein ganzes Leben lang halten sie ihren Penis außerhalb der Reichweite der Frau. Sobald wir unsere Sexualität einer Frau anvertrauen, verlassen wir den bis dahin Schutz bietenden Bezirk, die Gemeinschaft der anderen Jungen.

DAS ERSTE MAL

»Die Einführung in die Sexualität ... ist eine komplizierte und schwierige Sache ... ›Das erste Mal‹ erweist sich als ein von Gefühlschaos, Schuldgefühlen und Verwirrung und keineswegs von wilder Erotik beherrschter Augenblick.«
Karl und Anne Taylor Fleming

Der klassische Witz über das Erwachsenwerden handelt von einem Milchbart, der in einer rauhen Goldgräberstadt Alaskas Anerkennung finden will. Man sagt ihm, er müsse, um die Anerkennung der Männer zu erhalten, drei Dinge tun: erstens eine Gallone von hausgebranntem Fusel trinken; zweitens mit einem Bären raufen; drittens ein Eskimomädchen bumsen. Der junge Mann säuft den Whiskey und taumelt aus der Bar hinaus seiner nächsten Aufgabe entgegen. Nach einiger Zeit kommt er blutig und zerschunden zurück und erkundigt sich: »Und wo ist das Eskimomädchen, mit dem ich raufen soll?«

Der Schritt in die Sexualität ist für den Jungen auf der Suche nach seiner Mannbarkeit mit der größten Schwellenangst verbunden. Die siamesischen Zwillinge müssen bei Mädchen ankommen. Oft haben sie noch keineswegs das Bedürfnis nach größerer Nähe zu einem weiblichen Wesen, aber wenn sie mit einem Mädchen schlafen, geht es auch gar nicht um menschliche Nähe, sondern um den Nachweis der eigenen Heterosexualität, damit die Jungen sich in ihrer Kumpanei nicht unmännlich vorkommen. Unser Junge versucht also, seinen pochenden, ungeduldigen kleinen siamesischen Zwilling zu bändigen und stürzt sich unter dem Anfeuerungsgebrüll seines unsichtbaren männlichen Fanclubs in die Suche nach einem weiblichen Wesen, das die Macht hat, seinen Zauberstab zu erlösen und ihn zum Mann zu machen. Wem wird er seine in den Wehen liegende Männlichkeit anvertrauen: einer Prostituierten; einer neugierigen Freundin, die das junge Pflänzlein prüfen und ausprobieren will; einem unsicheren Gör, das sich bei ihm lieb Kind machen will; oder einer warmherzigen reifen Frau, für die es eine besondere Befriedigung darstellt, mit ihrem Kuß Frösche in Prinzen zu verwandeln?

Fürs erste brauchen wir Mädchen, vor denen uns nicht angst und bange wird und die unsere aufkeimende Männlichkeit nicht bedrohen. Am sichersten fühlen wir uns bei Mädchen, die jünger, kleiner und schwächer sind, bestens geeignet wäre ein armes Hascherl, das sich an unsere Brust wirft und uns das Gefühl gibt, stark und wichtig zu sein. Unser unsichtbarer männlicher Fanclub drängt uns jedoch eher zu Mädchen, die »gefragt« und gutaussehend sind, Trophäen, mit denen wir unseren Kumpeln unsere Männlichkeit unter die Nase reiben können. Die Traumfrau eines noch unberührten Fünfzehnjährigen wäre wohl ein gutaussehendes, beliebtes, schnuckeliges, leicht doofes, deprimiertes und magersüchtiges vierzehnjähriges Mädchen mit dicken Brüsten, das von einem unerträglichen Zuhause abgehauen ist.

Diese Erfahrungen sind für die Mädchen mindestens so traumatisch wie für uns, und dennoch nehmen sich Jungen und Mädchen gegenseitig kaum wahr, während sie diese Erfahrungen machen –

physisch verbunden und auf der Gefühlsebene durch Welten getrennt. In vergangenen Zeiten suchte ein »anständiges« Mädchen uns dadurch bei der Stange zu halten, daß sie sich uns vorenthielt. Irgendwie schienen die Mädchen zu wissen, daß das eigentliche Publikum dieser sexuellen Vorstöße die andern Jungs und unser unsichtbarer männlicher Fanclub war und daß die Macht der Mädchen ungebrochen war, solange sie uns abwiesen. Ach, wie quälten wir uns! Und welch groteske Überbewertung des Sexuellen war die Folge! Wir hielten es gar für Liebe, wenn uns ein Mädchen ganz besonders abscheulich frustrierte.

Welch gewaltige Macht können Kinder übereinander haben! Die beiden Parteien haben mit Sicherheit verschiedene Anliegen, und Sex wird ebenso sicher zur großen Enttäuschung, falls mehr als das reine Überleben davon erwartet wird. Es kann gar nicht anders sein, als daß ein lüsterner Knabe am Morgen danach außer sich selbst die ganze Welt zum Kotzen findet.

PARTNERWAHL

Wenn wir erst einmal den Stand der Unschuld hinter uns gelassen haben, brauchen wir die Frauen nicht mehr *unbedingt* für die Sexualität: Vielleicht erleben wir unsere Sexualität lieber mit ihnen, aber wir können es auch ohne sie machen – und wir machen es. Wir brauchen Frauen vor allem zur Bestätigung unserer Männlichkeit. Sie können uns diesen Dienst auf mancherlei Weise leisten. Sie können sexuell auf uns ansprechen oder uns das Gefühl geben, stark und mächtig zu sein, oder uns lieben und uns umsorgen zum Lohn dafür, daß wir genug Männlichkeit erlangt haben – oder uns trösten, wenn wir noch nicht soweit sind.

Wenn wir eine Gefährtin suchen, eine Partnerin fürs Leben, auf wen soll unsere Wahl fallen: auf die Frau, an deren Seite wir uns wohl fühlen, oder auf die Frau, an deren Seite wir vor unserem stets wachsamen unsichtbaren Fanclub gut aussehen? Der Fanclub fordert, daß zuerst der Männlichkeit Tribut zu zollen sei, bevor wir uns um unser Wohlbefinden, unsere menschlichen Bedürfnisse und un-

sere Seele kümmern dürfen. Wir müssen uns also eine Frau zuerst
unter dem Gesichtspunkt aussuchen, daß sie uns männlicher erscheinen läßt – also wählen wir vielleicht jemanden, der jünger ist
oder schwächer oder ärmer. Oder wir versuchen, über die Frau einen
höheren gesellschaftlichen Status zu gewinnen, wenn unser unsichtbarer männlicher Fanclub zur Jagd auf die Trophäe bläst. Vielleicht
erweisen wir uns auch dadurch als besonders männlich, daß wir jeder
in Frage kommenden Kandidatin kurz vor dem Erklingen der Hoch-
zeitsglocken mit schützend vor die Eier gehaltenen Händen von der
Schippe springen; vielleicht würden wir ja in einer echten Partnerschaft zum Pantoffelhelden.

Unsere Fähigkeit, sich zu verlieben, kann nur dann zum Zuge
kommen, wenn unsere Männlichkeit so gefestigt ist, daß sie die
Weiblichkeit, die mit einem anderen Menschen an uns heranrückt,
als schmeichelnde Ergänzung empfindet. Das kann nur klappen,
wenn wir eine Frau finden, die uns nicht ängstigt. Wenn uns die
Mutter geängstigt hat, weil sie zu sehr von uns oder wir zu sehr von
ihr abhängig waren, wenn wir sie als Bedrohung unserer männlichen
Freiheit empfanden, dann müssen wir eine Frau finden, die gänzlich
andersartig ist. Wenn uns unsere Mutter jedoch Selbstwertgefühl und
Stolz auf unser Mannestum vermittelt hat, dann möchten wir diese
Haltung bei unserer Frau wiederfinden. Falls wir zu unserer Mutter
ein harmonisches Verhältnis hatten, wird es uns sogar möglich sein,
eine Frau zu heiraten, die uns weniger Gegenspieler als vielmehr ein
Freund ist, und wir können mit ihr eine wirkliche Partnerschaft eingehen. In der besten aller denkbaren Welten ist Partnerschaft die Verbindung von Gleichen, die füreinander einstehen können.

Unser Partner sollte uns vor allem die Augen für jene Dinge öffnen können, für die wir aufgrund unserer Männlichkeit einen blin-
den Fleck haben. Besitzen wir den Mut, in einer Frau den verlorengegangenen Teil unseres Selbst zu suchen und durch die Ehe wieder
heil und ganz zu werden, oder spielen wir immer noch Pimmelmes-
sen mit den anderen Jungen? Sogar die wichtigste Entscheidung unseres Lebens gestaltet sich als Kompromiß zwischen unserem Über-
lebenstrieb, unserer Suche nach Sinn, unserem Drang nach
Vergnügen und den Anforderungen des Nimbus der Männlichkeit.

Soll unser Mädchen so sein wie das Mädchen, das unseren Alten zum Mann nahm, oder wie jenes, dessentwegen er schließlich die Kurve kratzte? Selbst bei den wichtigsten Entscheidungen unseres Lebens gibt die Stimme unseres Vaters den Ton an.

VATER WEISS ES AM BESTEN

»Das ist ein weiser Vater, der sein eignes Kind kennt!«
Shakespeare, »Der Kaufmann von Venedig«

Es ist natürlich auch ein weises, glückliches Kind, das seinen eigenen Vater kennt. Aber, ob wir ihn kennen oder nicht, wir können ihm nicht entrinnen. Wir können noch nicht laufen und sprechen, da wissen wir schon, daß es unsere Bestimmung ist, so zu werden wie er. Wenn er um uns ist und wir nicht höllisch aufpassen, dann sind wir eines Tages plötzlich wie er. Wenn nichts Ungewöhnliches dazwischenkommt, werden wir, ohne es recht zu wollen, ihm immer ähnlicher. Er braucht gar nichts Besonderes dafür zu tun, er braucht nur um uns zu sein, vielleicht von Zeit zu Zeit ein wenig Zustimmung zu äußern. Ob er darauf achtet oder nicht, wir werden ihn unsere ganze Kindheit lang studieren und uns selbst nach seinem Bilde formen.

Wenn wir etwas finden, das uns an ihm nicht paßt, können wir jedoch mit ein bißchen Mühe sehr wohl dafür sorgen, daß sich dieser Zug bei uns nicht zu stark ausprägt. Wir sind nicht dazu verdammt, die Fehler unseres Vaters zu wiederholen – wenn wir sie als Fehler erkennen.

Unser Vater gibt uns aber nicht nur vor, was ein Mannsbild ist, er hat eine weitere, noch wichtigere Funktion. Er besitzt die Autorität, den Maßstab vorzugeben, dem wir in unserem Streben nach Männlichkeit zu genügen haben: Sobald unser Vater uns akzeptiert, sind wir männlich genug, um in die Gesellschaft der Männer aufgenommen zu werden. Wir haben dann unser Männerdiplom in der Tasche und können uns der Entwicklung anderer Fähigkeiten zuwenden.

Wenn der Vater nicht mit uns zusammen wohnt, können wir uns nur nach dem Leben ausrichten, das unser Vater in unserer Phantasie draußen in der Welt führt. Wir werden dann vielleicht so, wie wir ihn uns vorstellen, und tun das, was er unserer Vorstellung nach tut.

Wenn er tot ist, können wir ein beliebiges Phantasiebild von ihm formen und uns einbilden, er würde uns seinen Segen geben, aber wenn er noch lebt und das Weite gesucht hat, dann spüren wir immer nur das Fehlen seines Zuspruchs. Unser ganzes Leben kann über der Suche nach diesem Zuspruch vergehen, der gleichbedeutend ist mit der Absolution vom ewigen Streben nach Mannestum. Um die Stimme eines Vaters, der uns zurückweist, zu übertönen, brauchen wir die Gesellschaft von Männern wie eine Droge.

Ohne Vater sind wir gezwungen, uns Mentoren und Helden zu suchen, die uns als Vorbild für unser Mannestum dienen können. Jeder Mann, der uns etwas Nähe verspüren läßt, kann einen kleinen Teil dieser Aufgabe übernehmen, kann uns dabei unterstützen, den verzweifelten Heldenkult abzubauen und den grölenden unsichtbaren Fanclub unserer Pubertät zu beschwichtigen. Bei Männern, die sich allein gelassenen Jugendlichen aufgrund ihrer Präsenz in der Gesellschaft und in den Medien als Vorbild aufdrängen, ist die Männlichkeit meist zu dick aufgetragen. Ohne »diensthabenden« Vater sind wir in Gefahr, ein Leben lang einem Ideal übertriebener, ja sogar gefährlicher Männlichkeit nachzustreben.

Väter, die am ehesten solche Söhne hervorbringen, deren Männlichkeitsbedürfnis aus den Fugen geraten ist, und Söhne, die glauben, zur Ehre ihres Mannestums vergewaltigen, rauben und plündern zu müssen, sind keineswegs jene maskulin übersteuerten Kerle, die ihre Familien mißhandeln. Diese monströsen Gestalten schüchtern ihre Söhne ein und erzeugen Widerwillen. Es sind vielmehr jene Väter, die nie da sind, weil sie stets irgendwo anders irgend etwas Besseres zu tun haben. Manche dieser Männer waren nichts anderes als Samenspender im Vorübergehen. Einige machten sich mit einer anderen Frau oder einem Mann aus dem Staube. Wieder andere leben zwar strenggenommen noch bei ihrer Familie, aber sie sind zu sehr damit beschäftigt, durch Arbeit oder Spiel ihre eigene Männlichkeit zu pflegen, um sich noch für die Männlichkeit ihres Sohnes zu interessieren.

Wenn ein Knabe auf die Welt kommt, befindet er sich in der Obhut

eines Vaters, der in erster Linie Vater und Vermittler der männlichen
Identität zu sein hat. So war es jedenfalls gedacht. Der Vater kann
sich uns entziehen, wir aber können uns niemals dem Vater entziehen. Sei er nun vor Ort oder über alle Berge, tot oder lebendig, leib-
haftig oder ein Phantasiegebilde, für unsere Männlichkeit ist unser
Vater die wichtigste Bezugsperson.

GESPRÄCHE, DIE NIE GEFÜHRT WURDEN

»Die Liebe der Mutter braucht man sich nicht zu verdienen, wohl aber
die Liebe des Vaters.«
Robert Frost

Mein Kampf um meine Männlichkeit unterscheidet sich, wie ich
mittlerweile weiß, kaum von dem Kampf anderer Männer. Von allen
Kämpfen dieser Art, deren Zeuge ich geworden bin, war es sicher
nicht der dramatischste, schon gar nicht der schmerzvollste und auch
nicht der erfolgreichste, aber es war der Kampf, den ich am besten
kenne. Wie bei jedem Kampf um Männlichkeit war auch bei mir der
Vater die Zentralfigur.

Ich hatte einen wunderbaren Vater. Er war ein guter, schwer arbeitender, liebevoller Mann, der völlig in seiner Familie aufging. Er
schenkte sich nichts, wenn es galt, seinen Vorstellungen von den
Pflichten eines Vaters gerecht zu werden.

In meiner allerersten Erinnerung sehe ich meinen Vater, wie er
mich im Alter von zweieinhalb Jahren ins Krankenhaus mitnimmt,
um meine neugeborene Schwester zu begutachten. Ich habe noch
viele Erinnerungen an ihn aus der Zeit, als ich noch klein war. Meistens war er an seinem Arbeitsplatz als Betriebsleiter der Baumwoll-
spinnereien in einer der vielen kleinen Städte, in denen wir lebten.
Ich kann mich noch gut an die Aufregung erinnern, die jedesmal
herrschte, wenn er nach Hause kam. Ich war noch ein Kind, als er in
den Krieg zog. Mutter, Joanna und ich mußten nun ohne ihn zurechtkommen. Wir zogen wieder zurück nach Griffin in Georgia, wo
wir bei der Mutter unserer Mutter wohnten. In Großmutters Haus gab

es kein eigenes Zimmer für mich, weshalb ich mir meist bei den Eltern meines Vaters die Zeit vertrieb. Sie hatten ein Bestattungsunter-
nehmen, und neben dem Raum mit den Särgen gab es ein Zimmer
für mich.

Mein Vater war zwar fort, aber er hatte mich zu seinem Vater gebracht, damit dieser seine Stelle einnehmen könne. Großvater war
aufbrausend und ungeduldig und zudem der Meinung, ich würde zuviel reden und die Dinge unnötig komplizieren, aber er tat für mich,
was er nur konnte. Er ließ mich Schule schwänzen, um mich mit auf
die Jagd zu nehmen. Wir saßen die ganze Nacht am Feuer und hörten dem Bellen der Hunde zu. Man mußte mucksmäuschenstill sein,
damit er hören konnte, welcher Hund gerade bellte und ob das ge-
stellte Tier ein Waschbär oder ein Stinktier war. Opa war es nicht gewohnt, mit Menschen umzugehen, die noch lebendig waren und sich
gerne unterhalten hätten. Er führte nie ein Gespräch mit mir. Opa
starb, als ich zehn Jahre alt war, und Dad befand sich immer noch irgendwo im Pazifik.

Als der Krieg vorbei war, kam Dad wieder zurück, aber ich wußte
nie so recht, wie ich mich ihm gegenüber verhalten sollte. Ihm schien
es genauso zu gehen. Ich wollte etwas von ihm haben, das mir fehlte.
Ich wußte nicht, wie ich ihn darum bitten sollte, und er wußte nicht,
wie er es mir geben sollte. Ich versuchte immer wieder, aus ihm das
Geheimnis herauszulocken, was man anstellen muß, um ein Mann zu
sein, aber er ging partout jedem diesbezüglichen Gespräch aus dem
Wege.

Mutter betonte immer wieder, was für einen guten Vater ich
hätte. Er war wirklich ein guter Mann – unvergleichlich viel besser
als die Väter meiner Freunde. Einige dieser Väter waren Alkoholiker, die zu Hause soffen und sich gleichzeitig als Haushaltsvorstand aufspielten. Einer meiner Freunde hatte einen Alkoholiker
zum Vater, der schon seit geraumer Zeit verschwunden war. Zu
Hause hatte man längst seine Fotos fortgestellt. Jedesmal, wenn
mein Freund einen Betrunkenen in einer Ecke liegen sah, fragte er
sich, ob es nicht sein Vater war. Er beneidete die Jungen, deren Väter
sich zu Hause vollaufen ließen. Der Vater eines anderen Jungen war
ein paranoider Schizophrener. Er war schon elfmal verheiratet ge-

wesen und hatte seit neuestem einen religiösen Dachschaden. Er
hielt sich abwechselnd für Gottvater, Abraham und Jesus und kam
folglich gelegentlich vorbei, um seinen Sohn zu opfern. Der merk-
würdigste von diesen Vätern war ein Berufsringer, der zugleich
einen legendären Namen in der Unterwelt hatte. Am sechzehnten
Geburtstag seines Sohnes tauchte er auf und schenkte seinem
Sprößling ein funkelnagelneues Auto, eine Pistole, einen Totschlä-
ger, einen Schlagring und eine Schachtel Pariser: »...alles, was du
brauchst, um ein Mann zu sein.« Für meine Freunde hatte ich eindeutig den besten Vater in diesem Teil von Alabama, aber ich wurde
trotzdem das Gefühl nicht los, daß mir irgend etwas fehlte.

Auf Dad konnte man sich verlassen. Er war immer zur Stelle,
wenn etwas schiefgegangen war, so zum Beispiel, als ich im Badezimmer rauchte und dabei den Duschvorhang in Flammen aufgehen
ließ oder als ich mit meinem Auto den Spielautomatenvertreter an-
fuhr. Er besorgte mir sogar, als ich dreizehn war, ein Auto, da ich
keine Lust hatte, auf einem Pferd zur Schule zu reiten.

In Prattville, Alabama, wo wir wohnten, war Dad der wohl
höchstgeachtete Mann. Die Leute erzählten mir immer von seinen
sportlichen Großtaten seinerzeit an der Technischen Hochschule von
Georgia. Das waren seine glorreichen Tage gewesen. Wenn er von
seiner sportlichen Vergangenheit und vom Krieg erzählte, wurde er
lebendig. Ich konnte auf sportlichem Gebiet nichts bieten. Von Geburt an hatte ich Herzgeräusche, und Mutter hatte die größte Sorge,
daß Sport mich umbringen könnte. Ich wußte, daß mein Vater das als
harten Schlag empfand. Es ist schon merkwürdig: Die Herzgeräusche
verloren sich, als ich erwachsen war, aber da war es für Ballspiele mit
Vater zu spät.

Durch die Arbeit in der Spinnerei war Lärm für Vater etwas Vertrautes. Stille mochte er nicht. Er konnte sich am besten erholen,
wenn drei Radios mit jeweils verschiedenen Sportreportagen gleichzeitig plärrten. Meine Mutter versuchte sich schreiend gegen das
sportliche Sperrfeuer durchzusetzen, um Vaters Aufmerksamkeit auf
sich zu lenken, was aber immer damit endete, daß sie sich resigniert
ein weiteres Gläschen genehmigte. Meine jüngere Schwester Joanna
stellte es, glaube ich, geschickter an. Sie saß auf seinem Schoß und

tat so, als würde sie sich für das interessieren, was ihn gerade inter-
essierte – für gewöhnlich war es eine Sportreportage. Mutter und ich
versuchten unentwegt, seine Aufmerksamkeit zu gewinnen, und wir
waren stets gekränkt, weil er nicht reagierte. Da ich auf sportlichem
Gebiet keine Gemeinsamkeiten mit ihm hatte, zeigte ich ihm, was ich
geschrieben hatte. Er las ein paar Absätze, meinte dann, das sei ihm
zu hoch, und wendete sich wieder seinem Radio mit der Baseballre-
portage zu. Schließlich setzte ich mich über Mutters Bedenken hinweg und versuchte es mit einer sportlichen Betätigung, aber Vater
hatte nur Verachtung für meine tolpatschigen Versuche übrig. Ich
wußte, daß er sich wünschte, ich möge so sein wie er, und ich *wußte*,
daß ich ihn enttäuschte. Meine Mutter, meine beiden Großmütter und
beide Tanten hatten an mir einen Narren gefressen, aber Vaters Interesse hielt sich sehr in Grenzen.

Auch in der Spinnerei war Vater nicht sehr gesprächig. Ich hatte
dort einen Ferienjob, bei dem ich Baumwollballen herumzuwuchten
hatte, später durfte ich LKWs beladen und ganz zum Schluß auch
fahren. Ich sortierte, inspizierte und überprüfte die Garne – aber an
die Spinnmaschinen ließ mich Vater nicht heran. Er hatte, wie gesagt,
an einer der Maschinen ein paar Finger eingebüßt, und ich war das
einzige Mitglied unserer Kirchengemeinde, das am Sonntag die Orgel
spielen konnte. Ich beobachtete, wie er sich an seine tägliche Arbeit
machte. Zu Beginn einer jeden Schicht sah er sich die Produktions-
ziffern des Vortages an und brach dann zu einem Gang durch die
Spinnerei auf. Manchen Leuten lächelte er zu, bei anderen legte er
die Stirn in bedenkliche Falten. Um ihn herum surrten die Maschinen. Ich versuchte ihn darauf anzusprechen, woher er denn wisse,
wem er zuzulächeln und bei wem er die Stirn zu runzeln hatte, aber
er tat so, als würde er nicht begreifen, wovon ich eigentlich sprach.
Dann blickte er mich mit gerunzelter Stirn an. Er hatte Lehrlinge, die
zu Assistenten ausgebildet wurden. Einer von ihnen lief durch den
Betrieb. Bei manchen Mitarbeitern runzelte er die Stirn und bei manchen lächelte er – Lehrlinge neigen eher zum Stirnrunzeln –, und die
Maschinen ratterten, und das Garn verfitzte sich, und die Finger der
Leute gerieten in die Kämmaschinen.

Zu Mutter hatte ich einen weitaus besseren Draht. Meistens war sie angesäuselt und mußte sich hinlegen. Sie konnte abscheulich und sogar furchterregend sein, aber sie war eine verdammt gute Gesellschafterin, und sie unterhielt sich mit mir. Wir hatten viel Spaß zusammen, und außerdem war ich mir immer ganz sicher, genau zu wissen, was sie bewegte. Ich wünschte mir, Vater möge dafür sorgen, daß sie nüchtern blieb und ihre fünf Sinne beieinander hielt. Er erwartete das gleiche von mir, aber weder er noch ich waren dazu in der Lage. Ich weiß, daß ich mir ohnmächtig vorkam, und wahrscheinlich ging es ihm genauso, aber er kriegt eben die Zähne nicht auseinander.

Ich sah mir meine Onkel an. Tante Emily, die Schwester meiner Mutter, war Journalistin – die erste Sportredakteurin einer Tageszeitung in diesem Lande! Sie heiratete einen Chirurgen. Onkel Harry war ein hervorragender Golf- und Bridgespieler und ein Kriegsheld. Die beiden hatten selbst keine Kinder und spielten fleißig unsere Ersatzeltern. Ich weiß, daß Onkel Harry mich geliebt hat – er hat mich entbunden und beschnitten und schenkte mir eine Eisenbahn, als ich noch ganz klein war –, aber auch er unterhielt sich nicht mit mir. Tante Emily sagte, er fühle sich am wohlsten in der Gesellschaft von Menschen, die in Narkose liegen.

Zu Hause ging es allmählich drunter und drüber, und wir Kinder wurden nach Mississippi zu Vaters Schwester und Schwager geschickt, zu Tante Josy und Onkel Mac. Die beiden hatten schon sechs Kinder und das ganze Haus voller Tiere. Da würden zwei weitere Bewohner kaum auffallen. Ich war von der Idee begeistert. Onkel Mac war ein großartiger Geschichtenerzähler. Er war Zahnarzt und deshalb nicht gewohnt, daß die Leute ihm antworteten. Dann wurde er obendrein noch taub, was ihn zum perfekten Alleinunterhalter machte. Es war jedenfalls mit ihm unendlich viel interessanter, als Vaters Baseballreportagen zuhören zu müssen.

Die schönsten Augenblicke kamen für mich, wenn er mir meine Zähne in Ordnung brachte. Ich durfte dann auf den großen Zahnarztstuhl klettern, und Onkel Mac hantierte mit metallenen Geräten in meinem Mund und erzählte mir etwas, mir ganz allein. Rückblickend glaube ich, daß es besser gewesen wäre, wenn ich gelegentlich auch etwas hätte sagen können, denn er hätte mir damals wohl zugehört. Aber ich hatte mich ja noch nie mit einem Mann unterhalten und wußte also gar nicht, was mir entging.

Als ich sechzehn war und von zu Hause fort aufs College zog, erreichten mich endlich einige Worte meines Vaters. Mutter schrieb mir lange, vom Alkohol beflügelte Episteln, in denen sie detailreich ihre Misere und mein Versagen abhandelte. Durch die Zeilen ihrer Briefe hindurch schrie sie mich förmlich an, meist deshalb, weil sie sich von mir vernachlässigt fühlte. Diese Briefe kamen in unregelmäßigen Abständen, manche waren über Wochen hinweg abgefaßt worden. Mutters Briefe sagten mir, was ich zu fühlen, zu denken und zu tun hatte, welches meine Charakterschwächen waren und welchen Makel ich von welchem Vorfahren geerbt hatte.

Und an jedem einzelnen Tag während einer Zeit von vier Jahren kam ein Brief von meinem Vater. Die Briefe waren meist sehr kurz und lauteten etwa so:

Lieber Sohn,
es geht uns gut.
In Liebe, Dad

Manchmal enthielten sie Neuigkeiten:

Lieber Sohn,
Jack und Leonard brachten uns ein paar Vögel, die sie
geschossen haben. Wir aßen sie zum Dinner. Es geht
uns gut.
In Liebe, Dad

Ein- oder zweimal waren die Briefe auch philosophisch:

Lieber Sohn,
viele Jungen und Mädchen von der High-School heiraten.
Ist wohl eine moralische Epidemie. Zu viele Prediger in
der Stadt.
Es geht uns gut.
In Liebe, Dad

Mutter starb nach 50 gemeinsam mit Vater verbrachten Jahren. Vater heiratete die Frau, die 50 Jahre lang Mutters beste Freundin gewesen war, und verlebte noch ein paar glückliche Jahre mit ihr.

Dann schickte er sich selbst an zu sterben. Endlich war er bereit, mit mir über sein Leben zu reden, obwohl er inzwischen vor lauter Atemnot kaum mehr sprechen konnte. Dad und ich brachten es sogar noch zu einem richtigen Gespräch, bevor er starb. Ich habe es auf Tonband, aber in den zehn Jahren, die seit seinem Tode vergangen sind, habe ich es mir nicht mehr angehört. Das, was er sagte, war auch nicht so wichtig, wichtig war für mich die Tatsache, daß er sich mit mir unterhielt. Er sagte, er hätte schon die ganze Zeit gewußt, daß ich mir wünschte, er möge mit mir reden, aber er habe nicht gewußt, was er sagen sollte. Er sah, daß ich anders war als er, aber das sei schon in Ordnung. Er fand, Mutter habe meine Erziehung gut hinbekommen, und er war stolz auf mich, aber er hatte keine Ahnung, was er meiner Vorstellung nach für mich tun sollte. Er verstand einfach nicht, was ich von ihm erwartete.

An diesem Punkt wurde mir endlich klar, wie unkompliziert dieser Mann war. Er liebte mich einfach. Es wurde mir bewußt, daß ich alles, was es über diesen Mann zu wissen gab, seit jeher gewußt habe. Er hatte ein sehr enges Verhältnis zu seinem Vater gehabt, hatte in seiner Kindheit mit ihm in der Dunkelheit gesessen und dem Bellen der Hunde gelauscht, und mehr hatte er nicht gebraucht. Er konnte nie begreifen, warum ich die Dinge so kompliziert machte. Er tat einfach seine Pflicht und hoffte, daß sich alles zum Besten wenden möge. Er war froh darüber, daß er lebte, und als er auf den Tod zuging, gab es nichts, worüber er mit sich nicht im reinen war. Ich bedaure es sehr, daß wir uns nicht nähergekommen sind, als noch Zeit dafür war. Ich glaube, unser Verhältnis war, wie auch meine Mutter, ein Opfer des Zweiten Weltkrieges.

Erst als ich selbst Vater wurde, bemerkte ich, daß es damals tatsächlich nicht viel gab, worüber hätte gesprochen werden müssen. Es gab kein Mysterium der Vaterschaft, keine magischen Formeln der Männlichkeit, die von Generation zu Generation weitergereicht wurden. Knaben werden schlichtweg dadurch zum Mann, daß sie mit ihren Vätern leben, die Welt erfahren und ihr tägliches Leben meistern. Wenn ihnen diese Erfahrung abgeht, werden ihnen Anforderungen, die an ihre Männlichkeit appellieren, immer unangenehm sein. Sie werden nie wissen, was sie mit ihrer Männlichkeit anfangen und wie sie selbst Väter werden sollen.

6 DAS ALLMÄHLICHE VERSCHWINDEN DES VATERS

»Ist es nicht traurig, daß die Männer eine ganze Zivilisation auf dem patriarchalischen Prinzip aufgebaut haben, das das juristische Eigentum an den Kindern und die Verantwortung für sie vorsah, und dann kommen sie nicht einmal dazu, ihre Söhne und Töchter ein bißchen kennenzulernen.«
Phyllis Chesler

Von dem Wandel der Welt, der sich während der letzten Generationen vollzogen hat, blieb auch die historisch gewachsene Erscheinungsform von Vaterschaft nicht verschont.

Wir leben in der Periode, die durch den Niedergang des Patriarchats charakterisiert ist, welches verstanden werden kann als ein System männlicher Vorherrschaft und Privilegien, innerhalb dessen die Herrschaft über die Welt von Gott über Adam zum Vater an den Sohn weitergereicht wurde. Wankt das Partiarchat, gerät natürlich auch die Idee der männlichen Erbfolge in die Krise. Seit mehreren hundert Jahren ist das von der Vätergeneration an die Söhne weitergegebene Vermächtnis geschrumpft – nicht nur die vermittelte Machtfülle und die Weisheit nahmen ab, sondern auch die Liebe. Wir sind nunmehr an einem Punkt angekommen, wo die meisten Väter bereits aufgehört haben, im Leben ihrer Söhne eine besondere Rolle zu spielen. Man hat das Kind mit dem Bade ausgeschüttet, das Patriarchat abgeschafft und den Vater gleich mit dazu. Allenthalben stößt man nur auf Ratlosigkeit in bezug auf die Männer und ihr problematisch gewordenes Selbstverständnis.

Zach Yardley ist ein junger Mann, der mit Unterbrechungen über Jahre hinweg mein Patient war. Die Geschichte seiner Familie ähnelt

stark meiner eigenen Familiengeschichte. Seine und meine Vorfahren besaßen benachbarte Farmen in Telfair County in Georgia. In der
Familiengeschichte von Zach zeichnet sich die Tragödie des amerikanischen Vaters ab.

Zachariah X. Yardley Senior war ein Bauernjunge aus Süd-Georgia, der im Bürgerkrieg mitgekämpft hatte, was den noch nicht einmal Zwanzigjährigen ein Bein kostete. Aus dem Krieg zurück, hum-
pelte er auf der heruntergekommenen Farm umher, erging sich in
Selbstmitleid und verfiel dem Alkohol. Das ging so, bis sein Vater
starb. Er war mittlerweile 40 Jahre alt und hatte sein Leben lang noch
keinen Handschlag gearbeitet. Seine in die Jahre gekommene Mutter
und die beiden unverheirateten Schwestern schafften es so eben
noch, ihn mit zu versorgen. Morgens brachten sie ihm seine Kanne
Bier, damit er überhaupt hochkam, und wenn er hingeschlagen war,
richteten sie ihn wieder auf. Aber jetzt verlangten sie von ihm, er
solle das Regiment im Hause übernehmen. Er entdeckte Jesus und
machte Schluß mit dem Alkohol. Es dauerte nicht lange, und der alte
Zach heiratete ein blutjunges Mädchen von einer Nachbarfarm. Sie
hatten einen Schwarm von Kindern. Auf halber Strecke zwischen
seiner Farm und der Farm seiner Frau baute er an der Straße eine Kirche. Er verließ niemals sein Stück Heimaterde. Er hatte den Krieg gesehen, und das war die Hölle gewesen, da konnte er genausogut für
den Rest seines Lebens zu Hause bleiben. Er verbrachte viel Zeit im
gemeinsamen Gebet mit seinen Kindern und konnte die Trennung
von ihnen kaum ertragen. In der Familie wurde erzählt, daß er sich
jedesmal, wenn er einen seiner Jungen aufs College schickte, im
Schlafzimmer einschloß, damit niemand seine Tränen sah. Die
Mädchen blieben natürlich im Haus, und er ließ sie nicht aus den
Augen, bis sie verheiratet und in die Obhut eines anderen Mannes
gekommen waren.

Zach Junior ging aufs Mercer College in Macon, wo er ein Jahr
verbrachte. Dann kam er nach Hause, um zu heiraten. Er blieb noch
einige Zeit dort, bis er auf die Idee kam, in der nahe gelegenen Stadt
Helena einen Gemischtwarenladen aufzumachen. Mit seiner Frau
und drei Kindern wohnte er in der Etage über dem Ladenlokal. Sein
Sohn Zach III konnte noch nicht über den Ladentisch gucken, da be-

diente er schon die Kundschaft. Wegen seiner vielen Kinder wurde Zach Junior, als der Erste Weltkrieg tobte, nicht eingezogen, aber sein jüngerer Bruder mußte ins Feld. Nach dem Krieg machte Zach Junior den zurückgekehrten Kriegsveteranen und Bruder zum Geschäftspartner. Die Familie baute ein paar Straßenzüge weiter ein Haus, wo man sich aber nur zum Schlafen einfand. Zach Junior war einer der wenigen Männer des Bezirks, der auf dem College gewesen war. Er wurde ins Parlament des Staates Georgia gewählt. Wenn er von Zeit zu Zeit in die Hauptstadt Atlanta reisen mußte, schrieb er jeden Abend seinen Kindern einen Brief voll guter Ratschläge. Er starb ziemlich früh.

Zach III wurde an der Universität von Georgia ein Footballmatador. Außerdem war er ein ziemlicher Bruder Leichtfuß. Als er einundzwanzig war, geschahen vier Dinge gleichzeitig: Er wurde Amerikas Footballspieler Nummer eins, er verpatzte seine Prüfungen und flog vom College, sein Vater starb unerwartet, und die Weltwirtschaftskrise setzte ein. Er schämte sich entsetzlich für die Enttäuschung, die er seinem Vater bereitet zu haben glaubte, und war überzeugt, durch sein Versagen am College den allzu frühen Tod des Vaters verschuldet zu haben. Er war pleite, aber auch zu stolz, um seinen Onkel, der das Geschäft übernommen hatte und sich um die Mutter kümmerte, um Geld zu bitten. Da er ein Verkaufsgenie war, konnte er sich jedoch, und später auch seine Frau und sein Kind, ganz gut über Wasser halten. Er wollte keine weiteren Kinder. Er ging zu sehr in seiner Arbeit auf, um sich gebührend mit einem Kind beschäftigen zu können. Viel wichtiger war für ihn, seiner Familie ein respektables Auskommen zu sichern.

Er war 33 Jahre alt, als er in den Zweiten Weltkrieg zog. Er hielt es für seine Mannespflicht und hatte sich freiwillig gemeldet. Nach dem Krieg wollte sich bei ihm kein rechter Erfolg mehr einstellen. Er war viel auf Achse und meist nicht verfügbar, konnte somit auch nicht seinem einzigen Sohn für Spiele zur Verfügung stehen. In den Augen der Welt war Zach zwar eine Sportlegende, aber er selbst war der Ansicht, im Grunde nichts aus seinem Leben gemacht zu haben, weil er es nicht zu Reichtum gebracht hatte. In einem der wenigen Gespräche, zu denen es zwischen ihm und seinem Sohn Zach IV gekommen war, bekniete er den Sohn, bloß keine Energie mit Heiraten und Kinderaufziehen zu vergeuden. Er solle sich vielmehr in erster Linie ums Geldverdienen kümmern.

Zach IV mochte seinen Vater nicht. Er litt unter dessen Mißerfolgen und wäre am liebsten in den Boden versunken, wenn sein Vater die Leute mit alten Footballgeschichten anödete. Als er 1956, dem Jahr von Eisenhowers Wiederwahl, von der Technischen Hochschule Georgia abging, hatte er den Entschluß gefaßt, in seinem Leben reich zu werden. Er heiratete eine Frau aus den richtigen Kreisen, trat bei ihrem Vater eine Stellung an und wurde Mitglied eines Country Clubs, wo er Golf spielen konnte. Er hatte einen guten Riecher für Geld. Während jedermann die Welt verbessern wollte und sich für hochherzige Projekte einsetzte, machte er mit dem Geld anderer Leute ein Vermögen. Er konnte jedoch nie genug davon bekommen, und so schwirrt er noch heute auf der Jagd nach guten Geschäftsabschlüssen in der Welt herum.

Zach IV war nicht viel zu Hause und legte Wert darauf, daß seine Frau sich um die Erziehung der Kinder kümmerte. Er wurde fett und quoll aus allen Fugen. Seine einzige körperliche Betätigung bestand darin, zigarrenrauchend in einem Golfwägelchen herumzufahren. Seine Frau wäre gerne mit ihm zu einer Eheberatung gegangen, aber er schaffte es nie, die Beratungsgespräche in seinem Terminkalender unterzubringen, und so gab sie eines Tages auf.

Vor einigen Jahren verließ Zach IV seine Familie wegen einer jungen Frau aus seinem Büro. Die große Romanze fand ein kühles Ende, aber zu diesem Zeitpunkt war Zach bereits geschieden. Hinsichtlich der Kinder hat er mit seiner Frau vereinbart, daß er auf den Plan tritt, wenn sie mit einem Problem nicht allein fertig werden kann, sie aber hat die Kosten zu tragen. Er gibt ihr zwar eine ganze Menge Geld, und sie kann sehr gut davon leben, aber er ist trotzdem der Meinung, daß sie in der Lage sein sollte, durch »Frauenarbeit« auch ohne ihn zurechtzukommen.

Zach V und seine Schwester waren brave Kinder. Sie hatten eine Mutter, die sich hingebungsvoll um sie kümmerte, einen verwitweten pensionierten Großvater und einen Vater, der die Familie, was das Materielle betraf, großzügig versorgte.

Es ist bemerkenswert, wie Zach III nach seiner Pensionierung auf einmal seine väterliche Ader entdeckte. Die besten Erinnerungen von Zach V handeln davon, wie er mit dem Großvater auf einem moorigen Gewässer zum Barscheangeln in einem Boot saß und sich von ihm Geschichten über seine Großtaten als Footballspieler erzählen ließ. Als er erwachsen war, kannte er das Ergebnis einer jeden Begegnung, an der sein Großvater teilgenommen hatte.

Zach V war ein guter Sportler. Gott weiß, welche Mühe er sich gab, aber es gelang ihm nie, den Vater für seine sportlichen Leistungen zu interessieren. Er hatte ein warmherziges Verhältnis zum Vater seines besten Freundes, der auf der anderen Seite der Straße wohnte und mit den beiden Burschen öfter einmal wegfuhr, und er verstand sich auch gut mit seinen Trainern. Am besten verstand er sich jedoch mit dem Großvater. Als der alte Mann starb, war Zach V gerade in seinem ersten Jahr auf dem College. Der Vater erlaubte ihm nicht, zum Begräbnis nach Hause zu kommen. Es sei viel wichtiger, so entschied er, daß Zach V einen hohen Notendurchschnitt hielt. Am Ende des Quartals war Zach V durch alle Prüfungen gefallen und mußte vom College abgehen.

Ich konnte verfolgen, wie Zach V jede nur erdenkliche Lebenskrise inszeniert hat, um seinen Vater zur Anteilnahme zu zwingen, aber seitens des Vaters kommt dabei immer nur Ungeduld und Mißbilligung heraus. Die Schwester kommt in der Schule gut voran und möchte eines Tages wie der Vater Anlageberater werden. Sie gibt der Mutter an allem die Alleinschuld, da diese Zach V verwöhnt habe. Sie schwört, daß Heiraten und Kinderkriegen für sie niemals in Frage kämen. In der Familie ist keiner, den Zach IV nicht in Therapie geschickt hätte, nur bei ihm selbst scheitert es immer wieder an Terminproblemen. Er versteht nicht, was sein Sohn eigentlich von ihm will und was dieser Junge von seinem Vater braucht, damit er sich endlich einmal dazu entschließt, ein Mann zu werden. Sämtliche Männer der Familie haben es auf irgendeinem Gebiet zu etwas gebracht, nur der jüngste Träger des Familiennamens scheint entschlossen, auf der ganzen Linie zu versagen.

Je weiter sich die Yardleys von ihren ländlichen Wurzeln entfernten, desto weniger Zeit verbrachten ihre männlichen Mitglieder

mit ihren jeweiligen Kindern. Zach III hatte das Gefühl, seinen Vater
enttäuscht zu haben, weil er das College geschmissen hatte und noch
nicht einmal reich geworden war. Trotz seiner sportlichen Erfolge betrachtete er sich als Versager. Um sich als Mann fühlen zu können,
wollte er unbedingt reich werden, und dieses Bestreben nahm ihn so
in Anspruch, daß er unmöglich ein aufmerksamer Vater sein konnte.
Er besann sich noch früh genug und wurde immerhin ein prächtiger
Großvater, aber der Schaden an seinem Sohn Zach IV (und somit
auch an seinem Enkel) war schon angerichtet. Zach IV kann soviel
Geld verdienen wie er will, er wird niemals den Ruhm seines Vaters
damit übertrumpfen und somit wird er sich auch niemals mannhaft
genug vorkommen. In seiner rastlosen Jagd nach dem sicheren Gefühl seiner Männlichkeit entartete er zu einem Schürzenjäger und
Geldscheffelautomaten, der den eigenen Sohn in eine Serie von Ver-
zweiflungstaten trieb, mit denen dieser nichts anderes als seine Aufmerksamkeit gewinnen wollte.

Die größte Tragödie dabei ist, daß die Familie der Yardleys keineswegs ein Ausnahmefall ist – sie repräsentiert vielmehr die Norm.
Praktisch überall, wo das Band zwischen Vater und Sohn gerissen ist,
werden wir auf das Dilemma stoßen, in dem Zach IV und Zach V
stecken.

AUFSTIEG UND FALL DES PATRIARCHATS

»Und Adam sprach: Das endlich ist Bein von meinem Bein, und Fleisch
von meinem Fleisch. Frau soll sie heißen; denn vom Mann ist sie gekommen.«
Genesis 2, 23

Wir müssen unsere Wurzeln schon sehr weit zurückverfolgen, um
festzustellen, daß das Patriarchat für die menschliche Spezies nicht
die natürliche Existenzform ist. Wie Gerda Lerner in ihrem Buch »The
Creation of Patriarchy« (Die Entstehung des Patriarchats) und Riane
Eisler in »The Chalice and the Blade« (Kelch und Schwert) ausführen,
bestand die menschliche Rasse zu Beginn ihrer Entwicklung aus

friedlichen, gleichberechtigten Jägern und Sammlerinnen, wobei die Geschlechtsunterschiede keine große Rolle spielten. Die Männer gingen auf die Jagd, die Frauen sammelten Eßbares. Als die Frauen jedoch den Ackerbau erfanden und anfingen, Haustiere zu halten, entdeckten sie, welch entscheidende Funktion der Hahn in seiner Hühnerschar hatte. Auf einmal übernahmen die Väter eine eigene Funktion, und Männer konnten das tun, was in den vergangenen Millionen von Jahren nur Frauen gegeben war – sie konnten auf ein Kind zeigen und sagen: Das ist *mein Sohn*, das ist *meine* Tochter. Das Patriarchat ließ dann nicht mehr lange auf sich warten. Seine Anfänge liegen vor etwa 5000 Jahren – in der Entwicklung unserer Spezies ist das eine sehr kurze Zeit. Diese Zeit umfaßt allerdings die gesamte durch Geschichtsschreibung belegte Geschichte.

Die Geschichte der Entstehung des Patriarchats ist bestens bekannt – sie wird im Alten Testament geschildert. Als erstes galt es, einen männlichen Gott zu erfinden, der die Welt aus sich heraus und ohne weibliche Hilfe erschuf, einen Gott, der zuerst den Mann ins Leben ruft und dann die Frau als Nachzüglerin nachschiebt. Als nächstes erklärte das Patriarchat die Frau bzw. Mutter Eva zur Frevlerin, wenn sie sich autonom und vom Manne unabhängig beziehungsweise sexuell betätigte. Dieser neue Gott der Kriege forderte das Sohnesopfer, entzündete das Höllenfeuer und verhängte ewige Verdammnis, aber er fürchtete die weibliche Sexualität.

Im Alten Testament, bei Homer und in der griechischen Mythologie wird die Macht des Patriarchats akzeptiert und in keiner Weise ernsthaft hinterfragt. Im Patriarchat hatten Männer Götter zu sein und die Göttlichkeit vom Vater an den Sohn weiterzugeben. Um sich solch göttlicher Machtfülle würdig zu erweisen, wurde Vätern die Bereitschaft abverlangt, den Sohn zu opfern, und Söhnen die Bereitschaft, sich opfern zu lassen. In der patriarchalischen Ordnung ist die männliche Vorherrschaft ein Geschenk Gottes. Es ist der Lohn für die Bereitschaft des Mannes, im Namen der männlichen Autorität das Leben hinzugeben. Diesem Weltverständnis erscheint es durchaus natürlich, wenn Abraham Gott seinen Sohn Isaak opfern soll, wobei für Sarah, die Mutter des Knaben, ein Mitspracherecht nicht vorgesehen ist. Der Monotheismus dürfte in dem Augenblick entstanden sein, als Abraham sich gegenüber diesem söhnemordenden Gott bereit erklärte, den eigenen Sohn zu töten.

In der voll entwickelten patriarchalischen Gesellschaft des alten Rom hatte der Vater die Macht über Leben und Tod sämtlicher Mitglieder des Haushaltes, einschließlich seiner Kinder. Jedes Kind wurde nach der Geburt vor seinem Vater auf den Boden gelegt und galt erst dann als lebendig geboren, wenn der Vater es aufhob. Vaterlose Neugeborene wurden vor den Toren der Stadt ausgesetzt, wo sie jeder freie Mann aufheben und somit adoptieren konnte. Ohne Vater war ein Kind kein römisches Kind. Der Vater wiederum konnte jederzeit und willkürlich aus eigener Machtfülle den Sohn zum Tode verurteilen.

Das Familienleben der abendländischen Gesellschaft bestand seit den Tagen des Alten Testaments aus dem Kampf um den Fortbestand des Patriarchats, um die Vorherrschaft des Mannes und um die Aufrechterhaltung einer doppelten Moral angesichts einer natürlichen Tendenz zu monogamen Bindungen. Junge Männer waren aufgerufen, ihr Mannestum durch ihre Bereitschaft zum Tode auf dem Schlachtfeld zu beweisen, und junge Frauen wurden aufgerufen, zum Beweis ihres Frauentums für ihren Mann zu sterben. Frauen hatten sich zierlich, dümmlich und hilflos zu geben, damit sich die Männer groß und stark, tapfer und klug vorkommen konnten. Es war ein fauler Trick.

VATERROLLEN

In seinem Buch »Past, Present, and Personal; The Family and the Life Course in American History« (Gegenwart und Vergangenheit, ganz persönlich: Familie und Alltag in der amerikanischen Geschichte) befaßt sich der Autor John Demos mit dem Patriarchat im Amerika des 18. Jahrhunderts. Im kolonialen Amerika war der Vater das bestimmende Elternteil. »Bücher mit Erziehungsratschlägen wandten sich an den Vater; in Fragen des Sorgerechts wurde er (der Mutter) vorgezogen; alle beteiligten Parteien unterstrichen seine überlegene ›Weisheit‹, wenn es um das Verständnis und die Versorgung des

Nachwuchses ging. (Frauen galten als zu irrational und labil, um auf diesem Gebiet die Führung zu übernehmen.)«

Männer haben sich in den Jahrtausenden, die seit der Entstehung der patriarchalischen Familie bis zu ihrer Zerstörung durch die industrielle Revolution vergangen sind, fleißig als Väter betätigt. »Pater familias«, der Haushaltsvorstand, ist in mancherlei Gewand aufgetreten. John Demos hat öffentliches und privates Schrifttum aus der von ihm bearbeiteten Periode untersucht und erstellte eine Liste von einigen der Funktionen, in denen sich ein Vater zu bewähren hatte. Diese Rollen sind:

- der *Lehrer*, der die Grundlagen seines eigenen Wissens vermittelt,
- der *Wohltäter*, der Teile des Familienvermögens den Kindern überläßt, damit sie eigene Familien gründen können,
- der *Aufpasser*, der die Kinder an kurzer Leine hält, bis sie ausreichende Reife bewiesen haben,
- der *moralische Aufseher*, der die starken natürlichen Leidenschaften der jungen Generation im Zaum hält,
- der *Psychologe*, der die Talente seiner Kinder erkennt,
- das *Vorbild* für die Charakterbildung und für gutes Benehmen,
- der *Sippenälteste*, dessen Persönlichkeit die Zukunftsaussichten der Söhne wesentlich bestimmt,
- der *Gefährte*, der mit den Kindern seine Zeit verbringt, mit ihnen im Familienverband arbeitet und spielt
- und natürlich der *Fürsorgliche* und *Anteilnehmende*.

DER VERSORGER

In den vergangenen 200 Jahren hatte jede neue Vätergeneration weniger Autorität als die vorangegangene. Nach der industriellen Revolution im 19. Jahrhundert waren die Vorstellungen über die Vaterrolle einer drastischen, schnellen und radikalen Veränderung ausgesetzt. Unter dem Zwang der wirtschaftlichen Situation mußte ein Elternteil eine außerhalb des Hauses liegende Arbeitsstelle aufsuchen. Für gewöhnlich fiel diese Aufgabe dem Mann zu, da Männer keine Milch geben können. (Wieder einmal erweist sich die Biologie als Schicksal und der Mann als Verschleißartikel). Es konnte vorkommen, daß die Männer nur zum Schlafen oder am Wochenende nach Hause kamen. Männlichkeit wurde nicht mehr nach Maßgabe der Teilnahme am Familienleben, nach dem Einsatz als Vater und Ehemann definiert, sondern nach der Fähigkeit, Geld herbeizuschaffen. Die Arbeit der Männer fand außerhalb des Hauses statt. Sie taten nichts mehr von dem, was sie früher getan hatten. Statt dessen wurden sie, um den von John Demos geprägten Ausdruck zu benutzen, zu *Versorgern*, die nicht mehr bei der Familie lebten und arbeiteten, sondern vielmehr die »Lebensmittel« nach Hause brachten.

Nach und nach ergaben sich für die Väter neue Rollen, in die sie schlüpften, wenn sie ihr Zuhause nach der andernorts abgeleisteten Arbeit aufsuchten. Für die Väter auf Besuch gab es verschiedene Funktionen: Vater wurde der *Zuchtmeister* – »Warte nur, bis Papa nach Hause kommt!« – und der *dankbare Zuhörer* – »Erzähl Papi doch mal, was du heute gemacht hast!«

Und, nicht zu vergessen: Mütter und Kinder entdeckten, daß sie auch ohne einen erwachsenen Mann im Hause ganz gut zurechtkamen. Väter wurden nicht mehr idealisiert und erschienen auf einmal in tragischen Bühnenstücken als *Eindringling* in den weiblichen Bezirk des Familienlebens, oder als der *Abgedankte*, der sich aus allem heraushielt und noch nicht einmal den Unterhalt für die Kinder sicherte, mochte er nun noch im Hause leben oder sich schon verabschiedet haben. Auch als Stoff für Komödien mußte der Vater herhalten, so als *anachronistische Figur*, die sich linkisch an altmodische Verhaltensweisen klammert, sowie in zahllosen Fernsehklamaukserien und Werbespots als der schlechthin *Inkompetente*, der zu Hause zwei linke Hände hat, im Haushalt zu nichts nütze ist, immer nur doof im Weg herumsteht und sich blamiert.

DER VERSAGER

Der Vater als Versorger ist eine traurige Figur. Er führt ein rastloses, unwürdiges Leben und kennt ganz gewiß nicht die Hochachtung und Verehrung, die noch seinem Großvater als »Pater familias« zuteil wurden. Wenn es soweit kommt, daß die väterlichen Funktionen nur noch ökonomisch definiert werden, wenn sich sein Status einzig und allein daraus ableitet, wieviel Kohle er nach Hause bringt, dann wird der reiche und ökonomisch erfolgreiche Vater zum potentiellen Tyrannen. Ein Vater jedoch, der nicht reich und berühmt ist, wäre dann unweigerlich der Versager, eine einzige Enttäuschung, ein Hanswurst. John Demos schreibt: »Der Ehemann und Vater kümmerte sich nunmehr nicht nur beispielsweise um den Broterwerb für die ganze Familie, er war auch deren alleiniger Repräsentant gegenüber der Außenwelt. Sein ›Erfolg‹ oder ›Mißerfolg‹ – Begriffe, die jetzt mit vorwiegend ökonomischem Inhalt gefüllt wurden – hatte unmittelbare Auswirkungen auf die anderen Mitglieder des Haushalts. Es war eine drückende Last, die dem Mann aufgebürdet wurde. Jeder, für den die Bürde zu schwer war, der beim Versuch, die Stufen zum Erfolg zu erklimmen, strauchelte und fiel, lud sich zusätzlich eine bittere Last von Selbstvorwürfen auf – ganz zu schweigen von den offenen oder versteckten Vorwürfen der anderen Familienmitglieder, deren Schicksal an das seine gekettet war.«

Die familiäre Position des Vaters wurde nicht mehr von seiner Fähigkeit als Vater bestimmt, sondern von seinem Status in der Außenwelt. Dieser wiederum war das Resultat eines ökonomischen Kräftemessens, aus dem einige Männer als Sieger hervorgingen, indem sie allen Reichtum an sich rafften, die meisten anderen Männer jedoch auf der Verliererseite standen.

Sofern Vätern Respekt entgegengebracht wurde, war dieser mit Bedauern, oft sogar mit Vorbehalten vermischt. Die Frustrationen und Ressentiments, die sich in Jahrtausenden patriarchalischer Vorherrschaft bei Frauen und Kindern, deren Leben der männlichen Herrlichkeit geopfert worden war, aufgestaut hatten, wurden auf die Männer abgeladen, die sich plötzlich mit dem Verlust ihrer Macht abfinden mußten. Den lieben langen Tag hatten sie sich auf der Jagd

nach Erfolg abgestrampelt und doch nur Niederlagen erlitten und
hofften nun, endlich zu Hause im Kreise liebender Angehöriger, die
den männlichen Kampf ums Dasein zu schätzen wußten, zusam-
menbrechen zu dürfen.

Was für ein drastischer Umschlag im Verhältnis der Geschlechter
innerhalb der Familie! Väter, die zuvor als Patriarchen den Mittelpunkt des Familienlebens gebildet hatten, waren auf einmal die Trottel vom Dienst, die hin und wieder vorbeischauen und ihr Geld abliefern durften. Zudem mußten sie sich noch vorwerfen lassen, daß
sie im täglichen Wettbewerb draußen nicht gerade die Erfolgreichsten waren. Obendrein und außerdem seien sie nie da, um sich von
allen vorjammern zu lassen, wie schwer das Leben für eine Familie
ist, die solch einen Blindgänger von Vater am Bein hat.

Manche Männer – und besonders jene, die sich für Versager halten – haben verständlicherweise versucht, sich an ihrer patriarchalischen Position festzuklammern, und spielen weiterhin den Haustyrannen, auch nachdem sich das Patriarchat als zu aufwendig und zu
unpraktisch erwiesen hatte, auch nachdem die Ehefrauen unter Beweis gestellt haben, daß sie zu Hause ohne Männer hervorragend zurechtkamen, und auch, nachdem die ganze Familie sich zum Verzicht
auf sämtliche anderen Formen väterlicher Obhut bereit erklärt hatte,
wenn der Vater nur in die Welt hinausgehe, um Geld zu scheffeln. Ein
solcher Vater kann seinen Kindern durchaus wie ein Ungeheuer vorkommen.

Heutzutage findet man diese Männer auf modernen Militärstütz-
punkten, und vor ein paar Generationen traf man sie auch noch auf
dem platten Lande an. Abgeschottet durch ein fundamentalistisches
Religionsverständnis und vielleicht auch durch generationenlange
Inzucht sind die freiheitlichen Errungenschaften des 20. und selbst
des 19. Jahrhunderts nicht bis zu ihnen vorgedrungen. Sie halten die
überkommenen männlichen Werte hoch. Wenn ihr eigenes Leben
nicht erfolgreich genug verläuft, kehren sie zu den patriarchalischen
Traditionen ihrer Kindheit zurück und gebärden sich als Haustyrann.
Sie sind ehrlich davon überzeugt, ihre väterlichen Pflichten bestens
zu erfüllen, indem sie das erlernte Verhaltensmuster abspulen, das zu
hinterfragen ihnen aus ihrer Position als extreme kulturelle Außen-

seiter nie in den Sinn käme. Sie sind völlig verblüfft, wenn sie in den Augen der Welt als Monstren gelten.

Abner war ein solcher Mann. Als ich ihn kennenlernte, hatte er gerade seinen Sohn körperlich mißhandelt, weil der Junge die Hühner nicht gefüttert hatte. Seine Frau war ihm davongelaufen, zum Sohn fand er keinen Kontakt mehr. Abner erinnerte sich an seine eigene Kindheit draußen in den Sumpfgebieten. Als er acht Jahre alt war, hatte ihn sein Vater mit einer Lastwagenladung Wassermelonen am Straßenrand postiert. Er sollte die Melonen verkaufen. Ein Interessent kam vorbei und bot an, für einen reduzierten Stückpreis die ganze Wagenladung auf einmal abzunehmen. Der Junge hatte noch nie soviel Geld auf einem Haufen gesehen und war einverstanden. Er dachte, sein Vater würde begeistert sein, aber für diesen war allein von Belang, daß der Junge sich nicht genau an das gehalten hatte, was ihm aufgetragen worden war. Der Vater verprügelte ihn, dann schlang er einen Strick um die Knöchel des Jungen und ließ ihn die ganze Nacht kopfüber von einem Ast über einem morastigen Untergrund baumeln. Der Alte warnte den Jungen, er dürfe nicht weinen, sonst würden Bären angelockt und ihn auffressen. Auch die Mutter fand, Strafe müsse sein, und der Prediger meinte obendrein, der Teufel habe von dem Jungen Besitz ergriffen und müsse herausgeprügelt werden. Abner lief von zu Hause fort, brachte sich eine Weile mit Diebstählen durch und fand schließlich Aufnahme bei einer alten Frau, die ihn wieder zur Schule schickte. Abner hatte zwar schon einmal gehört, daß es auch friedfertige Männer gebe, die ihre Kinder mit Güte erzogen, aber einen solchen Mann hatte er noch nie kennengelernt.

DER ERFOLGSMENSCH

Nachdem die Väter sich vom Familienleben abgemeldet und in Arbeitsteams eingegliedert hatten, verloren familienbezogene Wertvorstellungen als bestimmende Faktoren des männlichen Selbstgefühls ihre Verbindlichkeit. Arbeitsbezogene Wertvorstellungen übernahmen jetzt diese Funktion. Arbeit war nicht mehr etwas, das getan werden mußte, um die Familie zu versorgen. Arbeit wurde zum Selbstzweck.

Bald galt das Streben nicht mehr dem Unterhalt der geliebten Familie. Wenn sich mit dem verdienten Geld ein behagliches Leben führen ließ, wurde das Arbeitstempo keineswegs vermindert. Es wurde vielmehr noch härter gearbeitet, um den Beifall und die Bewunderung der Arbeitskollegen zu gewinnen. Der Mann arbeitet, weil er arbeitet: Sein Tun entsprach seinem Wesen. »Pater familias«, der Familienvater, gehörte der Vergangenheit an. Er wurde vom »Homo laboriosus«, dem Arbeitsmenschen, abgelöst. Hinsichtlich der Tätigkeiten, die dem Mann am meisten am Herzen lagen und denen er den Löwenanteil seiner Zeit widmete, und in seinem Selbstverständnis wurde er zum Arbeitswesen. Die Familie hatte zu begreifen, daß ihre Ansprüche an seine Zeit bestenfalls an zweiter Stelle kommen konnten. Der Mann war geistig zu Hause ausgezogen. Er hatte sich aufgemacht, die Welt zu erobern.

Einige Männer waren durchaus erfolgreich. Als der Rang eines Vaters sich noch von Gott, der Erbfolge oder aus der Familientradition ableitete, konnte diese Position an den Sohn weitergegeben und vom Sohn ausgefüllt werden. Wenn der Rang jedoch das Resultat der besonderen persönlichen Fähigkeiten des Mannes ist, dann bedeutet das Übertrumpfen anderer Männer zugleich ein Übertrumpfen des eigenen Sohnes. Aus diesem Grund war es für die Söhne erfolgreicher Männer oft sehr schwer, mit den eigenen Leistungen zu bestehen und nicht der Gefahr zu erliegen, stets nur zu konsumieren statt zu produzieren.

Als die Gesellschaft sich einig geworden war, daß die Aufzucht der Kinder Frauensache sei, das Geldverdienen hingegen der einzige Sinn und Zweck eines Männerlebens, hatten die Väter auf einmal keine Zeit mehr für ihre Kinder und Jungen mußten zunehmend ohne Väter aufwachsen. Das wäre an sich nicht so kritisch gewesen, wenn es in der Umgebung des Jungen Onkel und Vettern und Opas und Brüder als Vorbilder zur Ausformung seiner Männlichkeit gegeben hätte. Aber unsere Vorstellungen von geistiger Gesundheit und die Interessen der Bauindustrie sorgten dafür, daß die Familien ihren Mitgliederbestand herunterfuhren bis auf das Elternpaar und die

Kinder. Durch die Reduktion auf diese winzige Kerneinheit wurde die Familie mobil genug, um den Anforderungen einer Industriegesellschaft entsprechen zu können. Der arbeitende Mensch war nicht mehr mit seinem Grund und Boden oder seiner Gemeinde verwurzelt. Nichts schob sich mehr zwischen einen Mann und seine Arbeit. Die Unternehmen verpflichteten ihr Personal zu äußerster Loyalität, indem sie es in die Firmenfamilie einbanden und damit der häuslichen Familie noch mehr entfremdeten. Wer unbedingt Papi spielen wollte, mußte sich auf einschneidende Folgen gefaßt machen, ganz ähnlich den Frauen, die heutzutage Mutterschaft und Beruf unter einen Hut zu bringen versuchen.

Der klassische Film zu diesem Thema ist »Kramer gegen Kramer« von 1979. Die von Meryl Streep gespielte Mutter sitzt zu Hause, versucht, ihren Sohn alleine großzuziehen, und wird immer deprimierter dabei. Der Ehemann – von Dustin Hoffman gespielt – geht ganz in seiner Arbeit auf. Die Mutter nimmt Reißaus, überläßt aber das Kind dem Vater. Der Vater hat keine Ahnung von Haushaltsdingen, und von seinem Sohn weiß er auch nichts – er muß ihn fragen, in welche Schulklasse er geht. Der Chef fordert ihn auf, den Sechsjährigen auf eine militärische Internatsschule zu geben, damit es nicht zu Kollisionen mit dem Beruf des Vaters kommt. Der Film schildert den Kampf des Vaters, den Job in seiner Firma und den Job zu Hause unter einen Hut zu bringen. Der Witz der Sache ist natürlich, daß dieser unmögliche Balanceakt berufstätigen Müttern mit der größten Selbstverständlichkeit abverlangt wird und ihnen das berufliche Vorankommen zusätzlich erschwert. Unser ganzes Wirtschaftssystem ist darauf gegründet, daß Männer nur einen kleinen Teil ihrer Energien auf ihre Kinder verwenden.

In dem Film »Mein Leben als Hund«, einer leisen dänischen Komödie von 1985 mit deutlichen Anklängen an amerikanische Verhältnisse, wohnt der zwölfjährige Ingmar bei seiner todkranken Mutter. Er macht es sich zur Aufgabe, sie aufzuheitern. Als die Mutter in die Klinik und der Junge in ein Kinderheim gebracht werden sollen, bedauert seine kleine Freundin, daß man ihn fortschickt, und fragt, wo denn sein Vater stecke. Ingmar erklärt ihr, daß sein Vater irgendwo am Äquator Schiffe mit Bananen belädt. Sie reagiert ziem-

lich empört und meint entschieden, daß der Platz des Vaters hier bei
ihm und seiner Mutter sei. Aber Ingmar belehrt sie: »Irgend jemand
muß die Schiffe mit Bananen beladen. Das ist eine wichtige Arbeit,
und man muß genau wissen, wie es geht.« Es ist gut möglich, daß die
Kinder dieser Generation so oft erlebt haben, wie sich ein Vater verabschiedet hat, daß sie mit der Vorstellung aufwachsen, das Leben
eines Vaters bestehe nur aus seiner Arbeit und es sei nicht richtig,
wenn seine Familie mehr von ihm erwartet.

Ich erinnere mich an einen Mann, der zu mir kam, weil er Probleme mit seinem Sohn hatte. Er sagte: »Ich weiß nicht, was Betty –
seine Frau – bei der Erziehung dieses Jungen falsch gemacht hat. Ich
weiß aber, daß es nicht an mir liegen kann. Ich hatte mit meiner Arbeit so viel zu tun, daß ich die ganze Erziehung ihr überlassen habe.
Ich hab' den Kleinen doch kaum gesehen, wie soll ich da etwas falsch
gemacht haben!«

HUNGER NACH DEM VATER

Auch nachdem die Männer zum Haus hinausgedrängt und ins Heer
der Werktätigen eingereiht worden waren, gab es noch Kriege, in
denen sie kämpfen und Selbstwertgefühl erringen konnten. Der
Zweite Weltkrieg ließ die Hoffnung aufkeimen, Männlichkeit würde
wieder zu einem respektierten Wert aufsteigen. Da so viele Männer
in den Krieg gezogen waren, merkten die Frauen, daß auch sie all
die Dinge bewältigen konnten, die in der maskulinen Welt der Arbeit bisher nur von Männern getan wurden. Auch Frauen eigneten
sich Bildung an und stellten fest, daß sie ihr Leben vergeudeten. Als
die Männer vom Krieg zurückkamen, gingen sie wieder an ihre Ar-
beitsplätze und erklärten das Heim zum Reich der Frau und den
übrigen Teil der Welt zum Reich des Mannes. Die Frauen gingen auf
die Barrikaden.

Die Männer, das Kino und die Mode versuchten, die Frauen mit
Petticoats und heiliger Jungfernschaft wieder in die Küche zu ver-
bannen, aber jene Frauen, die sich tatsächlich zurückscheuchen
ließen, waren nun enttäuscht von ihrem sinnentleerten Dasein und

träumten vom »erfüllten Leben«: Sie erstrebten sowohl das häusliche Dasein ihrer Mütter als auch das weltzugewandte Dasein der Väter.

Als die sechziger Jahre kamen, waren die Väter schon seit der Großen Depression der zwanziger Jahre im häuslichen Leben nicht mehr besonders in Erscheinung getreten. Sie gingen zur Arbeit und schickten Geld. In der übrigen Zeit feierten sie den Jahrestag des Sieges in Europa und hegten glorreiche Träume vom Abwurf weiterer Atombomben auf sämtliche potentielle Widersacher. Eben diese Väter träumten sich dann einen Krieg in Vietnam zusammen, dem in bewährter patriarchalischer Manier die Söhne geopfert werden sollten. Aber die Grünschnäbel machten nicht mit, drückten sich und wollten vom Gepränge, den Symbolen und den Verantwortlichkeiten der traditionellen Männlichkeit nichts wissen. Auf die Privilegien des Patriarchats wollten sie allerdings nicht verzichten.

Sie taten so, als habe eine Millionen von Jahren während Evolution nicht stattgefunden, und erklärten sich zu besseren Schimpansen, für die die Promiskuität eine natürliche Form des Daseins war. Sie taten sich mit Frauen zusammen, die das Leben ihrer Mütter verabscheuten, und inszenierten eine sexuelle Revolution, die das definitive Ende der menschlichen Familie einläutete, indem man den Bund der Ehe der Ekstase eines wilden, selbstmörderischen Narzißmus opferte. Bald traten auch Therapeuten auf den Plan, die der Welt verkündeten, die Wurzel allen Übels sei die Familie, die deshalb zugunsten der geistigen Gesundheit, des Narzißmus und der sexuellen Freiheit eines jeden einzelnen aufgegeben werden müsse.

Ob die Männer sich nun weigerten, die Verantwortung und Pflichten des Vaters und Ehemanns auf sich zu nehmen, oder ob sie nichts anderes taten als »Anschaffen bis zum Umkippen«, sie wollten sich jedenfalls noch immer von den Frauen bedienen lassen. Es kam daher obendrein zu einem Aufstand der Frauen, die nun ihrerseits aus den Familien davonliefen. Es wird nicht mehr lange dauern, und zu Hause ist überhaupt niemand mehr. Noel Coward hat voll Wehmut gesungen: »Was soll mit den Kindern geschehn, wenn ihnen alle Erwachsnen den Rücken drehn?« Wir werden es erleben.

Für die meisten Jungen und für viele erwachsene Männer ist das Leben eine stets von neuem frustrierende Suche nach dem verlorenen Vater, nach der noch ausstehenden Erfahrung des Beschützt-, Umsorgt- und Umhegtwerdens durch den Vater, eine Suche nach dem Vorbild in ihm, und, vor allem, eine Suche nach seiner Anerkennung. Die harten Burschen, die von der Welt gerne als ganze Männer gesehen werden wollen und die die Gefängnisse füllen; all die Männer, die sich zu Hause nicht wohl fühlen können, die nicht wissen, wie man als Mann mit einer Frau zurechtkommt, die sich entweder als Grobiane oder als kleine Jungen aufführen und die die Scheidungsgerichte auf Trab halten; all die raffgierigen Unternehmer und Regenwaldvernichter und Kriegsgewinnler, die immer noch mehr wollen, weil sie hoffen, daß »mehr« glücklicher macht; schließlich all die an ihrer Männlichkeit krankenden Schürzenjäger, Wettkämpfertypen und Herrschernaturen, die sich in meiner Praxis tummeln – sie leiden allesamt am Hunger nach dem Vater.

Ein Leben lang absolvieren sie Tag für Tag ihre Pubertätsrituale und warten darauf, daß endlich ein Vater kommt und zu ihnen anerkennend »Guter Junge« sagt, daß er sie so behandelt wie jemanden, der gut genug ist und als Mann gelten darf.

Sie versuchen auf ihre Qual aufmerksam zu machen. Sie geraten in Schwierigkeiten, ziehen sich Verletzungen zu, schädigen sich selbst – als ob sie nach einem Vater rufen würden, der kommen und sie an die Hand nehmen soll, der ihnen die Flausen aus dem Kopf treiben oder doch zumindest beibringen soll, wie ein erwachsener Mann mit seinem Schmerz fertig wird.

Sie brechen in den Armen einer Frau zusammen und sind ihr anschließend böse, da sie ihnen das Gefühl gegeben hat, schwach und abhängig zu sein. Sie zwingen die Frauen, sich ihnen so zuzuwenden, daß ihre Männlichkeit dabei bestätigt und gestärkt wird.

Sie messen sich mit den andern Jungs, aber halten sich dabei stets so bedeckt, daß die anderen ihre Scham über ihr verkümmertes Männlichkeitsgefühl und über die ausgebliebene Anerkennung als Sohn nicht wahrnehmen können. Sie wissen somit auch nicht, daß die andern Jungs unter dem gleichen Gefühl zu leiden haben.

Sie wählen sich Mentoren aus und versuchen ihnen zu gefallen oder von ihnen Fürsorge zu erhalten. Wenn ihnen der Mentor oder Chef zuwenig Aufmerksamkeit schenkt oder zuwenig um den Bart streicht, bekommen sie Wutanfälle. Und dann, als die verlorenen kleinen Jungen, die sie immer noch sind, schmollen sie.

In noch nicht einmal 200 Jahren, in manchen Familien in nicht einmal zwei Generationen, sind wir von einer geradezu toxischen Überdosis väterlicher Zuwendung in einen fatalen Mangelzustand abgeglitten.

Für Männer ist es ganz natürlich, den Frauen die Schuld zuzuschieben. Sigmund Freud sinnierte: »Die große Frage, die zu beantworten mir trotz meiner dreißigjährigen Erforschung der weiblichen Seele nicht gelungen ist, lautet: ›Was will das Weib?‹« D. H. Lawrence beklagte sich: »Das ist es eben mit den Frauen – immer suchen sie durch Liebe Selbstbestätigung.« Sam Keen bekennt: »Das Geheimnis, das die Männer selten verraten und oft gar nicht erst in ihr Bewußtsein dringen lassen, ist das Ausmaß, in dem unser Leben sich um DIE FRAU dreht.« Die meisten Burschen, mit denen ich mich im Fitneßstudio unterhalte, geben Frauen die Schuld an der Bredouille der Männer. Aber auch die oberflächlichste Betrachtung von Freuds Leben oder die Lektüre der nur leicht verschleierten Autobiographie von D. H. Lawrence oder des Buches von Sam Keen läßt den Hunger nach dem Vater erkennen. Wir haben nicht etwa »zuviel Mutter«, sondern »zuwenig Vater«. Daß unsere Mütter den Platz unserer Väter eingenommen haben, können wir ihnen so lange nicht vergeben, bis wir begriffen haben, daß der Zweck eines Männerlebens darin liegt, Vater und Mentor zu sein. Dies einzusehen ist uns wiederum deshalb nicht möglich, weil man nicht Vater oder Mentor sein kann, wenn man beides selbst nie gehabt hat. Also geben wir den Frauen die Schuld und nehmen Reißaus vor der Chance unseres Lebens, die darin besteht, als Mann das männliche Selbstverständnis in einer Kette von Männern von Generation zu Generation weiterzugeben.

Der Dichter Robert Bly ist zum Patron und Mentor der Männerbewegung geworden. In seinem autobiographischen Gedicht »Fünfzig Männer sitzen zusammen« beschreibt er den Sohn, der sich vom Alkoholismus des Vaters und der Misere der Mutter abwendet, »den Mut verliert und nach draußen geht, um sich an wilden Dingen zu nähren«.

Bly kommt bei der Betrachtung der »weichen« Männer in seiner

Umgebung, der »sensiblen New-Age-Typen«, zu dem Schluß, daß sie kein Leben spenden können – ihnen fehlt, was er »Wildheit« nennt. Da ihnen die Väter ferngeblieben waren und sie nicht von älteren Männern in die Männlichkeit eingeführt wurden, bleiben sie in ihrer Selbstdefinition von Frauen abhängig.

Bly sagt: »Wenn wir unserem Vater im körperlichen Sinne nahestehen, wird etwas ausgetauscht, das mit Begriffen des Materiellen nicht beschrieben werden kann, etwas, das dem Sohn Vertrauen gibt sowie Empfinden und Wissen vermittelt von dem, was es heißt, ein Mann zu sein.« Wenn das fehlt, nimmt der Sohn die Gefühlswelt und das Männerbild der Frauen in sich auf. Er lernt, daß er sich über sich selbst zu schämen hat, und er lernt auch, Männern zu mißtrauen, die zum Vater taugen könnten.

Bly beschreibt den Vorgang, durch den Männlichkeit errungen wird, als vierstufigen Initiationsprozeß, den der Knabe immer wieder durchläuft, wobei er auf diesem Wege ein immer tieferes Empfinden von sich selbst als Mann entwickelt. Bly nennt folgende vier Stufen: 1. Bildung und Auflösung eines Bundes mit der Mutter, 2. Bildung und Auflösung eines Bundes mit dem Vater, 3. Finden eines Mentors, einer »männlichen Mutter«, der sich »der Seele des Jungen annimmt«, 4. Verlassen »der Sphäre der persönlichen Mutter und des persönlichen Vaters«, um »spirituellen Einklang mit dem Universum« zu erlangen.

Bly hat sich von einem alkoholsüchtigen Vater freikämpfen müssen, der viel zu präsent war in seinem Leben. Vielleicht steht er deshalb dem patriarchalischen Zeitalter näher als die meisten von uns. Die meisten Männer jüngerer Generation sind eher darum bemüht, einem Vater näherzukommen, der außer Reichweite geraten ist, als sich von einem übermächtigen Vater zu lösen. Ich habe einige Freunde und Patienten, denen *nicht* die Tränen kommen, wenn sie einen Film wie »Field of Dreams« (Feld der Träume) sehen, der vom Wiederfinden eines verlorengegangenen Vaters handelt. Wie bei Bly waren ihre Väter Psychotiker oder Alkoholiker, deren unheilvoller Gegenwart zu entkommen unmöglich war.

Nach Blys Formel muß der Knabe, der zum Mann werden will, zuerst die Liebe seiner Mutter erfahren und ihren Segen erhalten, um sie sodann zu verlassen. Er muß die Liebe und den Segen des Vaters bekommen, ihn daraufhin verlassen und alleine hinausgehen in den finsteren Wald, in das Unbewußte, die unerforschte Welt, um dort sein Mannestum zu finden.

Blys Formel kann aber nicht greifen, wenn es keinen Vater mehr gibt, mit dem der Knabe einen Bund eingehen, der ihn als Sohn anerkennen und wieder loslassen kann. Der Knabe kann seinen Vater nicht verlassen, wenn es keinen Vater zum Verlassen gibt, und die Mutter zu verlassen wird dann schwierig, wenn sie einsam zurückbleibt. Vaterlose Jungen sind völlig ihren Mentoren ausgeliefert. Aber sie dürften davor zurückschrecken, sich einem Mentor anzuvertrauen, wenn schon mit dem Vater nichts geklappt hat. Diese Jungen setzen viel eher ihr Kräftemessen mit den anderen Jungs fort oder verlieren sich in der unablässigen Jagd auf Frauen. In einer Welt ohne Väter sind Mentoren unverzichtbar, aber eine Gesellschaft, die für väterliche Haltungen und Eigenschaften nichts übrig hat, bringt auch keine besonders fähigen Mentoren hervor. Wo soll ein Mann einen geeigneten Mentor finden? Bly ruft den vaterlosen Männern zu, sich gegenseitig Mentor zu sein, ein Gedanke, der die Männerbewegung in Gang gebracht hat.

Für keinen Mann ist es leicht, Blys letzte Stufe zum Mannestum zu erklimmen, für die er die Bezeichnung »Erreichen der spirituellen Einheit mit dem Universum« gewählt hat. Eine Möglichkeit, in dieser spirituellen Einheit aufzugehen, sich selbst zu einem Bestandteil der aufeinanderfolgenden Generationen zu machen, zu einem Teil der Vergangenheit und der Zukunft, besteht darin, Kinder großzuziehen. Aber solange ein Mann nicht den Frieden mit seinem eigenen Vater gefunden hat, ist es schwer für ihn, mehr zu sein als nur der Samenspender oder der Beschützer, also ein Vater in jenem spirituellen Sinne. Robert Bly ist eine heroische Gestalt, die als Symbol steht für den Vater, den so wenige von uns hatten. Er kann aber nicht unser aller Vater sein, noch nicht einmal unser aller persönlicher Mentor. Ich stimme mit Bly darin überein, daß die Welt, die durch die Abwesenheit der Väter geprägt ist, nicht etwa zurückhaltendere Mütter oder unterwürfigere Ehefrauen braucht, sondern eine bessere Klasse männlicher Mentoren. Das ist etwas, was wir alle füreinander tun

können. Was bei Bly die »männliche Mutter« heißt, ist nichts anderes
als ein Modell von Männlichkeit, das mehr Gewicht auf Verantwortung und Fürsorglichkeit legt.

MÄNNLICHKEITSMYTHEN NACH DEM
ENDE DES PATRIARCHATS

Das Patriarchat verabschiedet sich allmählich, und mit ihm verschwinden die Mythen über patriarchalische Beziehungen zwischen
gefährlichen und mächtigen Vätern und ihren Söhnen, die entweder
die Flucht ergreifen oder den Alten entmachten müssen. Wenn in
einer Geschichte der Vater als König auftritt, ist sie heute nicht mehr
allein schon deshalb der Stoff, aus dem Mythen gewebt sind. Ist es
denn nötig, einem Vater zu entrinnen, der seinerseits schon davongelaufen ist, der einen vielleicht gar nicht kennt, sich nicht an einen
erinnert oder einfach zu beschäftigt ist?
   Um mythisch zu sein, muß eine Geschichte an etwas Urtümliches
anknüpfen, an etwas, das tief in der Seele der Menschen wurzelt. Sie
muß eine tiefgründige, allgemeine Erkenntnis über das Wesen des
Menschen offenbaren. Eine solche Geschichte muß auf eine den
schlichten Gehalt der Worte übersteigende Weise wahr sein. Mythen
belehren nicht nur, sie schaffen auch Verbundenheit. Die Welt ändert
sich, wir ändern uns mit ihr, und somit müssen auch die Mythen sich
ändern. Es werden unentwegt neue Mythen gewoben. Manche davon
greifen, und wir behalten sie bei. Unsere modernen Mythenhersteller
betreiben ein eifriges Recycling des alten Vater-Sohn-Verhältnisses,
wobei ihr besonderes Interesse den Verknüpfungen zwischen vorpa-
triarchalischen und nachpatriarchalischen Bewußtseinsformen gilt,
den Verbindungen zwischen der alten Furcht vor dem übermächtigen Vater und der neuen Sehnsucht nach dem Vater, der uns liebt,
lehrt und als Sohn anerkennt.
   Schmerz, Kummer und Scham über die fehlgeschlagene Vater-
Sohn-Beziehung scheinen weltweit verbreitet zu sein. Die cineasti-
schen Bombenerfolge der letzten beiden Dekaden – die »Paten«-Trilo-
gie, die »Krieg der Sterne«-Trilogie und die »Indiana Jones«-Trilogie –

hatten jeweils Vater-Sohn-Konflikte zum Hauptthema, die alles in den Schatten stellten, was nebenher noch zwischen Männlein und Weiblein vorgeht.

In »Der Pate« (1972) wird Vito Corleone, gespielt von Robert De Niro, später von Marlon Brando, in Sizilien Zeuge, wie sein Vater von Mafiosi umgebracht wird. Er geht nach Amerika und wird selbst ein überaus erfolgreicher Gangster. Eines liegt ihm jedoch am Herzen: Sein jüngster und liebster Sohn Michael (Darsteller: Al Pacino) soll sauber und ehrlich bleiben. Er soll den untadeligen Ruf der Familie wiederherstellen können. Es kommt jedoch zu einer kritischen Situation, in der Michael, um das Leben des Vaters zu retten, einen Polizisten töten muß. Als von seinen beiden Brüdern der eine getötet wird und der andere sich als inkompetent erweist, wird Michael immer weiter in die Machenschaften der Familie hineingezogen. Er wird der neue Pate, sowohl für das Baby seiner Schwester wie auch für den gesamten Familienclan. Während der Tauffeier ermordet er seinen Schwager.

In Teil II verliert Michael Schritt für Schritt seine Seele und seine Frau. Er wird allmählich zu einem gefährlichen und einsamen Patriarchen, ähnlich seinem Vater. Das Blut gefriert uns in den Adern, als er zu seiner verwitweten Schwester sagt: »Wenn du diesen Mann heiratest, werde ich enttäuscht sein.« Die Drohung ist tödlich. Schließlich sieht sich Michael, um die Familie zu schützen, zum Mord am eigenen Bruder gezwungen.

Wenn »Der Pate, Teil I« Francis Ford Coppolas »Hamlet« war und Teil II sein »Macbeth«, dann ist Teil III sein »König Lear«. Michael möchte sein Königreich loswerden. Er läßt seinen einzigen Sohn seinen eigenen Weg gehen, versucht seine Tochter zu beschützen und wird zum Mentor seines kriegerischen Neffen. Von Schuldgefühlen wegen des Brudermordes gepeinigt, wendet er sich an einen väterlichen Priester und bittet um Absolution. Der Priester wird Papst und fällt einem Attentat zum Opfer. Am Ende wird auch Michaels geliebte Tochter getötet. Es gibt kein Entrinnen. Der Pate welkt dahin und segnet irgendwann selbst das Zeitliche.

Die »Paten«-Trilogie, die erst vor 20 Jahren in die Kinos kam, spielt in einer Familie, die auf anachronistische Weise patriarchalisch

ist. Die der Trilogie zugrundeliegende Mythologie enthält die Warnung, daß die Sünden der Väter für Generationen auf das Haupt der
Söhne herabkommen. Sie warnt aber auch davor, in die Fußstapfen
der Väter zu treten. Die Familie ist streng auf den allmächtigen Vater
ausgerichtet, der die Macht hat, über Leben und Tod zu entscheiden.
Der Alte gewährt Annehmlichkeiten und emotionalen Rückhalt –
aber man darf nicht dem Bannkreis der Familie zu entkommen versuchen. Der Familie verdankt und schuldet man das Leben.

Das war der passende Mythos für die Gesellschaft der frühen siebziger Jahre, welche der Autorität zutiefst mißtraute und vor Familie
und Patriarchat eiligst die Flucht ergriff. Die Familie als Machtinstrument wurde gefürchtet, während man zugleich der Familie als
Zufluchtsort hinterherweinte. Der »Pate« lieferte die Parole der
Männlichkeit für die Ära nach dem Vietnamkrieg: »Wer tötet, um den
Vater zu retten, wird unweigerlich genauso ein Mörder wie er. Du
und deine Liebe werden zugrunde gehen: Also lauf, lauf fort, laß dich
nicht zum Sohne salben, verweigere das Mannsein!«

Die »Krieg der Sterne«-Trilogie von George Lucas kam fünf Jahre
später, 1977, in die Kinos. Der Film bewegte sich auf dem Gefühlsni-
veau eines Comic Strip, hatte den Stil eines futuristischen Eisenwa-
renladens und das Tempo und den Geist ewiger Jungenhaftigkeit.
Während »Der Pate« einen patriarchalischen Alptraum erzählte über
das, was geschieht, wenn man als Mann so wird wie der Vater, war
»Der Krieg der Sterne« ein präpubertäres Märchen über die Schwierigkeiten, ein Mann zu werden, wenn man keinen Vater hat. Luke
Skywalker ist ein idealistischer junger Weltraumjockey, der seinen
verschwundenen Vater betrauert, einen Helden, der durch das böse
Imperium des Darth Vader getötet wurde.

Um ein Jediritter werden zu können, muß Luke zuerst so viel Diszi-
plin und Selbstlosigkeit aufbringen, daß er würdig wird zur Teilhabe an
der »Macht«, an jenem spirituellen Kraftfeld, das es ihm ermöglichen
wird, ein seinen Aufgaben gewachsener Kämpfer zu werden. Die
Macht, an der offensichtlich nur Männer partizipieren können, ist das
Energiefeld, das das Universum zusammenhält und das sogar der
Technologie die Richtung zum Guten oder zum Bösen weisen kann.
Die »Macht« ist nichts anderes als die Männlichkeit.

Die »Krieg der Sterne«-Filme zeigen in technischer Hinsicht atemberaubende Episoden aus Lukes intergalaktischen Mannbarkeitsritualen, die immer wieder aufgelockert werden durch die komischen Einlagen der Prinzessin Leia, eines Wildfangs, mit dem sich Luke andauernd in die Haare gerät, und durch das Auftreten des sehr praktisch gesonnenen Söldners Han Solo. Diesem liegen weniger idealistische Opfergänge als vor allem das eigene Wohlergehen am Herzen, aber er läutert sich dennoch am Ende zum rettenden Helden. Der Kern der Geschichte besteht jedoch aus der Unterweisung Lukes durch einen Mentor und Ratgeber, den verehrungswürdigen Obi Wan-Kenobi. Im Vertrauen auf ihn zieht Luke in den Kampf gegen die bösen Mächte des Darth Vader.

Am Ende des dritten Films, nachdem sich Luke wiederholt als Held bewährt und die »Macht« erworben hat, ruft ihm die Stimme von Obi Wan-Kenobi zu: »Schalte den Computer ab, schalte die Maschine ab und steuere selbst, folg deinem Gefühl, vertrau deinem Gefühl!« Luke spürt, wie die »Macht« aus ihm selbst kommend ihn erfüllt. Er überwältigt und demaskiert den Darth Vader und muß entdecken, daß es der vor langer Zeit verlorene Vater ist, der, gleich dem Universum überhaupt, Gut und Böse in sich vereinigt. Luke kann jetzt sogar zu Prinzessin Leia freundlich sein, die sich als seine Schwester entpuppt. Nachdem er weiß, daß er ein Mann ist, braucht er vor Frauen keine Angst mehr zu haben, aber dennoch wirkt er müde und beunruhigt und einsam angesichts all der Anforderungen, die das Mannsein mit sich bringt.

Wie »Hamlet« oder »Der Pate« (Teil I) oder »Eisenhans« birgt der »Krieg der Sterne« einen uralten Mythos. In all diesen Erzählungen muß der Junge einen Vater überwältigen, ihn ersetzen oder rächen, um seine eigene Männlichkeit zu beweisen und die Stelle des Vaters einnehmen zu können. Aber am Ende der siebziger und zu Beginn der achtziger Jahre bestand der schwierigste Teil der Aufgabe darin, den Vater zu finden, der von zu Hause weggelaufen war und sich heute noch immer vor seiner Familie versteckt hält.

»Indiana Jones« heißt der Held dreier Filme von Steven Spielberg, die in den achtziger Jahren entstanden. Unser Held, gespielt von Harrison Ford, ist ein drolliger und verwegener Anthropologe, der um

die Welt reist und allerlei Gefahren trotzt, wobei er unentwegt über
Abgründen hängend sein Leben riskiert. Wir erleben atemberaubende Kunststücke, die abzuliefern unserem Helden stets sehr lästig
ist. Die Handlung ergibt nicht viel Sinn, sie ist lediglich der Anlaß zur
Inszenierung von Nervenkitzel. Man kommt sich im Kinosessel eher
vor wie auf einer Achterbahn, aber die Hauptfigur ist ein faszinie-
render Charakter, der nur wenig von sich und seinem Mannestum beeindruckt ist, während er beiläufig diese erstaunlichen Muskelübun-
gen absolviert.

Das Geheimnis seines Charakters wird im dritten Film gelüftet, als
der Vater auftritt. Der Vater wird von einem Schauspieler verkörpert,
der noch mehr herbe Männlichkeit verströmt als Indiana Jones
selbst, von Sean Connery, dem originalen und echten James Bond.
Jones Senior ist ein pedantischer Bibelgelehrter, der sein Leben der
Suche nach dem Heiligen Gral gewidmet hat. Er ist der einzige
Mensch weit und breit, der sich von seinem Junior nicht beeindrucken läßt. Er nennt ihn selbst dann noch Junior, als er ungeduldig darauf wartet, von ihm gerettet zu werden. Für den Vater sind die
Talente des Sohnes ganz normal, und er findet auch nichts dabei, ihm
wegen einer Blasphemie ein paar hinter die Löffel zu geben. Das Verlangen des Sohnes nach väterlicher Anerkennung stößt bei ihm auf
völlig taube Ohren. Als herauskommt, daß sie beide mit der Heldin
geschlafen haben, droht der Sohn, und nicht der Vater, aus den Lat-
schen zu kippen. Ähnlich unbeeindruckt zeigt sich der Alte von den
Versuchen des Sohnes, ihm Schuldgefühle wegen der ungenügenden
Ausübung seiner Vaterpflichten einzureden. Junior: »Wir haben nie
miteinander geredet.« Senior darauf: »Als du anfingst, interessant zu
werden, warst du schon so gut wie weg.«

Darin liegt offenbar die mythische Botschaft, daß prinzipiell kein
Mann je genügend Männlichkeit erlangen wird, um die Akklamation
seines Vaters zu finden. Das aber verdammt die Männer dazu, ein
Leben lang eben dieses aufs Spiel zu setzen, um ihre Mannhaftigkeit
zu beweisen.

Diese mythischen Vater-Sohn-Beziehungen zogen in den siebziger und achtziger Jahren gewaltige Zuschauermassen in die Kinos.
Die Männer hatten Angst davor, wie ihre Väter zu werden, aber

gleichzeitig versuchten sie verzweifelt, eine Verbindung zu ihnen herzustellen, obgleich sie die Väter niemals in einer solchen Weise zufriedenstellen konnten, daß sie sich als Sohn anerkannt fühlen durften.

EIN FELD ZUM TRÄUMEN

Der Film, der für die Männerbewegung richtungweisend wurde, war »Feld der Träume« aus dem Jahre 1989. Viele Frauen hielten den Film für eine dümmliche Geschichte über Baseball. Baseball mit seinem klaren und feinen Regelwerk und den vielen, das Spiel entscheidenden Statistiken, mit Spielern, die eher wie Durchschnittstypen wirken und nicht wie körperlich überdimensionierte, verschrobene Kerle, ist für Männer eine Metapher ihres Lebens.

In dieser Phantasiegeschichte erzählt uns Kevin Costner als Farmer aus Iowa sein Leben: wie seine Mutter starb, als er erst zwei Jahre alt war, und der Vater seine Ambitionen, Profibaseballspieler zu werden, an den Nagel hängen mußte, weil er sich der Erziehung des Sohnes zu widmen hatte. Der Junge wurde älter und hatte keine Zeit, für den Alten den Ballfänger zu spielen, weil er mit 17 Jahren von zu Hause fortging, um gegen den Vietnamkrieg und all die Dinge zu protestieren, für die der Vater stand. Kurz darauf starb der Vater. Der Sohn ist jetzt ein erwachsener Mann. Er hat eine Frau, eine Tochter und eine Farm in Iowa, aber er wird das Gefühl nicht los, daß etwas in seinem Leben fehlt.

Costner hört eine Stimme, die aus dem Maisfeld zu ihm spricht: »Bau es, und er wird kommen!« Er versteht diese Botschaft so, daß Shoeless Joe Jackson, das längst verstorbene und noch länger in Ungnade gefallene Baseballidol seines Vaters, erscheinen wird, um mit ihm Baseball zu spielen, wenn er an der Stelle, wo sich das Maisfeld befindet, ein beleuchtetes Baseballspielfeld anlegt. Und er baut das Spielfeld. Anschließend fordert ihn die Stimme auf, er solle »die Sache durchziehen«. Costner fährt nach New York und findet sein eigenes Baseballidol J. D. Salinger. Wieder kommt die Stimme und drängt ihn, »die Schmerzen zu lindern«. Costner und Salinger stoßen auf den alten Landarzt Burt Lancaster, den sie ins jugendliche Alter zurückversetzen und mit nach Iowa nehmen, wo sie ihm zusehen, wie er mit Shoeless Joe Baseball spielt. Shoeless Joe und J. D. Salinger, die Idole des Vaters und des Sohnes, werden dicke Freunde und verschwinden im Maisfeld. Man spürt, daß etwas heil geworden ist.

Dann erscheint Costners Vater in seinem Baseballtrikot, und Vater und Sohn beginnen ernst und gelassen mit dem längst überfälligen Baseballspiel. Vater und Sohn sprechen kaum, sie fragen sich nur verwundert, ob Iowa etwa der Himmel sei, »wo Träume wahr werden«. Sie werfen sich völlig konzentriert den Ball zu, und mehr braucht es auch nicht, denn dies ist eines der unerläßlichen Anerkennungsrituale. Wenn Väter, die sich vor dem Vatersein fürchten und Reißaus nehmen, nur sehen könnten, wie wenig von ihnen verlangt wird. Meistens genügt es vollauf, wenn der Vater nur einfach da ist.

»Feld der Träume« hatte eine erstaunliche Wirkung. Erwachsene Männer vergossen Ströme von Tränen. Manche waren am Schluß des Films nicht mehr fähig, das Kino zu verlassen. Das Thema in diesem oder anderen, ähnlich gelagerten Filmen, welches die Tränen erwachsener Männer so reichlich fließen läßt, ist zweifellos die lebenslange Trauer über einen Vater, dem nahezukommen ihnen nicht gelungen ist.

Einer der ganz zentralen Mythen unseres Daseins handelt vom Sohn, der nicht das Gefallen des Vaters erlangen konnte, daraufhin gewalttätig wird und den vom Vater begünstigten Bruder tötet – er ist uns vertraut als die Geschichte von Kain und Abel. In seinem Roman »Jenseits von Eden« gibt John Steinbeck der Sache eine glücklichere Wendung. In dem nach seinem Roman gedrehten Film von 1955 spielte Raymond Massey als Adam den Patriarchen, der seine ehrlose Frau verstoßen hat und einen guten und einen mißratenen Sohn großzog. Cal, der mißratene Sohn, dargestellt von James Dean, bekommt nie die Anerkennung seines Vaters zu spüren. Er bringt ihm Geld, das die Farm der Familie retten könnte, aber der Vater weist es zurück. Cal verprügelt seinen braven Bruder, macht ihn betrunken und sorgt dafür, daß er sich zum Kriegsdienst meldet. Adam bekommt einen Gehirnschlag und ringt mit dem Tode. Cal

möchte sich entschuldigen, aber der sture Vater würdigt ihn keiner
Antwort.

Da schaltet sich Cals Freundin Abra (Darstellerin: Julie Harris)
ein. Sie geht zu dem gelähmten alten Mann ans Krankenbett und sagt
sanft zu ihm: »Es ist furchtbar, wenn man nicht geliebt wird. Es ist
das Schlimmste, was einem auf dieser Welt passieren kann. Fragen
Sie mich nicht, woher ich das weiß, ich weiß es eben. Es macht einen
böse und gewalttätig und gemein, und genau so hat sich Cal sein
Leben lang gefühlt. Ich weiß, daß das nicht Ihre Absicht war, aber das
ist die Wahrheit. Sie haben ihm nie Ihre Liebe gegeben, und Sie
haben ihn nie um die seine gebeten. Nie haben Sie ihn um irgend
etwas gebeten... Sie müssen ihm mit einem Zeichen zu verstehen
geben, daß Sie ihn lieben, sonst wird er nie ein Mann sein. Er wird
sich immer nur schuldig und einsam fühlen, bis Sie ihn davon erlösen. Bitte helfen Sie ihm. Ich liebe Cal, Mr. Trask, und ich möchte,
daß er heil und stark ist, und Sie sind der einzige, der ihm dazu ver-
helfen kann. Versuchen Sie es, bitte versuchen Sie es. Wenn Sie ihn
doch nur um etwas bitten würden oder sich von ihm helfen lassen
würden, damit er begreift, daß Sie ihn lieben, oder ihn etwas für Sie
tun lassen würden...«

Der Vater flüstert seinem Jungen ins Ohr, er solle die Krankenschwester hinauswerfen und bei ihm bleiben, um ihn zu versorgen.
Cal richtet sich auf: Er fühlt sich nun wie ein Mann, der den väterlichen Segen erhalten hat. Er küßt Abra, die den Bann gebrochen und
dieses entscheidende Ritual ermöglicht hat. In der Schlußsequenz des
Films nimmt er seinen Stuhl und stellt ihn neben das Bett des Vaters.

ETAPPEN AUF DEM WEG ZUM MANN

Was zwischen Vater und Sohn vorgeht und was nicht zwischen ihnen
vorgeht, davon hängt ganz wesentlich ab, ob aus einem Jungen ein
Mann wird, der die Fähigkeit besitzt, Leben zu spenden, oder ob er in
seinem Dasein als Erwachsener aus lauter Scham jeglichen vertrauten Umgang mit Männern, Frauen und Kindern meiden wird.

Es ist jedoch nicht allein damit getan, daß ein Junge die väter-

liche Liebe gewinnt, den väterlichen Segen erhält und von seinem
Vater zum Mann erklärt wird. Auch der Mutter gilt es gerecht zu werden. Der Junge muß sich für die Opfer, die sie für ihn gebracht hat,
erkenntlich zeigen und sich mit Anstand und ohne viel Aufhebens
aus der Symbiose mit der Mutter lösen.

Aber auch das ist noch nicht genug. Er muß zum Mann unter
Männern werden. Er muß zu seinen Kameraden ein tragfähiges brü-
derliches Verhältnis aufbauen, um Aufnahme in die Brigade der
Männer zu finden.

Und schließlich braucht er inspirierende Mentoren und Heldenmythen, die ihm den Weg weisen, wie er sich wiederum vom Vorbild
des Vaters und der Weggefährten und von ihren Lehren emanzipie-
ren kann. Dann wird er in der Lage sein, einen ihm gemäßen männlichen Heroismus zu entwickeln.

All diese Beziehungen müssen funktionieren, damit aus einem
Jungen ein Mann wird, der friedlich und kooperativ in einer Gemeinschaft zu leben und seiner Familie etwas zurückzugeben vermag.
Wenn das Verhältnis von Vater und Sohn gestört ist, sind alle weiteren Entwicklungsstufen vorbelastet. Wenn der Vater die Mutter hat
sitzenlassen, kann es für den Sohn unmöglich werden, ihr zunächst
zu genügen und sie später zu verlassen. Der Junge ohne väterlichen
Segen wird wahrscheinlich gegenüber den anderen Jungen Scham
oder Mißtrauen empfinden und entweder ihre Kameradschaft meiden
oder in allzu heftigen Wettbewerb mit ihnen geraten. Wenn der Hunger nach dem Vater zu stark in ihm bohrt, wird er dazu neigen, bei der
Wahl seiner Idole zu hoch zu greifen und sie mit ihren Ansprüchen
viel zu wörtlich zu nehmen.

Ohne Vater wird er vielleicht nie zum Mann.

7 MUTTERLIEBE

»Die männliche Herrschaft über die Welt hat ihre emotionalen Wurzeln in der weiblichen Herrschaft über die frühe Kindheit.«
Dorothy Dinnerstein

Die Welt wurde ebenso wie die Familie und das kollektive Unbewußte
über lange Zeit von der Muttergottheit beherrscht, die das Leben
schenkt und mit ihrem Körper seinen Fortbestand sichert. Die Männer gingen währenddessen hinaus und machten sich selbst dadurch
zu Männern, daß sie fremdes Leben nahmen und ihr eigenes hinga-
ben. In ihrem Buch »The Creation of Patriarchy« (Die Entstehung des
Patriarchats) schreibt Gerda Lerner: »Die metaphysische Macht der
Frauen, insbesondere ihre Macht, Leben zu schenken, wurde von
Männern und Frauen in der Gestalt von mächtigen Göttinnen ver-
ehrt, und das noch lange, nachdem die Frau dem Mann in den meisten Aspekten ihres irdischen Daseins dienstbar geworden war.«
   Mit der Erfindung des Krieges, der den Männern ermöglichte, das,
was sie selbst nicht produzieren konnten, zu rauben, wurde das Ma-
triarchat und die Große Göttin vom Patriarchat und dem jüdisch-
christlich-moslemischen Gott des Krieges abgelöst. Während die
Männer die Macht über die Welt gewannen, gewannen die Frauen jedoch die Macht über das Heim. Margaret Mead erklärt in ihrem Buch
»Male and Female« (Männlich und Weiblich), daß die Frau als Ausgleich für ihre zum Erhalt der Menschengattung viel wichtigere Rolle
– die der Gebärerin – dem Mann die Hauptverantwortung für den
Gang der Geschichte überließ. Das war gewiß schon wichtig genug.
Aber zudem wurde die Frau unterwegs irgendwann auch noch zur
Erzieherin der Kinder.

Im Leben eines Kindes bleibt der Vater zumeist eine zwar verehrte, aber dennoch schattenhafte Figur. Die Mutter dagegen ist die Quelle alles Guten und Erfreulichen, die Quelle des Lebens, des Wohlbefindens und der Sicherheit.

Rudyard Kipling erwies dieser heilbringenden Kraft der Mütter seine Reverenz:

»Wäre an Leib und Seel' ich verloren,
das Heil käm' von der, die mich geboren,
Meine Mutter, o Du, meine Mutter.«

Oder denken wir an Eleanor Roosevelt, die Große Mutter in den Jahren der Großen Depression und des Zweiten Weltkrieges, die überall da anzutreffen war, wo die Geschlagenen Tröstung brauchten, und sei es in einer Kohlezeche in West Virginia. Die Große Mutter hat die Macht, mit ihrem Kuß alles wieder heil zu machen.

George, einer meiner Freunde, wog gute 105 Kilo und war Fullbackverteidiger bei den Cleveland Browns. Seine Mutter, eine tschechische Einwanderin, brachte zwar gerade mal 50 Kilo auf die Waage, aber sie war fest davon überzeugt, auf ihren kleinen Jungen aufpassen zu müssen. In einem Spiel wollte er einen Abschlagball parieren, wurde dabei am Kopf getroffen und ging zu Boden. Als er wieder zu sich kam, blickte er in das Antlitz seiner kleinen Mutter, die sich an der Fünfzig-Yard-Linie über ihn beugte. Sie sagte flehend auf tschechisch: »Buddy, geht es meinem Baby gut?« George war schlagartig hellwach und erwiderte bestürzt: »Mutter, du *darfst* dich nicht auf dem Spielfeld aufhalten!« Die Mutter gab listig zurück: »Ich *bin* aber hier.« Mütter werden immer zur Stelle sein, wenn ihre Kinder in Not sind.

In Geschichten über Familien, die sich durch harte Zeiten zu kämpfen haben, ist die Große Mutter die lebensspendende, lebenserhaltende, alle anderen versorgende Heldin. Sie zeigt sich auch den schlimmsten Situationen gewachsen und bietet ihrer bedrängten Familie Heil und Trost.

In John Steinbecks Roman »Die Früchte des Zorns« verläßt eine Farmerfamilie in der Depressionszeit ihr ausgetrocknetes, staubiges

Stückchen Land in Oklahoma und sucht ihr Glück in Kalifornien, wo
sie aber auf lauter Ablehnung stößt und eine Katastrophe nach der
anderen erlebt. Die anderen Familienmitglieder werden immer ver-
zagter, während die Ma Joad, die Matriarchin, an den Widerständen
wächst. In dem Film von 1940 erklärt sie ihrem Mann, während sie
mit ihrem schrottreifen Lastwagen auf Arbeitssuche gehen, was es
bedeutet, die Große Mutter zu sein:

»Pa Joad: Ma, du bist diejenige, die uns weitermachen läßt. Ich
tauge nicht mehr viel. Mir scheint, ich denke in letzter Zeit nur noch
daran, wie es früher war, an zu Hause. Ich werde es wohl nie wiedersehen.
Ma Joad: Weißt du, Pa, eine Frau kann sich besser umstellen als
ein Mann. Männer erleben ihr Leben in einer Art – wie soll ich
sagen – in einer Art Zickzack. Ein Baby wird geboren, und das ist
ein scharfer Knick, er kriegt eine Farm und verliert sie, und das ist
wieder ein Knick. Für eine Frau ist das alles ein einziges Dahin-
strömen wie ein Fluß – es gibt Strudel und Wasserfälle, aber der
Fluß strömt immer weiter. Eine Frau erlebt das auf diese Art.
Pa Joad: Mag sein, aber wir haben ganz schön Prügel bezogen.
Ma Joad (lachend): Das ist es ja gerade, was uns so hart macht.«

Diese Große Mutter ist beglückt über die Gelegenheit, ihr Stehvermögen an der Realität erproben zu können und dabei zu überleben. All ihre Stärke und ihre Kraft fließen in das Kind.
In »The Mermaid and the Minotaur« (Die Nixe und der Minotau-
rus) schreibt Dorothy Dinnerstein, daß die Große Mutter jedoch auch
»den übermächtigen Willen von außen [darstellt], angesichts dessen
das Kind sich zum erstenmal mit der Notwendigkeit konfrontiert
sieht, sich zu unterwerfen, die erste Person ist, der das Kind bei
Androhung von Strafe seinen eigenen Willen unterzuordnen hat, das
erste mächtige und gleichzeitig geliebte Wesen, dem das Kind von
sich aus zu gefallen sucht.«

DIE GÖTTIN

Die Welt mag so patriarchalisch sein, wie sie will, ein Kind weiß, daß zu Hause alle Macht von der Mutter ausgeht. Für das Kind regiert die Hand, die die Wiege schaukelt, auch die Welt. Wenn die Mutter auf das Kind herablächelt, fühlt sich das Kind gesegnet und beschützt. Sein Leben liegt in der Hand der Frau, die es zu fürchten und zu beschwichtigen gilt, die man dazu verführen muß, von ihr versorgt und am Leben gelassen zu werden. Der Sohn vergißt niemals, daß er das Leben seiner Mutter verdankt, die ihn nicht nur geboren, sondern auch am Leben erhalten hat. Er steht bei ihr in einer Schuld, die er niemals abtragen, die sie aber jederzeit einfordern kann.

Die Große Muttergottheit existiert in mindestens drei mythischen Gestalten: in der Schöpferin des Lebens oder der Jungfrau, in der Erhalterin des Lebens oder der Mutter sowie in der Zerstörerin des Lebens, dem alten Weib oder der Hexe. Alle diese Manifestationen des Weiblichen haben Macht über uns. Die heiratsfähige Jungfrau weckt unsere Sexualität, lenkt sie auf sich selbst und macht uns vom Knaben zum Mann. Sie kann ihrem Körper Leben entspringen lassen. Die Mutter, sei sie nun unsere Ehefrau, unsere leibliche Mutter, unsere Sekretärin, unsere Ärztin, unsere Krankenschwester oder unsere Therapeutin, kümmert sich um uns, gibt uns zu essen und zu trinken und wacht darüber, daß wir uns richtig verhalten. Die alles opfernde Mutter nährt und bewundert uns nicht nur, sie steuert auch unsere moralische Entwicklung, indem sie uns für all die Opfer, die sie für uns gebracht hat, mit Schuldgefühlen bezahlen läßt. Das alte Weib oder die Hexe – es kann die Mutter sein, nachdem wir versucht haben, die Trennung vom Elternhaus durchzuführen, oder die Jungfrau, nachdem wir einige Jahrzehnte mit ihr verheiratet waren – ist aber ebenso die »Weise Frau«. Sie kennt uns und die Welt gut genug, um uns die Weisheit zu vermitteln, die wir benötigen. Ihr Wissen über uns kann uns aber auch zu ihrem Sklaven machen, wenn wir von ihr Auskunft darüber erwarten, wie wir leben sollen, und dabei unser Leben als Zahlungsmittel anbieten.

Das Christentum warf die Jungfrau und die Mutter zusammen. Aus dem Gemisch wurde einerseits Eva, zwar die Mutter der Menschheit, aber gleichwohl geringer als der Mann, und andererseits Maria, zwar die Muttergottes, aber gleichwohl geringer als Gott. Das patriarchalische Bestreben, die Große Mutter ins zweite Glied zu drängen, hat aber nichts gefruchtet. Die Menschen beten immer noch zu Maria. Und wenn es heißt, auf einer Mehlkiste oder auf einer Anschlagtafel sei das Bild der Heiligen Jungfrau erschienen, dann kommen die Menschen von weither gelaufen, um niederzuknien und sich heilen zu lassen.

Mutter Eva hat in unsere Mythologie Einzug gehalten als Verführerin und Betrügerin, als die Verursacherin von Schmerz, Tod und Sterblichkeit, während die Jungfrau und Mutter Maria in unserer Mythologie auf den Ehrenplatz der Lebensspenderin gestellt worden ist. Sie gilt als Symbol der moralischen Reinheit, als Quelle des Heils und als Wegweiserin zu einem Pfad, auf dem gewissermaßen der Tod besiegt werden kann. Das alte Weib lebt fort als die Hexe, die zu viele Geheimnisse kennt, zuviel Macht über die Männer ausübt und uns in die Urgründe des Irdischen und der Natur hinabzieht.

In Medea, dem klassischen Urbild der unheilbringenden Mutter, vereinen sich die drei Erscheinungsformen der Jungfrau, Mutter und Hexe. Medea war die Verführerin, die durch ihre Zauberkraft Jason half, das Goldene Vlies zu gewinnen. Um Jason, der gelobt hatte, sie zu heiraten, das Entkommen zu ermöglichen, mußte sie den Vater täuschen und den Bruder ermorden. Das Gelöbnis war jedoch nur bindend, wenn Medea Jungfrau war. Jason schlief aber noch vor der Hochzeit mit ihr und erklärte sein Versprechen als hinfällig. Medea und Jason hatten trotzdem zwei Kinder. Als Jason Medea verließ, um eine andere zu heiraten, sandte sie der Braut ein giftiges Nesselgewand, in dem die Nebenbuhlerin bei lebendigem Leibe verbrannte. Als Jason dennoch nicht zu ihr zurückkehren wollte, tötete Medea die beiden Kinder und schickte ihm die Leichen. Medea ist der zu unserer Zeit passende griechische Mythos. Wir opfern routinemäßig unsere Kinder, wenn Väter vor der Macht der Mütter davonlaufen, um sich mit Frauen einzulassen, denen sie weniger verpflichtet sind.

Je größer die Macht der Frau ist, desto größere Furcht flößen uns diese Archetypen ein. Dinnerstein schreibt: »Der entscheidende psychologische Tatbestand ist der, daß wir alle, Männer wie Frauen, den

Willen der Frauen fürchten. Die männliche Herrschaft über das, was als die Welt gilt, ruht auf einem Angstgefühl, das wir alle kennen. Es ist die Angst, *völlig* in die Hilflosigkeit des Kleinkindes zurückzusinken. Das *teilweise* Zurücksinken andererseits ist köstlich; es ist das Prinzip des Spielerischen, das allein das Erwachsenendasein des Menschen erträglich macht.«

DER STURZ DES MATRIARCHATS

»Deshalb bedeutet der Übergang vom Säuglingsalter ins gesellschaftsfähige Alter für jeden Menschen den Sturz des Matriarchats.«
Camille Paglia, »Die Masken der Sexualität«

Die mütterliche Macht ist Lebensquell und Todesdrohung zugleich. Sowohl die Abwesenheit wie auch die Gegenwart der Mutter sind bedrohlich. Meine schrecklichsten Kindheitserinnerungen sind zwei Szenen aus Zeichentrickfilmen. In »Bambi« aus dem Jahre 1942 – ich war sieben – wurde die Mutter des jungen Rehleins von Jägern erschossen, und Bambi war nun allein im dunklen Wald, ohne eine Mutter, die auf es aufpaßte. In »Schneewittchen und die sieben Zwerge« (der Film ist von 1937 – ich habe ihn zweifellos später gesehen, war aber jedenfalls noch klein genug, um mich unter meinem Kinosessel verkriechen zu können) hatte die böse Stiefmutter und Königin, die Große Mutter im Hexengewand, die Welt in einen Ort des Bösen verhext und jagte Schneewittchen durch den Wald, um sie zu töten. Die Mutter war lebensnotwendig, aber sie hatte auch die Macht zu töten, wenn wir ihr davonlaufen wollten.

MÜTTERLICHE SCHULD

Der im Leben von Knaben und Männern einflußreichste Aspekt der Großen Mutter ist ihr Auftreten als unser Gewissen, als Kontrollinstanz in bezug auf unseren Charakter oder auch als Schuldgefühl.
Moralisch überlegene Frauen versuchten uns einen »hochherzi-

gen Stil häuslicher Zucht« zu lehren, dessen Zweck darin bestand, ungeschlachten Männern weibliche Tugenden überzustülpen. Kritiker dieses moralischen »Muttitums« machten geltend, daß die Frauen dabei »die Ehemänner dominieren, die Söhne entmännlichen, die Schuljungen effeminieren und untauglich machen« für den harten Existenzkampf der Männer. In seinem Buch »On the Man Question« (Über die Männerfrage) schrieb Mark Kann: »Die ideale Mutter brachte ihren Söhnen bei, unbotmäßige Leidenschaften unter Kontrolle zu halten, der Liederlichkeit zu entsagen, die traditionellen männlichen Pflichten auf sich zu nehmen und ›das Heim und die Gesellschaft züchtiger Frauen den Versuchungen des Junggesellenlebens vor[zu]ziehen‹.« Wenn also der Nimbus der Männlichkeit Jünglinge und Männer in die Welt hinaustreibt, um sich dort gegenseitig mit männlichen Kehllauten anzuknurren, dann sind mit anderen Worten nur von Müttern erzeugte Schuldgefühle imstande, als Gegenkraft in der männlichen Seele zu wirken. So unbequem Schuldgefühle oft auch sind, für unsere moralische Entwicklung sind sie unerläßlich.

Meine Mutter vergötterte mich, und ich betete sie an. Sie war geistreich, von sprühendem Witz und schön. Sie war lustig, sie war inspirierend, sie gab mir das Gefühl, geliebt zu werden. Aber sie wollte nicht zulassen, daß ich erwachsen wurde und von ihr fortging. Und ich fühlte mich ihr gegenüber auf besondere Weise verpflichtet – nicht nur deshalb, weil sie, um mich zu bekommen, neun Monate lang bettlägerig war, sondern auch, weil sie mir für ihren »Unfall« in einer schwer nachvollziehbaren Weise die Schuld gab.

Als ich mit siebzehn nach meinem ersten Jahr auf dem College nach Hause kam, tat ich mich mit meiner Schwester zusammen; wir fühlten uns nunmehr stark genug, unserem Vater klarzumachen, daß er sich Mutter endlich einmal stellen müsse. Zum ersten Mal in seinem Leben sagte er »Nein« zu ihr. Er verweigerte ihr eines Vormittags ihren Drink. Sie geriet derart aus der Fassung, daß sie vom Balkon sprang und den Rest ihres Lebens als Krüppel verbrachte. Sie machte stets ihre undankbaren Kinder für ihre Behinderung verantwortlich. Sie erwartete, daß wir ihr zu Ehren mit glänzenden Erfolgen aufwarteten, andererseits sollten wir auf ewig ihren Rollstuhl schieben. Sie wollte mir beibringen, daß ein Mann niemals einer Frau etwas, das sie braucht, vorenthalten dürfe. Ich versuchte allen an mich gestellten Erwartungen gerecht zu werden und fühlte mich dabei stark und gleichzeitig hilflos. Erst als meine beiden Kinder fast erwachsen waren, begriff und respektierte ich, daß meine Kräfte und meine Verantwortung ihre Grenzen hatten.

Ich mußte fast 40 Jahre alt werden, bis ich mich vor meiner Mutter zu schützen gelernt hatte. All die Jahre hatte ich ihre alkoholisierten Anrufe über mich ergehen lassen, aber eines Tages installierte ich einen »Atemdetektor« an meinem Telefon. Dazu erklärte ich meiner Mutter: »Das Telefon unterbricht automatisch, wenn es feststellt, daß jemand Alkohol getrunken hat. Ich habe darauf keinen Einfluß. Wenn also die Verbindung unterbrochen wird, rufst du besser erst am nächsten Vormittag wieder an.« Was war ich doch für eine Niete! Ich schmiß beim psychologischen Dienst der Stadt den Laden und entwarf einen psychologischen Gesundheitsdienst für die ganze Nation, aber im Umgang mit meiner Mutter gelang es mir nicht, mit offenen Karten zu spielen. Ich weiß nicht, ob es daran lag, daß sie mich oder ich sie zu sehr liebte.

ARME MÜTTER

»Der Mutter Lebensanker ist der Sohn.«
Sophokles, »Phädra«

Eines der Vermächtnisse des Patriarchats ist das Schuldgefühl der Söhne angesichts der Entwürdigungen, die den Müttern von den Vätern angetan wurden. Vor einigen Jahren kam die Anthropologin Mary Catherine Bateson, die Tochter von Margaret Mead und Gregory Bateson, zu einem Symposium nach New York, um über die arabischen Kulturen zu referieren. Dort werden Frauen als Menschen zweiter Klasse betrachtet. Sie haben keine Gleichberechtigung und nur wenig Einfluß in ihrer Ehe. Wenn das Glück den Frauen hold ist, haben sie Söhne, die wegen der Erniedrigung ihrer Mutter starke Schuldgefühle entwickeln. Sobald der Sohn den Vater überlebt oder entmachtet hat, verschafft er der Mutter eine herausgehobene Machtposition im Haushalt, in der sie souverän über ihre Schwiegertöchter herrscht und verhindert, daß die Söhne mit ihren Frauen ein allzu vertrautes Verhältnis pflegen. Frauen ohne Söhne können niemals Zugang zur Macht erhalten und gelten als verhext. Wie Bateson versichert, würden die Frauen, die mit einem Sohn gesegnet sind, niemals ihre Vormachtstellung gegen eine Gleichberechtigung der Geschlechter eintauschen wollen.

Wir halten Hamlet für einen Waschlappen. Unentschlossen tritt er von einem Bein aufs andere und macht ein großes Theater um die einfache Frage von Sein oder Nichtsein. Da er immer noch im Bann der Gefühle seiner Mutter steht, kann er sich nicht dazu aufraffen, seine Aufgabe als Mann zu erfüllen, die daraus bestünde, seinen Onkel Claudius umzubringen und sich selbst zum König zu machen. Wie wir in Shakespeares »Macbeth«, »Othello«, »Antonius und Cleopatra« und weiteren Stücken sehen können, ist in den Augen des Dichters ein Mann, der sich von weiblicher Emotionalität beeinträchtigen läßt, kein vollgültiger, »heroischer« Vertreter seines Geschlechts. Von allen Charakteren Shakespeares ist Hamlet die größte Memme. Er wird zwar mit Ophelia fertig, ist aber immer noch an die Mutter gebunden. Da der Vater schon tot ist, hat Hamlet eben die Mutter am Hals. Die arme, törichte Königin Gertrude konnte ja nicht selbst auf sich aufpassen. Was soll der arme Junge da machen?

Wie im Falle der törichten Königin Gertrude sind es nicht die starken, sondern die schwachen Mütter, die ihre Söhne als Geiseln halten. Bei einer kränklichen, depressiven, mißbrauchten oder sitzengelassenen Mutter hat der Sohn keine Chance, seine Männlichkeit zu erlangen: Wenn er sie verläßt, wird er Versagens- und Schuldgefühle haben, wenn er bleibt, muß er seine Hoffnung auf eine Karriere als Held begraben.

Charakterlich gefestigte Mütter, die ihrer eigenen Wege gehen können, wenn die Zeit gekommen ist, die Kinder loszulassen, geben ihnen, sowohl den Mädchen als auch den Jungen, das Gefühl von Freiheit und Unversehrtheit. Schwache Frauen jedoch, die sich fühlen und verhalten wie ein Opfer, übertragen rasch das Gefühl, daß man sich um sie kümmern muß, auf ihre Kinder. Sie ziehen die Kinder mit sich nach unten. Mißhandelte und mißbrauchte Mütter behaupten oft, eine grauenhafte Lebensgemeinschaft »nur der Kinder wegen« aufrechtzuerhalten. Diese Frauen verlangen im Grunde, von ihren Kindern gerettet zu werden. Es ist nicht ungewöhnlich, daß ein Halbwüchsiger im Bestreben, Mutters Bester zu sein, die Schrotflinte vom Kaminsims reißt und den gewalttätigen Vater oder Stiefvater über den Haufen schießt. In ein unerträgliches Dilemma getrieben, opfert er seine Zukunft, um die Mutter zu retten, die sich selbst zu retten nicht in der Lage ist.

Bei depressiven Müttern ist für Söhne (und Töchter) die Abnabelung am schwersten. Duke hatte eine solche Mutter. Er war ein Mann mit so maßlos überzogenem Männlichkeitsgehabe, wie ich es bisher je kaum erlebt hatte. Als Profiringer schrieb er Bücher mit Ratschlägen, wie sich Frauen vor Vergewaltigern schützen könnten. Er selbst markierte in den Fotos im Buch den Unhold, der in der Ecke lauert und mit irrem Blick brutal zupackt. Seine Mutter streunte obdachlos, mit Plastiktüten bepackt, durch die Stadt – sie war, was man eine »Pennerin« nennt. Duke hatte sein Leben lang versucht, ihr zu helfen, und sie hatte ein Leben lang dafür gesorgt, daß ihr nicht zu helfen war. Sie war elend und unglücklich und beklagte sich unentwegt, aber er konnte ihr bieten, was er wollte, sie fand immer etwas auszusetzen. Sie machte nur dann einen glücklichen Eindruck, wenn er an ihrer Seite war. Er mußte mit ihr durch die Straßen ziehen, alles andere legte sie ihm als Verrat aus. Da Duke es niemals schaffte, sie so weit zufriedenzustellen, daß sie ihn mit ihrem Segen in die Unabhängigkeit ziehen ließ, verbrachte er sein Leben als Männlichkeitsimitator.

Ein Mann, der einer ständig an der Welt leidenden Mutter entfliehen will, kann durchaus in Panik geraten. Oft wirft ein Sohn sein Geld, die Kinder und sogar seine Frau einer Mutter zum Fraß vor, die ihn mit ihrem unersättlichen Bedürfnis nach Sinngebung durch seine Liebe als Geisel hält.

DAS DURCHTRENNEN DER NABELSCHNUR

»Die Mutterliebe muß die Trennung vom Kind nicht nur dulden, sondern
sie sogar wünschen und fördern.«
Erich Fromm, »Die Kunst des Liebens«

»Du liebst mich so sehr, daß du mich am liebsten in deine Tasche stecken
würdest. Aber ich müßte dort ersticken.«
D. H. Lawrence, »Söhne und Liebhaber«

Wenn ein Heranwachsender in die Pubertät kommt, wird die Spannung zwischen ihm und der Mutter immer größer. Er möchte sich auf
eine Weise von ihr freimachen und zugleich bei ihr bleiben, die ganz
und gar nicht dem mütterlichen Bedürfnis entspricht, das ihn ebenfalls bei sich haben und andererseits von sich weisen möchte. So
würde es ihm durchaus behagen, wenn Mama sich weiterhin um ihn
kümmert wie um ein Kind. Gleichzeitig möchte er sich aber als Haushaltsvorstand aufspielen und die Privilegien eines Mannes zuerkannt
bekommen, dessen Leben außerhalb des Hauses für die Entwicklung
seiner Männlichkeit wichtiger ist als alles, was im Hause vorgeht. Die
Mutter möchte hingegen vielleicht, daß er der ihrer Obhut anver-
traute Junge bleibt, der seine neu hinzugewonnene männliche Energie dazu benutzt, ihr Gesellschaft zu leisten und ihr das Leben angenehmer zu machen. Wenn es keinen Vater oder Stiefvater gibt, der
stark genug ist, dem Jungen etwas Distanz zu seiner Mutter zu verschaffen, wird der Junge, um seinen Frieden zu haben, möglicherweise einiges von dem unterlassen, was er tun müßte, um ein Mann
zu werden. Vielleicht aber gesellt er sich schon in diesem Entwick-
lungsstadium zu den älteren Jungen und verläßt das Heim, bevor er
und seine Mutter genügend darauf vorbereitet sind.
  In den Ghettos, in denen viele Kinder ohne Vater aufwachsen,
und zunehmend auch in der übrigen Gesellschaft gibt es genügend
junge Männer, die vor der Großen Mutter Reißaus nehmen, bald aus
lauter Männlichkeitsgehabe auf die Nase fallen und dann wieder bei
Mutti auf der Matte stehen. Mama kann ihrem Jungen die Sicherheit
geben, daß für ihn gesorgt wird, aber nicht das Gefühl, ein Mann zu

sein. Er muß also wieder hinaus, wieder auf die Nase fallen und wieder zurückkriechen. Für Muttersöhnchen wird das ein lebenslanger Teufelskreis. Da ihnen männliche Vorbilder innerhalb der Familie fehlen, stehen sie ratlos vor der Aufgabe, »Manns genug« zu sein, um in der Welt bestehen zu können. Wenn der Junge sich jedoch von der Mutter löst und zum Mann unter Männern wird, kann er zur Mutter zurückkehren und auf einer neugewonnenen Ebene zu ihr in Beziehung treten.

Freud hat gesagt, daß »ein Mann, [der] der unbestrittene Liebling seiner Mutter gewesen ist, sich sein Leben lang in dem Gefühl des Eroberers sonnt, in jenem Bewußtsein des Erfolges, das oft den wirklichen Erfolg erst herbeizieht«. Die bittere Realität ist jedoch, daß dieses Erfolgsbewußtsein nicht zum Tragen kommen kann, solange der Sohn den Verbindungsstrang zur Mutter, die dieses Bewußtsein in ihm hat wachsen lassen, nicht gekappt hat. Das Aufbrechen der wohligen Sicherheit der Mutterliebe kann für Mutter und Sohn zu einem schmerzhaften Vorgang werden. So mancher Sohn schafft es einfach nicht. Manche Mutter wird es nicht zulassen können, weil sie weiß, daß ihr Sohn zu diesem Schritt noch nicht bereit ist; andere Mütter hingegen sind gar nicht willens, ihre Söhne gehen zu lassen.

Ich hatte sogar schon mit einem Fall zu tun, bei dem die Mutter glattweg bereit war, ihren Sohn zu Tode zu lieben. Bair litt an Schizophrenie. Er war auf mitleiderregende Weise abhängig, konnte jedoch keine Nähe ertragen. Da es ihm sehr schwer fiel, sich abzugrenzen, verursachte ihm seine Mutter großes Unbehagen. Ich riet ihr dringend, seinen privaten Bereich zu respektieren. Als bei Bair ein neuer psychotischer Schub einsetzte, fragte ich sie, ob sie die Abgrenzung eingehalten hatte. Sie gestand, daß sie jeden Morgen zu ihm ins Bett kroch, um gemeinsam fernzusehen, wobei sie ihm Komplimente machte, daß er einen viel schöneren Körper habe als sein Vater. Ich hielt ihr vor Augen, daß sie ihn auf diese Weise umbrachte. Sie entschuldigte sich, sie könne einfach nicht anders, denn »ich möchte ihn zu Tode lieben«.

Eine andere Mutter aus meinem Patientenkreis lag sich mit ihrem erheblich gestörten Sohn Custis in den Haaren, weil er unbedingt Unterwäsche tragen wollte, die einige Nummern zu groß für ihn war.

Es war für ihn eine Sache von symbolischer Bedeutung. Je mehr sie sich darüber aufregte, desto größere Unterwäsche kaufte Custis. Als ich ihn zum ersten Mal sah, trug er riesige Boxershorts, die oben aus dem Hosenbund herausragten. Es sah aus wie ein großer weißer Kummerbund. Ich konnte seine Mutter davon überzeugen, daß es besser war, ihn die Unterwäsche tragen zu lassen, die er wollte, weil ihre Bemühungen allemal genau das gegenteilige Resultat bewirkten. Sie erklärte sich bereit, das Thema Unterwäsche nicht mehr anzusprechen. Die beiden waren kaum gegangen, da kamen sie als Notfall schon wieder zurück. Auf dem Weg zum Parkplatz hatte die Mutter gemeint, bei Custis unregelmäßige Atmung feststellen zu können, und darauf bestanden, daß er im selben Rhythmus ein- und ausatmen solle wie sie. Als sie anfing Theater zu machen, weil er seine Atmung nicht mit der ihren synchronisierte, hatte Custis sie geschlagen. Solche Fälle von erdrückender Mutterliebe sind nicht allzu häufig. Man findet sie vor allem in der psychologischen Fachliteratur – und im kollektiven Unbewußten der Männer. Der Ödipusmythos ist noch immer aktuell und lebendig.

Obwohl diese Fälle selten sind, ist die Furcht vor unentrinnbarer Mutterliebe ungebrochen. Möglicherweise lauert immer noch irgendwo im kollektiven Unbewußten der Mythos von jenem Inzest, der Ödipus zum klassischen Fall machte. Vielleicht meldet sich während der Pubertät in der männlichen Seele tatsächlich ein Impuls, den Vater zu beseitigen und mit der Mutter zu schlafen. Während der Pubertät kommt es zwischen Sohn und Vater zu einem gewaltigen Ringen, aus dem der Vater als Sieger hervorgehen und der Sohn entweder seines Weges ziehen oder sich beugen muß. In letzter Zeit sind es aber zunehmend die Väter, die das Heim verlassen. Nichts dürfte so erschreckend und lähmend sein, wie im ödipalen Kampf zu siegen und die Mutter als Preis am Hals zu haben.

In dem absurden Filmspektakel »Where's Poppa?« von Carl Reiner aus dem Jahre 1970 möchte George Segal heiraten, was sich aber als unmöglich herausstellt, solange er seine anspruchsvolle, senile Mutter (gespielt von Ruth Gordon) nicht losgeworden ist. In der ursprünglichen Fassung der Schlußszene gibt Segal schließlich auf und fällt zu seiner Mutter ins Bett. Das Publikum der Vorabvorführung

des Films zog jedoch ein anderes Ende vor, nämlich eine Phantasie-
sequenz, in der Mami in ein wunderschönes Seniorenheim geht, wo
sie auf einen Mann trifft, den sie für Papa hält. Wie auch immer, es
ist klar, was hier zum Ausdruck gebracht werden soll: Ein junger
Mann ist nicht frei, sich einen Partner zu suchen, solange er der Partner seiner Mutter sein muß.

Die alleinerziehende Mutter und ihr vaterlos aufwachsender Sohn
befürchten möglicherweise, daß die Mutterliebe dem Sohn schadet.
Die Folge kann sein, daß die Mutter sich zurückzieht und dadurch
dem Jungen jegliche Art von Elternliebe entzogen wird. Indem sie
ihn in gutem Glauben vor ihrer gefahrbringenden Liebe schützt,
kann die Mutter den Sohn unbeabsichtigt zur Waise machen. Die
Mutter ist eventuell davon überzeugt, daß Maßregelungen der Entwicklung seiner Männlichkeit abträglich sind, und läßt es deshalb zu,
daß der Sohn außer Rand und Band gerät und sie vielleicht sogar
schikaniert. Sie kann der Auffassung sein, daß nur eine männliche
Hand dem Sohn Grenzen setzen dürfe, weshalb sie weibliche Autorität herabsetzt oder einen Stiefvater auf den Plan treten läßt, der
dem Jungen die Hammelbeine langziehen soll.

Das Alleinerziehen ist für Mutter und Kind gleichermaßen problematisch, aber die Mutter darf sich gegenüber dem Sohn keineswegs aus ihrer Elternrolle zurückziehen. Sie muß ihn disziplinieren
und lieben. Wenn ihr Sohn keinen Vater hat, muß die Mutter dafür
um so stärker sein, und nicht etwa schwächer.

Sei die Mutter nun stark oder schwach – um ein Mann zu werden,
muß der Sohn sich von ihr lösen. Wenn sie seiner Unabhängigkeit
ihren mütterlichen Segen gibt, dann braucht es nicht so weit zu kommen, daß er ihr davonläuft oder sie gar für immer verläßt. Mutter
oder Sohn müssen lediglich im richtigen Moment das Band durch-
trennen, und beide werden die Erfahrung der gegenseitigen Unabhängigkeit genießen können.

DIE GROSSE TAT

»Um eine selbständige Person zu werden, muß der Knabe eine
Großtat vollbringen. Er muß den Test bestehen; er muß die Kette zu
seiner Mutter zerbrechen.«
David Gilmore

Aber, wie in aller Welt, sollen wir die Trennung von unserer Mutter
bewerkstelligen? Ein Junge wird nicht dadurch zum Mann, daß er
einfach davonrennt. Scham, Schuldgefühle und Selbstzweifel säßen
ihm auf ewig im Nacken. Er steht in der Schuld der Mutter, sie hat
ihm das Leben geschenkt und ihn umsorgt. Es ist eine gewaltige Hy-
pothek, die es da abzutragen gilt. Für den Jungen ist die klassische
Lösung dieses Dilemmas, in den Krieg zu ziehen und auf diese Weise
das Leben der zurückgelassenen Mutter zu schützen. So kann er ihr
entkommen, dem Kollektiv der anderen Jungs beitreten, die Erwach-
senenrolle übernehmen und der Verantwortung gegenüber der Mutter gerecht werden, indem er sein Leben darbringt im Austausch für
das Leben, das sie ihm geschenkt hat.
    Eine alternative Lösung stellt das Märchen von Hans und der
Bohnenranke vor, in dem ein törichter Junge die Kuh seiner verwitweten Mutter gegen eine Handvoll Bohnenkerne eintauscht und
damit alle Hoffnungen des armen Weibes zunichte macht. Sie hat das
einzige Gut verloren, das auf dem Markt verkauft werden kann, und
muß sich mit der Erkenntnis abfinden, daß ihr Junge ein Tölpel ist.
Aber Jakob pflanzt die Bohnenkerne ein, und eine Ranke wächst bis
in den Himmel. Jakob klettert hinauf, trifft dort auf einen Riesen, den
es zu überwinden gilt, und auf eine Gans, die goldene Eier legt – oder
eine goldene Harfe, die von selbst erklingt, oder was auch immer. Er
tötet den Riesen, nimmt das Gold und kehrt im Triumph zu seiner
Mutter zurück. Mit dem Geld wird er für ihre Alterssicherung sorgen,
und was noch wichtiger ist: Die Mutter hat jetzt einen Sohn, der zum
Mann und zur Quelle ihres Stolzes geworden ist. Wir dürfen annehmen, daß Mutter und Sohn fortan glücklich und zufrieden leben
werden, denn er hat das Mannestum erworben und seine Lebens-
schuld bei der Mutter eingelöst.

Es gibt natürlich auch weniger aufwendige Großtaten. Der Junge kann durch Erfolge in der Welt den Stolz der Mutter erringen. Immer wieder sehe ich junge, zu Millionären gewordene Sportstars, die ihrer Mutter erst ein großes Anwesen und einen Rolls-Royce zu Füßen legen müssen, bevor sie sich in der Lage sehen, von zu Hause auszuziehen und zu heiraten. In dem Film »Sie haben nichts gemein« ist Tom Hanks ein erfolgreiches Werbegenie, dem die hilflosen Eltern andauernd auf die Pelle rücken. Er sagt zu seiner Freundin: »Ich wünschte mir immer, ich wäre zum Umfallen erfolgreich und hätte ein riesiges Haus, und meine Eltern würden kommen und sagen: ›Was für ein schönes Haus! David, wir sind stolz auf dich!‹ Und dann müßten sie hinausgehen und sterben. Bin ich deswegen ein Arschloch?«

Für den jungen Mann, der sich aus der Schuld der Mutter freikaufen will, ist allerdings auch eine andere Lösung denkbar. Er könnte eine prachtvolle Schwiegertochter nach Hause führen, die ihn und die Mutter glücklich macht. Er könnte sogar seine Braut dazu bewegen, Pflichten zu übernehmen wie ein braves Kind.

Die beste aller Lösungen wäre natürlich, der Mutter Enkel ins Haus zu bringen, die für sie eine Verbindung mit der Zukunft herstellen. Eine Mutter kann sich ohnehin nicht mehr von ihm erhoffen, als daß er ein Mann, Vater und Ehegatte wird und dabei immer noch ihr Sohn bleibt. Wird der Sohn verstehen, daß dies schon genügt?

Ein wirklicher Mann hat es nicht nötig, vor seiner Mutter davonzulaufen. Er wird sogar die Tatsache hinnehmen, daß er sich niemals über eine Großtat wird freikaufen können und daß er immer in der Schuld seiner Mutter stehen wird. Wenn er das begriffen hat, braucht er weder zu flüchten noch sich schuldig zu fühlen und auch nicht der Mutter jeden Wunsch von den Augen abzulesen. Er kann unbedenklich einen freundlichen Umgang mit ihr pflegen und sie zu einem Teil seines Lebens werden lassen.

DER KRIEG GEGEN DIE MÜTTER

»Das Buch Genesis ist die männliche Unabhängigkeitserklärung von den
alten Mutterkulten.«
Camille Paglia, »Die Masken der Sexualität«

Über Jahrtausende haben Männer versucht, ihre Angst vor der weib-
lichen Macht dadurch zu überwinden, daß sie die Lebensführung der
Frauen kontrollieren. Die Männer haben es mit der Verehrung der
Frau als Göttin und der Verbrennung der Frau als Hexe versucht. Die
Geschichte des Geschlechterkampfes ist nicht nur die Geschichte der
Konsolidierung des männlichen Regiments über die Frauen. Sie ist
zugleich ein Protokoll der Männerbündelei, mit deren Hilfe die läh-
mende Macht des Weiblichen gebannt werden sollte.

MUTTER, DER SÜNDENBOCK

Die Angst, daß die Mutter, die soviel gegeben hat, eines Tages dafür
die Rechnung präsentiert, ist ein uraltes mythisches Motiv. In einer
Welt jedoch, in der die Aufzucht der Kinder als »Frauensache« gilt, in
der die Ehen auseinanderbrechen und die alleinerziehende Mutter
zur Norm wird, wird aus dieser Angst eine Bedrohung. Wenn der
Mann als Faktor des Familienlebens ausfällt, wird das Verhältnis von
Mutter und Kind gefährlich überfrachtet. Wenn kein Vater da ist,
kann Mutter nie genügen und ist doch immer zuviel. Diese Angst vor
der Mutterliebe, dieses Anrennen gegen die Mütter ist die üble Hin-
terlassenschaft von Männern, die es nicht dazu gebracht haben, sich
Manns genug zu fühlen, um Ehegatte und Vater zu sein.
   In völliger Verkehrung der tatsächlichen Gegebenheiten machen
wir die Mutterliebe zum Problem – die doch das einzige ist, was uns
überhaupt durchhalten läßt –, anstatt mit den Vätern ins Gericht zu
gehen, die unsere Mütter und uns selbst haben sitzenlassen. Wir sind
offenbar willens, Vätern zu vergeben, die zu wenig lieben, während
wir uns von Müttern, die zu viel lieben, verängstigt zurückziehen. Du
lieber Gott, was erwarten wir denn von den Müttern!

Der mütterliche Einfluß auf das Leben eines Knaben ist so umfassend, daß wir die Mutter für alles verantwortlich machen: Erfolg, Versagen, selbst für geistige Störungen, und träten sie auch erst dann auf, wenn der Knabe ein Mann geworden und seine Mutter vor ihren Schöpfer getreten ist. Ein tiefsitzendes Gefühl sagt uns, daß unsere Mutter im guten wie im bösen für alles verantwortlich ist, was wir tun. Bei Leuten, die eigentlich etwas davon verstehen müßten, können wir lesen, daß unsere Mutter ein Leben lang unsere Gedanken kontrolliert. Sie ist an allem schuld.

Die freudianische Psychologie verstieg sich zu der angsterregenden Botschaft, daß mißlungene mütterliche Zuwendung Gefahr heraufbeschwört: Die Mutter hat für eine gewisse Reihe von Jahren ihre unerschütterliche liebevolle Zuwendung zu garantieren und ab dann unerschütterliche liebevolle Distanz einzuhalten. Wir gewöhnten uns daran, für all unsere Wehwehchen Mütter verantwortlich zu machen, die entweder zu präsent oder zu distanziert gewesen seien. Die Zunft derer, die sich für die geistige Gesundheit zuständig fühlten, begab sich auf einen heiligen Kreuzzug zur Befreiung der gequälten Seelen, die durch Schuldgefühle versklavt als Geiseln in den Klauen der Mütter schmachteten. Für Jahrzehnte war es in der Psychobranche zur Pflichtübung geworden, auf die Mütter einzuhauen.

Die Psychoanalyse sicherte der bösen Mutter sogar einen Platz auf der Leinwand. In Filmen wie »Jenseits von Eden« und »Denn sie wissen nicht, was sie tun«, beide von 1955, die als Teenagerdramen mißverstanden wurden, hatten distanzierte und liebesunfähige Mütter ihren Auftritt. In jener Zeit hieß es, die »schlechten« Mütter seien jene Frauen, die nicht vollständig in ihrer Mutterschaft aufgingen und zuwenig die Glucke spielten. Die »berufstätige Mutter« war der Sündenbock.

Der kulturelle Wandel, der bezüglich unserer Auffassung von dem, was unter einer »schlechten« Mutter zu verstehen sei, in den Sechzigern einsetzte, zeigte sich auch in unseren Filmen. Wir fanden auf einmal, daß nicht kalte und distanzierte Mütter an den Pranger gehörten, sondern solche, die uns zu sehr liebten. Wir betrachteten plötzlich Mutterliebe als etwas Giftiges und Verstümmelndes. In jenen Alpträumen benutzten die furchtbaren Mütter, vor denen es kein Entrinnen gab, Schuldgefühle als Mittel, um die Söhne am Erwachsenwerden zu hindern.

Natürlich trägt jeder Mann die Mutter mit sich herum. Schließlich hat sie ihn gesäugt und ihm beigebracht, was Schuld ist. Stets liegt sie in seinem Inneren wachsam auf der Lauer, immer darauf bedacht, ihn von allem abzuhalten, mit dem er ihren Erwartungen widersprechen würde. Das aufregendste filmische Beispiel hierfür war »Psycho«. In diesem Film schlüpfte Norman Bates in die Kleider seiner Mutter, deren toter und mumifizierter Körper mit ihm das Bett teilt. Er erstach jede Frau, die ihn sexuell reizte und der Mutter fortzunehmen drohte.

In dem Zeitabschnitt, der von »Psycho« (1960) bis zu »Meine liebe Rabenmutter« (1981) reicht, nahmen Mütter in den Filmen den Platz der Vampire ein: Sie waren nun der Stoff, aus dem Alpträume gemacht sind. Die Helden der sexuellen Revolution waren jene Burschen, die sich der Macht der Mütter widersetzten. In Mike Nichols Film »Die Reifeprüfung« von 1967 spielte Dustin Hoffman den jungen Benjamin, der nach dem Collegeabschluß nach Hause kommt, um unverzüglich und zielstrebig von der besten Freundin seiner Eltern, von Mrs. Robinson (Darstellerin: Anne Bancroft), verführt zu werden. Benjamin verliert bei ihr die Unschuld, wobei Gefühl nicht ins Spiel kommt. Als Benjamin mit Elaine (Darstellerin: Katherine Ross), der Tochter von Mrs. Robinson, ein Verhältnis anfangen will, macht ihm Mrs. Robinson einen Strich durch die Rechnung. Zum Schluß dringt Benjamin in die Kirche ein, in der soeben Elaine mit einem blonden Medizinstudenten verheiratet wird. Wie ein Gekreuzigter steht Benjamin als Silhouette in der Fensterrosette des Gotteshauses und schreit: »Elaine!« Aller Augen wenden sich ihm zu, und Mrs. Robinson triumphiert: »Es ist zu spät.« Sie verbietet Elaine, auf Benjamins Rufen zu antworten. Elaine gerät über die Tyrannei ihrer Mutter in Zorn und sagt trotzig: »Aber nicht für mich.« Sie rennt aus der Kirche hinaus, während Benjamin, ein gewaltiges Kruzifix schwingend, die Hochzeitsgesellschaft in Schach hält. Er verrammelt die Kirchentür und entkommt mit Elaine auf dem Trittbrett eines Omnibusses. Als Aufstand gegen die »Mutterpower«, die sich im Christentum, im Bund der Ehe und in der mütterlichen Kontrolle der männlichen und weiblichen Sexualität niedergeschlagen hat, war dieses Kabinettstück eine der symbolischen Heldentaten der sexuellen Revolution in den sechziger Jahren.

In den achtziger Jahren kamen die Mütter in Filmen wie »Zeit der Zärtlichkeit« und »Magnolien aus Stahl« wieder zu Ehren. Die Frauen hatten sich mittlerweile eine einflußreichere Position in der Welt erkämpft, und die Kinder hatten weniger Anlaß zu Schuldgefühlen, wenn sie die Mütter verließen. Ganz generell wurden Mütter nicht mehr als besondere Gefahr betrachtet. Die Mütter, die sich um ein Gouverneursamt bewerben oder anfangen zu malen oder sich einen neuen Ehegatten suchen, zeigen Energie, aber verunsichern nicht; was beunruhigt, ist die Kraftlosigkeit von Müttern, die alleine und hilflos zu Hause dahinwelken und zur Erfüllung ihres Lebens am Leben ihrer Kinder schmarotzen.

Am meisten scheinen uns allerdings jene Mütter zu ängstigen, die überhaupt kein eigenes Leben haben außer durch uns. Wir können unseren Müttern alles vergeben, nur nicht, wenn sie uns mehr lieben als sich selbst. Wir bauen gerne ein Altärchen zu Ehren unserer Mütter, sie sollten nur mit ihrem eigenen Leben so beschäftigt sein, daß sie keine Zeit haben, zur Einweihungsfeier zu kommen.

ZUSAMMENLEBEN MIT EINER FRAU

»Muß ein Mann nicht vielmehr alles kennen, auf allen Gebieten bewandert sein und seine Frau in die großen Leidenschaften des Lebens, in seine erlesensten Genüsse und in alle Geheimnisse einweihen? Der ihre aber lehrte sie nichts, verstand von nichts und erstrebte nichts. Er glaubte, sie sei glücklich, indes sie sich über seine satte Trägheit empörte, seinen zufriedenen Stumpfsinn, ja selbst über die Wonnen, die sie ihm gewährte.«
Gustave Flaubert, »Madame Bovary«

Wir können Mama nur entrinnen, wenn wir sie verlassen: Das ist einer der Schritte zur Männlichkeit. Wir können sie aber nicht verlassen, solange wir sie mit dem, was wir aus uns gemacht und für sie

getan haben, nicht zufriedenstellen konnten: Das wäre ein weiterer
Schritt auf dem Weg zum Mannestum. Zudem müssen wir eine Frau
für uns selbst finden, die uns an ihrer Sexualität teilhaben läßt und
uns auf diese Weise eine weitere Prüfung unserer Männlichkeit zu
bestehen hilft. Der sexuelle Ritterschlag, durch den eine Frau uns
zum Manne kürt, braucht uns nur ein einziges Mal verliehen zu werden, obwohl manche Männer sich dieser Zeremonie gleich mehrfach
unterziehen, da sie nicht sicher sind, ob ein einziges Mal wirklich
genügt.

Wenn wir ein echter Mann sein wollen, müssen wir aber mehr leisten, als mit einer Frau zu schlafen, und seien wir auch noch so gut
im Bett: Wir müssen ihr *Kamerad*, wir müssen ihr *Partner* sein. Das
hat für den Mann etwas Verwirrendes: Einerseits gewinnen wir unsere Männlichkeit, indem wir einer Frau entrinnen, andererseits werden wir zum Mann, indem wir uns mit einer anderen Frau auf eine
vollständige und gleichrangige Partnerschaft einlassen. Wie kann
das sein? Sind nicht alle Frauen gleich, die immer wiederkehrende
Inkarnation der Jungfrau/Mutter/Hexe, die seit jeher verlockt und erschreckt, die genährt und beherrscht hat?

Unser männlicher Fanclub singt pausenlos einen Refrain aus
»Samson und Dalila«, in welchem davor gewarnt wird, daß die Frau
unsere männliche Pracht abscheren und uns somit unserer Stärke be-
rauben kann. Wir nähern uns jeder Frau, als sei sie unsere Mutter, die
gekommen ist, uns als Strafe für unsere Unabhängigkeit die Mannbarkeit wieder fortzunehmen. Es braucht Schneid, um sich vollständig auf eine eheliche Partnerschaft einzulassen. Das klingt so töricht,
daß man es einer Frau nur schwer begreiflich machen kann – Frauen
hören eben nicht wie Männer unablässig das Geschrei der unsichtbaren Stimmen.

Männer, die zu jener Spezies gehören, die sich nicht binden kann,
harren in einem Zustand von panikartigem Männlichkeitswahn aus,
auf daß ihr Penis endlich größer werde und sie endlich wagen können, ihn samt Zubehör einer Frau anzuvertrauen. Um sich ganz als
Mann fühlen zu können, muß ein Mann nicht nur eine Frau erobern,
er muß sie auch befriedigen. Eine Frau kann aus einem Mann völlig
die Luft herauslassen, wenn sie seinem Bemühen, sie zu erregen, die

kalte Schulter zeigt oder, wenn es denn soweit kommt, sich anschließend unbefriedigt gibt. Manche Männer leben sogar noch gefährlicher und erwarten, daß eine Frau ausgerechnet auf ihren Penis
mit einem Orgasmus reagiert! Da ihr Penis *ihnen* den Orgasmus beschert, gehen sie davon aus, daß er bei der Frau das gleiche bewirkt.

In der Ehe begeben wir uns in eine neue Rolle, in der wir den
weiblichen Blickwinkel und die Unzulänglichkeiten des Mannseins
kennenlernen. Wird es uns gelingen, eine Partnerschaft einzugehen
mit jemandem, dessen Sichtweisen sich nicht mit der unsrigen
decken? Werden wir es ertragen, mit verschiedenen Perspektiven
durchs Leben zu gehen? Oder müssen wir uns absichern, indem wir
unsere Wahl nach hierarchischen Gesichtspunkten treffen und somit
unsere Männlichkeit vor der Weiblichkeit der Partnerin schützen?
Müssen wir ein ganzes Leben lang nach der Pfeife unseres militan-
ten Fanclubs tanzen? Wir wissen, wie mächtig unsere Mutter war, als
wir noch klein waren, aber ist unsere Frau uns gegenüber jetzt auch
so mächtig? Müssen wir die Großtat des Ausreißens vor Mama bei
jeder Frau, die in unser Leben tritt, aufs neue abliefern?

Jeder Mann sollte sich jeden Tag, so oft es nötig ist, daran erinnern, daß er jetzt und für immer ein Mann ist. Er sollte sich klarmachen, daß die Frau an seiner Seite nicht seine Mutter ist und auch
nicht der Quell seiner Männlichkeit. Weder kann ihm diese Frau seine
Männlichkeit wieder nehmen, noch kann er durch Flucht vor dieser
Frau seiner Männlichkeit aufhelfen. Wenn er es eine Weile bei dieser
Frau aushält und sich ihr ein bißchen öffnet und sie besser kennenlernt, dürfte er alsbald feststellen, daß sie selbst sich auch nicht besonders mächtig vorkommt.

8 DIE BRUDERSCHAFT DER KNABEN

»›Jetzt spüre ich‹, sagte er, wobei er jedes seiner Worte betonte,
›wenn du und ich Kameraden wären, könnten wir jedes beliebige Ding
auf dieser Erde durchziehen, und wenn der ganze verflixte Laden
zusammenfällt.‹«
D. H. Lawrence, »Kangaroo«

Wenn Knaben zu Männern werden wollen, müssen sie die Gesellschaft der Frauen verlassen. Mit etwas Glück haben sie Väter oder
Mentoren, die ihnen ein männliches Vorbild sind, die ihnen in den
Prüfungen, die es zu bestehen gilt, die Hand reichen und ihren Segen
geben, wenn sie die Männlichkeit für sich gewonnen haben. Es gibt
Helden, die sie inspirieren und ihnen die Richtung weisen, und sie
haben Gefährten auf ihrem Weg in die Männlichkeit. In jedem unsichtbaren männlichen Fanclub brüllen die Stimmen der Kameraden
vermutlich am lautesten, und sie sind wohl auch die stursten und
gnadenlosesten. Aber ein Mann zu sein ist ein ziemlich einsames
Vergnügen ohne diese Stimmen.
   In der Entwicklung des Mannes hat es wesentliche Bedeutung,
daß er im Gruppenverband auf die Jagd ging. Um den Fortbestand
seines Erbgutes über die Millionen von Jahren dauernde Evolution
zu sichern, mußte sich dieses Wesen zumindest in dem Maße mono-
gam verhalten, daß das Band zu seinem Weibchen nicht abriß,
während sich das Männchen auf der Jagd befand. Zudem mußte sich
ein hinreichend starkes Gefühl von Verpflichtung bilden, damit dieses Wesen den Schinken auch nach Hause brachte. Andererseits war
das männliche Wesen darauf angewiesen, eng mit den Jagdgenossen
zusammenzuleben und zusammenzuarbeiten. Und er mußte so viel

Gefallen an dem Abenteuer der Jagd finden, daß er sich den Gefahren eines solchen Unterfangens aussetzte.

In seinem Buch »Men in Groups« (Männer in Gruppen) bezeichnet Lionel Tiger dieses Verhaltensmuster mit dem Ausdruck »Männer werben um Männer«. Tiger erläutert das Werbungsverhalten zwischen Männern, die mit ihresgleichen um Status kämpfen und Gruppen bilden, anhand der Straßengangs aus der »West Side Story«. Symptomatisch ist der Song »When You're a Jet, You're a Jet« (Wenn du ein Jet bist, dann bist du ein Jet). Tiger stellt fest, daß »die gegenseitige Verpflichtung zeitweilig eheähnliche Züge annimmt«.

Das Leben von Jungen ist ganz gewiß eng mit seinen Spiel- und Mannschaftskameraden verbunden. Die Grundmuster der Gruppenbildung von erwachsenen Männern im Arbeits- und Spielbereich wurzeln allesamt im brüderlichen Verbund der Knaben. Teenagerbanden haben große Ähnlichkeit mit Kegelvereinen, Pokerclubs und Anwaltsgroßkanzleien.

Für erwachsene Männer kommt die Zeit, wo sie sowohl mit Männern wie mit Frauen Bindungen eingehen müssen. Das ist in unserer Entwicklung begründet und etwas ganz Natürliches. Die Erfahrungsbasis von gleichrangigen und intimen Freundschaftsbeziehungen wurde gelegt in den brüderlichen Bündnissen der Jugendzeit.

BRÜDER

Butch und Sonny, Freunde meines Sohnes, sind ein Brüderpaar in den Dreißigern. Sie gehören zu den gesündesten, fröhlichsten, lebhaftesten und freundlichsten Burschen, die ich je kennengelernt habe. Ich kannte auch ihren Vater Eagleheart. Beim Medizinstudium war er ein Jahr über mir und hin und wieder mein Supervisor. Ich bewunderte Eagle wegen seiner Disziplin, seines Selbstvertrauens und fachlichen Könnens. Ich konnte viel von ihm lernen, aber sein Freund wurde ich nie.

Während der ganzen Zeit unserer Bekanntschaft gelang es mir nicht, ihm in irgendeiner Hinsicht nahezukommen. Das ging allen so. Er war ein Zuchtmeister. Er gestattete sich nie irgendeine Schwäche.

Er war davon überzeugt, für alles verantwortlich zu sein, und somit
war es für ihn ausgemacht, daß er eine makellose Figur zu machen
und unerschütterliche Autorität zu zeigen hatte. Manchmal drückte
er derart auf die Tube, daß man den Eindruck bekam, das ganze Welt-
geschehen sei ein Festbankett zu seinen Ehren.

Eagle war älter als wir anderen. Er hatte seine Ausbildung vorübergehend unterbrochen und war von der Uni abgegangen, um den
Schrotthandel der Familie zu übernehmen. Er leitete die Firma erfolgreich einige Jahre lang, bis er seinen jüngeren Bruder und die
Schwester durchs College gebracht hatte, woraufhin sich diese um
die Firma und die Eltern kümmern konnten.

Ich wußte einiges über Eagles Familie. Seine Mutter war eine
starke und zupackende Einwanderin, die trotz ihres unzuverlässigen
und alkoholabhängigen Ehemanns die Familie zusammengehalten
hatte. Eagle war von beiden Elternteilen ein bißchen herumgestoßen
worden. Schon im Alter von acht oder zehn Jahren war er der Mann
im Hause und der Chef auf dem Schrottplatz, der im gesamten Haushalt Ordnung hielt und die jüngeren Geschwister vor den Übergrif-
fen der Eltern schützte. Selbst jetzt, da er eine gutgehende Praxis und
zahllose öffentliche Ämter hat, ferner erwachsene Söhne, die es zu
kritisieren, und eine erstaunlich tolerante Frau, die es herumzukommandieren gilt, nimmt er sich noch die Zeit, um seine inzwischen in
die Jahre gekommenen Geschwister unter Kuratel zu halten. Er ist
von seiner Kontrolliersucht geradezu verseucht und gleicht jenem legendären Hahn, der glaubte, ohne sein Krähen würde die Sonne
nicht aufgehen.

Wie zum Teufel konnten Butch und Sonny bei solch einem Vater
zu so gesunden Burschen heranwachsen? Sie hatten früher zur Cross-
lauf-Mannschaft meines Sohnes gehört, wo sie sich gegenseitig an-
gefeuert und an den Erfolgen des jeweils anderen begeistert hatten.
Damals fragte ich sie, woher sie soviel Mannschaftsgeist hätten, wo
ihr Vater doch in allem einen Konkurrenzkampf sah. Butch erklärte
mir sehr liebevoll, daß er seinen Vater angesichts der Situation in
dessen Elternhaus gut verstehen könne. Er verriet mir dann, daß
seine Mutter die Herrschsucht und Konkurrenzrangelei seines Vaters
eher als eine Art geringfügige Behinderung betrachtete, wie einen

kleinen Sprachfehler oder ein Gesichtszucken, das man nicht unter-
drücken könne, das aber weder besondere Aufmerksamkeit verdiente
noch nachgeahmt werden mußte. Man hatte nicht den Eindruck, daß
die Mutter vor Eagle geschützt zu werden brauchte, wobei die Jungen allerdings ganz klar auf ihrer Seite standen und jederzeit bereit
waren, für sie durchs Feuer zu gehen. Sie war jedoch so schlau,
bezüglich ihrer Person den Buben jeden Konflikt mit dem Vater zu
ersparen, und schien auch zu wissen, wie man Eagle von seinem
hohen Roß herunterholen konnte.

Butch hatte schon sehr früh begriffen, daß er Sonny vor der erdrückenden Dominanz des Vaters in Schutz nehmen mußte. Die
Buben hielten wie Pech und Schwefel zusammen, und Butch brachte
Sonny all die Spiele bei, die von jungen Burschen und Männern beherrscht werden müssen. Im Laufe der Zeit übertraf Sonny in Leistung und Geschick den älteren Bruder und konnte sich ihm nun auf
die gleiche Art erkenntlich zeigen.

Ihr interner Wettstreit war heftig, aber keiner verletzte je die
Spielregeln oder ließ den anderen hängen. In stürmischen Zeiten
stärkten sie sich gegenseitig den Rücken und spendeten sich Trost.
Indem jeder für den anderen den Trainingspartner abgab, lernten sie,
wie man miteinander wetteifert und wie man dem anderen die
Stange hält, aber sie lernten vor allem, daß die Beziehung wichtiger
ist als das Spiel – und sie versichern mir, daß darin das ganze Geheimnis der Brüderlichkeit liegt. Ihr Wettbewerb dient dazu festzustellen, wer der bessere Bruder, und nicht, wer im gerade laufenden
Wettbewerb der Sieger ist.

Neulich besuchte uns Butch und schwärmte von Sonnys wunder-
voller neugeborener Tochter und dem phantastischen Finish seines
Bruders im Marathonlauf. Sonny stieß etwas später dazu und berichtete begeistert von Butchs letzter Beförderung und dem neuen
Rennrad, das jener sich gekauft hatte. Indem die Mutter von Butch
und Sonny geduldig bei ihrem geschädigten Ehemann geblieben
war, hatte sie ihren Söhnen geholfen, das Machogehabe des Vaters
abzuweisen, ohne jedoch die Söhne gegen den Vater oder die eigene
Männlichkeit aufzubringen. Da die Brüder sich gegenseitig hatten,
waren sie vermutlich weniger auf den Vater angewiesen, so daß

ihnen dessen jämmerliche Herrschsucht und das angestrengte Wahren der Fassade, das seine normale menschliche Verletzlichkeit kaschieren sollte, nichts anhaben konnte.

Für einen Jungen ist ein tauglicher Bruder wahrscheinlich der beste Schutz vor einem untauglichen Vater.

GEMEINSAME ABENTEUER

Nicht jeder von uns ist mit Brüdern gesegnet, und deshalb müssen wir dann versuchen, aus unseren Freunden das Beste zu machen. Oft ist ein Mann nie wieder jemandem so nahe wie damals seinen Spezis, mit denen er die Pubertät durchlebt hat, als er ein stolzes, gleichwohl beschämendes, aber durchaus aufregendes Geheimnis in seiner Hose trug. Dieses Geheimnis kann man nur mit jenen teilen, die die gleiche wundersame Verwandlung erleben, getrennt von der übrigen Welt und geeint durch dieselbe Erfahrung.

Das gemeinsame Erlebnis ihrer Puberträtsrituale stiftet bei Jungen Blutsbrüderschaft. Sie haben die Gefahren und die Pleiten der Pubertät gemeinsam erlebt, und das bindet sie für immer aneinander. Jeder kennt des anderen Schande.

Stephen Kings sehr persönliche Erzählung »Stand by Me – Das Geheimnis eines Sommers« handelt von dem Abenteuer, das vier Zwölfjährige erleben, die sich auf die Suche nach einem weiteren Jungen im gleichen Alter begeben, den sie zwar nicht kennen, der aber, wie sie wissen, von einem Zug angefahren worden ist. Das Quartett tritt eine abenteuerliche Reise an, bei der es Gefahren begegnen, wundersame Begebenheiten erleben und dem Tod ins Auge blicken wird.

Während der Reise sprechen zwei der Jungen miteinander über ihre Einsamkeit und ihre Gefühle von Scham. Der eine, Chris, hatte einen Dieb zum Vater und ist ein sozialer Außenseiter. Beim anderen, Gordie, ist der Bruder gestorben, und er glaubt, sein Vater wünsche sich, es hätte ihn, Gordie, getroffen. Die beiden stützen sich gegenseitig, aber sobald die Wellen der gegenseitigen Sympathie zu hoch schlagen, müssen sie verbal übereinander herfallen.

Als sie schließlich die Leiche des vermißten Jungen finden, zieht an Gordies innerem Auge noch einmal die Beerdigung seines Bruders und die Zurückweisung durch den Vater vorüber. Er beginnt zu weinen. Chris nimmt den weinenden Gordie in den Arm. Gordie sagt: »Ich bin nichts wert. Es hätte mich treffen sollen. Mein Vater haßt mich.« Chris versichert ihm immer wieder: »Dein Vater haßt dich nicht. Er kennt dich nur nicht richtig.« Chris hält Gordie weiter im Arm und ergeht sich in Phantasien über Gordies zukünftigen Erfolg als Schriftsteller. Schließlich sagt er: »Wenn dir mal nichts Besseres einfällt, wirst du eines Tages vielleicht etwas über uns schreiben.« Gordie wischt sich die Tränen und stößt hervor: »Da darf mir aber wirklich nichts Besseres einfallen!« Just in diesem Moment trudeln ein paar Jungen ein, die die Pubertät schon hinter sich haben. Die ganze Zeit schon haben sie das Quartett gepiesackt. Als sie die beiden Jungen zusammensitzen sehen, mit Chris' Arm auf Gordies Schulter, ziehen sie die zwei damit auf, daß sie »Schwulis« seien.

In Kings Geschichte sind sämtliche Themen angesprochen, die im Grundmuster männlicher Bündnisse eine Rolle spielen: Der pubertierende Knabe, der aus der Welt der Frauen ausgestoßen ist; das Versagen des Vaters, der dem Jungen nicht als Führer bei seinem Gang durch die notwendigen Pubertätsrituale zur Verfügung stand; die Notwendigkeit, sich mit dem Tod auseinanderzusetzen, wenn man ein Mann werden will; die heldenhafte Reise, in der der Junge Gefahren zu bestehen hat und sich mit den Geheimnissen des Universums vertraut macht; die Distanz des Jungen von jenen Geschlechtsgenossen, die diese Reise noch vor sich haben, und andererseits von den Männern, die »das Große Unmögliche« des Mannbarwerdens schon geleistet haben; das verzweifelte Angewiesensein der Jungen auf jene Geschlechtsgenossen, die wissen und würdigen können, was sie auf sich zu nehmen haben, um ein Mann zu werden; die Angst, Zuneigung zwischen Männern sei eine Perversion, die jede Hoffnung auf das Erreichen der Männlichkeit zunichte macht; der barsche, rabaukenhafte Ton zwischen Männern, in welchem sich die Angst zu erkennen gibt, die immer und grundsätzlich zwischen ihnen steht.

»EINER FÜR ALLE UND ALLE FÜR EINEN«

Zu Beginn der Pubertät machen Knaben eine Erfahrung, die das Verhaltensmuster der Bindungen zwischen Männern prägt: Sie wissen, daß sie sich von ihren Müttern und aus der zivilisierten Welt der Frauen lösen müssen, sind aber noch nicht bereit zum Eintritt in die Welt der Männer. Ihr einziges Zuhause ist die Welt der Gleichaltrigen, die genauso ausgestoßen und eingeschüchtert sind und in gleichem Maße damit beschäftigt, das, was sie für Männlichkeit halten, zur Schau zu stellen. Je weniger sich der Vater um einen Jungen gekümmert hat, desto mehr ist jener auf die Jungen angewiesen, die mit ihm in einem Boot sitzen, desto geringer sind allerdings auch die Chancen, daß der Junge davor bewahrt wird, gänzlich dem Nimbus der Männlichkeit zu verfallen: »Ein Mann weint nicht«, »ein Mann jammert nicht«, »ein Mann zeigt keine Schwäche«, und vor allem: »Ein Mann braucht keinen anderen Mann.«

Ob es uns paßt oder nicht, Männerfreundschaften gründen sich auf gemeinsam überstandene Wagnisse. Männer müssen sich nicht lange unterhalten: Sie teilen die grundlegende Erfahrung, als Männer aufgezogen und trainiert worden zu sein. Die Einzelheiten sind nicht so wichtig. Entscheidend ist das Ergebnis des Wagnisses, das man eingegangen ist: Ist dieser Mann bereit, sein Leben zum höheren Ruhme der Männlichkeit in die Waagschale zu werfen? Wenn nicht, kommt er nicht als getreuer Freund in Frage; wenn er aber für dich zu sterben bereit ist, dann gilt es, alles, was du hast, mit ihm zu teilen.

In dem Roman »Die drei Musketiere« fordert der in die Stadt Paris gekommene Landbursche d'Artagnan jeden der Musketiere zum Duell. Wie er erklärt, habe ihm sein Vater gesagt, man erwerbe sich Freunde, indem man sich mit ihnen duelliert. Für uns bedeutet das, daß ein Junge, der für sein männliches Auftreten zu sterben bereit ist, unser Vertrauen als Waffenbruder verdient. Die von Alexandre Dumas 1844 vertretene Philosophie des »Einer für Alle und Alle für Einen« hat sich in den vorangegangenen 400 Jahren, seit Thomas Malorys Epos »Le Morte d'Arthur« (Der Tod Arthurs), nicht gewandelt und gilt noch unverändert für die Straßengangs der Großstädte.

Mannestum stiftende Abenteuer sind wenig ersprießlich, wenn kein Kumpel mitmacht. In »Zwei rechnen ab« traten Doc Holiday und Wyatt Earp gemeinsam der Clanton-Bande entgegen – und überlebten. »Butch Cassidy und Sundance Kid« gingen gemeinsam und glorreich im Kugelhagel ins Jenseits, und nach einem Leben voll schrecklicher Abenteuer traten sie ihren Weg eher frohgemut an. In Kiplings »Der Mann, der König sein wollte« schließen die beiden britischen Kolonialsoldaten des 19. Jahrhunderts, denen »Indien für solche wie wir nicht groß genug« ist, sogar einen schriftlichen Vertrag, in dem sie sich verpflichten, füreinander zu sterben. Erst dann ziehen sie los, um sich zu den Königen von Capristan zu machen. Das zwischen ihnen bestehende Band ist zwar aus der Hoffnung gewebt, daß einer des anderen Retter sein möge, aber wo das nicht zutrifft, eröffnet sich zumindest die reizvolle Aussicht, gemeinsam als glorreiche Machos zu sterben.

Mein bester Freund in der High-School war Charles, ein muskelbepackter Gewichtheber, der kein Wagnis scheute, aber gleich mir kein Footballspieler war. Nun war damals die Teilnahme an diesem Sport ein unerläßliches Mannbarkeitsritual. Nichtsdestoweniger betrachteten wir uns als die Alphamännchen unserer ganzen Meute und sorgten dafür, daß die Ausgangssituation eines jeden Wettbewerbs so gestaltet war, daß wir gewinnen konnten. Auf diese Weise sicherten wir unsere Position als die Oberwölfe im Schulrudel. Wir waren damals noch viel zu konkurrenzsüchtig, um uns in eine Mannschaft einzuordnen, andererseits aber zu gut befreundet, um gegeneinander anzutreten. Dieses eine Mal wenigstens hatte ich den Rat meines Vaters befolgt: »Wenn du an einen gerätst, der dir eine Nummer zu groß ist, dann mußt du zusehen, daß er dein bester Freund wird.«

Charles und ich hielten uns für die Weltmeister. Wir kamen uns rundum kugelsicher vor. Als wir sechzehn waren, war in der Tat einmal auf uns beide geschossen worden. Wir erzählten Dad davon, und ich bekam damals den klarsten Ratschlag, den er mir je geben sollte: »Mein Sohn, man sollte nie mit einer tätowierten Anhalterin hausgebrannten Whiskey saufen.« Ich sah mich anschließend etwas besser vor, Charles jedoch keineswegs. Er hatte einen ausgeprägten Spieler-

und Unternehmergeist, der sich in einer Reihe von geschäftlichen und sonstigen Abenteuern bei ihm Bahn brach. Während meines ersten Jahres auf dem College war er Fahrer einer Luxusmietlimousine im Taxiunternehmen seines Vaters. Charles fuhr gerade diesen Wagen, als Hank Williams, ein Countrysänger, den wir damals alle bewunderten, auf dem Rücksitz starb, vermutlich an einer Überdosis Heroin. Ich muß oft an Charles denken, und sogar an Hank Williams. Trotzdem sprachen Charles und ich nie über dieses merkwürdige Ereignis, das sein Leben veränderte.

Auf dem Klassentreffen zum 27. Jahrestag des Abgangs von unserer inzwischen aufgelösten High-School traf ich Charles zum ersten Mal nach Jahrzehnten wieder. (Man mag das für ein seltsames Jubiläum halten, aber es war das erste Jahr, an dem keiner aus unserer Klasse im Gefängnis saß.) Unser Klassenkamerad Ray Scott hatte als Veranstalter von Angelsporttreffen ein Vermögen gemacht. Für die Jubiläumsfeier hatte er die ganze Klasse in sein an einem Seeufer gelegenes Haus eingeladen, wo er vom Bett aus zu angeln pflegte. Ich saß den ganzen Abend mit Charles zusammen, und das Wiedersehen war wunderbar, aber wir sprachen immer noch nicht von Hank Williams. Im Rückblick muß ich sagen, daß wir uns nie über irgend etwas ausgiebig unterhalten haben. Wie alle männlichen Pubertätsfreundschaften gründete sich auch die unsrige eher auf gemeinsam erlebte Wagnisse und Abenteuer als auf gemeinsam daraus gewonnene Einsichten.

Brüder lieben sich und sind ihre gegenseitigen Beschützer, aber sie prügeln sich auch; über ihre Rivalitäten lernen sie sich durchzusetzen. Auch verbal fallen Brüder übereinander her. Diese Attacken lassen ihnen ein dickes Fell wachsen. Freundschaften zwischen Jungen sind unmöglich, solange einer von ihnen andauernd beleidigt zu Mama läuft. Die Beschimpfungen sind aber andererseits auch als Kompliment an den anderen Jungen gerichtet. Wenn man einen Freund hart angeht, signalisiert man Respekt vor seiner Männlichkeit, geht man doch davon aus, daß er keine Heulsuse ist und es wegstecken kann. Ähnlich den Raufereien zwischen Brüdern besiegeln auch die verbalen Anwürfe die vertraute Verbindung zwischen Männern.

WIE MAN FREUNDE GEWINNT

»Ein Bruder ist nicht unbedingt ein Freund, aber ein Freund ist immer
ein Bruder.«
Benjamin Franklin

Ich hatte keinen Bruder und keine gleichaltrigen Vettern. Ich hatte
eine Schwester, und sie war immer meine beste Freundin. Ich
brauchte aber auch männliche Freunde, und ich hatte viele. Sie wurden meine Wahlbrüder.

Ebbie wohnte damals im Haus gegenüber. Seine Eltern waren die
besten Freunde meiner Eltern. Wir waren gleich alt. Unsre Mütter
schoben uns in einem Zwillingskinderwagen herum. Wir waren un-
zertrennlich, bis der Krieg ausbrach, unsere Väter in den Krieg zogen
und wir im Zuge der Ereignisse getrennt wurden. Wie sein Vater
wurde Eddie Anwalt in einer kleinen Stadt. Wir haben uns seit Jahrzehnten nicht gesehen.

Bob wohnte ganz in der Nähe. Er war dieses kleine Stückchen
größer, älter und härter als ich, das ihn zu meinem Helden werden
ließ. Als er heranwuchs, entwickelte er sich zu einem ungewöhnlich
gutaussehenden jungen Mann und zu einem großartigen Sportler.
Ich beneidete ihn und warb um seine Freundschaft – wer, wenn nicht
er, kannte die Geheimnisse des Mannestums, die mir verborgen
waren! Ich glaube, Bob war über die Mädchen, die ihm unbedingt an
die Wäsche wollten, genauso ratlos, wie ich nicht verstehen konnte,
weshalb sie von mir überhaupt nichts wollten. Worin lag das Geheimnis? Keiner von uns kannte damals des Rätsels Lösung. Ich
kenne sie immer noch nicht und habe Bob auch schon seit längerem
nicht mehr danach gefragt.

Teddy war ein lieber und ruhiger Junge. Er wohnte eine Tür weiter als meine Großmutter. Jeder mochte Teddy gut leiden, da nicht zu
übersehen war, daß hinter seinem ruhigen und zivilisierten Äußeren
ein unerschrockener Geist stand. Er war sogar für die älteren Jungen
interessant. Das waren Halbstarke, die uns aufzogen und piesackten,
manchmal sogar kidnappten, was uns ein Gefühl großer Wichtigkeit
verlieh. Teddy sagte immer, er werde meine Schwester heiraten, und

zwar nicht nur deshalb, weil sie eine Lady ganz eigener Prägung ist, sondern auch, weil ihn das zu meinem Bruder machen würde. Er ging aber statt dessen auf die Militärakademie von Annapolis und wurde Marinepilot. Vor etwa 31 Jahren schoß er über das Landedeck seines Flugzeugträgers hinaus und ist seitdem auf See vermißt. Seine Mutter hat neulich mit mir telefoniert. Er fehlt mir auch heute noch sehr.

Als ich zwölf war, kam mein Vater aus dem Krieg zurück, und wir zogen um nach Prattville, Alabama. In der für mich neuen Stadt hatte ich keine Freunde. Was menschliche Gesellschaft betraf, mußte ich mich ganz auf meine Schwester verlassen, der es wesentlich leichter fiel als mir, neue Freundschaften zu schließen. In Prattville hatte sie sofort Aufnahme in einen Kreis von Mädchen gefunden. Ich war zunächst zu beschäftigt, um mir über Freunde den Kopf zu zerbrechen. Unser Haus war eine heruntergekommene Vorkriegsvilla, die so gut wie keine sanitären Installationen hatte. In den Fußboden hatte man Löcher zum Hindurchspucken gebohrt. Im Garten gab es große alte Bäume, die alle bis in Augenhöhe weiß angepinselt worden waren. Mutter und ich brauchten ein paar Wochen, um die Stämme wieder braun anzumalen, aber als alles in Ordnung gebracht worden war, wurde ich deprimiert und saß die meiste Zeit zu Hause herum und blies Trübsal.

Dad wußte eine Lösung: »Du darfst erst nach Hause kommen, wenn du einen Freund gefunden hast. Ich werde dich nicht von der Schule abholen. Ich komme erst, wenn du mich vom Haus eines anderen Jungen aus anrufst.«

Ich geriet in Panik. Es war klar, daß er meinte, was er sagte. Ich wußte noch, wie er mir das Schwimmen beigebracht hatte, indem er mich in den Fluß warf. Ich machte mich also daran, in der Schule ein paar Jungen, deren Namen ich zu kennen glaubte, auf dem Gang anzusprechen, aber sie beachteten mich überhaupt nicht. Dann erblickte ich einen Jungen in meinem Alter. Am Tage meines Schuleintritts war er nett zu mir gewesen, hatte aber seither nicht mehr mit mir gesprochen – niemand hatte mit mir gesprochen, um genau zu sein. Ich kannte aber wenigstens seinen Namen – Noel – und wußte auch, wo er wohnte, denn seine Schwester war mit meiner Schwester befreundet.

Als Noel nach der Schule nach Hause ging, folgte ich ihm. Er bemerkte mich nicht, da ich ihm im Abstand von einem halben Block hinterherschlich. Er hatte einen Freund bei sich. Ich versteckte mich hinter einem Baum, aber als es schließlich dunkel wurde, nahm ich all meinen Mut zusammen, klopfte an der Haustür und fragte, ob ich zum Spielen hereinkommen dürfe. Noel machte die Tür wieder zu und besprach sich mit seinem Freund. Schließlich ließ er mich hereinkommen. Ich sah den beiden Burschen ein Weilchen zu, wie sie Schach spielten, und rief dann Dad an, um ihm zu sagen, wo er mich abholen konnte. Als Dad eintraf, saßen Noel und ich gerade bei einer Partie Schach, und wir machten Pläne für weitere gemeinsame Unternehmungen.

Noel hatte mir das Leben gerettet. Kurz darauf konnte ich seines retten. Er bekam Kinderlähmung. Lähmungen in den Beinen blieben ihm zwar erspart, aber er verlor sein Sprachvermögen und mußte ganz neu sprechen lernen. Wenn er zu sprechen versuchte, konnte niemand seine Stimme hören oder gar verstehen, es sei denn über das Telefon. Also telefonierten wir jeden Nachmittag miteinander, wobei er mir etwas vorlas, und manchmal spielten wir sogar Telefonschach. Wir brauchten einander, in guten und in schlechten Zeiten.

Noel ist für mich immer noch ein Freund, der sozusagen zur Familie gehört. Wir kennen uns nun seit 45 Jahren. Außer Betsy und vielleicht meiner Schwester Joanna gibt es niemand, der mich so gut kennt wie er.

BLUTSBRÜDER

»Uns wen'ge, uns beglücktes Häuflein Brüder:
Denn welcher heut sein Blut mit mir vergießt, der wird mein Bruder!«
Shakespeare, »König Heinrich V.«

Wenn Jungen sich miteinander auf den Weg zum Mannestum begeben, entwickelt sich Blutsbrüderschaft quasi automatisch und ohne besonderes Zutun, indem die Knaben und jungen Männer in der gleichen Mannschaft spielen, die gleichen Wagnisse auf sich

nehmen oder gar zusammen in den Krieg ziehen. Das Erwachsenwerden ist ein so beunruhigender, dramatischer und unvergeßlicher
Vorgang, daß uns ein unzertrennliches Band mit den Gefährten dieses schrecklich-schönen Abenteuers verbindet. Unser späteres Leben
hat ähnliches kaum mehr zu bieten.

In jedem Lebensalter ist freilich die Bedingung der Blutsbrüderschaft, daß die übliche männliche Abgrenzung aufgegeben wird,
indem man – physisch und emotional – Wunden und Verletzlichkei-
ten preisgibt, die Männer für gewöhnlich voreinander verborgen halten. Viele von uns suchen ihr Leben lang nach Möglichkeiten, die
Blutsbrüderschaft zu stiften und die Sehnsucht nach der Überwindung der Einsamkeit in der Vertrautheit mit einem Mann zu stillen
vermögen.

In dem Film »Women in Love« versuchen Gerald Crich und Rupert
Birkin einander nahezukommen. Rupert verweist auf die *Blutsbrüderschaft*, jene Praxis des deutschen Rittertums, bei der man sich am
Arm einen Schnitt beibrachte und mit dem Schwur »ein Leben lang
treu zu sein wie von einem Blute« wechselseitig das Blut in die
Wunde des anderen strömen ließ. Er gibt zwar zu, daß das Beibringen einer Wunde etwas antiquiert sei, aber er macht trotzdem den
Vorschlag, daß »wir schwören, füreinander einzustehen – einander
treu zu sein – bis zum letzten – unverrückbar – einer schenke sich
dem anderen, im körperlichen Sinne – ohne einen Weg zurück«. Am
Ende schneiden sich die Männer nirgendwo hinein, schwören auch
nichts; dafür ringen sie nackt vor dem Kaminfeuer – was im Grunde
den Zweck genausogut erfüllt. Vieles von dem, was sich zwischen
Halbwüchsigen und etwas älteren Männern abspielt, hat nichts anderes zum Ziel, als ohne allzu schmerzhafte oder peinliche Aktionen
diese *Blutsbrüderschaft* zu erreichen. Wir versuchen jene Vertrautheit wiederherzustellen, die wir erfahren haben, als wir miteinander
die Qual und die Verwirrungen der Pubertät durchlebten.

Wenn die intimitätsstiftenden Pubertätsrituale hinter uns liegen,
dann wird uns angehenden Männern eingeschärft, daß wir tunlichst
alles alleine mit uns abzumachen haben, daß wir den heldenhaften,
einsamen Cowboy spielen müssen, daß wir die anderen Männer als
eine Bedrohung unserer männlichen Position zu begreifen haben, der

durch verschärfte Konkurrenzhaltung zu begegnen ist. Also begeben wir uns mit den Männern, mit denen wir uns ernsthaft einlassen wollen, aufs Spielfeld, treten im Sport gegeneinander an und gestatten uns in dieser Form die körperliche Kontaktaufnahme, die wir gleichzeitig suchen und fürchten.

Man bringt uns bei, uns zur Überwindung unserer Sehnsucht nach einem vertraulichen Umgang mit Männern desto enger an Frauen zu binden. Frauen sollen unsere männliche Identität würdigen und sogar unsere besten Freunde sein. Man lehrt uns, daß es abartig ist, liebevolle Zuneigung zu einem Mann zu empfinden oder gar zu zeigen.

HOMOPHOBIE

»Die Furcht vor sexuellem Kontakt mit anderen Jungen ist so stark, daß ein Junge sich auch emotional von den anderen Jungen distanziert, um sich nicht ›verdächtig‹ zu machen. Dadurch gerät der Junge in eine Lage, in der er auf emotionale Zuwendung von Frauen angewiesen ist. Diese Kombination, die man Homophobie nennt, zwingt junge Männer in die Abhängigkeit von Frauen.«
Warren Farrell

Die größte Bedrohung ihres männlichen Status ist für Jungen und Männer die Furcht, sie selbst oder ein anderer könnte »homosexuelle Tendenzen« an ihnen entdecken. Was immer unter »Homosexualität« zu verstehen ist, die Furcht davor erzeugt Verkrüppelungen und eine schmerzliche Isolation.

Gore Vidal soll einmal treffend gesagt haben: »Der anglo-amerikanische Durchschnittsmann reagiert auf das Thema Homosexualität mit Hysterie. Dies ist ein Zug unserer Kultur, es ist ein Versatzstück der jüdisch-christlichen Tradition, die jetzt in ihr Endstadium eingetreten ist. Jedermann weiß, daß er homosexuelle Regungen hat; da aber jedermann von Geburt an zu hören bekommt, er sei krank und verkommen, und in den meisten amerikanischen Staaten ein Krimineller obendrein, wenn er diesen Instinkten nachgibt, wird das Herumhacken auf Schwulen sich noch für geraume Zeit großer Beliebtheit erfreuen.«

In meiner Jugend hatten wir einen sehr freien Umgang miteinander, und wir konnten es uns leisten, die Erfahrung, zum Mann heranzuwachsen, gemeinsam zu machen. Der heute heranwachsenden Generation von Jungen wird jedoch schon vor der Pubertät die Angst vor vertrautem Umgang mit anderen Jungen und vor dem Ablegen der männlichen Panzerung eingeimpft. Diese Jungen wachsen vielfach ohne Freunde auf. In anderen Jungen sehen sie allenfalls den Mannschaftskameraden oder den Konkurrenten. Was ihnen an liebevoller Zuwendung zuteil wird, wird ihnen von Frauen geschenkt, mit dem doppelten Resultat, daß Frauen viel zuviel Macht über sie bekommen und daß sie auf diese Weise unfähig werden, sich jemals als richtiger Mann zu fühlen.

Als empfohlenes Gegenmittel gegen die angeblich männlichkeitsreduzierende »Krankheit« Homosexualität macht Homophobie die Sache für Jugendliche, die zu Männern heranwachsen wollen, durchaus nicht leichter. Pubertierende Jungen laufen in Duschräumen mit um die Hüften geschlungenem Handtuch herum. Auch im Dampfbad oder in der Sauna trennen sie sich nicht von ihrem Handtuch, und es soll schon vorgekommen sein, daß sie mit der Badehose unter die Dusche gegangen sind. Natürlich lassen sich jene Jungen, die ihre männliche Ausstattung besonders kläglich finden, überhaupt nicht in Turnhallen oder Fitneßstudios sehen. Wovor haben diese Kerlchen nur solche Angst?

Von den nicht so gut entwickelten Jungen fürchten manche, daß ihr sexueller Entwicklungsgrad nicht ausreicht, um ihnen einen Platz in der Runde der Männer zu sichern. Sie leiden unter einem »Pimmelneid« von verheerendem Ausmaß.

Es gibt wiederum Burschen, denen Selbstzweifel an ihrer männlichen Pracht völlig fremd sind. Statt dessen befürchten sie, daß andere Leute – Jungen, Mädchen, Eltern, Fremde – mit einem Blick auf ihren Penis ihre Gedanken erraten könnten. Sie haben Angst vor der Erektion im falschen Moment – die ihnen in der Tat droht – und den Schlüssen, die der Beobachter über ihre sexuellen Neigungen und Vorlieben ziehen könnte. In diesem Alter sind noch keine sexuellen

Präferenzen ausgebildet – auch die entfernteste sexuelle Fanfare zieht einen Salut nach sich.

Natürlich sind Peinlichkeiten auf diesem Gebiet das Unangenehmste, das es für Jungen gibt. Ein Mittelstufenschüler, den ich betreue, überlegt sich ernsthaft, aus der Schwimmermannschaft auszuscheiden, weil er Angst hat, sein Schamhaar könnte aus dem winzigen Schwimmsporthöschen herauslugen. Er ist überzeugt, die anderen Jungen, in denen sich noch nicht der Mahlstrom der Hormone wälzt, würden sich über ihn lustig machen. Während ich sein Selbstvertrauen zu stärken versuchte, fiel mir wieder ein, wie wir als Heranwachsende dem Jungen, der als erster aus unserer Gruppe in die Pubertät kam, das Leben schwergemacht hatten. Er erregte zwar insgeheim unseren Neid und unsere Bewunderung, die wir aber dadurch kaschierten, daß wir um ihn herumhüpften und uns gebärdeten, als sei sein Schamhaar etwas Krankhaftes, von dem die Gefahr der Ansteckung ausging. Wir taten zwar angeekelt, waren es aber in Wirklichkeit überhaupt nicht: Wir litten an Homophobie – unsere Faszination über seine Pubertät machte uns angst. In der sechsten Klasse hatte ich einen Mitschüler, der einen für unsere Begriffe riesigen Penis bekommen hatte. Ich zog ihn deshalb gnadenlos auf, während ich gleichzeitig alles Erdenkliche anstellte, um auch so einen Apparat zu bekommen.

Auf dem Lande, wo ich aufwuchs, planschten die Buben im Sommer ohne Badehosen herum, und jeder wußte daher, wie weit der andere entwickelt war. Wenn Zweifel aufkamen, wurde nachgemessen. Das gehörte eben zu den Wettspielen zwischen uns Buben. Wir machten uns regelrecht Sorgen über einen Spätentwickler unter uns, der in unserer Gegenwart nie die Hosen auszog. Ich weiß nicht, ob wir ihn verlacht oder bemitleidet hätten, wenn er gezeigt hätte, was er vor uns verbarg. Auf jeden Fall war seine Beschämung viel trauriger, als sein Schwänzchen je hätte sein können.

Unsere Fixierung auf den Penis hat bei keinem von uns Homosexualität gezeigt, die uns auch nie in den Sinn gekommen wäre; für uns war klar, daß das alles nur Training war für den Tag, an dem wir unsere delikate Männlichkeit einer Frau vorzuführen gedachten. Selbst wenn wir uns gegenseitig neckten und verspotteten, gab es bei der Bewältigung dieses Übergangs zwischen uns so viel Gemeinsamkeit, daß wir uns gegenseitig eher bestärkten.

Jungen müssen ihre Selbstzweifel und die Unzulänglichkeiten ihrer Männlichkeit zeigen dürfen, sie müssen bei ihren Geschlechtsgenossen Trost und Verständnis finden können. Wo das nicht der Fall ist, ist die Fürsorge für ihre Männlichkeit in vollem Umfang Frauen anvertraut, aber es ist völlig ausgeschlossen, daß Frauen dem Problem gerecht werden können.

Unsere wirren, von Panik gekennzeichneten und wissenschaftlich unzutreffenden Theorien über Homosexualität schaffen grausame Probleme für jene Männer, die ein homosexuelles Leben führen, aber auch für die große heterosexuelle Mehrheit. Die meisten »normalen« Männer leben, völlig unabhängig davon, ob sie die typische sexuelle Verwirrung und Verunsicherung der Halbwüchsigen durchlebt haben oder nicht, in der Furcht, Homosexualität in sich zu tragen oder sich damit »anzustecken«. Das macht es ihnen unmöglich, das dringend nötige vertraute Verhältnis zueinander zu finden.

MÄNNLICHE HOMOSEXUALITÄT

»Wir werden es nicht schaffen, die Zwangsjacke unserer kulturell bestimmten Vorstellungen über verschiedene sexuelle Ausrichtungen abzustreifen, wenn wir uns nicht mit der wohldokumentierten, normalen Fähigkeit des Menschen abfinden, mit beiden Geschlechtern Liebesbeziehungen aufnehmen zu können.«
Margaret Mead

Die Männer hätten vermutlich weniger Angst vor der Homosexualität, wenn sie mehr darüber wüßten. Homophobie und politische Grundhaltungen beeinträchtigen das Verständnis von Homosexualität, die mittlerweile ein kontroverses Thema mit erheblicher politischer Sprengkraft geworden ist.

Der Kreuzzug, durch den Homosexuelle zu einer besonderen Gattung Mensch erklärt werden sollten, zu Mutanten, deren biologische Bestimmung sie angeblich ausschließlich auf Homosexualität festlegt, gehört zu den abwegigsten politischen Bewegungen der letzten Jahrzehnte.

Viele Menschen, gleichgültig ob schwul oder »normal«, ziehen es vor, ihre sexuelle Ausrichtung als etwas biologisch Vorgegebenes zu verstehen, als etwas, das ihrer Kontrolle letztlich entzogen ist. Theorien der biologischen Determiniertheit geben »normalen« Männern das sichere Gefühl einer wesenhaften Verschiedenheit von »Abartigen«, und für Homosexuelle haben diese Theorien den Vorteil, daß sie sich für ihre sexuelle Wahl nicht verantwortlich zu fühlen brauchen.

Der neuesten Theorie zufolge fehlen homosexuellen Männern gewisse Zellen, die bei heterosexuellen Männern im Hypothalamus zu finden sind. Diese Gehirnregion scheint mit dem Wärmeregelungssystem des Körpers und vielleicht auch mit der sexuellen Aggressivität vernetzt zu sein. Es ist vorstellbar – die Beweise dafür sind allerdings sehr dürftig –, daß manche Homosexuelle zur Zeit ihrer Pubertät eine geringere sexuelle Aggressivität entwickelten als der Rest ihrer Geschlechtsgenossen und sich am Ende als »anders« empfanden. Man kann sich jedoch kaum Hypothalamuszellen mit der Gestalt von Sexualobjekten vorstellen (obwohl einmal ein »normaler« Mann zu mir kam und sagte, es komme ihm so vor, als habe er eine große Blonde in seinem Hypothalamus, während tatsächlich eine kleine Brünette in seinem Ehebett lag).

Homosexualität gehört und gehörte für Männer und Frauen immer zum normalen Bestand menschlicher Entfaltungsmöglichkeiten. Das menschliche Lebewesen, das müssen wir uns schlichtweg eingestehen, ist sehr wohl zu erfolgreichem »Geschlechtsverkehr« mit Männern, Frauen, Kindern, Tieren, Maschinen und gewissen Pflanzen in der Lage. Der »Entschluß«, schwul oder »normal« zu sein, kann durchaus als Geschmackssache aufgefaßt werden. Nachdem ich Therapieerfahrung mit einigen Schwulen, einer ganzen Menge von »Normalen« und einer beträchtlichen Anzahl von Typen gesammelt habe, die in beiderlei Richtungen ausschwingen, bin ich überzeugt davon, daß es zwischen all diesen Männern keinen ernst zu nehmenden Unterschied gibt.

Es gibt zweifellos eine Unzahl von biologischen, psychologischen und situativen Ursachen dafür, daß ein Mann Präferenzen der einen oder anderen Art ausbildet. Und natürlich könnte es sein, daß jene Männer, die sich der Homosexualität verschreiben, einige gute Gründe dafür ins Feld zu führen haben. Es könnte doch ganz gut sein, daß Männer ein besseres Gespür für die Bedürfnisse und ein größeres Verständnis für das recht empfindliche Ego eines anderen Mannes haben.

Homosexualität war in der Vergangenheit für Männer etwas ganz Normales. Im antiken Griechenland galt sexuelle Aggressivität in jeglicher Männerbeziehung als mannhaft, wogegen sexuelle Passivität als schicklich für Knaben und Frauen betrachtet wurde. Foucault schreibt in »Die Geschichte der Sexualität«: »Die Griechen empfanden die Liebe zum eigenen Geschlecht und die Liebe zum anderen Geschlecht nicht als etwas Entgegengesetztes, als unvereinbare Alternativen, als zwei radikal verschiedene Verhaltensweisen... Für einen Mann war es üblich, nach einer jugendlichen Periode der Knabenliebe die Vorliebe auf Frauen zu verlagern.« Homosexualität galt nicht als eine andere Form der Liebe, und ganz gewiß galten Homosexuelle nicht als eine andere Sorte von Menschen. Im antiken Griechenland wurde ein Knabe zum Mann, sobald ihm der erste Bart sproß. Er wurde sodann dazu angehalten, nicht mehr der passive Sexualpartner eines älteren Mannes zu sein, sondern die aktive Rolle im Sexualverhältnis zu einem Knaben zu übernehmen. Die Erfüllung seiner Bürgerpflicht durch eine heterosexuelle Heirat konnte später erfolgen.

In seinem Werk »Manhood in the Making« (Das Entstehen der Männlichkeit) listet Gilmore die Gesellschaften auf, die zwischen Homosexualität und Männlichkeit keinen Widerspruch sahen: In Griechenland und in Rom war »Homosexualität durchaus nicht hinderlich, sogar förderlich, um auf allen Ebenen des Gesellschaftlichen uneingeschränkt als Mann zu gelten... Die Spartaner waren wie auch andere Griechen ihrer Zeit der Ansicht, daß homosexuelle Männer bessere Soldaten seien, da ihr Geliebter mit ihnen auf dem Schlachtfeld steht... Im mittelalterlichen Skandinavien vertrug sich achtungsgebietende Männlichkeit sehr wohl mit Homosexualität... In Japan wurde Homosexualität nicht nur toleriert, sondern, wie wir an dem Fall des Romanciers Yukio Mishima sehen können, es wurde sogar dazu ermuntert, da sie als die reinere Form der Liebe galt.« Gilmore beschreibt auch Kulturen, in denen Homosexualität ein Mannbarkeitsritual, ein Duchgangsstadium auf dem Weg zur Männlichkeit ist. In Sambia auf Neuguinea heißt es beispielsweise: »Ein Knabe, der keinen Samen ißt, bleibt klein und schwächlich.«

In seinem Buch »Phallos« untersucht Vanggaard einige Kulturen, unter anderen auch die seines Geburtslandes Dänemark, und kommt zu dem Schluß: »Praktisch jeder Junge kann in eine päderastische Beziehung verwickelt werden, wobei es keine Rolle spielt, wie normal und wie gut angepaßt an Familie und Gesellschaft er ist. Das heißt aber keineswegs, daß sich daraus zukünftige Normabweichungen im Hinblick auf seine heterosexuelle Entwicklung ableiten lassen.«

Es kommen viele Jungen mit der Angst in meine Praxis, daß sie durch ihre bereits erlebten homosexuellen Kontakte unfähig geworden seien, heterosexuelle Beziehungen einzugehen. Vor allem aber befürchten sie, dadurch in den Augen der anderen Burschen sozial nicht mehr tragbar zu sein. Ich führe ihnen allemal vor Augen, daß die Möglichkeit zur Homosexualität in jedem Mann schlummert: Viele wissen es nicht; viele wissen es und wissen es zu schätzen; viele wissen es und geben es nicht zu; und viele wissen es, haben es aber sorgsam unterdrückt. Es ist hilfreich zu wissen, daß allen Männern die Möglichkeit zur Bisexualität innewohnt, ob man nun davon Gebrauch machen will oder nicht. Dies zuzugeben ist allerdings gesellschaftlich noch nicht akzeptiert. Es macht den Leuten angst. Allerdings ist auch richtig, was Woody Allen sagte: »Bisexualität verdoppelt deine Chancen, daß am Samstagabend jemand mit dir ausgehen will.«

Ich habe schwule Paare als Patienten. Sie haben im großen und ganzen die gleichen Probleme wie die meisten nicht schwulen, allerdings verschärft durch Isolation und doppelte Eifersucht: Wenn Männer ein homosexuelles Leben führen, kann es ihnen gelingen, mit *einem* anderen Mann ein enges Verhältnis aufzubauen, aber dann kann es schwierig werden mit beiläufigen Bekanntschaften. Und natürlich haben homosexuelle Männer am Ende mit den gleichen aus ihrem Männlichkeitstraining herrührenden Beeinträchtigungen zu kämpfen wie alle anderen Männer auch, selbst wenn sie stolz das Gegenteil behaupten. Schwule Männer beklagen sich nicht minder lautstark als Frauen, wie schwer es sei, an einen Mann heranzukommen, dem seine Männlichkeit wichtiger ist als die Beziehung.

Ich muß ganz ehrlich sagen, daß wir uns ungeachtet der Vorurteile in den beiden verschiedenen Lagern der »sexuellen Geschmacksrichtungen« nicht besonders voneinander unterscheiden. Wir sind alle von der Erfahrung gezeichnet, als Männer in einer Welt aufgewachsen zu sein, die von uns als Männern rundweg zuviel erwartet. Und wir teilen die Erfahrung unserer Scham darüber, daß wir niemals männlich genug sein können.

DIE JAGD AUF FRAUEN

»Normale« Männer und Schwule, die als »normal« gelten wollen, suchen oft voreinander ihre »Normalität« zu beweisen. Wenn Männer sich treffen, reden sie über Frauen, damit sie sich nicht zu nahe kommen und in homophobe Panik geraten. Schürzenjägerei kann zum Zuschauersport werden, den Männer sich gegenseitig vorführen, um ihre Homophobie im Zaum zu halten. Es erinnert oft ein bißchen an Hunde, die Autos hinterherlaufen. Es ist ein prima Spektakel, aber der Versuch, das Auto zu packen, findet selten statt.

In Filmen über Männerfreundschaften gibt es immer eine Szene, und sei sie auch noch so kurz, die der Feststellung dient, daß die Protagonisten prinzipiell heterosexuell sind. Wenn Gerald Crich und Rupert Birkin mit ihrem Ringkampf im Adamskostüm vor dem Kaminfeuer fertig sind – nachdem sie sich gegenseitig weh getan haben, weil sie es nicht wagen können, sich gegenseitig wohlzutun –, machen sie Licht, ziehen sich an und beginnen über Frauen zu reden. Im klassischen Dreiecksverhältnis sind Butch und Sundance, Arthur und Lancelot jeweils scharf auf die gleiche Frau. Daß sie unverhohlen scharf auf *einander* wären, läßt ihr Freundschaftsverhältnis nicht zu.

Die Busenfreunde Marty (gespielt von Ernest Borgnine) und Angie (dargestellt von Joe Mantrell) – sie sind beide etwa Mitte

Dreißig – haben in dem Film »Marty« aus dem Jahre 1955 »seit 25 Jahren jeden Samstagabend nach einem Mädchen Ausschau gehalten«. Sie geben sich große Mühe, nie eines zu finden. Unentwegt fragen ihre Mütter, wann sie endlich heiraten. Die Gespräche der beiden bestehen aus einer endlosen Wiederholung der Sätze: »Was willste heute abend machen, Marty?« und »Weiß nich', Angie, was willst'n du machen?« Aber schließlich stolpert Marty doch, mehr zufällig, in eine Beziehung zu einem Mädchen, und Angie gerät in Panik. Angie redet Marty ein, das Mädchen sei ein Trampel und er würde sein Renommee aufs Spiel setzen, wenn er sich mit einem so potthäßlichen Mädchen sehen ließe. Marty läßt sie daraufhin sitzen, aber nach ein paar weiteren Unterhaltungen nach dem Muster »Was willste heute abend machen?« ruft er triumphierend bei ihr an. Er sagt am nächsten Tag zu Angie: »Ich habe mich gestern abend prima mit ihr amüsiert. Wenn ich mich immer so gut mit ihr amüsiere, werde ich auf die Knie fallen und sie bitten, daß sie mich heiratet, und dann habe ich jeden Samstag jemand zum Ausgehen. Angie, wann wirst du endlich heiraten?«

Wenn es um das Aufreißen von Frauen geht, wirkt Busenfreundschaft von Männern unmännlich. Dann ist nicht mehr lebenslange »Blutsbrüderschaft« das Thema, sondern die enge Freundschaft ist lediglich ein etwas verlegen machender Schritt zu echter Männlichkeit, die sich nur dann einstellen kann, wenn ein Mann erwachsen genug ist, sich eine Frau zu nehmen und eine Familie zu gründen. Männerfreundschaften haben so gesehen die gleiche emotionale Funktion wie die Homosexualität bei den alten Griechen, für gewöhnlich fehlt ihnen allerdings die sexuelle Komponente. Männer, die stolz sein wollen auf ihre Männlichkeit, müssen sich dazu bereit finden, zugunsten der Liebe einer Frau und der Heterosexualität die Männerfreunde zu opfern.

Männer versuchen dem durch die Heirat ausgelösten Verlust der Freunde vorzubauen. In dem Film »Diner«, Barry Levinsons liebevoller Beschreibung heranwachsender Jungen im Baltimore der fünfziger Jahre, heiratet einer der Burschen. Bevor es soweit ist, veranstalten jedoch er und seine Freunde ein sorgfältig vorbereitetes Quiz mit der Braut, in dem sie deren Wissen über Football abfragen.

Nicht nur, daß dieser Junge seine Freunde in die Prozedur einbezieht, er ist darüber hinaus entschlossen, nur eine solche Frau zu wählen, die sich dem begrenzten Interessenspielraum der Männer in der Eisenhower-Ära einfügt. Frauen werden gebraucht, weil sie Kronzeugen der Heterosexualität des Mannes sind und die Jungen deshalb näher zueinanderfinden lassen, ohne daß homophobische Panik sich breitmacht. Aber den, der sie ernst nimmt, lösen sie allmählich aus dem Männerkreis seiner Freunde heraus.

Als ich geheiratet hatte, änderte sich meine Beziehung zu den Freunden ziemlich rapide. Über das Ausmaß der Intimität mit Betsy geriet ich in solche Ekstase, daß ich überhaupt nicht merkte, wie mir die Freunde entglitten. Es fiel mir erst auf, als es bereits geschehen war. Bei unserem Hochzeitsempfang verschleppten mich meine Brautführer unter Anführung von Barry, einem hünenhaften früheren Footballspieler am College, der im Medizinstudium mein Stubenkamerad gewesen war, aus der Empfangsreihe und versuchten mich an einen Stuhl zu ketten. Die unerschrockene Betsy in seidenem Brautkleid, mit einem Brautschleier aus Brüsseler Spitzen und langen weißen Handschuhen, entwand Barry die Kette, wobei sie sich auch vor angemessener Gewaltanwendung nicht scheute, schlug die feindlichen Horden zurück und deckte meinen Rückzug. Damit waren die Grenzen klar gezogen.

DIE EINSAMKEIT DER MÄNNER

Männerfreundschaften sind anders als Freundschaften zwischen Frauen: Männer suchen nicht so sehr Vertraute als vielmehr Spielkameraden. Meistens brauchen Männerfreundschaften auch nicht so zu sein wie Freundschaften zwischen Frauen. Als Männer dürfen wir getrost davon ausgehen, daß wir alle den gleichen dornenvollen Weg hinter uns haben und daß sich unsere Einstellung zu den meisten Dingen sehr ähnelt. Zusammensein zu können, ohne viel darüber reden zu müssen, ist eine wunderbare Sache. Manchmal bin ich geneigt zu glauben, daß Männer sich überhaupt nicht unterhalten würden, wenn sie nicht mit ihren Frauen reden müßten: Sie würden

wahrscheinlich ein Leben lang nur schmutzige Witze erzählen und
die letzten Fußballergebnisse austauschen. Aber manchmal muß
auch ein Mann etwas loswerden, etwas mit einem anderen Mann besprechen, und es kann sehr wohl sein, daß es dann niemand gibt, an
den er sich wenden kann. Männlichkeit ist manchmal ein einsamer
Sport.

In dem Film »Maria Walewska« von 1937 hält Greta Garbo vor
dem von Charles Boyer gespielten Napoleon eine beherzte Ansprache: »Ist Einsamkeit denn nicht ein billiger Preis für die Macht, Sire?
Soll ich denn annehmen, daß der Meister Europas, der einer Million
Männer befehlen kann, für ihn zu sterben, keinem dieser Männer befehlen kann, sein Freund zu sein? Warum, Sire, erlassen Sie keine
Order, die Ihre Einsamkeit abschafft? Sie sagen, Sie seien einsam. Wo
gedächten Sie einen Freund zu empfangen? In Ihrem Herzen? Aber
das ist zu voll von Ihnen selbst. In Ihrem Geist? Aber der ist zu voll
von der Welt – Ihr Begehren ist der Freundschaft nicht wert. Sie werden immer einsam sein, Sire, aber Sie werden es ertragen. Sie sind
erbarmungslos genug, auch gegen sich selbst.«

Das ist genau unser Training. Wir lernen in unserer Jugend, daß
Einsamkeit kein nennenswerter Preis ist, wenn es um Macht geht. Ein
Mann, der seinem männlichen Code treu bleibt, zahlt dafür eben mit
Einsamkeit. Im Schein des Nimbus der Männlichkeit führen viele
dafür anfällige Männer ein entsetzlich einsames Leben. Robert S.
Weiss spricht in seinem Buch »Staying the Course« (Die Strecke
durchstehen) von den »bizarren« Freundschaftsmustern erfolgreicher
Männer: »Man stelle sich vor, man hat einen engen Freund, den man
nur einmal alle sechs Monate sieht, mit dem man nie ein längeres Te-
lefongespräch geführt hat und dem man kaum je vertraut.«

Ich kenne zwei junge Männer, sie sind die besten Freunde. Frost
und Glen gehen dreimal die Woche zusammen Joggen, und am Wochenende spielen sie miteinander Tennis. Vor ein paar Jahren ließ
Frost sich scheiden – es war eine schmerzhafte Phase für ihn. Um auf
sich aufmerksam zu machen, hatte ihn seine Frau verlassen und die
Kinder mitgenommen. Sie wartete auf eine Reaktion von ihm. Die
Ehefrauen der beiden Männer beredeten jeden Tag die Situation und
jeden einzelnen grausamen Schritt. Glens Frau erzählte Glen natür-

lich alles haarklein weiter. Frost ließ jedoch Glen gegenüber nie das geringste verlauten und reagierte gereizt, als jener darauf zu sprechen kam. Er vertraute sich vielmehr einer Bürokollegin an, die ihn anfangs bemitleidete und dann verführte. Es dauerte nicht lange, und Frost hatte ein Verhältnis mit ihr, reichte die Scheidung ein und hörte auf, sich mit seinen Kindern zu treffen. Glen seinerseits hielt fortan die Klappe, um die Freundschaft nicht aufs Spiel zu setzen.

Mein Vater war oft betrübt darüber, daß er sowenig Freunde hatte. Ich wußte gar nicht, was er wollte, war da doch eine Gruppe von Männern, mit denen er jeden Mittwochabend pokerte, eine weitere zum Golfspielen am Wochenende, und außerdem traf er sich jeden Morgen mit verschiedenen Leuten zum Kaffeetrinken. Er war von Männern umgeben. Sie spielten alle die unter Männern üblichen Spiele, und doch war er einsam. Sein ganzes Leben lang hatte er beruflich und in der Freizeit mit Männern zu tun gehabt, aber nie hatte er sich wirklich mit einem Mann unterhalten. Das fiel ihm erst auf, als Mutter so weit abgebaut hatte, daß sie als Gesprächspartner ausfiel, und er nicht wußte, wie er seine Freunde ansprechen sollte. Er verkündete schließlich folgende Lesart: »Deine Freunde sind nicht unbedingt die Leute, mit denen du etwas unternimmst, sondern die, die dich nur allzugut kennen und dich trotzdem leiden mögen.« Männer können miteinander arbeiten und spielen und sich gegenseitig ein wunderbares Gefühl der Geborgenheit vermitteln, ohne sich gegenseitig näher kennenlernen zu müssen.

Männer, die keine enge Freundschaft finden können, laden oft ihr ganzes Bedürfnis nach menschlichem Kontakt auf die Frau oder Freundin ab. Das kann die Beziehung überlasten. Wenn solche Ehen in unruhiges Fahrwasser geraten, wie es bei allen Ehen nun mal hin und wieder der Fall ist, brauchen diese Männer jemand anderen, dem sie sich anvertrauen können. Männer, die Glück haben, können sich an ihre Familie halten – Schwestern, Cousinen, Tanten, manchmal Brüder und Onkel – oder an »Blutsbrüder«, mit denen sie ihren komplizierten Gemütszustand besprechen können. Männer ohne Familienanschluß und ohne die Möglichkeit, sich einem Mann anzuvertrauen, müssen ein geeignetes weibliches Wesen finden, das sich an Freundes Statt um sie kümmert. Manchen Männern ist Inti-

mität so neu, daß sie sie mit Sexualität verwechseln. Sie können sich
einer Frau nicht auf freundschaftlicher Ebene nähern, ohne sich sexuell mit ihr einzulassen. Was für Brüder und Schwestern gilt, sollte
aber auch für Freunde gelten – Inzest gehört ganz klar auf die Ver-
botsliste.

Wir Männer sind nach dem Erwachsenwerden orientierungslos
und wissen nicht, wem wir uns anvertrauen können. Das ist ein trau-
riges und überflüssiges Kapitel. Wie so manches, was im Leben der
Männer schiefgeht, ist auch das ein direktes Resultat einer übertrie-
benen Männlichkeitserziehung in Kindheit und Jugend und außerdem die direkte Folge des Fehlens von Männern, die mit ihrer Männlichkeit zurechtkommen und als Vorbild taugen.

Erinnern wir uns noch daran, wie nahe wir uns damals unseren
Kumpeln fühlten, als wir miteinander groß wurden und feststellten,
daß die anderen die gleichen erschreckenden und erregenden Dinge
erlebten, die uns widerfuhren? Daran hat sich nichts geändert. Wir
haben nur aufgehört, darüber zu reden. Wenn wir uns öffnen, sei es
nun trommelschlagend im Wald mit Robert Bly, angelnd im Boot auf
einem See oder beim Verlassen des Arbeitsplatzes draußen auf dem
Parkplatz – wir könnten erneut diese vertraute Nähe in uns spüren,
und die Welt samt unserem Platz darin könnte wieder einen Sinn bekommen.

9 HELDENMYTHEN

»Große Männer gibt's nicht, Amigo. Es gibt bloß Männer.«
Elaine Stewart in »Stadt der Illusionen«

»Ein Held ist ein Mann der Selbstdisziplinierung ... Der gewaltige
Held mit den außergewöhnlichen Kräften ... ist jeder von uns: Nicht
um das im Spiegel sichtbare physische Selbst geht es, sondern um
den innewohnenden König.«
Joseph Campbell

Männlich werden wir automatisch. Dafür sorgen das Y-Chromosom
und der magische Zipfel. *Männer* werden wir aber nur durch die Hilfe
anderer Männer – wir brauchen das Beispiel und den Segen unseres
Vaters, wir brauchen unsere Spielgefährten, damit wir zusammen mit
ihnen die Übergangsrituale zum Erwachsenenstatus absolvieren und
dem Verbund der Männer beitreten können, und wir brauchen Heldenmythen, die uns inspirieren und den Weg weisen können.

Der Segen des Vaters läßt uns »die Macht« in unserer Brust verspüren. Wir treten in Vaters Fußstapfen und machen uns selbst zu
seinem Lehrling. Wenn die Zeit gekommen ist, versichern wir ihn unserer Verehrung und sagen ihm Dank, um uns sodann unseren Brüdern anzuschließen und uns greifbare Idole zu suchen, von denen wir
mehr über das Leben als Mann lernen können.

Das ist der einfache Weg. Wenn uns der väterliche Segen jedoch
vorenthalten geblieben ist, werden wir möglicherweise vorzeitig aufgeben, uns Schamgefühlen über unsere Männlichkeit hingeben und
in eine feindselige Konkurrenzrangelei mit den anderen Jungen eintreten. Wir werden in bedenklicher Weise von Frauen abhängig und

suchen uns Idole, die eine Nummer zu groß sind für uns und an denen wir uns immer wieder die Zähne ausbeißen. Selbst wenn wir mit dem väterlichen Segen beglückt worden sind, kann es dazu kommen, daß wir mehr sein wollen als nur schlicht ein Mann.

Diejenigen unter uns, die ohne väterlichen Segen auskommen müssen, können trotzdem versuchen, die ihnen entgangene Männlichkeit zu finden, und die, welche den Segen haben, können ihre Männlichkeit nutzbringend einsetzen und konzentrieren, um sich selbst der Rolle des Helden und idolhaften Vorbilds zu verschreiben. Unsere Mythologie verkündet, daß heroische Männlichkeit »das Große Unmögliche« sei; daß sie in uns wohne und nach außen gebracht werden müsse; daß unser Mentor dem in uns wohnenden Heldentum seine Reverenz erweisen müsse, wenn wir die von uns geforderten Prüfungen bestanden haben; und daß wir unsere heroische Männlichkeit durch strengen und selbstlosen Einsatz zu entwickeln haben. Für jeden von uns liegt sein Quentchen Heldentum bereit, aber es ist nicht billig zu haben. Es verlangt viel von uns und entpuppt sich als etwas ganz anderes als das, wofür wir es zu Beginn unseres Strebens gehalten haben. Während wir noch einem Helden nacheifern, mag uns in den Sinn kommen, daß wir ja gar nicht selbst Helden sein müssen, um ein Mann zu sein, denn glücklicherweise sind uns schon andere Helden vorausgegangen.

In seinem Buch über die ersten Astronauten mit dem Titel »The Right Stuff« (Aus edlem Holz) befaßt sich Tom Wolfe mit Heldentum. Er sagt: »Es wurde eine Trennungslinie gezogen zwischen denen, die es hatten, und jenen, die es nicht hatten. Diese Eigenschaft, dieses *es*, war jedoch nie namhaft gemacht oder in irgendeiner Form besprochen worden. Was nun diese unbenannte Eigenschaft betraf..., nun, sie hatte offensichtlich mit Mut zu tun. Es handelte sich jedoch nicht um Mut in dem landläufigen Sinne einer Bereitschaft, das Leben zu riskieren. Soviel war klar: Wenn es wesentlich darauf angekommen wäre, dann wäre jeder Narr dafür in Frage gekommen, und die Sache hätte im weiteren Verlauf eben jeden dieser Narren das Leben kosten können... Es gab... eine endlos erscheinende Reihe von Tests..., es ging darum, auf jeder Stufe auf dem Weg zum Gipfel der Pyramide zu beweisen, daß man zu den Auserwählten und Gesalbten gehörte,

die *aus edlem Holz* geschnitzt waren und sich immer höher hinauf-
arbeiten konnten, bis man – ganz zum Schluß, so Gott wollte – in der
Lage war, sich zu der kleinen, aber feinen Schar, die ganz oben stand,
zu gesellen, zu jener Elite, die Männern Tränen in die Augen treten
läßt, zur Bruderschaft derer aus edlem Holz.«

HELDENABENTEUER

Wenn ein Mann ein Held werden will, muß er sich auf Abenteuerfahrt begeben. Die Helden des Altertums waren viel unterwegs:
Odysseus umrundete das Mittelmeer, Orpheus stieg in die Unterwelt
hinab und Jonas reiste im Bauch eines Fisches. In unseren Tagen des
dichten Berufsverkehrs und des internationalen Tourismus ist das
Reisen als Teil des Abenteuers vielleicht überholt. Die moderne Arena
heroischer Abenteuer ist »der Bereich des Unbewußten, den wir in
unseren Träumen zögernd erforschen … , wo in uns wohnende Ungeheuer erschreckend reale Formen annehmen, wo auch unsere ver-
borgensten Wünsche manchmal Erfüllung finden«. So David Abrams
Leeming in seinem Buch »The World of Myth« (Die Welt der Mythen).
Auch eine Psychotherapie kann ein solches Abenteuer sein, wie beispielsweise für Tom Wingo in »Der Herr der Gezeiten«.
    Bevor der Held als Sieger anerkannt wird, muß er seine jungen-
hafte Selbstbezogenheit ablegen, seine Furcht vor Tod und Erniedrigung und sogar seine Sehnsucht nach Ruhm; er muß bereit sein, sein
Leben für andere aufzugeben. Er muß sich Prüfungen unterziehen
und muß sich auf die eine oder andere Weise ändern. Normalerweise
steht er unter der Aufsicht eines weisen Mentors, Blys »männlicher
Mutter« (dies ist zum Beispiel Merlin für König Arthur, Obi Wan-Kenobi für Luke Skywalker oder der Betreuer und Trainer des Olym-
piakämpfers Harold Abrahams in dem Film »Stunde des Siegers«). Es
kann auch eine gute Zauberfee sein – wie König Arthurs Seenköni-
gin oder Siegfrieds Waldvögelein oder Tom Wingos Psychotherapeu-
tin). Welchen Geschlechts er auch sei, der Mentor des Helden ist eine
Quelle besonderer Weisheit, dem mehr daran gelegen ist, die Seele
des zukünftigen Helden zur Entfaltung zu bringen, als den Körper

des Helden vor Unbill oder Gefahr zu schützen. Dieser Mentor, diese
männliche Mutter oder gute Fee, erachtet Aufgaben niemals als zu
schwierig für den zukünftigen Helden, noch hält er den Novizen für
zu wenig belastbar. Vor allem darf der Mentor den Novizen nie zum
Opfer erklären. Nicht Trost und Geborgenheit hat er angesichts der
anstehenden Aufgaben anzubieten, sondern Ermutigung und Inspiration.

Der Held muß seinen Weg zwar alleine, aber nicht in Einsamkeit
gehen. Joseph Campbell schreibt in »The Power of Myth« (Die Macht
des Mythos): »Selbst im Wagnis des Abenteuers sind wir nicht allein,
sind uns doch die Helden aller Zeiten vorangeschritten. Das Labyrinth ist durch und durch bekannt. Wir müssen nur dem Faden folgen, der entlang des Pfades der Helden gespannt ist. Wo wir Greuel
vermuten, werden wir einen Gott finden. Wo wir dachten, uns gegenseitig töten zu müssen, werden wir uns selbst abzutöten haben.
Wo wir meinten, die Reise werde uns nach draußen führen, werden
wir zum Zentrum unseres Wesens gelangen. Und wo wir glaubten,
alleine zu sein, wird sich die ganze Welt einfinden.«

Hier stoßen wir auf die eigentliche Aufgabe der Helden: Sie sollen mit ihrem Heldentum einen Pfad durch das Labyrinth bahnen.
Wir brauchen unsere Helden dafür, daß sie uns vorgeben, was wir bei
unserem persönlichen Streben nach Heldentum zu entwickeln und
was wir uns abzugewöhnen haben. Wir brauchen Helden und Heldenmythen, um in uns Kräfte zu entdecken, mit denen wir es weiter
bringen können als nur bis zum versorgenden Vater, mit denen wir
über ein Leben hinausgelangen können, das seine Erfüllung lediglich
darin findet, »bis zum Umfallen« Geld zu verdienen. Aber was, abgesehen von Fußballergebnissen, Schweinskram und Größenphanta-
sien, erfüllt denn die Seelen der Männer?

ARCHETYPEN DER MÄNNLICHKEIT

Jene Helden, die über die Zeiten hinweg Männer und Knaben inspirieren konnten, verkörpern charakteristische Aspekte der männlichen Identität, für die der Psychoanalytiker Carl Gustav Jung die

Bezeichnung »Archetypen« gefunden hat. Jene Mythen und Heroen korrespondieren mit etwas in unserem Inneren, mit etwas Ureigenem von uns, mit etwas Universalem. Wenn wir bestimmte Helden als unsere Helden ausgesucht und ihre Stimmen in unsere unsichtbare männliche Fangemeinde eingereiht haben, können sie den ihnen entsprechenden Seiten unseres Charakters Auftrieb geben. Zwei Kollegen von Robert Bly, die jungianischen Analytiker und Mythenforscher Robert Moore und Douglas Gillette haben die vier Archetypen der gereiften männlichen Persönlichkeit beschrieben, nämlich den *König*, den *Krieger*, den *Magier* und den *Liebenden*.

Der *König* vertritt jene Energie, die auf eine gerechte und schöpferische Ordnung hinarbeitet, die Regeln setzt und Struktur gibt, die Fruchtbarkeit und Segen spendet – für mich wäre dies der patriarchalische Vater. Der *Krieger* steht für die Energie der disziplinierten aggressiven Aktion, in der sich Geschicklichkeit, Kraft, Präzision, Selbstkontrolle und das Wissen um den richtigen Augenblick vereinen – ich sehe darin den Athleten. Der *Magier* verkörpert die Energie der Initiation und Transformation. Er versteht die Welt des nicht Sichtbaren. Wo andere einfach darüber hinweggehen, erkennt er das Problem und denkt es zu Ende. Er repräsentiert Wachheit, Scharfblick und Unbestechlichkeit – ich denke dabei an den Psychotherapeuten und den Hofnarren. Der *Liebende* ist Ausdruck der Energie, die die Männer untereinander und mit der Welt verbindet, der Energie des Spiels und des Sinnengenusses, der Leidenschaft ohne Scham, des ästhetischen Empfindens und Verständnisses auf der Ebene der Intuition und weniger des Verstandes – hier kommt mir Mozart in den Sinn.

Diese Archetypen tragen wir alle in uns. Wenn sie schlecht entwickelt und nicht mit andern Menschen in Verbindung gebracht sind, wenn wir sie aus Angst, zuwenig davon in uns zu haben, ins Kraut schießen lassen, wird aus dem König der Tyrann, aus dem Krieger der Leuteschinder und Sadist, aus dem Magier der Drahtzieher und Intrigant, aus dem Liebenden der Liebessüchtige. Meine Praxis, die Kinoleinwand, die Welt sind voll von Männern, die einen oder mehrere dieser männlichen Archetypen auf groteske Weise übertreiben.

Elende Herrschernaturen, Homokliten und Haustyrannen sind Schattenkönige, die andere schikanieren und eine Macht und einen Status zur Geltung bringen wollen, die sie in ihrem Inneren vergeblich suchen. Wettkämpfertypen, die nie genug bekommen und keinem anderen Mann einen Moment des Sieges gönnen, sind Schattenkrieger, die beweisen wollen, daß sie Sieger sind, während sie sich in ihrem Inneren als Verlierer fühlen. Frauenhelden, Sex- und Liebessüchtige sind der Schatten eines Liebenden. Sie können zu keinem wirklichen Partner eine Liebesbeziehung aufbauen, weil sie andauernd Bestätigung brauchen oder in eine liebestolle Phantasiewelt flüchten und ihre Männlichkeit über Sex zu definieren versuchen.

Den krankhaft männlichen Magier habe ich hier nicht aufgeführt, weil der Archetyp des Magiers heutzutage kein speziell männliches Verhaltensmodell mehr ist. Es fehlt allerdings keineswegs an destruktiven Therapeuten, Mentoren, Professoren und Experten, die ihren Klienten und Studenten üble Dienste erweisen. Anstatt zu inspirieren und Stärke und Gesundheit zu fördern, unterwerfen sie ihr Gegenüber ihrer Kontrolle, machen es schwach und abhängig und erniedrigen es sogar. Ich denke dabei an Timothy Leary, der eine ganze Generation mit dem Motto »antörnen, einbringen, aussteigen« beglückte. Die Drogensüchtigen sind zwar ein Beweis von Learys Macht, aber sie zeigen auch die Schädlichkeit seiner Lehren.

MEINE KURZE HELDENKARRIERE

Die Pose des Helden habe ich nie eingenommen, anders als mein Vater etwa, der eine Sportskanone war und im Krieg gekämpft hatte, oder mein Onkel Harry, der Chirurg, der mit Orden ausgezeichnet worden war, weil er tagelang ohne Schlaf auf einem angeschlagenen Schiff im Pazifik am Operationstisch gestanden hatte, oder sogar mein Zahnarztonkel Mac, der Clark Gable ein falsches Gebiß verpaßt hatte.

Ich studierte Medizin, weil ich damit meiner Mutter einen Gefallen zu tun glaubte, und ich entschied mich für die Psychiatrie, weil ich um meine Gesundheit besorgt war und glaubte, Psychiatrie könne man im Sitzen praktizieren. Die Tatsache, daß Betsys Vater, Großvater und Onkel ebenfalls Psychiater waren, trug gewiß dazu bei, daß meine derart unheroische Berufswahl gesellschaftlich vertretbar und vernünftig erschien. Als ich mich dann aber als Psychiater niedergelassen hatte, verschrieb ich mich der Familientherapie, und zwar aus Leidenschaft. Während meiner Ausbildung lernte ich Heroen wie Erik Erikson, Margaret Mead und Abram Kardiner kennen und schätzen. Diese Leute kamen aus der Sozialwissenschaft und interessierten mich weitaus mehr als die Psychologen, die mir über den Weg gelaufen waren. Dann begegnete ich dem Familientherapeuten Al Messer, der mich dazu ermunterte, nicht bei der Betrachtung des Individuums stehenzubleiben. Messer wurde mein Mentor und Analytiker. Er machte mich mit dem Begründer der Familientherapie, Nathan Ackermann, bekannt, einem forschen kleinen Mann, der mir die höheren Weihen gab, indem er mich um meine Mitarbeit an seinen Schriften bat.

Ich war nun in beruflicher Hinsicht ins Stadium des Mannestums eingetreten, aber ich hatte immer noch keinen strahlenden Helden gefunden, der mir zum Vorbild hätte werden können, einen Heroen, der mein Männlichkeitsgefühl inspirieren, stärken und auf ein Ziel ausrichten konnte.

Ich las Artikel von Jay Haley, der in brillanter satirischer Manier als Bilderstürmer in der Familientherapie auftrat. Ich mußte ihn unbedingt treffen, aber er lebte weit weg in Kalifornien. Als meine Assistenzzeit am Krankenhaus vorüber war und die Navy mich als untauglich ausgemustert hatte, nahm ich einen Job in Denver an. Ich machte die Pilgerfahrt nach Kalifornien und verbrachte zwei Wochen in Palo Alto mit Haley und seinen Kollegen, dem in der klinischen Praxis fulminanten Goldjungen Don Jackson und der betörenden Urmutter Virginia Satir. Ich konnte nur noch mit offenem Mund zusehen, wie der schnieke und unerschütterlich selbstsichere Jackson Familientherapie durchführte. Wenn er ins Behandlungszimmer trat, sprühte er förmlich vor Zuversicht, als trüge er eine strahlende Rüstung. Ich wollte so sein wie er. Ich kopierte seine Gesten, seine Haltung und seinen überlegenen Tiefsinn. Es dauerte nicht lange, und ich war in Jay Haleys Kreis aufgenommen. Er wurde mein Mentor, während ich gleichzeitig Don Jackson auf mein Heldenpodest hob. In den sechziger Jahren schrieb ich mit Haley zusammen zwei Bücher und wurde auf den Spuren des glorreichen Don Jackson ein psychologischer Cowboy, der mit den ausgeflipptesten Patienten und den wildesten Familien auch außerhalb geschlossener Anstalten umzugehen wußte.

Unser Projekt in Denver – Familientherapie als Alternative zur Einweisung in psychiatrische Anstalten – war ein außergewöhnlicher Erfolg. Im Jahre 1968 ging ich nach Atlanta zurück, um die Leitung des psychiatrischen Dienstes im großen Stadt- und Bezirkskrankenhaus zu übernehmen. Ich war ein junger Hüpfer von 32 Jahren, dem für die Zeit von 1968 bis 1972 die geistige Gesundheit von Atlanta anvertraut worden war. Ich glaubte, ein Held sein zu müssen. Mit Jacksons Bild im Hinterkopf versuchte ich meine Version des heiligen Ritters Georg zu spielen, der in der forschen Manier von Jackson gequälte Menschen aus den Klauen des Drachens der Geisteskrankheit rettete. Dann tauchte Virginia Satir zum Essen bei uns auf und erzählte, daß Don Jackson gestorben war – vermutlich von eigener Hand. Ich war am Boden zerstört. Mein Modell für die Psychiatrie als Heldendrama war in sich zusammengebrochen.

Kurz darauf bekam ich einen Anruf vom Polizeichef. Er berichtete, daß in einer Zahnarztpraxis im 26. Stock des Gebäudes der First National Bank ein verrückter Geiselnehmer mit einem Revolver eine Gruppe von Leuten in Schach hielt. Die Geiseln hatten sich bis auf die Unterhosen ausziehen müssen, und der Bewaffnete drohte sie alle umzubringen, falls nicht jemand kam, um ihm einen Schuß Morphium zu verabreichen. Der Polizeichef bat mich, einen Freiwilligen ausfindig zu machen, der sich auf die Situation einlassen würde. Ich hatte natürlich keine andere Wahl, als mich selbst zur Verfügung zu stellen. Da mir klar war, daß ich erschossen werden könnte, ließ ich mein nagelneues Sportjackett in der Dienststelle hängen und zog mir einen weißen Ärztemantel über. Die Krankenschwester Suzanne Parks bestand darauf mitzukommen. Die Polizei brachte uns zu dem Gebäude und eskortierte uns durch die gewaltige Menschenansammlung und die Polizeisperre bis ins Innere. An der Tür der Praxis ließ uns ein als Geisel genommener Polizist in Unterhosen ein und führte uns zu dem wild um sich blickenden und an allen Gliedern zitternden Geiselnehmer. Der Mann zielte mit der einen Hand, in der er den Revolver hielt, auf meinen Kopf, während er seinen anderen Arm verzweifelt meiner Spritze entgegenstreckte, in der ich eine entschiedene Überdosis Morphium aufgezogen hatte. Er hatte noch mehr Angst als ich. Ich suchte nach etwas, womit ich ihm für die intravenöse Injektion den Arm abbinden konnte. Ich fragte ihn freundlich, ob er mir seinen Gürtel ausleihen würde. Er machte sich eifrig an seinem Gürtel zu schaffen und legte dabei für einen Sekundenbruchteil den Revolver aus der Hand. Ich schnappte mir die Waffe und richtete sie auf ihn. Da ich nicht so recht wußte, wie es jetzt weitergehen sollte, gab ich den Revolver der Krankenschwester. Dann setzte ich dem armen Kerl die Spritze, die er verlangt hatte. Als man uns durch die Menge und an den Fernsehkameras vorbei aus dem Gebäude hinausbrachte, verdeckte ich mein Gesicht und riet Schwester Susanne dringend, meinem Beispiel zu folgen. Ich warnte sie: »Wir wollen uns doch nicht den Ruf einhandeln, daß wir uns mit solchen Sachen auskennen.«

Ich hatte meinen heroischen Augenblick erlebt; ein zweites Mal brauchte ich das nicht mehr. Ich mußte immer an Don Jackson denken, der sein ganzes kurzes Leben lang versucht hatte, ein Held zu sein. F. Scott Fitzgerald hat einmal gesagt: »Zeig mir einen Helden, und ich schreibe dir eine Tragödie.« Ich brauche Helden, aber ich muß nicht selbst einer sein. Ich weiß, daß das Leben eines Helden von etwas Tragischem umgeben ist. Ich für meinen Teil habe mich entschlossen, darauf zu verzichten. Für den Rest meiner Laufbahn würde ich mit Männern arbeiten, die unter ihrer Sehnsucht nach Heldentum zu leiden hatten.

WELCHE HELDEN WIR WÄHLEN

Knaben und Männer müssen behutsam vorgehen, wenn sie sich Helden aussuchen. Man gibt den Heldenfiguren immerhin die Macht, auf die Entwicklung, die man als Mann nimmt, und auf die menschlichen Werte, die man übernimmt, Einfluß zu nehmen. Knaben und

Männer, die keinen Mangel an väterlicher Zuwendung kennen, sind von ihren Heldenfiguren weniger abhängig, und wenn sie keine weise Wahl getroffen haben, ist es nicht so schlimm.

Wenn Knaben und junge Männer ohne Vaterfigur aufwachsen, suchen sie sich gerne übertriebene und prahlerische Rollenvorbilder, um sich nach deren Muster vor ihren Kameraden aufzuspielen oder sie bei ihren Bubenspielen auszumanövrieren. Hier fehlt das Verständnis für die eigentliche Funktion eines Helden: Er soll Vorbild sein für die *Charakterbildung*, Beispiel geben für die Selbstdisziplinierung, die das Kernstück des Heldentums ausmacht.

Als wir neulich in Australien waren, charterten Betsy und ich zusammen mit einem Paar aus Schweden ein Boot, von dem aus wir im Great Barrier Reef schnorcheln und angeln wollten. Ich bat den Skipper und den Maat des kleinen Fischerbootes, mir etwas von ihren Helden zu erzählen. Der Maat nannte mir sofort den Kapitän eines anderen Fischerbootes, der ihn unterwiesen hatte und ein außergewöhnlich guter Kenner der umliegenden Gewässer war. Der Skipper sang ein Loblied auf einen legendären Fischerbootskapitän, der bei plötzlich aufkommenden Stürmen und Notsituationen an Bord seinen Mann gestanden hatte. Keiner der beiden befragten Männer dachte auch nur im entferntesten an irgendwelche Heroen außerhalb ihres Tätigkeitsfeldes oder ihres persönlichen Bekanntenkreises. Die von ihnen ausgesuchten Helden waren ihnen eine praktische Hilfe, und die beiden hatten die Meßlatte auch nicht so hoch angelegt, daß sie selbst nicht mehr darüberspringen konnten. Die Helden lagen in der Reichweite dieser Männer, denen die eigene Person und das Streben nach Kompetenz auf ihrem Gebiet kein Kopfzerbrechen bereitete, ebensowenig wie die Frage, wie sich das eigene Tun in die Welt als Ganzes einfügt. Sie waren Menschen, die das Wohlwollen des Vaters verspürt hatten und ohne Schamgefühl ihr Leben lebten.

Ich fragte unseren schwedischen Begleiter nach seinen Heroen. Er ist ein Banker, der die Filialen einer weltweit operierenden Bank zu koordinieren hat. Wie die meisten Männer, die eine große Führerpersönlichkeit zu werden hoffen, bewundert er am meisten Winston Churchill. Gleich mir hatte er eine Pilgerfahrt zu Churchills Geburtsort Blenheim Palace unternommen, der wohl Churchills Erbteil gewesen wäre, wenn Churchills Onkel nicht noch im fortgeschrittenen Alter ein Kind geschenkt worden wäre. Wäre Churchill der Duke of Marlborough geworden, dann wäre ihm dieses Erbe zugefallen, und es ist zweifelhaft, ob er dann den heldenhaften Weg eingeschlagen hätte, auf dem er mit einer ungewöhnlichen Macht des Wortes und der unnachgiebigen Kraft seines Willens den Widerstand aufbauen konnte, der das britische Empire und die Welt vor Hitler schützte.

Mein schwedischer Bankiersfreund hatte einen weiteren, etwas aktuelleren Helden, nämlich Norman Schwarzkopf, der die Operation Desert Storm am Persischen Golf geführt hatte. In diesem Krieg war es erforderlich gewesen, ein Dutzend von verschiedenen nationalen Streitkräften in ihrem Einsatz zu koordinieren. Schwarzkopfs organisatorische Bravourleistung war für meinen internationalen Bankier ein Heldenstück. Ich bewunderte den praktischen Sinn, mit dem der Bankier seine Idole ausgesucht hatte. Es waren Männer, welche jene Fähigkeiten verkörperten, die er in seinem Job ganz besonders brauchte. Bilder von Churchill und Schwarzkopf hatte er immer griffbereit.

Ich habe Erinnerungsstücke an eine ganze Reihe meiner Heroen: ein Selbstporträt von Rembrandt, dem Mann, der sich nicht davor fürchtete, tief in sein eigenes Antlitz zu schauen, und ein Buch mit Zeichnungen von James Thurber, das immer auf meinem Schreibtisch liegt. Ich habe den High-School-Ring meines Großvaters am Finger stecken und trage eine Bronzemünze bei mir, die mir mein Vater aus dem Krieg mitgebracht hatte, als ich elf Jahre alt war. Es ist eine chinesische Potenzmünze, auf der Paare in verschiedenen Liebesstellungen abgebildet sind. Außerdem besitze ich eine Bronzenachbildung des Steuerknüppels aus dem Flugzeug, in dem mein Neffe Pitt den Tod fand.

Als Idole kommen für mich nicht so sehr Draufgänger als vielmehr Humoristen in Frage, wie James Thurber, der den Krieg zwischen Männern und Frauen und das heimliche Leben des Walter Mitty so gut kannte und wußte, was es für freundliche kleine Männer bedeutete, in ein Haus zu gehen, in dem Frauen das Sagen haben. In meinem unsichtbaren männlichen Fanclub gibt es auch ein paar kabarettistische Komiker, wie Bill Cosby, der so gut die Hilflosigkeit

von Männern im Umgang mit Kindern nachvollziehen kann, und
Woody Allen, der so gut weiß, wie unzulänglich sich Männer gegenüber Frauen vorkommen. Komiker sind die moderne Version des
Hofnarren; Therapeuten und Hofnarren sind sich darin gleich, daß
sie unangenehme Wahrheiten aussprechen, die auf Ablehnung
stoßen würden, wenn man sie ohne Liebe beziehungsweise ohne au-
genzwinkernden Humor an den Mann zu bringen versuchte. So sehr
wir auch unsere Helden verehren mögen, sie verlieren ihren Ge-
brauchswert, wenn sie zu heroisch werden. Mein männlicher Fanclub
soll eine hintersinnige und witzige komische Nummer hinlegen, wie
es sich für bescheidene Helden gehört.

Idole sind eine Inspiration für uns, aber nur, wenn wir ihnen gerecht werden können. Anderenfalls verursachen sie lediglich Druck.
Arnold Schwarzenegger mag so diszipliniert sein, wie er will, für
mich wäre er kein geeignetes Idol. Wenn Männer ungeeignete Helden zu ihrem Idol machen, ist Beschämung die Folge.

Am Silvesterabend gab meine Autobatterie den Geist auf. Ein
junger Mann, der an einer Tankstelle arbeitete, eilte zu meiner Rettung herbei. Ich fragte ihn nach seinen Heroen. Er nannte seinen
Vater, der nach 18 Jahren Alkoholismus und Familienkrieg unlängst
das Trinken aufgegeben hatte. Dann erwähnte er noch Martin Luther
King (er selbst war ein Weißer) und die Rockgruppe U-2, die sich für
humanitäre Anliegen einsetzt. Er erzählte mir von den sein ganzes
Leben währenden Anstrengungen, ein sanfter Mann zu werden, das
Gegenteil zu seinem brutalen Vater. Er sagte, die Helden seines Vaters seien General Patton und John Wayne, in jüngster Zeit habe sein
Vater aber noch »Bill«, den Mitbegründer der Anonymen Alkoholiker, dazugenommen. Dieser Vater war das Beispiel eines Mannes,
der sich ein Leben lang an Kriegern orientiert hatte, die nicht unbedingt besonderes Verständnis für menschliche Schwächen aufbrach-
ten. Währenddessen quälte er seine Umgebung mit seinem Alkohol-
mißbrauch, der vielleicht durch die Scham über die Unfähigkeit
ausgelöst worden war, mit solch mächtigen und strahlenden Helden
mithalten zu können. Um in seinen eigenen Augen und in den Augen
seines wohlwollenden, friedliebenden und hilfsbereiten Sohnes
selbst zum Helden aufzusteigen, mußte dieser arme Kerl von einem

Mann nichts anderes tun, als ein neues Idol zu finden, an dem er sich auch tatsächlich orientieren konnte, nämlich jenen »Bill« von den Anonymen Alkoholikern.

ÜBERLEBENSGROSSE HELDEN

Die Produktion und Vermarktung von Heldenbildern ist das Geschäft Hollywoods. Die gutbezahlten und in den Mittelpunkt des öffentlichen Interesses gerückten, allseits bewunderten Schauspieler dürften kaum tatsächliche Heldengestalten in jenem mythischen Sinne sein, daß sie bei der Entdeckung der Geheimnisse des Universums oder im Dienste der Menschheit ihr Leben aufs Spiel setzen. Sie verkörpern lediglich ein Aussehen, einen Stil, ein Verhalten, das als Modell für unsere Vorstellung von Helden geeignet ist. Die Schauspieler als solche sind nicht das Entscheidende, aber ihr idealisiertes Image ist ein Spiegel unserer Kultur, der diese seinerseits beeinflußt. Diese Schatten auf der Leinwand sagen uns, wie wir zu sein und was wir zu tun haben, wenn wir uns wie Helden oder auch nur wie Männer vorkommen wollen.

Den größten Teil dieses Jahrhunderts haben Jungen – und Mädchen – das Idealbild ihres Geschlechts von der Leinwand bezogen. Mit der Bitte um Zustimmung führte man uns eine große Bandbreite von Möchtegernhelden vor. Es gab die überragenden Schauspieler, die uns in ihren Bann zwangen, wie Brando, Olivier, Hoffman und Newman. Es gab die Herzensbrecher, wie Valentino, Grant, Hudson und Redford, die den romantischen Phantasien der Frauen Nahrung gaben und liebeswütigen Männern nützliche Anregungen für ihre Verführungskünste vermittelten. Dann gab es noch die harten Burschen, wie Cagney, Bogart, McQueen und De Niro, die die Verkommenheit des menschlichen Herzens und der Welt, in der wir leben, verstanden haben und akzeptierten. Männer, denen das häusliche Vorbild fehlt, brauchen vielleicht die ganze Palette dieser Vorbilder, um vollständige Männer zu werden, aber was uns am meisten in seinen Bann schlägt, ist das Image des »überlebensgroßen Helden«, die Verkörperung der Männlichkeit in ihrer Idealform.

Es scheint mindestens drei Kategorien von überlebensgroßen Helden zu geben: den Machohelden, den Familienhelden und den jugendlichen Helden. In jeder dieser Rubriken gab es ein ständiges Kommen und Gehen. Eine Betrachtung dieser Helden, die das Publikum dazu ausersehen hat, in die Mythologie unserer Kultur aufgenommen zu werden, kann uns zeigen, wie Männlichkeit in unserer Kultur definiert ist.

In unserer Heldenauswahl zeichnet sich ein beunruhigender Trend ab. Die Familienhelden alterten immer mehr, starben schließlich und wurden nicht durch neue ersetzt. Das Aufbegehren unserer jugendlichen Helden wird immer destruktiver und zieht sich mittlerweile weit ins Erwachsenenalter hinein. Unsere Machohelden sind immer lebensferner geworden; es sind phantastisch überzeichnete Charaktere, die eine kindische Vorstellung von Männlichkeit ausleben. Es ist ganz klar, daß die Jungen, die sich diese Helden zum Vorbild nehmen, unmöglich wissen können, was es mit Männlichkeit wirklich auf sich hat. Sie mißverstehen die karikaturhaften Actionhelden und notorisch unreifen Jugendlichen als Richtschnur und denken nicht daran, den von Männern in das Familienleben investierten Heroismus zu bewundern oder gar nachzuahmen.

DER MACHO

In den zwanziger Jahren, als der akrobatische Douglas Fairbanks Actionhelden spielte, wurde noch viel herumgehüpft. Errol Flynn erbte seine Bundhosen. Clark Gable mimte seine Helden schon mit beiden Füßen fest auf dem Boden stehend. Gable war ein romantischer Herzensbrecher mit Oberlippenbärtchen und verwegenem Lächeln. Er war ein Gaunertyp. Meist spielte er einen Mann für Männer, einen Actionhelden, der das Symbol für männliche Tatkraft und Draufgängertum war. Er war ein harter und rauher Naturbursche, der Meutereien anzettelte (»Meuterei auf der Bounty«) und Pferde einfing (»Nicht gesellschaftsfähig«). Frauen gegenüber gab er sich herrisch und ungeduldig: Wenn sie Theater machten, bekamen sie ein paar Backpfeifen, und in Scarlett O'Haras Gesicht zwang er ein Lächeln, indem er sie nach oben trug, um dort wild über sie herzufallen. Vom Beginn seiner Heldenjahre, als er mit Joan Crawford herumtanzte und sie öfter mal ohrfeigte, bis zum Ende, als er Marilyn Monroe mit dem Lasso einfing, verkörperte Gable stets den Männertyp, der die Frauen im Griff hat.

Als die vierziger Jahre anbrachen, waren die Machohelden noch weniger zivilisiert geworden, dafür hatte ihre »Überlebensgröße« zugenommen. John Wayne brachte kaum eine ordentliche Dialogzeile heraus. Der Gedanke, sich mit etwas so Unmännlichem wie Worten statt Taten begnügen zu müssen, ließ ihn angeekelt die Stirn runzeln. Sein berühmtester Satz, den er in dem Streifen »Teufelshauptmann« zu seinem Filmpartner sagte, war: »Entschuldigen Sie sich niemals, Mister. Das ist ein Zeichen von Schwäche.« Daran hat er sich gehalten. Er schoß und stellte dann die Fragen. Auf und hinter der Leinwand war Wayne der auf die Spitze getriebene amerikanische Kämpfer, ein whiskeysaufender, frauenverachtender, rabiater, erzkonservativer Kriegstreiber. Auf der Leinwand rettete er zwar schon mal ein kleines Mädchen vor den Indianern (»Der Schwarze Falke«), aber viel typischer waren seine harten Auseinandersetzungen mit dem Adoptivsohn Montgomery Clift in »Panik am Roten Fluß«. Außerdem bekam er Krach mit jeder Frau, die ihm Zügel anlegen wollte, insbesondere mit der temperamentvollen rothaarigen Maureen O'Hara in »Der Sieger«. Der von John Wayne verkörperte Männertyp war in der freien Natur zu Hause und fürs häusliche Dasein gänzlich ungeeignet.

Die fünfziger Jahre bescherten uns einen Leinwandhelden, der gewaltiger und heroischer war als selbst John Wayne. Charlton Hestons Gesicht und Körper schienen aus Granit gehauen. Er war keineswegs nur legendär. Er war schlichtweg biblisch. Er teilte das Rote Meer und führte uns aus der Knechtschaft. Dann half er Jesus auf dem Kreuzweg. Er war viel zu sehr Macho, um sich mit der Rolle Jesu abzugeben – Heston war göttlich. Er kam allerdings nie dazu, Gott auf der Leinwand zu verkörpern, aber immerhin malte er ihn an die Decke der Sixtinischen Kapelle. Hestons Bilder erfüllten Mannestums wurden immer gewaltiger und nahmen allmählich gottähnliche Züge an.

In den sechziger Jahren beglückten uns die Briten mit Sean Connery als James Bond, einem tätowierten Muskelmann mit Haaren auf
der Brust und tadellosem Geschmack und Benehmen. Er hatte die Li-
zenz zum Töten. Das amerikanische Gegenstück der siebziger Jahre
war der bei weitem nicht so umgängliche, aber ebenso unerbittliche
Clint Eastwood, ein angemieteter Killer, der Mann ohne Namen. Er
war äußerst wortkarg und vor allem damit beschäftigt, auf freier
Wildbahn oder in der Stadt Leute umzubringen. Die Sache machte
ihm Spaß, und wenn sich böse Buben zur Wehr setzen wollten, ermunterte er sie sogar, es ihm zu zeigen. Der Leinwandcharakter Clint
Eastwood war ein Mann ohne Gefühlsleben, der nur die Leidenschaft
des Männlichen kannte. Zu Eastwood gab es ein Gegenstück, nämlich den häßlichen kleinen Charles Bronson, der in seinem Krieg
gegen jedermann, der sich ihm in den Weg stellte, genauso gefühllos
und verbittert vorging. Unsere Heroen der siebziger Jahre waren
sämtlich eiskalte Killer.

Bei den Heroen der achtziger Jahre war eiserner Wille allein nicht
mehr genug, sie brauchten auch einen eisernen Körper. Unser Geschmack verlangte nach Muskelhelden, nach Stars wie Sylvester
Stallone. Seit den Siebzigern spielte er unablässig »Rocky«, einen
nicht allzu schlauen Boxer, loyalen Ehemann und rundum guten
Jungen, in den Achtzigern kam jedoch noch »Rambo« dazu, ein
schweigsamer Terrorist, der den Vietnamkrieg noch einmal veran-
staltete und diesmal auch gewann. Rambo bot, was innere Entfremdung, Isoliertheit, Sprachlosigkeit und Blutrünstigkeit betrifft, ein
noch extremeres Männerbild als jenes, das Eastwood und Bronson
abgeliefert hatten.

In den Neunzigern genügt sogar Stallone nicht mehr. Wir erkoren
uns vielmehr Arnold Schwarzenegger zum Helden, ein Gebirge von
einem Mann, der zuvor Mr. Universum und Mr. Olympia war. Er ist
ganz offensichtlich auch gar kein wirklicher Angehöriger der
menschlichen Gattung und spielt deshalb mit Vorliebe Comic-Strip-
Charaktere wie »Conan, der Barbar« und unverwundbare Roboter wie
den »Terminator«. So übertrieben muskelbepackt und steroidgebläht
er auch ist, er hat ein Merkmal, das seit Clark Gable bei keiner Lein-
wandinkarnation des Machohelden mehr anzutreffen war: Er weiß,

daß man ihn nicht ernst nehmen kann, und hat sich als derbkomischer Kommentator des Wesens der Männlichkeit erwiesen. Gleichwohl ist das Filmimage von Arnold Schwarzenegger derzeit unsere Vorgabe dessen, was es bedeutet, »Manns genug« zu sein. Wir hängen uns selbst den Brotkorb immer höher.

DER JUGENDLICHE HELD

Der Machoheld stellt dar, was wir an Voraussetzungen beibringen zu müssen glauben, um mannhaft genug fürs Heldentum zu sein. Es gibt jedoch auch heranwachsende Helden, Jungen, die uns vorführen, wie aus dem Knaben ein Mann wird. Der jugendliche Held war oft nicht minder populär als sein großer Kollege.

In den dreißiger Jahren, als männliche Energie gefordert war, um aus den Untiefen der Depression herauszukommen, war unser jugendlicher Held und Kassenmagnet der Winzling Mickey Rooney, ein Steppke, der andauernd in Schwierigkeiten geriet, weil er zuviel Energie und zu gute Einfälle hatte. Er spielte den Puck und den Huckleberry Finn, in »Teufelskerle« war er ein hartgesottener Halbwüchsiger und als Andy Hardy ein draufgängerischer, putzmunterer Bursche, der sich aus jeder Bredouille herauszureden verstand. Rooney könnte den Halbstarken erfunden haben. Er hatte immer das Image des netten Jungen, der keinem etwas zuleide tun wollte, der seine Familie liebte und verehrte – er hatte nur eben einfach zuviel Energie, um sich in eine zivilisierte, gebändigte Häuslichkeit einfügen zu können.

Der jugendliche Held der vierziger Jahre war Van Johnson, dessen Aufgabe vor allem darin zu bestehen schien, einen heroischen Schlachtentod zu sterben. Er war auf eine nichtssagende Weise rundum liebenswert und verkörperte das perfekte Opfer auf dem Altar des Krieges, das fortan in den Träumen von June Allyson weiterlebte.

In den fünfziger Jahren wurden die Heranwachsenden aufmüpfig. Marlon Brando schuf den rebellischen Helden – vielleicht als Gegenreaktion auf den tödlichen Patriotismus eines John Wayne.

Brando spielte Zapata, Marc Anton, Napoleon, singende Banditen und Gangster auf Motorrädern. Er verdrosch und vergewaltigte Blanche Dubois, und als er in »Der Wilde« gefragt wurde, wogegen er eigentlich rebelliere, fragte er zurück: »Was darf's denn sein?«

James Dean folgte kurz darauf. Bevor er sich 1955 mit seinem nagelneuen Porsche das Genick brach und zur Legende wurde, machte Dean drei denkwürdige Filme, in denen er der Inbegriff des orientierungslosen, unverstandenen und ungeliebten Jungen war. In allen drei Filmen geht es um Heranwachsende, die den Schritt in die Männlichkeit ohne den Segen und die Anerkennung des Vaters zu tun versuchen. In »Denn sie wissen nicht, was sie tun« ist der Vater eine große Flasche und unfähig, dem mannbar werdenden Sohn zur Seite zu stehen, so daß dieser seine Selbstbestätigung in einem mörderischen Wettrennen sucht. In »Jenseits von Eden« lehnt ihn der Vater ab und weist sein Geschenk zurück, worauf der Sohn zum Übeltäter wird und den Bruder niederschlägt. In »Giganten« ist er ein Waisenjunge, der auf Rock Hudsons Ranch lebt und von dem Mann, dem er nacheifern möchte, zurückgewiesen wird. Später wird er stinkreich, beängstigend mächtig und unverschämt. James Dean war der Junge, dem keiner Respekt entgegenbrachte.

In den sechziger Jahren wollten heranwachsende Jungen von erwachsenen Männern nichts mehr wissen. Sie versuchten ihrer männlichen Betretenheit zuerst mit Sex, dann mit Rock and Roll und schließlich mit Drogen beizukommen. Der Halbstarke Elvis Presley ebnete sich mit den Hüften wackelnd den Weg in unser Pantheon der Heroen, indem er die spießigen Erwachsenen mit seiner sexy Musik und seinem sexy Aufzug schockierte. In einer ganzen Reihe von fürchterlichen Filmen spielte er den unbedarften Jungen vom Lande, der schlichtweg zu sexy und zu musikalisch ist, um sich anpassen zu können. Presley war eigentlich kein Rebell. Als er eingezogen wurde, tat er brav seinen Kriegsdienst. Bei der Armee war er ein Musterbeispiel des sauberen amerikanischen Jungen, aber trotz oder wegen seines legendären Heldenstatus richtete sich dieser einfache Junge vom Lande langsam mit Drogen zugrunde. Er war der Inbegriff des musikalisch-sexuellen Protests gegen das patriarchalische Ansinnen, aus jungen Männern menschliche Opferlämmer zu machen.

Gegen Ende der siebziger Jahre trat in der Person von John Travolta für kurze Zeit eine schlankere und urbanere Version von Presley in Erscheinung. Travolta war ein Tänzer mit Sex-Appeal und trotzigem Kindergesicht, der seinem Narzißmus eine etwas beschränkte heroische Note abzugewinnen verstand. In dem Film, mit dem er bekannt wurde, »Saturday Night Fever« (Nur Samstag Nacht), muß er seinen statusträchtigen strahlend weißen Anzug vor den unachtsamen, Spaghetti mampfenden Mitgliedern seiner Familie in Sicherheit bringen. In »Grease« (Schmiere) läßt Travolta erkennen, daß seine Wurzeln in der Punkrebellion der Fünfziger zu suchen sind und nicht etwa in den politischen Revolten der Sechziger. Jugendlicher Heroismus ist in den siebziger Jahren nur noch eine Frage oberflächlich grellen narzistischen Stils.

In den achtziger Jahren gab eine Rasselbande von trotzigen Buben ihr Leinwanddebut. Einer davon, Matt Dillon, hat gewisse Ähnlichkeiten mit James Dean. Ein anderer, Sean Penn, erinnerte an die Punkversion eines Engels. Ein dritter, Eddie Murphy, verbarg seine Harmlosigkeit hinter Ghettosprüchen. Der bravste und untalentierteste Junge aus dieser Gruppe, Tom Cruise, wurde zum großen Star. Er sah nett aus, aber vor allem hatte er eine Beflissenheit, nett und angenehm zu sein, die wir seit Mickey Rooney nicht mehr gesehen haben. Er war neben großen männlichen Stars wie Newman, Duvall und Hoffman zu sehen. Seine Auseinandersetzungen fanden vorwiegend mit seinem Mentor oder dem Bruder statt und nicht mit dem Vater (der typische jugendliche Held der Achtziger hatte dieses Scharmützel schon verloren). Sein großer Film war »Top Gun – Unbesiegt«, in dem er einen hochdisziplinierten Teufelspiloten spielt, der den Verlust des Vaters zu bewältigen sucht, indem er noch besser wird als der Alte. In verschiedenen erfolgreichen Filmen verkörperte Cruise die Fähigkeit der Jugend, sich geschickt in die Maschinerie der Gesellschaft einzuklinken. In den achtziger Jahren war die Rebellion der Jugend bereits gelaufen – es gab keine Väter mehr, gegen die man rebellieren konnte –, und die Jungen mußten die wirkliche Welt erobern, wenn sie sich als Mann bewähren wollten.

In den Neunzigern ist der Star für die Welt der Heranwachsenden Mike Myers in dem Film »Wayne's World«. Wayne lebt zu Hause bei seiner Mutter, er ist ohne Arbeit, und sein Leben hat keine Richtung. Er begehrt nicht auf, er kämpft nicht, er rechnet nicht damit, jemals erwachsen zu werden. Statt dessen steht er auf Heavy Metal Music, träumt von scharfen Puppen und redet vom Kotzen. In seinem minimalistischen Alltag findet er seine Funktion in der Erfindung eines Slangs, durch dessen Gebrauch sich seine ziellose Generation von einer Welt absetzen kann, in der sie keinen Platz mehr findet.

FAMILIENHELDEN

Die dritte Gattung von Leinwandhelden ist der Familienheld, die Figur des Vaters und Ehemanns, der sich den häuslichen Verantwortlichkeiten stellt. Wir haben hier das heroische Modell des alltäglichen Mannes vor uns und nicht den Stoff, aus dem Mythen gewebt werden. Es ist ein Rollenvorbild für das tägliche Leben der Männer und nicht so sehr für ihre Phantasiewelt. Die Spezies des häuslichen Helden war früher einmal mindestens so populär wie die Heldenvarianten, die mehr Aufsehen zu erregen vermochten.

Damals in den zwanziger Jahren war unser Familienheld Will Rogers, der nie einen Mann traf, der ihm nicht sympathisch war. In den Dreißigern war der solide, hausbackene Spencer Tracy die Verkörperung des braven Mannes. Er spielte viele Priester und wurde manchmal zusammen mit dem männlich attraktiveren, etwas flatterhaften Clark Gable besetzt. In seinen in unmittelbarer Folge mit dem Oscar ausgezeichneten Filmen »Manuel« von 1937 und »Teufelskerle« von 1938 war er der Mentor junger Burschen. Von den vierziger Jahren an spielte er oft an der Seite seiner Lebensgefährtin Katherine Hepburn den jungen Durchschnittsmann, der lernen muß, mit einer starken, emanzipierten Frau umzugehen. Sein Charisma bestand in seiner Fähigkeit, den von ihm dargestellten sanften und entmutigten Männern ein Moment der Stärke abzugewinnen, auch wenn sie sich gerade damit abfinden mußten, daß sie nicht der Herr im Hause waren.

James Stewart war eine jungenhaftere und noch mehr dem Alltag verhaftete Ausgabe von Spencer Tracy. Er konnte eine schlichte

Heldenfigur wie Lindbergh, Stratton oder Glenn Miller verkörpern, aber auch einen von Hitchcocks Durchschnittsmännern, die in geheimnisvolle Gefahren verwickelt wurden. Sein im besten Sinn naiver Heroismus kam zur Geltung, als er in »Mr. Smith geht nach Washington« die Regierung auf Vordermann brachte. Am einprägsamsten war er als Familienmensch. In »Ist das Leben nicht schön?« bringt ihn ein Engel davon ab, Selbstmord zu begehen, als er der Meinung ist, familiär gescheitert zu sein. In »Der Mann vom großen Fluß« stellte er einen Vater dar, der seine Kinder im Bürgerkrieg verloren hat und mit brechender, stockender Stimme mit seiner toten Frau an deren Grab über die Schrecken des Krieges spricht. Danach spielte er jahrzehntelang Väter, die sich von ihren Kindern erziehen lassen mußten.

Gregory Peck war der nächste bedeutende Familienheld. Er sah ziemlich gut aus, für einen Actionhelden schien ihm aber die Härte zu fehlen. Am besten war er, wenn er mit ernster Miene das Richtige tat, zum Beispiel gegen den Antisemitismus antrat (»Tabu der Gerechten«) oder eine verlorengegangene Prinzessin rettete (»Ein Herz und eine Krone«). Zum Symbol der in der Nachkriegsperiode einsetzenden Entfremdung der Männer von ihren Familien wurde er in dem Film »Der Mann im grauen Flanell« von 1956. Im Jahre 1965 war er als Bürgerrechtsanwalt Atticus Finch in »Wer die Nachtigall stört« der letzte der großen Filmväter. Als unaufdringlicher Schauspieler mit einer warmen, zärtlichen Stimme entsprach er genau dem, was sich jeder unter einem Vater nach dem Untergang des Patriarchats vorstellte – nur weiche, sanfte Worte und keine Action.

In den sechziger Jahren waren Tracy, Stewart und Peck immer noch mit von der Partie. Die Väter wurden eben einfach älter. Es gab aber kaum junge Männer mit Vaterimage, die das Familienleben und Familientugenden hochhielten. Sidney Poitier, der erste schwarze Filmstar, kommt dem noch am nächsten. Wenn auch »A Raisin in the Sun« sein einziger wirklicher Familienfilm war, so verkörperte er doch sämtliche häuslichen Tugenden. Er baute Nonnen eine Kirche (»Lilien auf dem Felde«), unterrichtete randständige Kinder (»Junge Dornen«), rettete blinde Mädchen vor bösen Müttern (»Träumende Lippen«), richtete einen Telefonbereitschaftsdienst für Selbstmordge-

fährdete ein (»Die Stimme am Telefon«), war der perfekte Schwiegersohn für weiße Liberale (»Rate mal, wer zum Essen kommt«) und in
dem Streifen »In der Hitze der Nacht« ging er sogar einem rassisti-
schen Südstaatensheriff zur Hand. Poitier war schon jenseits von Gut
und Böse, aber er war Kassenmagnet Nummer eins im Jahre 1968.

Danach wurde der Familienheld auf der Leinwand nicht mehr ge-
sichtet. Ehemänner waren ab jetzt prinzipiell untreu und liefen von
zu Hause weg, und Väter (wie Dustin Hoffman in »Kramer gegen Kramer«, der nicht wußte, in welche Klasse sein Sohn ging, oder Henry
Fonda in »Am goldenen See«, der noch nie ein nettes Wort zu seiner
Tochter gesagt hatte) waren auch kein Lichtblick. Der einzige nette
Kerl des ganzen Filmgeschehens schien der entschiedene Antiheld
Woody Allen zu sein, der Angst hatte vor Babys und selten das
Mädchen abbekam. Rückblickend kann man sagen, daß Allen neben
der siebzehnjährigen Mariel Hemingway den entspanntesten Ein-
druck machte. Reife Frauen waren zu viel für ihn.

Männer waren jetzt zum Problem geworden und taugten nicht
mehr zur Lösung von Familienkrisen. Die Väter auf der Mattscheibe
waren Pantoffelhelden, Langweiler, Klotzköpfe oder Idioten. Die un-
terlebensgroßen Väter im Fernsehen ließen Vaterschaft vielleicht
nach einem Spaziergang aussehen, aber heldenhaft war es auf keinen Fall. Erst Bill Cosby gelang es, dem Mattscheibenvater in den
achtziger Jahren wieder etwas Leben einzuhauchen. Er schaffte es,
Vaterschaft wieder aussehen zu lassen wie etwas, das die Bemühung
eines Mannes verdient. Cosby wirkt wie eine Reinkarnation von
Spencer Tracy.

In den neunziger Jahren hat die Kinoleinwand in Kevin Costner
endlich wieder ein Modell des Familienhelden gefunden. Er ist eine
Neuauflage von James Stewart. In »Die Unbestechlichen« spielte er
einen blitzsauberen FBI-Agenten, aber genauso souverän war er im
häuslichen Bezirk in der Rolle des Familienvaters in »Feld der
Träume«, der sich entschloß, den Geist des verstorbenen Vaters her-
aufzubeschwören. In »Der mit dem Wolf tanzt« und »JFK« bot er
sämtliche häuslichen Tugenden auf. Er erwies ihnen sogar, rückpro-
jiziert ins Mittelalter, seine Reverenz in dem politisch korrekt ge-
zeichneten Film »Robin Hood – König der Diebe«. Besonderen Spaß

schien er dabei allerdings nicht gehabt zu haben. Darf man aus Costners großer Popularität ableiten, daß man die Männer wieder zu
Hause bei einer nützlichen Tätigkeit sehen möchte? Vielleicht ist es
so, aber es ist gewiß nicht leicht, der Vaterschaft und der ehelichen
Partnerschaft heroische Seiten abzugewinnen, wenn es dafür im
häuslichen Bereich selbst oder in der magischen Welt von Bildschirm
und Leinwand so wenige Vorbilder gibt – und wenn die Sache zu al-
ledem noch von Costner so bierernst angegangen wird.

SELBSTDISZIPLIN

In seinem Artikel »Heroism, Men and Marriage« (Heroismus, Männer
und Ehe) von 1989 beschäftigt sich der Familientherapeut Gus Napier mit dem unbesetzt gebliebenen Platz des Mannes im modernen
Familienleben. Er schreibt: »Ich bin davon überzeugt, daß die Reise
des modernen Helden nach Innen führen muß in die oft angstauslö-
sende Welt des Unbewußten, wo der Charakter eines jeden Menschen
seine endgültige Ausformung erfährt und wo eine Änderung der Lebensführung dieses Menschen ansetzen muß... Denjenigen unter
uns, die sich mit der Therapie von Männern beschäftigen, ist der
enorme Widerstand vertraut, den Männer gegen die Wahrnehmung
ihres inneren Selbst aufbauen. Oftmals muß dieser Widerstand ge-
waltsam gebrochen werden, oder die ganze Reise ist blockiert... Der
Problematik dieser Männer ist etwas gemeinsam: eine alles durch-
dringende Selbstbezogenheit, ein gebieterischer Narzißmus (der in
unserer Kultur mit Nachsicht rechnen kann) oder ein Narzißmus aus
Not (der aus der Kindheit herrührt). All das zusammen macht es für
diese Männer mindestens so schwer, emotionale Zuwendung zu
geben, wie es in der Vergangenheit für die Frauen schwer gewesen
ist, sich Selbstbewußtsein und Selbstwertschätzung anzueignen. In
der Überwindung des männlichen Narzißmus dürfte die größte Herausforderung für das neue männliche Ideal liegen; und in der Tat
stellt auch Campbell fest, daß die Bereitschaft, über das Selbstinter-
esse hinauszugehen – in einem Akt, den er ›Selbstdisziplinierung‹
nennt –, das Kennzeichen des Helden ist.«

Männer, die das Familienleben nicht aushalten, die keine
Ehemänner und Väter sein können, sind nach meinem Verständnis
Männer, die die Bilder des Machohelden und/oder des jugendlichen
Helden in sich aufgenommen haben, ohne eine Beziehung zum Familienhelden finden zu können, da sie dieses Vorbild in ihrem Vater
nicht verkörpert fanden. Sie konnten es deshalb auch schlecht wahrnehmen oder zu schätzen wissen, wo es sich in den Vorbildern anderer Männer verkörperte.

Wenn Männer das Gefühl mit sich herumtragen, daß ihre Männlichkeit noch nicht abgesegnet ist, benutzen sie oft die zentralen Beziehungen ihres Lebens als Vehikel zur Stärkung ihres männlichen
Selbstbewußtseins. Solch ein ungereifter Mann wird die Bruderschaft
der Freunde fliehen, da er die Freunde beneidet und sich das Gefühl,
Manns genug zu sein, dadurch zu verschaffen sucht, daß er erfolgreich gegen die Freunde konkurriert. Er wird keine Gleichheit und Intimität in seiner Ehe aufkommen lassen, wird seine Frau betrügen
und zu beherrschen versuchen in der Hoffnung, Männlichkeit dadurch zu beweisen, daß er sie an die Wand spielt. Er wird um den ur-
eigensten Ausdruck der Männlichkeit – die Vaterschaft – einen
Bogen machen und ebenso um Kinder, die von ihm seine Fürsorge
und seinen Segen erwarten. Er kann niemanden an seiner Männlichkeit teilhaben lassen, da er sich selbst nicht mannhaft genug fühlt.
Diese Männer brauchen im Familienleben verwurzelte Mentoren,
vorzugsweise reale Heroen des Familienlebens, damit es ihnen möglich wird, etwas Größeres als die eigene Person in den sich weiten-
den Blick zu bekommen, wie etwa ihre Familie oder ihre Gemeinde.
Anderenfalls gründet ihre Männlichkeit eben nicht in dem, was
Campbell »Selbstdisziplinierung« nennt. Sie haben dann eben nicht
jenes über ihre eigene Person hinausgehende Bewußtsein einer Existenz im Beziehungsgeflecht des Lebens – jenseits des eigenen Narzißmus.

Die Selbstdisziplinierung der Männlichkeit bedeutet für einen
Mann, Schluß zu machen mit den Bemühungen, seiner Männlichkeit
mit pubertärem Imponiergehabe und halbstarkem Konkurrenzgeran-
gel Geltung verschaffen zu wollen. Er sollte vielmehr anderen den
Segen seiner Männlichkeit zuteil werden lassen. Selbst wenn er nie

den Segen seines Vaters bekam und sich niemals als draufgängerischer, entsagungsvoller Machoheld hervortat, kann er zum Mann und Familienhelden werden, indem er seinen Freunden ein Bruder, seiner Frau ein Partner und seinen Kindern ein Vater wird.

TEIL DREI
WENN MAN EIN MANN IST

10 ALS MANN UNTER MÄNNERN

»Du und ich genossen die Gesellschaft der Frauen, und wie
angenehm wir sie fanden; aber einer solchen Gesellschaft zu entkommen, ist wie ein Sprung ins kühle Wasser an einem heißen
Tag. Ein Mann kann seine Zeit nicht mit derlei Possen verbringen;
ein Mann muß ungezähmt bleiben ...«

Turgenev, »Väter und Söhne«

WILLKOMMEN IM TEAM

Mein Vater war bemüht, mir sowohl den Wert von Freunden wie
auch die Kunst, sie zu gewinnen, beizubringen. Er versuchte mir
klarzumachen, wie man sich als Mann unter Männern verhält, aber
damals traf er bei mir auf taube Ohren. Ich wollte mir meine Männlichkeit erobern. Wenn mein Vater am Spielfeldrand stand, sah er mir
bloß angewidert zu, worauf ich mich noch mehr ins Zeug legte.
Während ich mich bemühte, all die Burschen zu schlagen, die ich bewunderte und beneidete, und jedem Wettkampf aus dem Wege zu
gehen, bei dem ich mich blamieren konnte, lag mein Vater mir unentwegt in den Ohren, ich solle »mithalten« und nicht dagegenhal-
ten. Er versuchte mir beizubringen, wie ein Wettkampf brüderlich geführt werden kann.

Dad wollte mich lehren, ein männlicher Held und kein krankhaft
männlicher Konkurrenzhammel zu sein. Ich hatte den pubertären
Drang, stets meine Männlichkeit dadurch bestätigen zu wollen, daß
ich Sieger aller möglichen Wettkämpfe wurde. Er hätte gern gesehen,
wenn ich diese Haltung überwunden hätte. (Mutter wünschte natür-

lich, daß ich ihr zu Ehren noch härter ranging.) Dad wollte, daß ich eine etwas höhere, »heroischere« Stufe der Männerfreundschaft erklomm, indem ich mich und meine Talente in die Mannschaft einbrachte und sie damit zu meiner Bruderschaft werden ließ. Er wollte, daß ich begriff, daß die Jagd nach persönlichem Ruhm, so befriedigend sie auch sein mochte, lediglich den Neid und die Distanzierung der anderen Burschen nach sich zog und daß männliche Helden im guten Sinne ihr Streben in den Dienst einer Sache stellen, die größer ist als die eigene Person.

Es gibt ein Foto in der Sportpresse, auf dem mein Sohn Frank abgebildet ist, wie er voller Freude einen Mannschaftskameraden umarmt, der ihn gerade bei den regionalen Collegemeisterschaften im Querfeldeinlauf geschlagen hat. Es ist sein Lieblingsbild. Sein Großvater empfände hierüber gewiß größeren Stolz als über all die Siegestrophäen, die sich in Franks Zimmer stapeln. Wie schon sein Großvater hat auch Frank früh begriffen, daß das Leben ein Mannschaftssport ist.

Mein verzehrender jugendlicher Neid auf die unverkrampft sportlichen und auf gelassene Weise männlichen Jungen meiner Umgebung ließ mich schließlich doch begreifen, daß eines der Geheimnisse des Glücklichseins die Fähigkeit ist, vom Neid auf Nachahmung umschalten zu können. Dabei geht es nicht unbedingt um die Nachahmung der speziellen Talente und Fähigkeiten dieser Burschen, die entspannt in ihrer Männlichkeit zu ruhen verstehen, als vielmehr um die eigene Erschließung des Wesens und der inneren Quelle jener Kraft, aus der sie ihre Eleganz und Meisterschaft beziehen. Wegnehmen kann man ihnen diese Quelle nicht, genausowenig, wie durch den Diebstahl der Medaillen eines Champions aus dem Dieb ein Champion würde. Man kann aber diese Quelle auf sich einwirken lassen und sogar an ihr teilhaben. Wenn Männer sich verbünden, schenken sie sich gegenseitig ihre Stärke.

Ob Männer aufeinander angewiesen sind, um motiviert zu werden, sei dahingestellt, sicher aber ist, daß jeder Mann das Gefühl braucht, daß ihn die anderen Männer akzeptieren. Es ist das Angenommenwerden durch andere Männer, das wortlose, vorbehaltlose, unangefochtene Akzeptieren der gemeinsamen Männlichkeit, das

uns nicht den Boden unter den Füßen und den Verstand obendrein
verlieren läßt.

DAS SCHWEIGEN DER MÄNNER

»Freundschaft braucht keine Worte –
Freundschaft ist Einsamkeit ohne deren Schmerz.«
Dag Hammarskjöld

In einer Versammlung von Männern breitet sich eine große emotionale Ruhe aus, sobald alle die Gewißheit haben, daß sie sich als Mann
unter Männern fühlen dürfen. So anstrengend die zu bewältigende
Aufgabe auch sein mag, und handle es sich sogar um einen Wettkampf – Männer, die sich als Männer fühlen, haben es nicht nötig,
sich über das durch den Wettkampf selbst geforderte Maß hinaus ins
Zeug zu legen. Sie haben es nicht nötig, um ihre Anerkennung zu
kämpfen: Sie versteht sich von selbst. Die Angstschwelle sinkt. Es
gibt nichts, was noch weiter zu erklären und zu sagen wäre.
  Mein Onkel Harry war ein Mann für Männer. Er war Chirurg und
war mit Orden ausgezeichnet worden, als er im Krieg, nachdem sein
Schiff einen Treffer erhalten hatte, tage- und nächtelang, ohne zu
schlafen, operiert hatte. Man konnte sich bei ihm darauf verlassen,
daß er immer seinen Mann stand. Er tat immer seine Pflicht und ließ
sich nie von Gefühlen leiten. Als er einmal nach einer Bandschei-
benoperation selbst Patient seiner Klinik war, ging ich ihn besuchen,
aber er lag nicht in seinem Streckbett. Er war vielmehr im OP und
operierte, wobei er zur Entlastung seiner Wirbelsäule in einem Kor-
sett hing, das mit Seilen an der Decke befestigt war.
  Onkel Harry war Mannschaftsarzt der Alanta Braves, in den Jahrzehnten davor war er Arzt der Atlanta Crackers gewesen. Er liebte es,
zu Baseballspielen zu gehen. Seine anderen Vorlieben waren Golf
und Gin Rommé. Er verbrachte sein Leben im Aufenthaltsraum des
Ärztehauses. Als er in Pension gegangen war, ging er Tag für Tag in
den Country Club, spielte den ganzen Vormittag Golf und den
ganzen Nachmittag Karten, bis es Zeit war, nach Hause zu gehen und

sich mit Tante Emily im Fernsehen ein Spiel anzusehen. Onkel Harry bedauerte zwar, daß er keine Kinder hatte, aber ansonsten hätte er sich nichts anderes gewünscht als just dieses Leben. Er hatte alles erleben dürfen: Heldentaten vollbringen, der Mentor junger Sportler sein, den ganzen Tag mit Freunden herumhängen und seinen Lieblingsspielen frönen. Dazu hatte er eine Frau, die nichts an ihm auszusetzen hatte, und besonders viel mit ihr reden mußte er auch nicht.

Onkel Harry war zweiundachtzig, als er vom Tode seines Großneffen Pitt erfuhr. Er bekam einen Gehirnschlag und war fortan halbseitig gelähmt und unfähig, das Wasser zu halten. Zur selben Zeit bekam auch Tante Emily einen Gehirnschlag. Sie versank in einen seligen Dämmerzustand, in dem sie die Wiedervereinigung mit ihrer Mutter und sämtlichen Hunden erlebte, die sie in all den Jahren großgezogen hatte. Wir versuchten alles, um sie in ihrem Haus zu versorgen, mußten sie aber schließlich in ein neben unserer Praxis gelegenes Pflegeheim geben.

In den darauffolgenden fünf Jahren brachte ich Onkel Harry mindestens einmal pro Woche in den Country Club, damit er unter seinen Freunden war. Diese wollten ihn in ihren Golfwägelchen mitnehmen, aber er fiel aus dem Sitz. Sie probierten es, gemeinsam mit ihm zu essen, aber er besabberte sich überall. Sie versuchten mit ihm Karten zu spielen, aber er konnte das Blatt nicht halten. Manchmal machte Onkel Harry Anläufe, ein bißchen zu sprechen, aber kein Mensch verstand ihn. Am Schluß saß er eben einfach mit seinen Kumpeln herum, die ihre Golfpartien auskungelten oder Gin Rommé und Bridge spielten oder im Fernsehen ein Spiel verfolgten. Seine Sprachlosigkeit war in dieser Gesellschaft keineswegs unangebracht. Auf Worte kam es nicht an, und die jeweiligen Tätigkeiten waren ohnehin nur ein Vorwand, um zusammensein zu können. Er war vollkommen zufrieden.

Ich saß stundenlang mit ihm im Männeraufenthaltsraum herum und merkte, wie mir in geradezu süchtig machender Weise immer behaglicher wurde. Es gab nichts, womit man sich intellektuell hätte beschäftigen müssen und ganz gewiß keine Anforderungen auf der Gefühlsebene. Die Ehegattin einer der Männer hatte eine Krebsoperation gehabt, und alle anderen Männer machten sich Sorgen über

Wenn man ein Mann ist

ihren Zustand. Als der Betreffende hereinkam, fragte ihn jemand, wie es seiner Frau gehe. Er berichtete, daß sie gestorben war. Ein weiterer Mann kam sofort zu Hilfe: Noch bevor der schmerzbetäubte frischgebackene Witwer zusammenklappen und in Gefühle abrutschen konnte, schaltete sich sein bedachtsamer Freund ein und fragte ihn, wobei er auf die laufende Fernsehübertragung hinwies, wie denn gerade der Spielstand sei.

Männer treten sich in geschützten Räumen dieser Art nicht gegenseitig auf die Füße, man spricht nicht über seine Beziehungskisten, und vor allem wird dort nicht geweint, selbst wenn die Frau gerade gestorben ist. Diese Männer redeten natürlich über Sport, aber sie hörten einander nicht zu. Die geistvollste Unterhaltung, die mir während der Jahre, die ich dort mit Onkel Harry herumsaß, zu Ohren kam, drehte sich um einen Ausflug aufs Land, wo man sich besonders gut gewürzte Wurstwaren besorgen wollte. Und doch, sobald ich mich mit einem Mann allein oder in einer ihm vertrauten Gruppe von Menschen unterhalte und ihn nach seinem Leben, seinem Schmerz, sogar nach seinen Masturbationsphantasien frage, dann sprudelt es nur so heraus. Wenn Männer nicht reden, dann nicht etwa deshalb, weil in ihrem Hirn nur ein Testbild liefe oder weil sie nichts zu sagen hätten, sondern einfach deshalb, weil unter ihnen zum Reden keine Veranlassung besteht. Im Gegensatz zu Frauen empfinden es Männer nicht als Zeichen der Zuneigung, wenn man sich mit ihnen unterhält. Auf gewisse Weise drückt Schweigen ein höheres Maß von Einverständnis aus. Zwischen Männern bedeutet das Wort »Zuneigung«, daß es unnötig ist, etwas zu sagen.

Ich habe Männer beobachtet, wenn sie mit ihren Frauen zur Beratung kommen. Sie sind in Habachtstellung, stehen auf, öffnen die Türen, dienern und katzbuckeln, passen auf ihre Ausdrucksweise auf und wenden vor allem ihre Aufmerksamkeit auch nicht für eine Sekunde von dem gefährlichen Eindringling in ihre Privatsphäre. Ohne Zweifel lieben sie ihre Frauen und würden ihnen auch jederzeit jede Tür aufhalten, aber dann verziehen sie sich in jenes männliche Refugium der Stille, fort von der beunruhigenden Welt der Gefühle, von der durch Frauen wachgehaltenen Sensibilität für den Gefühlszustand und die Beziehungskisten anderer Leute.

Onkel Harry brauchte dieses Refugium, diesen Zufluchtsort vor der Welt der Frauen. Es war für ihn wie eine Therapie. Mir selbst kam er auf ungewohnte Weise friedvoll vor. Die meiste Zeit meines Lebens hatte ich gearbeitet und geredet, und wenn ich gespielt hatte, dann meistens, um zu gewinnen. Hier jedoch war die Kameraderie das Ausschlaggebende. Hier war eine Welt, die von Männern nur deshalb aufgesucht wurde, weil sie das stille, Anerkennung vermittelnde Zusammensein mit anderen Männern brauchten.

DEPRESSION BEI MÄNNERN

Für Männer, die sich in Gesellschaft anderer Männer nicht entspannen können, gibt es keinen schnellen und einfachen Weg zu emotionaler Geborgenheit. Sie neigen zu Depressionen, die sie jedoch vor ihrer Umwelt zu verbergen suchen.

Wenn Männern die schweigsame Gesellschaft von ihresgleichen nicht genügend Sicherheit und Geborgenheit vermitteln kann und wenn sie zudem mit heftigen Minderwertigkeits- und erdrückenden Schamgefühlen zu kämpfen haben, dann gibt es für sie keine andere Hilfe, als sich zu öffnen und sich mit ihrer als Versagen empfundenen Situation einem anderen Mann anzuvertrauen. Für einen Mann – ganz besonders im Zustand der Depression – kann der Gedanke, einem anderen Mann Einblick in die eigenen Unvollkommenheiten zu gewähren und um etwas Zuspruch und eine freundliche Geste der Anerkennung zu bitten, eine schreckliche Vorstellung sein. Vielen Männern mag das Aufrechterhalten der männlich unerschrockenen Fassade als der einfachere Weg erscheinen.

Depression ist nicht mit Traurigkeit zu verwechseln. Es handelt sich hierbei um eine chemische Veränderung im Gehirn, die zur Folge hat, daß den Betroffenen das Vertrauen abhanden kommt, die Dinge könnten sich auch zum Guten wenden. Depressionen können ausgelöst werden durch chronische Schmerzzustände oder täglichen Alkoholgenuß, durch einen erlittenen großen Verlust oder durch ererbte Disposition. Bei Männern rangiert als Auslöser das Gefühl, nicht der Mann zu sein, der man eigentlich sein sollte, ganz oben. In

dieser Situation machen sich Männer unablässig selbst fertig und
können zudem kein Vertrauen fassen, wenn ihnen Liebe entgegengebracht wird oder wenn sie freundliche Gesten erfahren. In den im
Hirn ablaufenden chemischen Prozessen wird fortwährend mehr Un-
lust als Lust registriert.

Ich weise Männer immer wieder darauf hin, daß die chemischen
Hirnsubstanzen, die eine Depression ins Lot bringen können, durch
sportliche Betätigung, Sex, Freude und Triumphgefühle produziert
werden. Das klappt aber nur, wenn der Sport frei ist von Konkur-
renzdruck, der Sex frei von Schuldgefühlen, die Freude frei von Gefahr und der Triumph frei von Scham.

Ich muß Männer auch immer wieder warnend darauf hinweisen,
daß Alkohol bei Depressionen besonders gefährlich ist. Alkohol ist
ein brutaler chemischer Angriff auf das Gehirn, der vielleicht eine
vorübergehende Linderung verschafft, die Depression aber letztlich
bis zum Selbstmord vertiefen kann. Deprimierten Männern dürfte am
meisten die Anerkennung durch andere Männer abgehen, und viele
Männer glauben, Trinken sei ein unerläßliches Ritual für eine Kontaktaufnahme zwischen Männern, da es Gespräche in Gang bringt
und der Gefühlsduselei Vorschub leistet. Manche Männer haben sich
noch nie im Zustand völliger Nüchternheit mit einem anderen Mann
unterhalten. Ihre nächste Depression wäre ein guter Zeitpunkt, um
damit anzufangen.

Bei Männern ist die Wahrscheinlichkeit, Selbstmord zu begehen,
vier- bis fünfmal so groß wie bei Frauen. Ihre Gefährdung durch Un-
falltod ist ebenso markant höher, und zudem neigen sie notorisch zu
Akten der Selbstzerstörung. Es mag den Anschein haben, daß Frauen
stärker von Depressionen betroffen sind als Männer, aber wahrscheinlich ist es lediglich so, daß sie eher das *Gefühl* der Depression
zulassen und sich anderen Menschen mitteilen, Therapien beginnen
und folglich auch genesen. Männern wird beigebracht, Gefühle zu
verleugnen, sich in die Tat zu flüchten und sich ohne Rücksicht auf
die näheren Umstände hart und männlich zu geben. Sie haben der
Welt zu demonstrieren, wie gut sie jeden Schicksalsschlag wegstecken und wie sie mit allen Widrigkeiten fertig werden.

Da Männer gelernt haben, das Zugeben von Gefühlsregungen

und Verlangen nach anderen Menschen als Versagen aufzufassen, versuchen sie falsche Gefühle vorzuspielen, während sie gleichzeitig die Flucht in verstärkte Aktivität antreten. Natürlich ist es bei Depressionen besser, Freizeitsport zu betreiben als zu jammern, aber das stetige Verleugnen der Gefühle kann die Beschämung, Einsamkeit und Isolation nur vertiefen.

Viele Leben wären zu retten, wenn Männer sich dazu durchringen könnten, andere Menschen, seien es nun Männer oder Frauen, wissen zu lassen, wenn sie einen miserablen Tag oder ein miserables Leben haben. Statt dessen lassen sie ihr Leben und ihre Beziehungen den Bach hinuntergehen, nur um zu beweisen, wie hart und anspruchslos sie sind. Es ist sehr wohl richtig, daß uns vieles von dem, was wir in unserem Leben brauchen, von Frauen gegeben wird, aber Männer benötigen wir auch.

MÄNNERFREUNDSCHAFTEN UND IHRE HINDERNISSE

Freundschaftliche Verbindungen mit anderen Männern sind für Männer nicht nur lebenserhaltend, sie gehören auch zu den Dingen, die das Leben erst lebenswert machen. Aber so, wie unsere Männlichkeitserziehung Barrieren errichtet, die der Partnerschaft mit Frauen und einem förderlichen Verhältnis zu Kindern im Wege stehen, baut sie auch Hindernisse auf gegen Freundschaften mit unseren Geschlechtsgenossen. Zur Zeit der Kindheitsspiele und der gemeinsamen Pubertätsrituale wußten die meisten von uns noch, wie man sich miteinander einläßt. Wir müssen aber feststellen, daß es später im Leben nicht mehr so einfach ist, Bindungen dieser Art einzugehen, und zwar nicht nur deshalb, weil mit zunehmendem Alter die Männer auch unbeweglicher werden. Männer verstricken sich in ihre Verhältnisse zu Frauen und verlieren sich gegenseitig aus den Augen. Oft macht ihnen ihre Homophobie ein intimes Verhältnis zu anderen Männern ohnehin unmöglich, und sie können sich nicht in diese tröstliche Kameraderie hineinfallen lassen. Häufig werden sie auch von der Scham über die Schwachstellen ihrer eigenen Männlichkeit auf Distanz zu anderen

Männern gehalten. Und nicht selten ist es der Erfolg der anderen Männer, der ihnen den Umgang mit ihnen vergällt.

BESITZERGREIFENDE EHEFRAUEN

»Die Frau war immer so schrecklich und so klammernd, sie hatte einen solchen Besitzdrang, eine solche Lust auf die Steigerung der eigenen Wichtigkeit durch die Liebe. Sie wollte haben, besitzen, kontrollieren, dominant sein. Alles soll Bezug haben auf sie, auf die Frau, auf die Große Mutter, aus der alles kam und der alles am Ende wieder geopfert werden muß.«
D. H. Lawrence, »Liebende Frauen«

Die Strukturen in einer Beziehung zwischen Männern, die sich aus der gemeinsamen Erfahrung des Mannseins herleiten, sind im wesentlichen von allgemeiner und unpersönlicher Art, während die Beziehungsstruktur in einer Zweierbeziehung mit einer Frau exklusiv und persönlich ist. Frauen gewähren ein Maß an Intimität, das weit über die Kameraderie von Männerfreundschaften hinausgeht. Für einen erwachsen gewordenen Mann ist der umfassendste Ausdruck der gereiften Persönlichkeit das Eingehen einer Beziehung zu einer Frau. Der Kreis hat sich geschlossen: Nachdem der Mann seine Männlichkeit durch die Lösung von einer Frau erworben und sich in die Gesellschaft der Männer eingegliedert hat, bringt er nun seine Männlichkeit ein in eine ausschließliche und umfassende Beziehung zu einer anderen Frau. Männer vertrauen, wie schon einmal in der Kindheit, die Definition ihrer Männlichkeit einer Frau an. Wenn jedoch die Bande zu den anderen Männern gekappt werden, ist es möglich, daß die neue Beziehung zur Frau den Mann verschlingt.

Ich bin mir dessen bewußt, daß ich seit meiner Heirat nie wieder Männerfreundschaften einging, die mit den Freundschaften vor meiner Heirat verglichen werden könnten. Durch meine Heirat habe ich etwas gewonnen, was bei weitem besser ist – dennoch vermisse ich manchmal die Kameradschaften meiner Jugend. Wie den meisten Männern fällt es auch mir schwer, sie wiederaufleben zu lassen. Wir

haben unsere Energie in unsere Familien, unsere Karrieren oder in
die Aufrechterhaltung unserer männlichen Fassade gesteckt. Es
dürfte seltsam anmuten, wenn ich sage, daß ich mich einsam fühle,
weil ich so glücklich verheiratet bin. Aber ich sehne mich nach Männerfreundschaften, und die brauchen ihre Zeit, wovon der größte Teil
in emotionaler Stille verbracht wird. Gesprochen wird, wenn überhaupt, über Belangloses wie Sport. Wenn ich meine Freunde verlasse,
begleitet mich das Gefühl, daß vieles ungesagt geblieben ist und daß
das Gesagte aus lauter Nichtigkeiten bestand. Einfach nur zwanglos
zusammenzusein gibt innerlichen Auftrieb. Genau das ist es, was den
Wert des Fitneßstudios für mich ausmacht, und ich möchte noch
mehr davon. Ich habe Glück: Mein Sohn, mein Schwiegersohn und
meine Neffen können meine Spielkameraden sein und sind doch zugleich Teil meiner Familie. Ich kann mich mit Männern einlassen,
ohne daß es auf Kosten meiner Familie geht.

Wenn Frauen ihre Identität aus der Liebe gewinnen, die ihr Mann
für sie aufbringt, können Männerfreundschaften des Partners wie ein
Verrat an ihrer monogamen Einheit wirken. Männerfreundschaften
haben etwas Gefährliches für jene Frauen, die fürchten, die Kumpane
ihres Mannes seien Frauen nicht grün und der Ehe abhold und außerdem bemüht, ihn von Arbeit und Spiel nicht fortgehen zu lassen, ihn
seinem Zuhause zu entfremden oder ihn gar in ein fremdes Bett zu
locken. Es gibt Schimpfworte, die eigens auf jene Männer gemünzt
sind, die Keile zwischen ihnen bekannte Ehepartner treiben. Solche
Männer darf man nicht als Freunde betrachten. Ein Mann sollte sich
Freunde suchen, die seiner Ehe positiv gegenüberstehen. Sie sollten
nicht in Konkurrenz zu ihr treten oder danach trachten, sie kaputtzumachen.

Wenn ein Mann einen anderen Mann ins Herz schließen und das
schweigsame Wohlwollen der anderen Männer voll und ganz ausko-
sten will, wird er sich mit seiner skeptischen Frau oft und eingehend
unterhalten müssen, da sie vermutlich sein »ein und alles« sein
möchte und es ihr schwerfallen dürfte zu begreifen, daß die Männlichkeit eines Mannes auf die Gesellschaft anderer Männer, die ihn
durch sein Leben begleiten, angewiesen ist.

HOMOPHOBIE – DIE FURCHT VOR FALSCHEN
UNTERSTELLUNGEN

Auch wenn sie es noch so energisch zurückweisen, so ist doch allen
Männern klar, daß die Homosexualität in ihnen angelegt ist. Da die
meisten Männer nicht wissen, daß dies ohnehin jedem Mann bekannt
ist, leben sie in der dauernden Furcht, daß es ans Tageslicht gelangen könnte.

Wenn ein »normaler«, schwuler oder wie auch immer gelagerter
Mann mit Homophobie zu kämpfen hat oder seine Männlichkeit in
Frage gestellt sieht, kehrt er mit großer Wahrscheinlichkeit den
Macho hervor. Er »macht Männchen«, wie Carol Tarvis dieses Phänomen in ihrem Buch »The Mismeasure of Woman« (Die falsche Ein-
schätzung der Frauen) nennt. Mitfühlende, sensible und warmherzige Männer sind dann auf einmal wie ausgewechselt und werden
dominant wie Herrschernaturen oder flirt- und sexbesessen wie ein
Frauenheld. Oder sie fangen an zu konkurrieren wie harte Wettkämpfertypen. Sie lenken das Gespräch auf Sport oder Krieg oder
Autos oder aufs Geschäft – was immer ihnen im Augenblick passend
zu sein scheint.

In seinem Buch »Men in Groups« (Männer in Gruppen) führt Lionel Tiger vieles von dem, was in unserer Welt nicht richtig läuft, auf
die homophobische Angst der Männer vor gefühlvollem Umgang
miteinander zurück. Er schreibt: »In weiten Bereichen der euro-ame-
rikanischen Kultur – und andernorts dürfte es sich ähnlich verhalten – gibt es massive Hemmfaktoren, die den Ausdruck von Zuneigung zwischen Männern unterbinden. Ein Resultat dieser Hemmung
von Sanftmut und Wärme ist die Betonung von Härte und Durchset-
zungsfähigkeit im Berufsalltag und im öffentlichen Leben, die so
manches ›harte Durchgreifen‹ im Bereich des Militärischen, der Wirt-
schaft, der Politik und der Polizei nach sich gezogen hat.«

Das persönlich gravierendste Resultat der Homophobie für diese
Männer ist die Tatsache, daß sie sich weder verletzlich noch liebevoll
und warmherzig zeigen können. Es gibt Männer, die ihre besten
Freunde und noch nicht einmal ihren Vater oder ihre Söhne in den
Arm nehmen können. Sie versuchen die Härte ihrer Lebensführung

anderen Männern aufzuzwingen und erklären diese Sprödigkeit,
diese Amputation von Wärme, Sensibilität, Einfühlungsvermögen
und Fürsorglichkeit zur Männlichkeit schlechthin.

Avery, der Masseur aus meinem Fitneßstudio, erzählte mir, daß
homophobische Männer so massiert werden wollen, daß es weh tut,
während weniger angespannte Männer sich dem Fluß der Energien,
die vom Masseur zu seinem Klienten strömen, mit Behagen hingeben
können. Massage ist etwas Sensuelles, ohne deshalb sexuell zu sein.
Viele Männer haben Angst davor, angenehme Gefühle zwischen sich
und einem anderen Mann zuzulassen. Sie pressen jede Beziehung
zwischen Männern in Begriffe von Auseinandersetzung und
Schmerz. Homophobie ist nicht nur heterosexuelle Kraftmeierei und
Aggressivität gegen Schwule. Sie zeigt sich auch in der Angst vor
dem behaglichen Miteinander mit anderen Männern. Wo Männer
keine Zuneigung füreinander aufbringen, kann ein Mann auch sich
selbst nicht mögen. Alles, was dem Wohlbefinden im gegenseitigen
Umgang dient, ist gut.

MÄNNLICHE SCHAMGEFÜHLE

Websters Lexikon definiert »Scham« als »ein unangenehmes Gefühl,
hervorgerufen durch Schuldbewußtsein, Versagen, ungebührliches
oder nichtswürdiges Verhalten, oder das Bloßlegen von etwas, das
verborgen zu halten das gute Benehmen gebietet«.

Oft findet man bei Männern, die sich nicht das geringste vorzuwerfen haben, eine merkwürdige Spielart der Scham, die wie ein
schleichendes Gift wirkt und diese Männer hinsichtlich ihrer Männlichkeit unter solchen Minderwertigkeitsgefühlen leiden läßt, daß sie
vor anderen Männern ihr ureigenstes Wesen verbergen. Sie mögen
sich bei Frauen sicher fühlen, mag es die eigene Frau oder irgendeine
andere sein, doch nie verläßt sie das Gefühl, nicht genügend Männlichkeit zu besitzen, um in der Gesellschaft von Männern auf Anerkennung hoffen zu dürfen. Sie schauspielern sich in grausamer Einsamkeit durch ihr Leben.

Bei Männern mit krankhaft übersteigertem Konkurrenzdrang, die

auf und neben dem Spielfeld wild entschlossen mit jedem Mann die
Klinge kreuzen, hat sich diese Neigung möglicherweise durch häufi-
ges Beschämtwerden in der Kindheit ausgebildet. Männer, bei denen
sich die Beschämung so tief eingegraben hat, daß sie mit ihrer gesamten Umwelt im Kriegszustand leben, werden mit großer Wahrscheinlichkeit immer wieder ohne viel Skrupel nach der Macht greifen, es ist allerdings unwahrscheinlich, daß sie die Macht erlangen
oder gar halten können.

Männer mit diesem übermäßigen Drang, sich mit Ruhm zu be-
decken, wollen damit ihre Beschämung verbergen. Irgendwo in
ihrem unsichtbaren Fanclub ruft eine Stimme pausenlos »Schande«,
und diese Stimme gehört wahrscheinlich dem argwöhnisch über die
Erfolge des Sohnes wachenden Vater. Es ist für einen Mann kein
Leichtes, den Vater aus seinem Fanclub hinauszuwerfen, aber wenn
der Sohn beim besten Willen nichts aufspüren kann, womit der Vater
ihm den Weg ins Mannsein geebnet hat, dann kann er es sich nicht
leisten, den Vater dort zu belassen. Ein von Schamgefühlen verfolg-
ter Mann hat unter Umständen keine andere Wahl, als sich selbst für
illegitim zu erklären und einen neuen Vater, das heißt, einen Mentor
seiner Männlichkeit, zu finden. Unser Fanclub braucht als Leiter
einen Mann, der uns liebt und der will, daß wir uns wohl fühlen, und
nicht einen Mann, der vor lauter Scham über sich selbst für seinen
eigenen Ruhm den Sohn zu opfern bereit ist.

Die »Schande« rufende Stimme im unsichtbaren Fanclub eines
Mannes muß nicht unbedingt dem Vater gehören. Buben, die von
Männern oder auch von älteren Jungen belästigt worden sind, mußten Erniedrigungen durch übermächtige Mannsbilder erdulden. Oft
tragen auch sie das Gefühl mit sich herum, keinen männlichen Respekt verdient zu haben.

Knaben berichten mindestens so oft wie Mädchen von sexuellen
Belästigungen und Vergewaltigungen. Aufgrund meiner jahrelangen
Beobachtungen bin ich davon überzeugt, daß bei Jungen die Wahrscheinlichkeit, daß sie sich in diesem Falle jemandem anvertrauen,
noch geringer ist als bei Mädchen. Es ist keineswegs ausgemacht, daß
die Meldung des schlimmen Vorgangs eine Tragödie nach sich zieht.
Wenn es aber ein Geheimnis bleibt, ist die Wirkung auf einen Mann

und sein Gefühl von Unversehrtheit und Sicherheit genauso kata-
strophal wie bei einer Frau.

Richard, ein neunzehnjähriger Junge, kam zu mir in Behandlung.
Er hatte Probleme beim Urinieren. In einer zweijährigen Therapie
war versucht worden, seine sexuelle Identität zu festigen und ihn
von dem Gefühl zu befreien, daß er wegen seines kleinen Penis nie
eine Frau werde finden können. Seine Therapeutin war sehr ver-
ständnisvoll und ermutigend, aber es wollte ihr einfach nicht gelingen, dem Jungen auf die Sprünge zu helfen. Sie bat mich um Kon-
sultation.

Richard sprach geradeheraus. Er kam schnell auf den Punkt, als
er mir die Geschichte erzählte, über die er einmal mit einem Mann
sprechen wollte. Er sagte, sein Penis sei gerade mal vier Zentimeter
lang und eine Quelle des allgemeinen Spottes. Seine Mutter hatte ihn
vom Turnunterricht befreien lassen, damit niemand ihn nackt sehen
und auslachen konnte. Als ich ihn fragte, wer ihn auslachte, erzählte
er, daß sein Vater ein paar Jahre bei einer anderen Frau gelebt hatte.
Während dieser Zeit war die Familie in ein rauhes Viertel gezogen,
wo er sich als damals Achtjähriger mit dem vierzehnjährigen Nachbarjungen Pete angefreundet hatte. Richard ging zum Spielen zu Pete
hinüber, und Pete hatte immer nur Sexspiele im Kopf. Pete verlangte
von Richard, daß er ihm einen blies, was Richard nicht besonders gefiel, weil der Penis von Pete sehr groß war, nämlich »über 30 Zentimeter lang und so dick wie eine Coladose« – nach Richards Schätzung jedenfalls. Pete machte sich über Richards präpubertären
kleinen Zipfel lustig. Einmal malte er Richards Penis mit rotem Na-
gellack an und setzte Richard dann nackt vor die Tür. Anschließend
schrie er aus dem Fenster: »Kommt alle und schaut euch den kleinsten Pimmel der Welt an, kommt und seht Little Dickie, das Monstrum!«

Ich fragte den schluchzenden Richard, wer seinen Penis sonst
noch gesehen hatte. Er versicherte mir, daß niemand in Frage kam,
ganz gewiß nicht sein Vater, der viel zu sehr damit beschäftigt war,
seinen eigenen Penis im Viertel bestaunen zu lassen, und auch nicht
die beiden Mädchen, mit denen er einen orgasmuslosen Geschlechtsverkehr im Dunkeln versucht hatte. Als ich nicht lockerließ,

fiel ihm ein gemeinsames Masturbationserlebnis mit Freunden ein,
das stattfand, als er etwa vierzehn Jahre alt war. Er hatte die Geschichte völlig vergessen, aber jetzt erinnerte er sich wieder, daß ihm
sein Penis damals nicht kleiner vorgekommen war als der seiner Spezis. Ich meinte, er könne sich in einem emotional so aufgeladenen
Moment ja auch vertan haben, und schlug vor, er solle zu Hause einmal genau nachmessen.

Als ich Richard das nächste Mal sah, gestand er mir, er habe es
nicht fertiggebracht, seinen Penis nachzumessen, er habe sich noch
nicht einmal den Tort antun können, seinen Penis überhaupt anzu-
schauen. Ich fragte ihn, ob er etwas dagegen hätte, mir seinen Penis
zu zeigen. Er zögerte keinen Augenblick, die Hosen herunterzulas-
sen, wobei ein normales, absolut respektables Geschlechtsorgan zum
Vorschein kam. Ich holte einen Zollstock aus dem Schrank, den sich
Richard an seinen Penis hielt. Ich las ab und verkündete, der Penis
sei neun Zentimeter lang. Er war völlig von den Socken und versicherte mir, der Penis sei noch ein ganzes Stück größer, wenn er hart
sei. Wir waren uns einig, daß Richards Penis wohl doch ganz normal
sein müsse und daß in Wahrheit Pete das Monstrum gewesen sei.
Richard fand, daß er jetzt wohl mit dem Mädchen ausgehen könne,
das ihm schon lange schöne Augen machte.

Als Richard aus meiner Praxis hinausschlenderte, war er ein
glücklicher Mann. Es braucht wirklich nicht viel, um männlich
genug zu sein.

Ich habe unentwegt mit Männern zu tun, die aufgrund ihrer ein
Leben lang währenden Scham über irgendeinen körperlichen Defekt,
eine Sprach- oder Lernstörung, wegen ihrer Kleinwüchsigkeit oder
wegen des späten Pubertätseintritts nicht aufhören können, sich in
Konkurrenzkämpfen zu messen. Ein junger Mann schob die Schuld
für seine Schüchternheit, seinen Alkoholismus und seine Fettleibig-
keit auf seine Bestrebungen, niemand wissen zu lassen, daß er zu-
sammengewachsene Zehen hatte. Es war kein Problem für ihn, zum
gemeinsamen Duschen mit den anderen Jungs die Hosen auszuziehen, wenn er nur die Schuhe anbehalten konnte. Für Männer können
körperliche Unvollkommenheiten genauso zur Manie werden wie für
Frauen. Aber, Hand aufs Herz, die am üppigsten sprudelnde Quelle

für Schamgefühle bei Männern ist ein als unzulänglich empfundener
Penis. Und in den meisten Fällen ist der Stein des Anstoßes die Penisgröße.

Ein Mann, der sich geradezu berufsmäßig als Konkurrenzhammel
betätigte, litt an Hypospadie. Durch diese angeborene Deformation
des Penis mußte er beim Wasserlassen die allergrößte Sorgfalt wal-
ten lassen, um sich nicht selbst zu beschmutzen. Er hatte einen Sau-
berkeitstick und ließ keinen Menschen in seine makellos gewienerte
Wohnung. Ein jüdischer junger Mann, der in Europa aufgewachsen
war, hatte das Gefühl, er müsse seinen Penis vor seinen unbeschnit-
tenen Kameraden verbergen. Ein anderer zorniger junger Mann
machte für sein verpfuschtes Leben die antisemitisch begründete
Weigerung des Vaters verantwortlich, ihn wie alle anderen Jungs beschneiden und somit aussehen zu lassen wie alle anderen Jungs.

Solchen Männern fehlt der väterliche Rückhalt. Manchmal gab es
überhaupt keinen Vater, meistens war keine Vertrauensbasis vorhanden, um das Thema überhaupt anzusprechen. In den Fällen, wo Eltern sich über Mißbildungen ihres kleinen Jungen Sorgen gemacht
hatten, hatten sie ihn gleichzeitig auf die Ablehnung durch die Umwelt vorbereitet. Von Kindesbeinen an haben diese Männer ihre De-
fekte sorgfältig vor den Kameraden verborgen. Sie waren in dem
Glauben, emotional von den anderen Männern in Stücke gerissen zu
werden, wenn sie eine verwundbare Stelle zeigten. Sie waren unfähig
zu dem für Männer entscheidenden Schritt, den sie tun müssen,
wenn sie sich in ihrer eigenen Welt sicher fühlen wollen: ihre größte
Schwäche vor den anderen Männern zu enthüllen.

NEID

Es gibt viele Dinge, um die sich Männer gegenseitig beneiden können. Meist gilt der Neid dem Reichtum des Rivalen. Bei manchen
Männern setzt sich schon sehr früh in ihrem Leben die Idee fest, daß
das Glück des Menschen im Reichtum liege. Sie sehen im Leben einen
Wettkampf, bei dem sich die Zahl der Treffer im angehäuften Reichtum ausdrückt. Ich behandle reiche Leute und habe reiche Freunde,

aber ich weiß, daß Geld nicht unbedingt glücklich macht, obwohl es
gewiß nicht immer notwendigerweise unglücklich machen muß. Er-
erbtes und angeheiratetes Vermögen sind natürlich schlecht fürs
Selbstbewußtsein, aber auch wenn der Reichtum die Frucht eigener
Fähigkeiten ist, kann er immer noch schlimme Wirkungen auf Leben
und Arbeit zeitigen. Ein Überfluß an Geld läßt den notwendigen
Druck erlahmen, lenkt den Blick ab vom Ziel und macht die Leistung
eines Mannes zu etwas Alltäglichem.

Die verheerendste Wirkung des Reichtums liegt aber in dem, was
sein eigentlicher Zweck ist: Er enthebt den reichen Mann der Mühe
des alltäglichen Kampfes ums Dasein, der die Männer zusammen-
bringt.

Einige meiner besten Freunde wurden sehr reich. Sie waren keineswegs von dem Neid vergiftet, der jene Männer antreibt, die reich
werden *müssen*, um ihre Männlichkeit zu beweisen. Während sie
taten, was ihnen Spaß macht, hatten sie, ohne es besonders darauf
angelegt zu haben, auf irgendeine Weise viel Geld verdient. Als sie
vierzig oder fünfzig waren, hatten sie sich – mitten in der Blüte ihrer
Jugend – zur Ruhe gesetzt. Es konnte einem im Herzen weh tun. Mein
Blutsbruder Noel war Rennfahrer und Maler gewesen, bevor er in die
Teppichbranche einstieg. Er verkaufte sein Geschäft ziemlich bald
und saß dann drei Jahre herum; in dieser Zeit kaufte und verkaufte
er Gemälde französischer Impressionisten. Es war genau das, wovon
er immer geträumt hatte. Mit der Zeit ging ihm das Herumsitzen und
das Anschauen all dieser Renoirs und Monets auf die Nerven. Er
bekam das Gefühl, seine Wochenenden eingebüßt zu haben – sie un-
terschieden sich in nichts von den übrigen Wochentagen. Er drückte
also wieder die Schulbank und begann eine neue Karriere als Bör-
senmakler, bei der er wieder alle Hände voll zu tun hat. Die Gemälde
hat er übrigens behalten.

Murray, mein bester Freund aus der Collegezeit, geistig beweglich
und emotional anregend wie wenige, versucht immer noch, seinem
Ruhestand gute Seiten abzugewinnen. Er wohnt in einer fabelhaften
Villa mit phantastischem Ausblick und hat eine wunderbare Frau, die
ihm alle paar Stunden etwas Leckeres kocht. Er sitzt inmitten seines
Luxus und versucht sich daran zu erfreuen, aber er hat eigentlich

nichts anderes zu tun, als seinen kleinen Köter Dexter zum Beinchenheben auszuführen. Sobald einer von den beiden kribbelig wird, gehen die zwei Gassi. Murray macht bis jetzt noch eine ganz gute Figur, aber Dexter hat eine nervöse Blase bekommen.

Andere Männer beneiden meine Freunde, weil sie so reich sind, daß sie keinen Handschlag mehr zu tun brauchen. Für Männer liegt eines der Geheimnisse des Glücks in der Fähigkeit, ihren wettbewerbsorientierten und feindseligen Neid auf jene Geschlechtsgenossen, die ihnen in einem echten oder eingebildeten Stechen eine Schlappe beigebracht haben, in warmherzige und liebevolle Freundschaft umzuwandeln. Dazu bedarf es einer Menge Selbstvertrauen, und einfach ist es auch nicht immer.

Bei vielen Männern ist die Angst, daß neue Bekannte ein feindseliges Konkurrenzgebaren an den Tag legen, so groß, daß sie auf Nummer Sicher gehen: Sie vermeiden generell, sich mit neuen Bekannten näher einzulassen, und versuchen dafür, die Verbindung zu den Blutsbrüdern der Jugend aufrechtzuerhalten, zu den Jungs, mit denen gemeinsam sie die Mannbarkeitsrituale der Pubertät, der Schul- und der Kriegszeit erlebt haben – zu den Jungs also, die nach den gleichen Regeln spielen.

Wenn Männern auch nach der Pubertät aus der Verbindung mit anderen Männern Bestätigung erwachsen soll, muß sich das Streben nach Status in angemessener, brüderlicher und kollegialer Form vollziehen. Wenn man immer besser sein will als der andere, entsteht unter Männern keine freundliche Atmosphäre; die Bemühung muß darauf gerichtet sein, daß jeder ungefähr gleich gut ist. Selbstverständlich gibt es immer und überall Wettbewerb zwischen Männern, aber dieser Wettbewerb darf keine feindseligen und zwanghaften Züge annehmen. Das freundschaftliche Band muß Vorrang haben vor jeglichem Drang, sich zum Sieger emporzurangeln.

Neidanfälligen Männern, wie ich einer bin, kann ich nur immer wieder raten: Wenn du jemanden beneidest, versuche lieber, ihn nachzuahmen, versuche das, was dir am Objekt deines Neides so wertvoll erscheint, in dir selbst zu entdecken und zu entwickeln.

Es ist einfacher nachzuahmen, als den Neid zu überwinden. Zuerst jedoch müssen die beiden Betroffenen auf einer mehr oder we

niger ausgeglichenen Ebene zu einem Zusammenspiel finden. Wenn
die beneidete Person sich zu einem Wettkampf herbeiläßt, kann allein darin schon so viel Bestätigung liegen, daß eine wohlwollende
Atmosphäre entsteht, in der Nachahmung stattfinden kann. Die Bereitschaft, sich zu stellen, ist ein Kompliment, eine Anerkennung des
Wertes des anderen. Selbst wenn ein Mann einen anderen zum Duell
auf Leben und Tod fordert, ist dies ein Zeichen des Respekts und im
Grunde genommen eine Einladung zum gemeinsamen Spiel.

Das Beste jedoch, das wir zur Überwindung des Neides tun können, ist der Eintritt in die gleiche Mannschaft, so daß alles, was wir
miteinander tun, zu einer Bestätigung aller führt. Wenn Männer miteinander arbeiten und spielen, ist es so gut wie unvermeidlich, daß
einer dem anderen seine Fertigkeiten und Qualitäten abguckt.

Welchen Funktionen Arbeit und Spiel auch primär dienen mögen,
sie bieten Männern die Gelegenheit, sich gegenseitig nachmachen zu
können. Wenn Männer sich gemeinsam ins Zeug legen, übernimmt
einer den Rhythmus des anderen. Ganz von selbst ergibt sich eine
Bewegung, die Gleichheit erzeugt.

WENN MÄNNER SPIELEN

Männer machen miteinander Spiele, weil man sie verwundert an-
starren würde, wenn sie miteinander tanzten. Wenn sie miteinander
schwitzen und keuchen und manchmal sogar bluten, bestätigen sie
sich ihre Freundschaft, ihre Liebe und ihren Respekt voreinander. Sie
erleben noch einmal jene goldene Zeit, in der die Jungen sich ver-
bündeten, um der Macht der Mütter zu entrinnen, jene kurze Zeit-
spanne im Leben eines Mannes, als einer sich durch den anderen definierte, durch das gemeinsam sich bildende Mannestum und die
Wunderlichkeiten der gemeinsamen Pubertät.

Das Gemeinschaftserlebnis ist der eigentliche Zweck des Spiels.
Ich habe meinen Sohn Frank IV mit meinem Schwiegersohn Ken, mit
seinem besten Freund Doug oder seinen Vettern Harrison, Paul und
Jimmy beobachtet. Frank ist der große Läufer und Radler. Ken
kommt aus dem gebirgigen Idaho und ist vertikal gegliederte Räume

gewohnt. Er ist im Abfahrtslauf und beim Klettern in Felswänden zu
Hause. Doug sind vom vielen Schwimmen schon Kiemen und Flos-
sen gewachsen. Harrison war früher ein Profi-Golfer. Paul ist so
leicht durch nichts zu beeindrucken. In jedem Sport von Golf bis zum
Marathonlauf steht er seinen Mann. Jimmy ist ein intellektueller
Akademiker, aber wenn er Frank oder den anderen nahe sein will,
dann redet er nicht, sondern geht mit ihnen Skilaufen. Diese Männer
(sie sind mittlerweile alle erwachsen) haben ein Vergnügen daran, die
Sportarten anderer Männer zu erlernen und die eigenen zu vermitteln. Ihre Wettkämpfe verlaufen ohne Haken und Ösen – auf dem
Spielfeld und streng nach den Regeln. Diese Männer sind selbstbe-
wußt und stolz. Mit Begeisterung geben sie weiter, was sie wissen,
und genauso begeistert nehmen sie das auf, was sie nicht wissen. Von
Neid, der die gegenseitige Nachahmung stören könnte, ist nirgends
eine Spur. Diese jungen Männer scheinen größeren Stolz zu empfinden, wenn sie ihrem Freund beibringen konnten, wie er sie besiegen
kann, als wenn sie selbst gesiegt hätten. Auf der Tonspur des Ge-
schehens findet man die zwischen Männern üblichen Neckereien und
gutmütigen Beschimpfungen, aber hinter den Worten, näher am Herz
der Sache, wohnt eine tiefe Zuneigung. Im Laufe ihrer freundschaft-
lichen, mit Selbstvertrauen ausgefochtenen Wettkämpfe wachsen
diese Männer immer mehr zusammen.

Mein Neffe Pitt war wie immer derjenige, der allen vorauslief.
Immer, wenn er jemanden sah, der etwas machte, was er selbst nicht
konnte, ließ er alles stehen und liegen und lernte ein neues Spiel,
wobei er gleich einen neuen Freund dazugewann. Sobald er in seinem neuen Betätigungsfeld, von Schach über Stabhochsprung bis
zur Kunst des musikalischen Flatulierens, nur einigermaßen firm
war, lief er aufgeregt nach Hause, um seine Brüder, Vettern und
Freunde zu unterweisen. Und wenn es einer von ihnen besser konnte
als er, war seine Befriedigung um so größer.

Pitt hatte keine eindeutige Begabung oder natürliche Neigung in
eine bestimmte Richtung, es kam ihm nur eben einfach nie in den
Sinn, daß ihm etwas, das er sich vorgenommen hatte, nicht gelingen könnte. Er war Meister im Stabhochsprung seines Bundesstaates, Abschlußredner seiner Klasse und Jahrgangssprecher, der

führende Lehrer an der Flugschule, mit knapp 60 Kilo Quarterback und Kapitän der Footballmannschaft, die die Meisterschaft gewann, und trotzdem war er kein Streber, der überall die Nase vorn haben wollte. Er war einfach ein Mensch, der sich über jede Gelegenheit freute, bei der es etwas zu lernen, etwas zu tun und dann weiterzuvermitteln gab.

Das sind gesunde Burschen, weitaus gesündere Männer, als ich in ihrem Alter war. Um auf sportlichem Gebiet zu konkurrieren, fehlten mir damals die Fähigkeiten. Ich hatte mich auf meine verbalen Talente zu stützen, was leicht eine feindselige und sarkastische Komponente ins Spiel brachte und die Distanz eher vergrößerte als verkleinerte. Ich war von Schamgefühlen über meine mickrige Männlichkeit und von meinem Neid auf diejenigen, die nicht wie ich mit Schamgefühlen zu kämpfen hatten, so überflutet, daß ich großkotzig nur meine eigenen Fähigkeiten als letztlich relevant gelten ließ. Ich mache mir oft Gedanken darüber, wie anders mein Leben verlaufen wäre, wenn ich das Selbstvertrauen gehabt hätte, es den anderen Burschen gleichzutun und mir ihre Fähigkeiten anzueignen, anstatt sie herabzusetzen, wenn sie nicht mit meinen Fähigkeiten aufwarten konnten. Für gesunde Männer bedeuten Wettstreit und Konkurrenz etwas ganz anderes. Es fällt mir immer wieder auf, daß Profi- und Amateursportler auf und neben dem Spielfeld wesentlich kollegialer miteinander umgehen, als Akademiker es in ihren Bereichen zu tun pflegen.

Es kommt gar nicht so sehr auf das Spiel selbst an, wohl aber auf das Verhältnis der Spieler untereinander. Männer, die um Sieg oder Niederlage ein Theater veranstalten wie unsichere und verzogene Kinder, verkennen, worum es eigentlich geht. Der bessere Mann ist nicht derjenige, der den Wettkampf für sich entscheidet, sondern der, welcher die Mannschaft zusammenhält, während sich die Jungs ins Zeug legen.

WENN MÄNNER ARBEITEN

»Keine andere Technik der Lebensführung bindet den Einzelnen so fest
an die Realität als die Betonung der Arbeit, die ihn wenigstens in ein
Stück der Realität, in die menschliche Gemeinschaft, sicher einführt.«
Sigmund Freud, »Das Unbehagen in der Kultur«

»Ich höre nicht auf zu arbeiten aus dem gleichen Grund, aus dem ein
Huhn nicht aufhört, Eier zu legen.«
H. L. Mencken

Männer arbeiten, weil die Arbeit eine Verbindung zur Realität her-
stellt. Männer arbeiten, weil ihnen zu Hause das Gefühl abhanden
gekommen ist, zu etwas nütze, in die Familie eingebunden und lebendig zu sein. Für viele Männer ist die Arbeit das einzige, was sie
haben. In ihr erschöpft sich das Tun der Männer, vielen Männern verleiht sie das Identitätsbewußtsein. Vor allem aber wird ein Mann
durch seine Arbeit zum Mann unter Männern erhoben und sein Wert
festgesetzt in einer Welt, die er vielleicht noch immer als eine
Domäne der Männer begreift. Die Tage sind jedoch vorbei, in denen
die Arbeitswelt eine rein männliche Veranstaltung war. Die Frauen
am Arbeitsplatz sind zu Mitspielern geworden, sie gehören zur gleichen Mannschaft. Die meisten Männer haben mit Frauen am Arbeitsplatz einen ähnlich entspannten Umgang wie mit männlichen
Kollegen. Es ist eine sachbezogene Kameradschaft, die sich grundle-
gend von dem gefühlsgeladenen Spannungsverhältnis unterscheidet,
das Männer zu solchen Frauen haben, die sich zwischen sie und ihre
Arbeit, welche ihm das Zugehörigkeitsgefühl zu dieser Welt gibt,
drängen wollen.

Arbeit erschöpft sich keineswegs in bloßer Plackerei: Man erwirbt
sich auch das angenehme Recht, über die Arbeit zu jammern, weshalb wir gerne versuchen, sie so schlimm wie nur möglich aussehen
zu lassen. Als ich noch ein Junge war, machte es mir großes Vergnügen, auf der Farm zu arbeiten. Ich war stolz auf meine blutigen
Finger, die ich mir beim Baumwollpflücken geholt hatte, und auf die
klebrigen Pfoten von der Feigenernte, die Schrammen von den

Hasen und die Schnabelhiebe von den Hühnern, die wir züchteten. Ich war stolz auf den Morast und den Kuhmist zwischen meinen Zehen. Männer hatten harte Arbeit zu leisten, folglich war ich verschrammt, blutverkrustet und verdreckt. Da ich gearbeitet hatte, war ich auch ein Mann.

Meinen ersten richtigen Job hatte ich mit fünfzehn in der Baumwollspinnerei. Mein Vater, der dort Betriebsleiter war, gab mir den ungefährlichsten, aber auch unangenehmsten Job, der dort zu vergeben war. Ich hatte mit Garn beladene Karren aus der Spinnerei zum Appretieren zu schaffen. Im Appretierraum herrschten fast 40 Grad Celsius bei 100 Prozent Luftfeuchtigkeit. Ich war den ganzen Tag verschwitzt und verschmutzt und stolz wie ein Spanier, daß ich meinem täglichen Pensum von Feuer und Wasser gewachsen war. Wenn ich am Ende des Tages nach Hause kam, riß ich mir schon in der Eingangsdiele das ekelhafte Arbeitszeug vom Leib, damit Mutter Gelegenheit bekam, durch entsprechende Entrüstung meinem mühevollen Männerdasein ihre Reverenz zu erweisen.

Noch Jahre später, ich war damals schon mit Betsy verlobt, ging ich immer direkt von der Notaufnahme des Krankenhauses zu ihrer Familie zum Essen. Wenn mein Arztkittel von dem den Tag über stattgehabten Ringen mit Gevatter Tod nicht eindrucksvoll genug gezeichnet war, pflegte ich irgendeine gerade greifbare Körperflüssigkeit darüberzuschmieren, damit man sofort sehen konnte, welch blutrünstigem Leben ich mich mannhaft stellte. Die Arbeit eines Mannes ist sein Stolz.

Die Arbeit verleiht dem Leben eines Mannes Bedeutung. Mir gefällt, was Joseph Conrad in »Herz der Finsternis« über die Arbeit geäußert hat: »Arbeit mag ich nicht – kein Mensch mag sie – aber ich mag, was in der Arbeit steckt – die Möglichkeit, zu sich selbst zu finden, zur eigenen Wirklichkeit, der Wirklichkeit, wie man sie selbst sieht, nicht wie andere sie sehen – zu dem, was kein anderer je erfahren kann.«

Die Arbeit hält uns in Bewegung, gibt uns Struktur, definiert uns als funktionierende, einen Beitrag leistende, wertvolle Bürger. Sie macht uns zum Mitglied eines Teams, einer Gemeinschaft von Kollegen – selbst wenn wir unsere Arbeit isoliert von den anderen verrichten. Wenn wir das Gefühl haben dürfen, daß uns die Arbeit den anderen Arbeitenden oder der menschlichen Gemeinschaft näherbringt, erfüllt sie uns mit Stolz und Freude, dann fühlen wir, wie wir mit allen anderen, die arbeiten, an einem Strang ziehen, fühlen wir uns mit jedem anderen Mann verbunden. Das Gefühl, gemeinsam an einem Strang zu ziehen, das Männer empfinden, wenn sie zusammen ihrer Arbeit nachgehen, kann weitaus stärkere Bestätigung geben als jede andere Tätigkeit, die den Mann vielleicht weniger fordert, weniger Zusammengehörigkeitsgefühl schafft, aber angeblich besonders viel Spaß macht. Wenn wir unsere Arbeit allerdings vorwiegend als Wettbewerb auffassen, ziehen wir den Neid und die Konkurrenz der anderen auf uns und sind am Ende des Tages emotional erledigt.

Den meisten von uns garantiert die Arbeit jedoch nicht nur die Identität und ganz allgemein die Verbindung zur Welt, sie ist auch der Mittelpunkt unseres alltäglichen sozialen Lebens. Hierzu schreibt D. H. Lawrence in »Känguruh«: »Dorthin also verlagerte ich mein Mannestum – in meine Arbeit. Dort hatte ich meine Kameraden – meine Arbeitskollegen. Ich hatte auch Spielgefährten gehabt. Weib, Kinder, Freunde – das waren alles Spielgefährten gewesen. Meine Arbeitskollegen jedoch waren meine Kameraden.«

Wenn wir unsere Arbeit verlieren, verlieren wir auch unsere Würde, unser Beziehungsnetz, unseren Lebenszweck und unseren Lebensrahmen. Beschämung macht sich in unserem Leben breit. Es ist zwar lieb, wenn unsere Familie uns trotzdem noch mag, aber wir wissen, daß wir uns das nicht verdient und folglich keinen Anspruch darauf haben. Wie anders könnte doch unser Leben sein, wenn wir Männer unser Selbstgefühl in ebenso starkem Maße aus unserer Familie und aus unserer Funktion als Vater ziehen könnten wie aus unserer Arbeit!

Arbeit als solche hat nichts Ungesundes. Ein Mann, der seine Arbeit liebt, ist wahrscheinlich glücklich und zufrieden, was immer sonst in seinem Leben vorgehen mag. Ob wir unsere Arbeit lieben oder nicht, hat weniger mit der Arbeit selbst als mit unserer Einstellung zum Arbeiten überhaupt zu tun. Ich mache mir viel mehr Sorgen um Männer, die sich nicht mit ihrer Arbeit identifizieren, denen die Arbeit keine Anregung, Befriedigung und Brüderlichkeit vermittelt, als über jene Männer, die nicht genug davon bekommen können. Abraham Lincoln berichtete: »Mein Vater lehrte mich zu arbeiten, aber nicht, die Arbeit zu lieben. Ich habe meine Arbeit nie geschätzt, und ich leugne es nicht. Ich würde lieber lesen, Geschichten erzählen, Witze machen, mich unterhalten, lachen, alles, nur nicht arbeiten.« Lincoln war berühmt für seinen Witz und seine Melancholie. Warum ist ein witziger Mann melancholisch? Ich kann mir nur vorstellen, daß ihm die körperliche, geistige, emotionale Anstrengung der Arbeit keinen Spaß machte. Ich hatte immer gedacht, Glücksgefühle müßten sich genauso wie das Schwitzen bei harter Arbeit von alleine einstellen.

Unsere Arbeit wird zur Manie, sobald wir ihr unsere Gesundheit oder unsere Familie opfern. Ich habe manchmal Männer vor mir sitzen, die fünf Tage in der Woche auf Geschäftsreise sind und obendrein noch an den Wochenenden mit Geschäftsfreunden Golf spielen. Sie sind davon überzeugt, daß sie das nur für ihre Familie tun, und glauben, sie hätten in der Familie lediglich eine wirtschaftliche Funktion. Wenn Männer ausschließlich für ihre Arbeit leben, tun sie das in Wirklichkeit nur für sich selbst, und sie nehmen die Opfer in Kauf, die dies ihren Kindern abverlangt.

Wenn Männer die Liebe zur Arbeit ihren Kindern näherbringen wollen, dann müssen sie ihre Arbeit in das Leben der Familie integrieren und dafür sorgen, daß jeder in der Familie das zwar selbstbezogene, aber doch ruhmvolle Wesen der Arbeit begreift.

FREUNDE UND BLUTSBRÜDER

»Ein Freund ist immer auch ein zweites Selbst.«
Cicero

Um von den anderen Männern akzeptiert zu werden, sollte man:
- mitmachen,
- seine Arbeit tun,
- nicht die Männlichkeit der anderen in Frage stellen,
- keine unangenehmen Gefühle aufrühren

- sich nicht mit übertrieben männlichem Gebaren hervortun
- und natürlich alle Pfadfindertugenden haben.

Es sollte einem erwachsenen Mann wirklich nicht allzu schwerfallen, »vertrauenswürdig, loyal, hilfsbereit, freundlich, höflich, angenehm, gehorsam, heiter, sparsam, tapfer, sauber und respektvoll« zu sein. Jeder zwölfjährige Durchschnittsjunge kann das. Ein Mann muß nicht stattlich oder reich oder gutaussehend sein oder auch sensibel und romantisch oder brillant und hochgestochen oder auch nur in irgendeiner Weise geistreich. Ein Mann, der von den anderen Burschen akzeptiert werden will, muß auch nicht sein Leben für sie riskieren; wenn er die obigen Eigenschaften hat, wird man davon ausgehen, daß er es sich zum gegebenen Moment nicht plötzlich anders überlegen wird.

Penn und Tillman sind die männlichsten Männer, die lustigsten Gesellen und die besten Freunde, die man sich vorstellen kann. Im Gegensatz zu d'Artagnan, der sich dem Rat seines Vaters folgend duellierte, um Freunde zu finden, sind Penn und Tilly nicht dadurch enge Freunde geworden, daß sie kämpften, sondern dadurch, daß sie sich gemeinsam vor dem Kampf drückten. Sie waren schon in ihrer High-School-Zeit in den sechziger Jahren befreundet, so gut befreundet jedenfalls, wie ein so wenig zusammenpassendes, extrem verschieden aussehendes Gespann überhaupt befreundet sein kann – Penn ist immerhin zwei Meter groß, und Tilly muß sich recken, um die einssiebzig zu erreichen. Sie waren beide ambitionierte Sportler, aber ihre Stärken lagen wahrlich nicht auf demselben Gebiet. Während der Collegezeit hatten sie sich aus den Augen verloren, aber beim Schlangestehen zur Musterung für den Dienst in Vietnam im Jahre 1970 sah Tilly auf einmal den riesigen Penn, der alle anderen überragte. Tilly fühlte sich ziemlich mies, und wie es seine liebenswerte, direkte Art ist, sagte er rundheraus, daß er die Hosen voll hatte. Der unerschütterliche Penn wähnte sich sicher; mit seinen zwei Metern war er bestimmt zu groß für den Militärdienst. Wenn es mit Energieeinsatz und Willensanstrengung zu schaffen gewesen wäre, dann hätte sich Tilly in diesem Moment auf zwei Meter zehn gestreckt.

Als Penn gemessen wurde, schien er jedoch um ein geringes geschrumpft zu sein. Er war lediglich einsneunundneunzig groß und
somit reif für den aktiven Dienst mit der Waffe. Im ersten Moment
war er am Boden zerstört. Sehr groß zu sein hat jedoch auch seine
Vorteile. Wie außergewöhnlich schöne Frauen pflegen auch sehr
große Männer aufzufallen und bekommen Angebote, die dem Rest
von uns vorenthalten bleiben.

Es dauerte nicht lange, und es trat jemand an den riesigen und
trotz allem zu kleinen Penn heran, um ihm von einer Reserveeinheit
zu erzählen, in der es noch ein paar unbesetzte Ränge gab. Penn meldete sich also und brachte Tilly ebenfalls dort unter. Keiner der beiden mußte ins Gefecht.

Penn hatte Tillys Leben gerettet. Tilly wußte, daß der Kodex der
Männerfreundschaft von ihm verlangte, nun seinerseits Penns Leben
zu retten. Er schleppte Penn hinaus ins Freie und brachte ihn dazu,
mit ihm zu joggen. Inzwischen sind zwanzig Jahre vergangen, aber
die beiden Erzfreunde spulen immer noch dreimal die Woche miteinander ihre sechs bis zwölf Meilen herunter, wobei der drahtige
Tilly für jeden von Penns Schritten zwei machen muß. Nicht ohne
Stolz betrachtet er sich als Penns Retter.

Tilly hat aber noch mehr für Penn getan, als nur dessen Körper
davor zu bewahren, in 40 Jahren fehlender körperlicher Ertüchtigung zu erschlaffen. Tilly schenkte in seiner Person dem bruderlosen
Penn einen Blutsbruder. Penn und Tilly haben keinerlei Grund, sich
über Frauenmangel zu beklagen. Männer brauchen aber auch einen
Bruder oder vielleicht gar zwei, und manchmal muß man sie eben
adoptieren.

Ich bewundere die Freundschaften, die ich zwischen vielen der
Männer und jungen Burschen beobachten kann, die mit mir trainieren. Ich beobachte, wie sie einander nacheifern, sich gegenseitig
etwas beibringen, voneinander lernen und sich ermutigen, bis zum
Erfolg durchzuhalten. Einer strahlt im Glorienschein des anderen.
Gestärkt durch ihre Freundschaften, verbreiten sie gelassenes Vertrauen in ihre Männlichkeit. Sie fürchten sich nicht vor der Nähe zu
anderen Männern. Dennoch halten sie bestimmte Grenzen im zwi-
schenmännlichen Kontakt ein, die wohl für amerikanische, nicht

aber für europäische Männer verbindlich sind. Wie Gerald Crich und
Rupert Birkin in dem Film »Liebende Frauen« werden sie eher miteinander ringen, als sich umarmen.

Wie kann es Männern gelingen, ihre unausgesprochene gegenseitige Zuneigung und Bewunderung in eine Form zu bringen, die die
gleiche Gefühlssicherheit garantiert wie die Blutsbrüderschaft unserer Jugendjahre? Ein so hohes Niveau wechselseitiger Abhängigkeit
und Verpflichtung leitet sich ab aus gemeinsamen Wagnissen und
aus gemeinsamen Opfern. Außerdem muß garantiert sein, daß großer
Respekt, die Gleichberechtigung in der Beziehung und die Entschlossenheit, dem Mannestum des anderen keine Schranken zu setzen, herrschen.

Meine Freunde George und Doc werden dem möglicherweise gerecht. George hatte vor einiger Zeit einen Herzinfarkt. Doc, sein Trai-
ningskamerad, ist Chirurg und Thoraxspezialist. Er öffnete Georges
Brust, reinigte dessen Arterien und rettete so George das Leben. Seit
kurzem überwacht George, der Sportarzt ist, das Trainingsprogramm
von Doc und überlegt sich, auf welchem Wege er Docs Leben positiv
beeinflussen kann.

Meiner Arbeit fehlt die heroische Note, die Docs Tätigkeit auszeichnet, aber wenn jemand von meinen Freunden deprimiert ist und
mir die Gelegenheit gibt, sein Leben zum Positiven zu wenden, geht
es mir genauso wie Doc. Eine dramatische Rettungsaktion schafft
zwar zwischen Männern eine gewisse Gemeinsamkeit, aber es
braucht noch eine ganze Reihe weiterer Zeremonien, bis das so
schmerzlich ersehnte Niveau männlicher Verbundenheit und Innig-
keit auch tatsächlich erklommen ist.

ADOPTIVBRÜDER

In meinem Leben gibt es einige zumindest auf geistiger Ebene sehr
beständige Bruderverhältnisse. Sie bescherten mir auf meinen Ent-
deckungsreisen in die Brüderlichkeit wunderbare Erlebnisse, die
sich irgendwo einordnen zwischen der Abgehobenheit des Frisch-
verliebtseins und dem Gefühl, das Robinson Crusoe gehabt haben

mußte, als ihm die Fußspuren im Sand signalisierten, daß er nicht mehr alleine war.

Ich habe dieses Gefühl, wenn ich mit alten Freunden wie Noel und Murray zusammen bin, die auf der Reise in die Männlichkeit meine Weggefährten waren.

Ich hatte dieses Gefühl, als sich bei meinem ersten Zusammentreffen mit Rich Simon im Gespräch zeigte, daß wir beide an völlig verschiedenen Orten und in verschiedenen Jahrzehnten die gleichen Filme gesehen hatten und wir auf diese Weise durch einen gemeinsamen Gefühlshintergrund verbunden waren.

Ich habe dieses Gefühl bei jedem Mann, der gleich mir weiß, was Angst ist, und sich dazu bekennt, wie zum Beispiel mein gewissenhafter Freund Marc Winer, als er sich auf den Weg in das damals noch kommunistische Moskau machte, um am Puschkinplatz das größte McDonald's-Restaurant der Welt zu eröffnen.

Ich habe dieses Gefühl bei meinen Patienten, sowohl bei ganz gewöhnlichen wie auch bei kraftvollen Männern (wobei es diesen Unterschied eigentlich gar nicht gibt), die sich bei aller Verletzlichkeit einem anderen Mann gegenüber öffnen und mich an ihrem Leben teilnehmen lassen.

Ich habe dieses Gefühl bei Männern, die jegliches Machotum abgelegt haben, Männern wie John Cleese, dem es nichts ausmacht, für eine Anzeige von »American Express« im roten Minirock, roten Schlapphut, in roten Stöckelschuhen und mit den beiden kläffenden Kötern aus dem Film »Ein Fisch namens Wanda« zu posieren.

Ich habe dieses Gefühl bei vielen meiner Kollegen, die ebenfalls Familientherapie betreiben und während ihrer gesamten Berufslaufbahn den lieben langen Tag zu mitfühlenden Zeugen des gleichen Männerschmerzes werden, von dem meine Tage ausgefüllt sind. Auch wenn sie es nicht eigens betonen, weiß ich doch, daß sie genausogut wie ich wissen, worum es geht.

Ich habe dieses Gefühl bei meinem Sohn, meinem Schwiegersohn und bei meinen Neffen. Ich hatte es besonders, als mein beeindruckend männlicher Neffe Jim durchschaute, daß ich nicht so erwachsen bin, wie ich aussehe, und mich in den Arm nahm mit den Worten: »Laß mich dein Kumpel sein, Großer Mann.«

Dieses männliche Zusammengehörigkeitsgefühl fließt aus einem tiefsitzenden Gespür für das gemeinsame Erlebnis des dornenreichen Weges in die Männlichkeit und für die Gewißheit, daß wir als Mann in der Gesellschaft von Männern vorbehaltlos akzeptiert werden. Voraussetzung ist sicherlich, daß man sich gegenseitig gut kennt, aber ebenso wichtig ist, daß diese Männer mit sich selbst so sehr im reinen sind, daß sie Machogehabe und Konkurrenzrangeleien nicht nötig haben. Die Neidhammelei hat ein Ende, wenn man einen Mann wirklich kennengelernt hat und wenn man begriffen hat, daß man alle Männer kennt, wenn man erst einmal sich selbst kennengelernt hat. Man kann sich in die Gesellschaft der Männer eingliedern und damit beginnen, durch Nachahmung voneinander zu lernen. Männer, die durch Selbstdisziplinierung das Machogebaren, die Homophobie, den Neid und das Wettbewerbsverhalten abgelegt haben, sind an der Schwelle zum Heldentum. Sie sind so weit, daß sie Einsichten in das Wesen ihrer Existenz und sogar in das Wesen der Männlichkeit und des Heldischen selbst gewinnen können, die ihr Leben bereichern und keiner Worte bedürfen.

Darüber zu reden ist freilich noch besser. Am heldenhaftesten und der Bruderschaft der Männer am intimsten verbunden fühle ich mich, wenn ich mit anderen Männern zusammen das erforsche und ans Tageslicht bringe, worüber zu schweigen uns allen beigebracht worden ist, nämlich das uns alle verbindende Erlebnis der Reise in die Männlichkeit.

11 DIE PARTNERSCHAFT
MIT EINER FRAU

»Der Durchschnittsmann verbringt sein ganzes Leben damit, die
Macht der FRAU zu leugnen oder abzuwehren, sie unter Kontrolle
zu bringen und darauf zu reagieren.«
Sam Keen, »Feuer im Bauch«

Für so manchen Mann gibt es keine furchterregendere Vorstellung,
als sich auf eine gleichberechtigte, ehrliche und vertraute Beziehung
zu einer Frau einzulassen. Die durch Selbstdisziplinierung zu leistende Unterwerfung seiner Männlichkeit unter die Partnerschaft mit
einer Frau ist ganz eindeutig eine männliche Heldentat. Es ist der
Vorgang, durch den ein Mann jene Hälfte seiner selbst wiedererlangt,
die ihm im Laufe seines Männlichkeitstrainings abhanden gekommen ist. Solange Männer sich jedoch noch auf der Flucht vor der
überwältigenden Macht von Mama befinden, muß ihnen das Eingehen einer Bindung zu einer Frau wie der Verlust ihrer Männerfreiheit
vorkommen.

Das Heiraten ist in der letzten Zeit etwas aus der Mode gekommen, seit nämlich Jungen jeden Alters, die den Segen des Vaters
nicht empfangen haben, in wachsendem Maße Angst davor haben,
unter die Fuchtel einer Frau zu geraten. Es ist allerdings nur natürlich, wenn die Söhne es den Vätern nachmachen, die vor der Macht
der Frau Reißaus genommen haben. Das Leben ist hart und einsam
für einen Mann, den der Gedanke, sich mit einer Frau zusammenzu-
tun, zu Tode erschreckt. Wie soll ein Mann jemals zum Heroen werden, wenn ihn die halbe Menschheit vor Angst mit den Zähnen klap-
pern läßt?

Ich will nicht behaupten, daß die Aufrechterhaltung der absurden Geschlechtsklischees allein auf das Konto der Männer geht. Der Zirkus, den Frauen um ihre Geschlechtsidentität veranstalten, ist nicht minder abstrus. Vieles von dem höheren Blödsinn, dessen Frauen fähig sind, verfolgt den Zweck, ihre Macht zu kaschieren und den Männern Angst zu ersparen. Es ist ein jammervoller Anblick, wenn tüchtige Frauen sich aus Furcht vor der Panik der Männer vorsätzlich doof anstellen. Der wirkliche Schauder setzt allerdings dann ein, wenn Frauen tatsächlich davon überzeugt sind, sie selbst seien machtlos und die Männer seien allmächtig. Wenn eine Frau einem Mann gottähnliche Züge verleiht, kann es leicht geschehen, daß sie, während sie anbetungsvoll von ihm erwartet, er möge ihrem Leben Sinn und Freude geben, von seinen Bedürfnissen nicht das geringste mitbekommt. Einer solchen Frau kann an einem Mann – abgesehen vom Ausmaß seiner Liebe zu ihr – alles entgehen.

Hester, eine Frau, die zusammen mit ihrem von Depressionen und Geldnöten geplagten Ehemann Hap bei mir in Therapie war, rief mich in Panik an. Sie berichtete: »Hap hat sich in seinem Arbeitszimmer eingeschlossen, er macht die Tür nicht auf und geht nicht ans Telefon. Ich bin nach draußen und an einem Fenster hochgeklettert und habe hineingesehen. Er sitzt mit den ganzen Papieren am Schreibtisch und hält sich einen Revolver an den Kopf. Wie kann er mir das antun? Soll das heißen, daß er mich nicht mehr liebt?«

Irene, eine andere Patientin, erklärte mir, weshalb sie ihren Mann verlassen hatte. »Ira ist ein guter Mann. Er sieht sehr gut aus. Ich trage sogar jetzt noch ein Foto von ihm mit mir herum. Er war sehr gut im Bett, er hat mich die ganze Zeit wirklich geliebt. Wir haben ganz arm angefangen, und Ira hat es für uns zu Reichtum gebracht. Aber er war ein ganz, ganz schlechter Tänzer, er hatte einfach keinen Rhythmus in den Beinen. Da habe ich mich mit Rudy eingelassen. Ich war ganz hin, so gut konnte er tanzen. Die Kinder haben es mir nie verziehen, und das Geld ist mir auch ausgegangen, weil ich Rudy immer unterstützen mußte – er trank zuviel und hatte wenig Lust zu arbeiten. Jetzt ist Rudy abgehauen, und Ira will mich wieder zurückhaben. Aber nach all diesen Jahren hat er immer noch nicht das Tanzen gelernt. Sollte man nicht annehmen, daß er sich um etwas mehr Rhythmusgefühl bemüht hätte, wenn er mich wirklich lieben würde?«

Eine Frau kann sich selbst über den Umstand definieren, ob ihr Mann sie liebt oder nicht. Und sie kann ihren Mann in bezug darauf definieren, inwieweit er ihr das Gefühl gibt, sie zu lieben – sei es dadurch, daß er sich Rhythmusgefühl aneignet, daß er ihre Gedanken lesen kann oder was auch immer der hirnrissige Maßstab sein mag, den sie anlegt. Gleichzeitig steht er unter dem Druck seiner Männlichkeit, die von ihm verlangt, seiner Frau das Gefühl geben zu können, daß sie in seiner Liebe vollkommen aufgehoben ist – oft ein hoffnungsloses Unterfangen.

Da Männer von Frauen großgezogen worden sind, lassen sie sich ein Leben lang gern von weiblicher Seite ihre Selbstdefinition vorgeben. So darf es nicht verwundern, daß ein Mann, der sich ohnmächtig fühlt, zu der Annahme neigt, die Frau in seinem Leben habe ihn seiner Macht beraubt. In den Reihen der Männerbewegung begegnet man diesem Standpunkt immer wieder bei Vertretern unseres Geschlechts, die die Schuld für ihre Schamgefühle und für die Mickrigkeit ihres Männlichkeitsgefühls der Frauenbewegung in die Schuhe schieben. Es gibt viele Männer, die nicht begreifen, worum es bei den Auseinandersetzungen über die Rechte der Frauen eigentlich geht, weil für sie die Frauen ohnehin im Besitz jener Macht sind, auf die es ankommt: der Macht, den Männlichkeitswert eines Mannes zu bestimmen.

Die Angst der Männer vor dem, was Sam Keen »DIE FRAU« nennt, und der entsprechende Zorn der Frauen auf männliche Privilegien und das Patriarchat geben allem, was sich zwischen Männern und Frauen abspielt, eine feindselige Note. Die Ehe wird zum Kriegsschauplatz.

DER ZORN DER FRAUEN

Frauen werden Männer nie verstehen können, solange ihnen nicht klar ist, daß für einen Mann der Zorn einer Frau das Entsetzlichste ist, was ihm in seinem Leben begegnen kann. Die Männer laufen herum wie lauter Charlie Browns in der Welt von Lucy. Hier ist ein typisches Beispiel dafür, was sich in meiner Praxis zwischen Frauen und Männern so abspielt:

Judy: »Warum hast du nicht angerufen, um mir zu sagen, daß du zum Abendessen nicht zu Hause bist?«

Punch: »Ich hatte keine Lust, mir anzuhören, wie du dich aufregst.«

Judy (ganz ruhig): »Ich hätte mich über deinen Anruf oder über die Tatsache, daß du nicht nach Hause kommst, niemals aufgeregt. Mir passiert es auch manchmal, daß ich nicht wegkann von meiner Arbeit. Wieso hätte ich mich aufregen sollen? Aber dadurch, daß du nicht angerufen hast, habe ich mir eine Menge Sorgen für nichts gemacht.«

Punch (heftig): »Da geht es wieder los, genau wie meine Mutter, immer sticheln und nörgeln und mir ein schlechtes Gewissen machen wollen. Kein Wunder, daß ich keine Lust habe, dir etwas zu sagen!«

Für viele Männer birgt selbst die Hölle keinen Schrecken, der schlimmer wäre als eine übellaunige Frau. Ich hatte diesen Tag mit der Therapiestunde für Judy und Punch begonnen, aber der Tag war noch nicht zu Ende. Ein Mann hatte vor mir gesessen, der zu Hause heimlich vor die Tür ging, um zu rauchen, wobei er seiner Frau einzureden versuchte, sie bilde sich den Zigarettengeruch nur ein. Ein anderer verbarg sein Auto, das eine Beule abbekommen hatte, im Gebüsch, und dann waren da noch einige, die fremde Frauen unter ihrem Bett versteckt hielten. Diese Versammlung von Schwindlern und Betrügern war untermischt mit Männern, die Wutanfälle bekamen, wenn ihre Frauen bloß einen Mucks machten, und anderen, die bitterlich weinten, weil ihre Frauen sie nicht mehr für makellos vollkommen hielten. Und jene Männer, denen es zu blöd ist, die Frauen ihres Lebens mit Ammenmärchen ruhig zu halten, jammern sich gegenseitig etwas vor, daß ihre Frauen sie nicht genug lieben.

Man darf sich nicht darüber wundern, wenn große starke Männer angesichts einer wütenden Frau zu ängstlichen Kindern werden. Wir treten als hilflose Babys ins Leben, die in ihrer Zerbrechlichkeit völlig auf die Bereitschaft der Mutter angewiesen sind, auch dann bei uns zu bleiben und für uns zu sorgen, wenn wir es ihr in unserer Selbstbezogenheit kaum je vergelten werden. Wir haben Angst, daß sie uns verstößt und dem Tode preisgibt. Wenn wir erwachsen geworden sind, wissen wir, daß wir all der Sorge und Pflege, die uns Frauen die ganze Zeit über haben angedeihen lassen, nicht würdig sind. Deshalb haben wir Angst, unsere »bessere Hälfte« könnte herausbekommen, daß wir nicht der allmächtige Held sind, den wir ihr vorspielen. Die Helden der Country-music landen allemal im Gefängnis, oder sie besaufen sich, und wenn sie wieder nach Hause kommen, müssen sie feststellen, daß ihre Frau sie verlassen hat und mit einem besseren Mann auf und davon ist. Das könnte auch uns blühen.

Als wir in unserer frühen Jugend, in der Hoffnung, uns dadurch männlicher zu fühlen und als ganzer Kerl dazustehen, hanebüchen riskante Kunststücke vollführten, versuchte unsere Mutter dafür zu sorgen, daß wir uns nicht den Hals brachen und halbwegs zivilisiert auftraten, was uns allerdings so vorkam, als wolle sie uns am Großwerden hindern. Wenn uns heute eine Frau vorhält, wir seien zu laut, zu derb oder nicht sauber genug, kommen wir uns schlagartig wieder wie alberne kleine Jungs vor, gleichgültig, ob wir nachgeben oder trotzig sind. Mama droht damit, uns unsere Männlichkeit wieder wegzunehmen.

Als wir heranwuchsen, mußten wir irgendwann unseren sexuellen Einstand geben und das zarte Pflänzchen unserer Männlichkeit an einer Frau erproben, die die Vollmacht besaß, ein Urteil über unsere männliche Potenz abzugeben. In unserer Mythologie figuriert dieses angstbesetzte weibliche Wesen als die Hexe, als Frau mit Kräften, die Männer impotent machen. Und um nichts anderes geht es in John Cleeses berühmtem Satz aus »Die Ritter der Kokosnuß«: »Sie hat mich zum Neut gemacht.«

Selbst ein erwachsener Mann dürfte die Angst kennen, von der FRAU gewogen und zu leicht befunden, begutachtet und verworfen, geprüft und abgelehnt zu werden. Das würde für ihn nämlich nicht nur den Verlust der jeweiligen Frau und all ihrer Schwestern nach sich ziehen; weil er in dem Männlichkeitswettbewerb, bei dem diese

Frau als Schiedsrichter fungierte, gescheitert war, würde er obendrein auch noch den Respekt der Männer einbüßen und zur Zielscheibe allgemeinen Spotts und einhelliger Zurückweisung werden. Ein Mann, der den Richtspruch der Frauen über seine Männlichkeit fürchtet, wird dazu neigen, seine Schwächen zu verbergen und sich die Frauen auf vielfältige Weise vom Hals zu halten.

Ein Weiberheld wird sich zu diesem Zweck neuen Frauen zuwenden, mit denen er sein Spiel noch nicht getrieben hat, etwas verschlissenen Schönheiten vielleicht, die Kummer gewöhnt und nicht mehr so wählerisch sind. Ein Wettkämpfertyp wird sich vielleicht in die Arbeit oder in den Freizeitsport stürzen und hoffen, dabei genügend Geld oder Renommee zu sammeln, um sich der Angebeteten als Meister des Universums anempfehlen zu können. Eine Herrschernattur wird möglicherweise versuchen, der Frau das Lästermaul zu stopfen. Wenn es darum geht, lautstark und weitschweifig darzulegen, daß er recht hat oder daß er für das in Frage stehende Ereignis nicht die Schuld trägt, kann er zu großer Form auflaufen. Je dürftiger seine Position, desto lauter wird er werden. Eine Herrschernatur, die von der Macht einer Frau wirklich eingeschüchtert ist, kann sogar zuschlagen.

Die meisten von uns werden nicht gewalttätig werden, aber uns allen ist diese Panik, die sich angesichts weiblichen Zorns einstellt, nicht unvertraut. Wir haben das Gefühl, man hätte uns in die Rolle des Chefs gedrängt und würde uns gleichzeitig vorwerfen, wir hätten die ganze Macht gepachtet – wir wissen aber, daß wir den Frauen, die über das Kaliber unserer Männlichkeit entscheiden, auf Gedeih und Verderb ausgeliefert sind. Es ist ein Salto mortale.

OHNE WARNUNG

Knox kam zu mir und berichtete, seine Frau Lucille habe ihn soeben verlassen. Sie hatte einen Scheidungsanwalt eingeschaltet und einen Zettel hinterlegt, auf dem die schlichte Botschaft stand: »Ich halte dieses Alleinsein nicht mehr aus.« Knox konnte sich keinerlei Reim darauf machen. Ich konnte es zum Glück. Das Paar hatte bei mir einige Jahre zuvor ein paar Therapiestunden gehabt. Knox wußte nur noch, daß »Lucille damals durcheinander war. Sie hatte so was wie einen Nervenzusammenbruch«. Er hatte aber völlig vergessen, worüber Lucille sich damals beklagt hatte, nämlich über seine Unsauberkeit, seine Arbeitsscheu, seine unflätige Ausdrucksweise, seine Verantwortungslosigkeit in Gelddingen, seine Gewaltausbrüche und seine Untreue. Als ich ihm energisch auf die Sprünge half, fiel ihm zwar wieder ein, daß sie viel an ihm herumgemäkelt hatte, aber er erklärte es sich damit, daß sie eben durcheinander gewesen war. Sein Resümmee lautete: »Sie wissen doch, wie Frauen sind.« Er machte sich Gedanken, ob es seiner Ehe vielleicht auf die Beine helfen könnte, wenn er sich Arbeit suchen und ein Bad nehmen würde. Ich sagte ihm, daß dies bestimmt nicht verkehrt wäre, aber vor allem versuchte ich ihm klarzumachen, daß es für ihn jetzt nicht darauf ankam, sich ein für allemal zum perfekten Mann zu mausern, vielmehr müsse er in erster Linie lernen, Lucille Tag für Tag seine Aufmerksamkeit zu schenken, damit er überhaupt mitbekam, wie es ihr ging und was sie wollte.

Ich kenne Männer wie Knox zur Genüge, deren Frauen und Freundinnen schreien, brüllen, im Karree springen, Sachen herumschmeißen, mit Mord und Selbstmord drohen, in einem Fall sogar mit dem Auto durch die Wand ins Wohnzimmer und mitten durch den Fernseher gefahren sind, und doch nehmen die Männer die Warnsignale nicht wahr, wenn ihre Gefährtin am Ende ihrer Nervenkraft angelangt ist und jeden Moment auf und davon gehen kann. Das hört sich völlig verrückt an. Wieso kommt die Botschaft bei den Männern nicht an?

Männer sind in einer Ehe in der Regel leicht zufriedenzustellen (bis eine andere Frau auftaucht). Sie finden im großen und ganzen alles in Ordnung – und dann macht ihre Frau plötzlich den Abflug, und sie finden sich alleingelassen in ihrem Haus wieder. Sie denken: Mir geht es doch ganz gut, da kann es ihr doch nicht besonders schlechtgehen. Ich komme hier doch ganz gut auf meine Kosten, da sollte sie doch auch zurechtkommen. Ich habe meinen Orgasmus, da sollte sie den ihren doch auch haben. Wenn sie unglücklich ist, dann kann das doch nicht an mir und unserer Ehe liegen; es sind bestimmt ihre Hormone oder irgend etwas aus ihrer Kindheit, oder vielleicht sind Frauen eben einfach so.

Alles, was Frauen unter starken Gefühlsaufwallungen von sich geben, kommt bei Männern lediglich als hysterischer Ausbruch an. Und da für einen Mann der Wutausbruch einer Frau so schreckenerregend ist wie der Bannstrahl eines erzürnten Gottes, hören wir gar nicht, was eine in Rage gekommene Frau sagt. Wir registrieren nur, daß sie in Rage ist, lassen die Jalousien herunter, schalten unseren Empfänger ab und warten angsterfüllt, bis sich das Gewitter verzogen hat. Wenn wir Männern etwas Wichtiges mitzuteilen haben, äußern wir uns so logisch und emotionslos wie nur möglich. Wir sind der Meinung, daß das, was man im Zorn von sich gibt, ignoriert werden sollte, und unsere Freunde tun uns diesen Gefallen. Oft wünschen wir, Frauen würden es ihnen gleichtun.

Frauen äußern sich Männern gegenüber meist in der Weise, daß sie dem Mann sagen, was er »sein« soll, und nicht, was er »tun« soll. Lucille beispielsweise forderte Knox auf, sich »wie ein anständiger Mensch zu benehmen«, und nicht, die obszönen Sprüche zu lassen und endlich einmal unter die Dusche zu gehen. Sie forderte ihn sogar auf, er solle »der Mann im Haus« sein, aber nicht, er solle sich »einen Job suchen«. Vollends unverständlich wurde sie, als sie ihn bat, er solle »romantisch sein«, als sie sich wünschte, er möge »sich von der Glotze losreißen und beim Sex ein bißchen länger aushalten, als ein Werbespot im Fernsehen dauert«. Frauen, die glauben, ein Mann, der sie liebt, müsse damit auch all ihre Wünsche kennen, dürfen sich auf schlimme Enttäuschungen gefaßt machen. Männer wie Knox (und der überwiegende Rest von uns) neigen in diesen Dingen zu bleierner Begriffsstutzigkeit. Bei Frauen sind wir hinsichtlich dessen, was sie sich vorstellen und ersehnen, verzweifelt auf eine detaillierte Betriebsanleitung angewiesen.

Die Männer sind über Sigmund Freuds klassische Frage »Was will das Weib?« in große Verwirrung geraten. Es soll inzwischen schon vorgekommen sein, daß ein Mann die Kuh bei den Hörnern gepackt und rundheraus gefragt hat.

GLEICHHEIT IN DER EHE

»Ist die Frau erst dem Manne gleich, wird sie sein Herrscher.«
Sokrates

Ein Mann, der heutzutage an die Ungleichheit der Geschlechter und
an die Überlegenheit des Mannes glaubt, wird sich zum Narren machen. Er wird seine Ehe ruinieren, möglicherweise Rückschläge in
seiner Karriere erleiden – die Arbeitswelt hat aufgehört, ein Männer-
club zu sein –, er wird vereinsamen und unglücklich werden. Außerdem wird er seinen Kindern großen Schaden zufügen; es mag
Mädchen, aber auch Jungen geben, die ihr Leben und ihre Arbeits-
zeit gerne in der Gesellschaft von Frauen verbringen. Während er
herumstolziert und überall große Töne spuckt über die angebliche
Überlegenheit der Männer, haben wir doch längst begriffen, daß er
unter dem aufgeplusterten Gefieder seines Machotums sein eigenes
Minderwertigkeitsgefühl versteckt und gleichermaßen die Angst
davor, von Frauen gewogen und zu leicht befunden zu werden. Wir
wissen aber auch, daß es oftmals die Frauen sind, die das Gefühl
haben, *ihre* Macht sei ihnen von den Männern entrissen worden. Der
Zusammenprall kann nur in eine unversöhnliche, für alle Beteiligten
frustrierende Pattsituation münden.

Männer und Frauen können sehr wohl als Gegner nebeneinan-
derher leben, auch kann einer den anderen versklaven, aber eheliche Partnerschaft wird nur dann funktionieren, wenn Mann und
Frau sich redlich um eine gleichberechtigte Beziehung bemühen.
Die Ehe ist kein Wettkampfplatz. Gewinner oder Verlierer wird man
nicht allein: entweder zusammen gewinnen oder zusammen verlieren. Beide gewinnen, wenn sich in ihrer Beziehung eine Partnerschaft realisiert – was ganz einfach heißt, daß die Betreffenden sich
bei gleichem Stimmrecht einigen, wer was zu erledigen hat.

Ich verfolge mit Interesse, wie unsere jüngeren Familienmitglieder mit den Schwierigkeiten fertig werden, die ein gleichberechtigtes
Eheleben aufwirft.

Mein dreiunddreißigjähriger Neffe Paul ist ganz gewiß der um-
gänglichste Mann auf dieser Welt – nach sechs Jahren Dienst auf

einem Unterseeboot ist seine Toleranz durch nichts mehr zu erschüttern. Paul ist mit Anne Hoag verheiratet, einer starken und unabhängigen jungen Frau. Anne leitet ein Unternehmen für Kabelkommunikationsnetze. Paul war Bankfilialleiter gewesen, aber er hatte kein Glück mit seiner Arbeit. Als er befördert wurde, waren einige seiner Kolleginnen der Ansicht, sie seien mit der Beförderung an der Reihe gewesen. Eine der Frauen führte Klage wegen geschlechtsspezifischer Diskriminierung und bekam Pauls Stelle zugesprochen. Paul war am Boden zerstört. Er war froh, als Annes Job einen Umzug von Augusta nach Ashville mit sich brachte. Dort fand er jedoch keine Arbeit und rutschte in eine Depression. Er ging zu einem Therapeuten, der das Problem an Annes Dominanz festmachen wollte. Der Seelendoktor diagnostizierte, daß Anne durch den von ihr veranlaßten Umzug Paul »kastriert« habe. Als Paul begriff, daß ihn dieser Therapeut zum Opfer einer starken Frau machen wollte, war er weise genug, die Behandlung abzubrechen. Es war ihm klar, daß sein Charakter und auch seine Ehe in Mitleidenschaft gezogen würden, wenn er sich auf eine derartige Sicht des Problems einließ. Eine solche Sichtweise würde obendrein auch noch erheblich seine Position in einer Welt beschädigen, in der die Männer nicht mehr davon ausgehen konnten, immer den Gockel oben auf dem Misthaufen spielen zu dürfen.

Paul fand einen anderen Therapeuten, der keine Angst vor Frauen hatte, und außerdem fand er einen Übergangsjob als Verkäufer. Er entwickelte seine Fähigkeiten, auf Wünsche und Bedürfnisse anderer Menschen einzugehen. Als er wieder als Geschäftsführer einer Bank arbeiten konnte, war er ein wesentlich umgänglicherer Chef geworden, der seinen Erfolg eher danach bemaß, wie ausgleichend er war, als nach seiner Fähigkeit, Kontrolle auszuüben.

BALANCE HALTEN

Wenn ein Paar eine Ehe führen möchte, in der Gleichberechtigung verwirklicht wird, ist oft unklar, wie sich ein fairer Ausgleich tatsächlich herstellen läßt.

Lou war von ihrem ersten Ehemann, der der Herr im Haus sein
wollte, unterdrückt worden. Sie verließ ihn und heiratete Marty. Sie
bezeichnet ihn als einen »sensiblen New-Age-Typen«. Wenn Marty
sich nicht gerade für die schlimmen Untaten der Männer entschul-
digt, erzieht er die Kinder zu wertvollen Menschen oder kocht leckere
Sachen für Lou. Marty reißt sich ein Bein aus, um Lou gegenüber
bloß nicht als Unterdrücker aufzutreten, und überläßt ihr gewissen-
haft jegliche Entscheidung. Aber Lou hätte es ganz gern, wenn Marty
sich etwas mehr um die Familienfinanzen kümmern und vielleicht
auch selbst einmal einen Vorschlag für den nächsten Urlaub machen
würde oder gelegentlich einen eigenen Plan hätte, anstatt sie immer
nur zu bewundern und ihr zu sagen, wie großartig sie den Laden
schmeißt, wobei er als gegeben voraussetzt, daß sie es schon schaffen wird. Lou sagt: »Er ist furchtbar nett, liebevoll, aufmerksam und
macht alles, worum ich ihn bitte. Es hängt mir aber zum Hals heraus,
daß ich immer die Verantwortung habe. Er soll auch einmal eine eigene Meinung haben, denn dann könnten wir die Sachen zusammen
ausdiskutieren. Ich will einen Partner.«
    Marty wollte den fairen Ausgleich durch *affirmatives Geschlech-*
terverhalten herbeiführen. Männer wie Marty versuchen, das Un-
gleichgewicht im Geschlechterverhältnis, wie man es aus unserer
von Männern dominierten Vergangenheit kennt, zu vermeiden, aber
vor lauter anti-repressiver Zuvorkommenheit werden sie am Ende
zum Pudding.
    Ich habe es auch mit Paaren zu tun, die weniger vertrauensvoll
miteinander umgehen und fein säuberlich Buch führen. Sie bestehen
darauf, daß jeder Partner genau den gleichen Betrag in die Haus-
haltskasse einzahlt, sie machen getrennte Rechnungen und sorgfäl-
tige Bilanzen auf, um zu gewährleisten, daß keiner mehr als die ex-
akte Hälfte zu tragen hat. Manchmal wird genauso starr festgelegt,
daß jeder die gleiche Anzahl Teller abzuwaschen oder gleich oft für
das Baby aufzustehen hat. Diese zwanghafte Gleichmacherei bringt
einen feindseligen und unpersönlichen Ton in die Partnerschaft.
    Norma und Norman zum Beispiel versuchten Gleichheit nach
Maß zu praktizieren. Sie waren beide schon einmal verheiratet gewesen, und bei beiden war die Ehe daran gescheitert, daß einer der

Ehepartner den Kapitän spielen wollte. Norma und Norman waren eisern entschlossen, die Gleichheit zu wahren. Sie erstellten also einen genauen Fahrplan, wer wann die Kinder zur Schule zu fahren oder das Geschirr zu spülen hatte, und sie führten sogar Buch darüber, wer die Filme aussuchen durfte, die gemeinsam angesehen wurden.

Die Schwierigkeiten von Norma und Norman begannen, als Normas Mutter krank wurde und häufiger besucht werden mußte als die Mutter von Norman. Als Normans halbwüchsige Kinder des öfteren zu unangemeldeten Besuchen hereingeschneit kamen, hatte das Auswirkungen auf den Abend, an dem Norma das Fernsehprogramm aussuchen durfte. Als Normas Tochter Zahnspangen brauchte, ließ sich die sorgfältig austarierte Balance der Budgets nicht mehr halten. Als Normans Gehalt gekürzt wurde, mußte Norma die Raten für sein Auto aus ihren Ersparnissen bestreiten. Die beiden gerieten in Panik und vergaßen vor lauter Erbsenzählerei ihre Beziehung.

Ich habe auch schon Paare gesehen, die Gleichheit dadurch herzustellen versuchen, daß sie immer alles *gemeinsam* erledigen. Es mag noch so uneffektiv sein, sie gehen gemeinsam einkaufen, kochen gemeinsam, machen gemeinsam die Wäsche. Sie werden zu siamesischen Zwillingen, die sich dadurch, daß sie auf diese Weise zusammenwachsen, zur Unbeweglichkeit verurteilen.

Auch Osgood und Opal versuchten es mit dieser Variante. Sie brauchten nur ein Auto. Opal setzte Osgood an seinem Büro ab und fuhr dann zu ihrem Laden. Dort traf man sich nach getaner Arbeit wieder, um gemeinsam zu essen und ein bißchen Körperertüchtigung zu treiben, bevor man gemeinsam nach Hause fuhr und gemeinsam die Wohnung in Ordnung brachte.

Osgoods und Opals Gemeinschaftsunternehmen lief hervorragend bis zu dem Augenblick, als sie darüber sprachen, ein gemeinsames Kind zu haben. Das Kinderkriegen hat leider Aspekte, die nur einer allein erledigen kann. Wie sollten sie die Gleichheit aufrechterhalten, wenn auf einmal nicht mehr jeder das gleiche machte?

Ausgeglichenheit in einer Beziehung stellt sich dann ein, wenn zwei Menschen flexibel genug sind, jeweils das zu erledigen, was erledigt werden muß. Es führt zu stumpfsinniger Erstarrung, wenn die

Angst vor der Ungleichheit derart ausufert, daß Strichlisten geführt und Handlungsspielräume reduziert werden oder sogar die Erledigung von Arbeiten zurückgewiesen wird, wenn sie ins traditionelle Geschlechtsrollenmuster fallen. Die Gleichheit liegt nicht in der gerechten Arbeitsaufteilung. Gleichheit wird auch nicht durch affirmatives Geschlechterverhalten erreicht, also durch die Bemühungen seitens der Männer, an ihrer Frau wiedergutzumachen, was irgendein Vorfahr oder Nachbar im Namen des Patriarchats jeweils seiner Frau angetan hat. Gleichheit kommt dann zustande, wenn eine Einstellung erreicht ist, die beide Partner bei der Entscheidungsfindung zu Wort kommen läßt und die der Partnerschaft einen höheren Stellenwert einräumt als irgendeiner anstehenden Arbeit oder Entscheidung. Zwei Menschen werden nicht dadurch gleich beziehungsweise gleichberechtigt, daß sie sich gegenseitig auf den kleinsten gemeinsamen Nenner zurechtstutzen, sondern vielmehr durch ihre Bereitschaft und Fähigkeit, sich gegenseitig einen Zuwachs ihrer Möglichkeiten zu verschaffen.

Gleichheit setzt auch voraus, daß auf beiden Seiten des künstlichen Grabens zwischen den Geschlechtern anerkannt wird, wieviel Federn Männer und Frauen bei der Herausbildung ihrer Geschlechtsidentität haben lassen müssen. Nicht nur die Frauen haben unter geschlechtsbezogener Benachteiligung zu leiden.

EINE REIHE VON HINDERNISSEN

BABYS

»Man kann irgendwie verheiratet sein, man kann irgendwie geschieden sein, man kann irgendwie zusammenleben, aber irgendwie ein Baby haben kann man nicht.«
David Shire

Wenn sich Babys ankündigen, übernimmt die Biologie das Regiment und setzt vorübergehend die Gleichheit einer Partnerschaft außer Kraft. Die stärkste Bedrohung der Gleichheit der Geschlechter ist das

Kinderkriegen, wenn nämlich die Frauen die Heldenrolle übernehmen und die Männer sich überflüssig vorkommen. Das Gebären eines Kindes ist nun mal die Leistung einer Frau, es ist der Vorgang, in dem Frauen auf die wunderbarste Weise machtvoll sind. Die Ankunft eines Kindes kann sehr wohl der Moment sein, an dem ein Mann aus dem Gefühl der Nutzlosigkeit heraus sich in sein eigenes, separates Leben zurückzieht. Ein Vater, der das Kind ausschließlich das Kind der Mutter sein läßt, kann aber beide verlieren, wenn eine enge Bindung zwischen Mutter und Kind in die gemeinsame Ablehnung des abwesenden und wenig fürsorglichen Vaters mündet.

Mit dem Abstillen endet die biologische Abgrenzung von Mutter und Vater jedoch völlig. Ab da gibt es nichts mehr, das ein Vater nicht genauso gut für das Kind tun könnte wie die Mutter. Und selbst vor diesem Zeitpunkt können Väter wesentlich mehr tun, als es normalerweise üblich ist. Je mehr sich ein Vater einbringt, um so enger wird die Bindung zu seiner Frau und zu seinem Kind. Der heroische Vater geht in seiner Familie völlig auf, hier legt er die triumphalste Etappe seiner Abenteuerfahrt zur Ergründung des Mysteriums der menschlichen Existenz zurück.

Zur Zeit sind die Nichten und Neffen auf Betsys Seite der Familie in der Lebensphase, in der sich Familienzuwachs einstellt. Betsys Nichten sind in den letzten beiden Jahren alle Mutter geworden.

Anne hat ein Stipendium für ein Studium der Geburtshilfe in Baltimore. Ihr Ehemann Jim ist Assistenzarzt an der Abteilung für plastische Chirurgie. Als der kleine Spencer geboren war, hatte Anne auf der Wachstation des Kreißsaales Dienst und war rund um die Uhr unabkömmlich. Jim hatte jedoch zu dieser Zeit Labordienst und konnte sich zwischendurch immer wieder freimachen, um nach dem Baby zu sehen. Jim ist der Koch der Familie und sorgt dafür, daß etwas auf den Tisch kommt. Er blieb zu Hause mit Spencer, und während Anne in der Klinik dabei mitwirkte, Babys auf die Welt zu bringen, sahen sich die beiden Herren John-Wayne-Filmfestivals im Pantoffelkino an. Es klappte hervorragend.

Aber dann, als Spencer gerade zwei war, wurde Addie geboren, und Jim hatte Tag und Nacht Dienst im Operationssaal. Jim und Annie werden völlig von ihren kleinen Kindern absorbiert. Gleichheit und ebenso die sich stets den Worten entziehende und ewig auf den Nägeln brennende Geschlechterproblematik sind zwischen ihnen kein Thema mehr. Sie reden nicht einmal mehr über ihre Erschöpfung. Sie sind in einem Stadium, wo es nur noch ums Überleben geht und jeder eben das tut, was getan werden muß, bis er oder sie nicht mehr kann. Annie stillt Addie, was sie stark an sie bindet, und Jim wird sich erst dann als Nährvater fühlen können, wenn Addie das von Jim gekochte Essen aufnehmen kann. Bis dahin verlangt die Biologie, daß Jim sich auf Ringkämpfe mit seinem zweijährigen Zappelphilipp beschränkt und die nuckelnde Tochter der Mutter überläßt. Der Renaissancemensch Jim hat das Geheimnis der Elternschaft entdeckt: »Man muß es nicht unbedingt richtig machen, man muß es eben einfach nur machen.«

Jennifer ist Physiotherapeutin in New Jersey. Sie kann halbtags arbeiten, ihr Mann John hingegen hat als Anwalt für Umweltschutzfragen eine neue Stelle angetreten und kann sich nicht so leicht loseisen. Ihre Kinder Maggie und Drew sind vierzehn Monate auseinander. Jennifer richtet es so ein, daß sie einen Tag in der Woche ganztags arbeitet. An diesem Tag darf sich John mit den Kindern herumbalgen. Er bekommt auf diese Weise mit, was Jennifer leistet, und außerdem festigt sich das Band zwischen ihm und den Kindern. Jennifer ist entschlossen, bald wieder eine volle Stelle anzunehmen, und John muß sich überlegen, wie er es einrichten kann, daß er dann schon um fünf nach Hause kommt anstatt um sieben, wenn es nur noch zum Gutenachtkuß für seine Engel reicht. John meint, er habe schon ein paar Fortschritte gemacht. »Wenn Jennifer von der Arbeit oder vom Einkaufen zurückkommt, stehe ich mittlerweile schon nicht mehr mit einem naßgepinkelten, schreienden Baby auf dem Arm am Ende der Einfahrt und warte auf sie.«

Jimmy und Aubrey, beides Mathematiklehrer in New York City, erwarten zur Zeit ihr erstes Kind. Jimmy lehrt am College und kann es einrichten, daß er nur an zwei Tagen in der Woche erscheinen muß. Aubrey unterrichtet an der High-School und kann einen Monat lang freibekommen, muß dann aber wieder täglich zur Schule. Jimmy wird, wenn es soweit ist, vermutlich mehr Zeit als Aubrey mit dem Baby verbringen. Die beiden unterhalten sich weniger ausführlich als wir damals über Kinderzimmer, Babytragetücher, Babykleidung und selbst über den Namen des Kindes, dafür setzen sie sich mehr darüber auseinander, wie sie die Arbeit so unter sich aufteilen, daß die Gleichheit gewahrt und jedem sein Anteil an den Elternfreuden garantiert ist.

SEX

»Ein Orgasmus ist nichts weiter als ein Reflex wie das Niesen.«
Ruth Westheimer

Nichts von dem, was Menschen miteinander machen können, sollte eigentlich mehr mit Gleichheit und Gleichberechtigung zu tun haben, als sich nackt zueinanderzulegen und sich gegenseitig Lust zu bereiten. Sex kann sehr schön sein. Für manche Menschen ist Sex aber von derart monumentaler Bedeutung, daß das möglicherweise daraus zu ziehende Vergnügen unter einer Lawine von Machtkampf, Statusrangelei und Identitätssuche begraben wird. Wenn Sex allzu wichtig wird, macht es keinen Spaß mehr.

Der Geschlechterkampf verpfuscht den Geschlechtsverkehr. Ein Mann, für den Sex in erster Linie ein Machtinstrument ist, kann es als Katastrophe empfinden, wenn es ihm nicht gelingt, seiner Partnerin einen Orgasmus oder auch ein Dutzend Orgasmen zu verschaffen, wann immer er es wünscht – unabhängig davon, ob es ihr gefällt oder nicht. Ein Mann, für den Sex der Selbstbestätigung dient, wird sich an die Klagemauer stellen, sobald seine Frau aufhört, ihm sexuelle Avancen zu machen. Sein Geschlechtsgenosse dagegen, für den Sex Dominanz bedeutet, kann vielleicht überhaupt nicht, wenn die Frau sich nicht völlig passiv verhält. Und jeder, der kein Spezialtraining als Vergewaltiger hat, wird sich beim geringsten Anzeichen von weiblichem Unmut damit abfinden müssen, daß ihm alles herunterfällt.

Frauen haben ihre eigenen Schwierigkeiten mit dem Sex. Manchen Frauen ist beigebracht worden, Sex als etwas zu betrachten, das sich die Männer bei ihnen holen. Sie müssen deshalb die Vollkommenheit der Liebe eine Weile prüfen, bevor sie ihren Sex dafür geben. Sie lassen es zum Sex kommen, *wenn* alles schön ist, nicht, *damit* alles schön wird. Es gibt auch Frauen, die unbeabsichtigterweise das Verhalten von Prostituierten an den Tag legen, indem sie sich den Sex gleichsam abkaufen lassen, vielleicht für Liebe, vielleicht für Geld, vielleicht für Selbstbestätigung oder sogar für das Angebetetwerden.

Viele Männer können sich keine Vorstellung davon machen, welchen Unterschied es bedeutet, ob man seine Geschlechtsorgane in seinem Inneren trägt, gleich neben der Seele, oder außen am Körper, wo sie aus sicherer Distanz in all ihren Phasen leidenschaftslos betrachtet werden können. Für einen Mann vollzieht sich der Geschlechtsakt draußen, er kann beobachtet und bewertet werden, während sein Ego, um das es für ihn geht, unter seinem männlichen Gebaren verborgen bleibt. Eine Frau kann aus ihrer wirklichen sexuellen Reaktion ein Geheimnis machen, aber wie sie auf einen Mann wirkt, das ist unübersehbar wie ein gequetschter Daumen. Während für sie der Beischlaf ein Prüfstand der Beziehung ist, lauert er darauf, welche Noten er bekommt, und beide sind so voller Anspannung, daß man sich wundern muß, wenn überhaupt etwas klappt.

Wenn ein Paar es möglich machen will (ohne es jedoch erzwingen zu wollen), daß beide Beteiligte am Sex Spaß haben, dann sollten sie alle diese geschlechtsspezifischen Themen und Egoprobleme außerhalb des Bettes diskutieren, bevor sie zu dem Teil übergehen, der sich ganz zwanglos ergeben wird: sich ausziehen, nett zueinander sein und die ganze Geschlechterproblematik vergessen.

UNTREUE

Unsichere Männer befürchten oft, durch eheliche Gleichstellung unter den Pantoffel zu geraten und ihre fragile Männlichkeit einzubüßen. Sie stellen in eigener Regie der Gleichheit Hindernisse in den Weg. Eine der beliebtesten davon ist Untreue gegenüber der Partnerin. Untreue ist weit mehr, als mit einer anderen Frau zu schlafen, auch mehr als lediglich der Bruch der ehelichen sexuellen Überein-

kunft. Es ist ein Machtspiel, ein Bemühen, etwas zu bekommen oder
zu erfahren, das dem Partner vorenthalten bleibt. Die Geheimnistuerei um eine Affäre zerstört die Gleichheit in der Ehe und richtet damit
mehr Schaden an als der sexuelle Seitensprung selbst. Der Schaden
wird aber um so größer, je länger die Geheimnistuerei dauert.

Fremdgehen ist zwar vorwiegend ein Männersport, dennoch ist
festzuhalten, daß die meisten Männer treu sind. Wenn ein Mann eine
Affäre hat, bedeutet das nicht etwa, daß er seine Frau nicht liebt.
Männer gehen nicht deshalb fremd, weil ihre Ehe nicht funktioniert –
das kann zwar auch der Fall sein, aber es ist nicht die Ursache der Untreue. Sie gehen fremd, weil sie sich ihrer Männlichkeit nicht sicher
sind. Die Wurzeln der Untreue liegen in einem gestörten Verhältnis
des Mannes zu seinem Vater, nicht in einem gestörten Verhältnis zur
Partnerin. Ich kann mir kein einziges Eheproblem vorstellen, das dadurch gelöst werden könnte, daß man sich schnell zur Frau des Nachbarn ins Bett schleicht und wieder zurückkehrt, um dann im eigenen
Bett zu liegen, als wäre nichts geschehen. Das ist kein Anlauf, ein
Eheproblem zu lösen, es ist der Versuch des Mannes, sich vor der partnerschaftlichen Gleichheit zu schützen, aus Angst, die Partnerin
könnte merken, daß ihr Mann nicht der Held ist, für den er gerne von
ihr gehalten werden möchte.

Männer haben keine Affären mit Frauen, die vollkommener sind
als ihre eigenen Partnerinnen – vollkommene Frauen geben sich sowieso nicht mit verheirateten Männern ab. Wenn ein Mann von Ver-
sagergefühlen ergriffen wird, dürfte er sich vorzugsweise einer Frau
zuwenden, der er noch nicht weh getan hat, einer bedrohten Unschuld, für die er den rettenden Helden spielen kann. Es geht nicht
darum, daß ihn seine Frau nicht verstehen würde; das Problem für
ihn ist im Gegenteil, daß sie ihn sehr wohl versteht. Er braucht die
Zuflucht zu einer Person, die ihn immer noch für den Größten hält.
In dem Film zu Clare Boothe Luces Theaterstück »The Women« (Die
Frauen) wird die betrogene Ehefrau von einer Freundin getröstet.
Diese erklärt: »Für einen Mann gibt es nur ein Entkommen von seinem alten Selbst – er muß ein anderes Selbst im Spiegel der Augen
einer anderen Frau erblicken.«

Männer stolpern oft ziemlich blind in eine Affäre, wobei sie sich

meist in die eigene Tasche lügen, daß die Beziehung zu ihrer Frau
völlig intakt und der kleine Seitensprung gänzlich ohne Bedeutung
sei. Sie beteuern vor sich selbst, daß sie das kleine Vergnügen im
Grunde verdient hätten, entweder als Trophäe oder als Trostpreis.
»Das ist Männersache«, heißt es dann. »Was eine Frau nicht weiß,
macht sie nicht heiß. Sie würde sich ja bloß wieder aufregen.« Die
Männer versuchen, ihr kleines schmutziges Geheimnis unter der
Decke zu halten, und wissen oft nicht, welche alarmierenden Verän-
derungen sie dadurch für sich und ihre Ehe auslösen.

Wenn Frauen Affären haben, sehen sie die Sache meist wesentlich anders. Sie wissen sehr wohl, was auf dem Spiel steht und welche Gefahren lauern. Sie suchen für jeden einzelnen Schritt in die
Untreue eine Rechtfertigung, die sie aus den Garstigkeiten ihres
Mannes ableiten und aus dem Umstand, daß ihre andere Ehehälfte
ihrem Phantasiebild des idealen Gatten in so erschreckend deutlicher
Weise hinterherhinkt. Eine Frau legt sich die Sache im Kopf so lange
zurecht, bis sie davon überzeugt ist, daß der Mann ihren Betrug verdient hat und alles, was sie tut, letztlich auf sein Konto geht. Ganz
klar, ihre Affäre ist seine Schuld.

Frauen sind nicht immer geneigt, die Verantwortung für ihr eigenes Sexualverhalten zu übernehmen, aber sie sind darauf getrimmt, sich verantwortlich zu fühlen, wenn Männer sexuell über
die Stränge schlagen. Wenn der Mann eine Affäre hat, gibt sich die
Frau meistens selbst die Schuld. Sie fühlt sich furchtbar bedroht und
hält die andere Frau für die Gewinnerin eines Wettbewerbs, bei dem
sie selbst durchgefallen ist. Oft bestärken die streunenden Ehemänner ihre Frauen noch in diesem Glauben. Die Frau kann oft gar nicht
begreifen, wie es nach dem blödsinnigen und halbwegs naiven Anfang, an dem der Mann lediglich mit einer anderen Frau schlief, zu
dem feindseligen Gegeneinander kommen konnte, bei dem die part-
nerschaftliche Gleichheit in die Brüche ging, weil er seine Frau
anlog, Geheimnisse vor ihr hatte und Verwirrspiele mit ihr veran-
staltete, die ihr das Verständnis vollends unmöglich machten.

Die Ansicht, daß Männer den Frauen nie die Wahrheit sagen sollten, weil diese nicht gern mit der Wirklichkeit konfrontiert werden
und unangenehme Wahrheiten lieber nicht zur Kenntnis nehmen

würden, hat eine lange Tradition. Ich hatte einen Mann als Patienten, der jeden Abend Joggen ging. Als sein Jogginganzug auf einmal nicht mehr nach Schweiß roch, verfolgte ihn seine Frau bis zur Wohnung seiner Sekretärin, wo sie ihn nackt in einem Wandschrank ertappte. Er zischte sie an: »Du hast mich hier nicht gesehen. Du bist verrückt und bildest dir das alles nur ein.« Sie hatte sich schon so lange Zeit belügen lassen, daß sie es beinahe geglaubt hätte.

Wenn man von Aids einmal absieht, ist das Schlimmste, was einem Mann beim Fremdgehen passieren kann, daß er, »von Liebe übermannt«, jene verzweifelte Frau, die mit verheirateten Männern herumschläft, heiratet und ihr zuliebe seine Frau und seine Kinder verläßt. Wenn es dazu kommt, pflegen Männer sich von ihrer Frau, und manchmal auch von ihren Kindern, gefühlsmäßig völlig zu distanzieren. Sie wissen, daß sie eine Riesendummheit gemacht haben und fühlen sich nur bei der neuen Frau einigermaßen sicher. In meiner Praxis hat sich herausgestellt, daß fünf Jahre nach derlei idiotischen Eskapaden die meisten dieser Männer wieder in ihren vorherigen ehelichen Verhältnissen leben. Nur eine Minderheit ist noch mit dem Herzchen verheiratet, dem zuliebe sie ihr eigenes und das Leben ihrer gesamten Familie in den Sand zu setzen bereit waren.

Nachdem ich nun schon Tausende von Männern beobachtet habe, die durch Untreue aus ihrem Leben einen Trümmerhaufen gemacht haben, rate ich solchen Vertretern allemal dringend, ihren pubertären Drang zur Herstellung ihres Mannestums auf andere Weise auszuleben. Aber wenn es denn passiert ist, sollte ein Mann mit der Wahrheit nicht hinter dem Berg halten.

Die Untreue wird an ihm nagen und die Intimität seiner Partnerschaft zerstören. Wenn er sich zur Wahrheit bekennt, gibt es die Chance, das Durcheinander zu bereinigen, und das Paar kann wieder einen gemeinsamen Nenner finden. Eine gleichberechtigte Partnerschaft vermag mit praktisch allen Knüppeln fertig zu werden, die ihr die Welt in die Speichen wirft, sogar mit Untreue, aber Unaufrichtigkeit kann sie kaum überleben.

GELD

»Die goldene Regel: Wer das Gold hat, macht die Regel.«
Volksweisheit

Manche Männer beanspruchen die Verfügungsgewalt über das Fa-
milienbudget, weil sie sich so vor der Gleichberechtigung in der Ehe
schützen oder darum herummogeln können. Viele Paare machen den
Fehler, daß dem, der mehr Geld verdient, auch größere Befugnis ein-
geräumt wird, darüber zu entscheiden, wofür es ausgegeben wird.
Das kann nicht klappen. Auf diese Weise kippt nicht nur die Partnerschaft aus dem Gleichgewicht; auch das Budget gerät ins Schleu-
dern. Wenn zwei Menschen sich als Paar betrachten, dann sind sie
auch paarweise im Soll oder im Haben. Sie müssen verstehen, daß sie
entweder beide reich oder beide arm sind, andernfalls werden sie sich
plötzlich in einem Krieg zwischen dem Krösus und dem Habenichts
befinden.

Ich habe viele arme Frauen kennengelernt, die mit reichen Männern verheiratet waren. Pierpont war so ein reicher Mann. Er hatte
seiner Frau einreden können, daß sie arm geworden seien, weil er
sein ganzes Geld für wohltätige Zwecke gestiftet habe. Sie war an
Geld ohnehin nicht besonders interessiert. Sie konnte sich von ihrem
Haushaltsgeld immerhin so viel absparen, daß sie immer wieder mal
mit ihren Freundinnen zum Ausverkauf gehen konnte. Als sie sich 50
Jahre lang nach der Decke gestreckt hatte, starb Pierpont. Er hinterließ ihr 50 Millionen Dollar. Da sie nicht den leisesten Schimmer
hatte, was sie damit anfangen sollte, gab sie die Millionen ihren Kindern als Spielgeld. Die Katastrophe im Leben der Kinder ließ nicht
lange auf sich warten.

Quarterman, ein junger Arzt, war in ärmlichen Verhältnissen aufgewachsen. Seine Mutter hatte den Vater heruntergemacht, weil er
zuwenig verdiente. Quarterman mußte sich durch seine Ausbil-
dungsjahre hungern, bis er ins Berufsleben eintrat und zum ersten
Mal in seinem Leben richtig Geld verdiente. Er war strikt dagegen,
seiner Frau Queenie, die in einem reichen Milieu aufgewachsen war,
in irgendeiner Form Zugriff auf das Geld zu geben. Sie bekam weder

Bargeld noch Schecks noch Kreditkarten. Er hatte Angst, sie würde *sein* Geld leichtsinnig verplempern, sobald sie etwas davon in die Finger bekam. Queenie und die kleinen Kinder hatten noch nicht einmal ein Transportmittel und hockten den ganzen Tag in der Wohnung herum. Einmal pro Woche schloß Quarterman seine Praxis etwas früher und fuhr mit seinem neuen Mercedes zum Einkaufen. Auf dem Weg bezahlte er noch die Gebührenrechnungen für Gas und Wasser, in bar, versteht sich.

Die beiden kamen in meine Praxis, nachdem Queenie angefangen hatte, mit Mord zu drohen. Quarterman konnte nicht begreifen, was Queenie derart aus dem Gleichgewicht gebracht haben konnte, ging es doch um *sein* Geld, auf das sie ohnehin keinen Anspruch hatte. Er erklärte, sie sei eben verwöhnt, aber er würde sich gut um sie kümmern. Mit einiger Mühe gelang es mir, ihn davon zu überzeugen, daß er den Rücken frei hätte, um noch mehr Geld zu verdienen, wenn er die täglichen Einkäufe für den Haushalt ihr überlassen würde. Der erste Schritt hierzu müsse sein, ihr ein wöchentliches Haushaltsbudget einzuräumen. Nach langem Hin und Her erklärte er sich bereit, die Sache einmal zu versuchen.

Als Quarterman am ersten Tag der Neuregelung nach Hause kam, mußte er feststellen, daß kein Essen auf dem Tisch stand, weil Queenie keine Lebensmittel eingekauft hatte. Sie war unterwegs in einer kleinen Boutique hängengeblieben und hatte dort ein wundervolles schwarzes Samtcape mit rotem Futter erstanden, in dem ihre kleine Tochter hinreißend aussehen würde, wenn sie erst einmal etwas größer war und zum Ballett gehen würde. Durch Quartermans bisherige Weigerung, Queenie an den finanziellen Entscheidungen teilnehmen zu lassen, war sie in keiner Weise auf den verantwortungsvollen Umgang mit Geld vorbereitet. Sie würde eben ein bißchen üben müssen, bis sie den Dreh heraushatte. Aber was die Möglichkeiten einer Frau anging, ihn fertigmachen und seine im Geld symbolisierte Männlichkeit angreifen zu können, hatte Quarterman einfach die Hosen viel zu voll. Es gelang mir nicht mehr, ihn dazu zu bringen, Queenie noch einmal Geld zu geben, damit sie den Umgang damit lernen konnte.

Wenn man ein so striktes Regiment führt, wird nicht nur jegliche

Gleichberechtigung in der Partnerschaft abgewürgt und das Familienleben belastet, es zieht auch ein verfehltes Wirtschaften nach sich. Man findet häufig eine Übereinkunft, nach der das Geld aufgeteilt wird: Einen Teil spart der Ehemann und den anderen darf seine Frau ausgeben. Er weist ihr ein gegebenenfalls sogar sehr »großzügiges« Budget zu und kann seinerseits mit dem Geld des Sparetats jonglieren. Jeder Groschen, der gespart wird, fehlt somit dem Betrag, über den die Frau verfügen darf, und jeder Groschen, der von der Frau ausgegeben wird, fehlt seinem Sparetat. Unter diesen Voraussetzungen wird sich die Frau leicht dazu ermutigt fühlen, den Sparplan des Mannes zu torpedieren und möglichst viel auszugeben, damit sie sich als gleichberechtigter Partner empfinden kann. Wenn die Frau jedoch gleichberechtigt mitentscheidet, wieviel ausgegeben und wieviel gespart werden soll, schmeichelt es ihrer Position, wenn sie das Sparen forciert und nicht das Ausgeben.

Der Partner mit der glänzenderen Karriere und dem eindrucksvolleren Einkommen hat in der Regel das Spiel schon von vornherein gewonnen. Hier liegt eine ganz gravierende Ungleichheit vor. Er kann auf das Hauptvergnügen zählen, das mit Arbeiten und Geldverdienen einhergeht: das freundliche Schulterklopfen für gute Arbeit und die Aura des Erfolges. Im Vergleich zum Verdienen des Geldes ist das Ausgeben weniger befriedigend, es ist nun aber das einzige finanzielle Vergnügen, das den meisten Frauen gegönnt ist – sowie einigen wenigen Männern, die der Familie zuliebe ihre eigene Karriere auf Eis gelegt haben. Es wirkt etwas knauserig, wenn derjenige, der den Ruhm einheimst, auch noch erwartet, daß die Beute gehortet werden soll. Ein Mann sollte seiner Frau wenigstens das Vergnügen gönnen, das Geld wieder unter die Leute bringen zu dürfen. Schließlich hat sie ihre eigene Karriere hintangestellt, um ihn und die Kinder zu versorgen, und es ihm ermöglicht, sich mit Leib und Seele in das oft recht selbstsüchtige Vergnügen beruflicher Arbeit zu stürzen. Wenn er ihr das Gefühl geben kann, daß es sich bei dem Geld, das sie in Händen hält, ebenso um das ihre wie um das seine handelt, wird sie sich eher als gleichberechtigte Partnerin ernst genommen fühlen. Sie wird mit dem Geld, wie auch mit ihrem Mann, sorgfältiger umgehen.

Es gibt natürlich auch Leute, denen nichts an finanzieller Gleichberechtigung in ihrer Partnerschaft liegt. Man hat uns von Frauen berichtet, die der Meinung sind, das vom Mann verdiente oder ererbte Geld sei eheliches Gemeineigentum, während das Geld, das die Frau verdient oder erbt, allein ihr zu gehören hat. Und wir alle kennen verheiratete Männer, die den auf sie ausgestellten Gehaltsscheck für ihr Privateigentum halten! Diese Herren werden niemals begreifen, was wem gehört, bis ihnen ein Scheidungsrichter Bescheid gestoßen hat.

HAUSARBEIT

»Eine Frau gehört ins Haus.«
Anonym

»Eine Hausfrau hat nie Feierabend.«
Anonym

Eine andere Methode, mit der sich Männer Frauen vom Hals gehalten haben, bestand darin, die Frauen so sehr mit Arbeit einzudecken, daß ihnen zum Unruhestiften keine Zeit mehr blieb. Die Kinder großziehen, die Familie ernähren, den Laufburschen spielen, das Haus sauberhalten, sich um die Besitztümer kümmern, die Hühner füttern, das Butterfaß schwingen, Indianerangriffe abwehren, sich um alles kümmern, um das sich gekümmert werden muß – all das ist traditionellerweise »Frauenarbeit«.

Aber keine Angst, wenn Frauen artig darum bitten und wenn es ihnen nichts ausmacht, sich anknurren zu lassen, dann werden ihnen die Männer »helfen« – so lange jedenfalls, wie die Frau für das Ergebnis verantwortlich zeichnet.

Die Ansprüche, die Männer an Frauen stellen, können nachgerade hanebüchen sein. Manche Männer erwarten, daß ihre Frau, die soeben von der Arbeit nach Hause gekommen ist oder sich den ganzen Tag mit den Kindern abgequält hat, sich unverzüglich in ihren zweiten Job stürzt, nämlich dem Mann aufzuwarten. Das ist

nicht bloß ein Verstoß gegen die Gleichheit, das ist schlichtweg unverschämt. Wie kommt es, daß ansonsten ganz vernünftige, sach-
kundige und kräftige Männer, die Bären niederzuringen oder Wirt-
schaftsunternehmen auszurauben in der Lage sind, sich bei dem
Gedanken, ein paar Teller zu spülen oder ein paar Windeln zu wechseln, vor Schreck in die Hosen machen? Manche Männer sind allen
Ernstes davon überzeugt, daß Männerarbeit das einzige sei, was
zählt, und daß Frauen nur dazu da seien, die Männer zu versorgen
und zu bekochen.

In meiner Praxis kommt es selten zu Tätlichkeiten. Eine davon
wurde einem arroganten und ungeduldigen Mann zuteil. Er war in
ein Häufchen getreten, das der Hund seiner Familie auf dem Rasen
hinterlassen hatte. Er hatte daraufhin seiner Frau aufgetragen, den
Rasen in Zukunft vor seiner Rückkehr aus dem Büro mit einem
Schäufelchen bewaffnet nach unerwünschten Hinterlassenschaften
von Hunden abzusuchen. Dann würde er bei der nachmittäglichen
Begehung seines Besitzes nicht nach unten auf den Boden sehen
müssen. Als seine Frau sich anhören mußte, wie er steif und fest auf
der Durchführung seiner Anweisung beharrte, warf sie ihm ihre Kaffeetasse ins Gesicht. Er konnte ihre Reaktion nicht verstehen. Für ihn
war sein Ansinnen eine durchaus zumutbare Erwartung an jemanden, dessen Daseinszweck darin bestand, ihm das Leben angenehm
zu machen. Er war der Meinung, seine Frau sei sein Diener. Es war
ihr erst in diesem Moment aufgegangen, daß er ernstlich dieser Ansicht war.

Nur wenige Männer sind so unvernünftig, sich zu dieser Ansicht
offen zu bekennen, was jedoch viele nicht daran hindert, sich trotzdem entsprechend zu verhalten. Oft »inspizieren« solche Männer den
Haushalt und überwachen sogar die Durchführung der Hausarbeit,
als ob sie der Chef und ihre Frau eine Angestellte wären. Vielleicht
erzählen sie ihrer Frau sogar noch, wie gut sie von ihrer Mutter be-
dient worden seien, und erwarten, daß ihre Frau dem hehren Beispiel
folgt. Solche Männer brauchen unbedingt Nachhilfe in ihrem Verständnis von Geschlechterrollen; sie haben das Wesen der Partner-
beziehung nicht begriffen.

Nicht alle Männer, die sich schlecht in eine häusliche Partnerschaft einfügen, sind sexistische Ungeheuer. Manche sind einfach nur unsicher. Sie glauben, ein wirklich maskuliner Mann müsse immer einen kompetenten Eindruck machen. Da sie die anstehenden häuslichen Arbeiten nicht aus dem Effeff beherrschen, befürchten sie, sich lächerlich zu machen, wenn sie es versuchen. Sie glauben, ihre Frau, die vermutlich Expertin auf dem fraglichen Gebiet ist, könne vor ihnen den Respekt verlieren, wenn sie sich ungeschickt oder unsicher anstellen. Ihre Frau könnte sie sogar auslachen oder ihnen Vorschriften zu machen versuchen, was selbstverständlich dazu führen würde, daß ihnen ein Ei aus der Hose fällt. Solange sie aber nur »helfen«, fällt ihre Aufgabe nach wie vor in den Verantwortungsbereich ihrer Frau, und man kann dem Mann seine amateurhaften Bemühungen nicht ankreiden. Seine Frau muß selbst dann noch dankbar sein, wenn der Gute eine einzige Schweinerei veranstaltet, die sie anschließend wieder in Ordnung bringen darf. Diese Logik ist zwar etwas verwickelt, aber ich habe sie schon viele, viele Male gehört.

Ich konnte beobachten, wie sich in den letzten Jahren die Bereitschaft der Männer erhöhte, die spektakulären Jobs im Haushalt wahrzunehmen, wie beispielsweise für ein paar Leute etwas Ausgefallenes zu kochen – und wir Männer, die wir uns auf unsere Kochkünste etwas einbilden, können daraus eine ganz hübsche Schau machen. Natürlich erwarten wir Applaus für ein flambiertes Steak und Hochrufe für jedes Pâté oder Soufflé. Es gibt nicht viele Männer, die eine Chance auslassen, mit einer speziellen Fähigkeit aufzutrumpfen, ganz besonders, wenn ihnen ihre Frau auf diesem Gebiet noch nicht das Wasser reichen kann. Wirkliche Könner jedoch bringen nach der Show die Küche wieder in Ordnung.

Mein bergsteigender, tollkühner Schwiegersohn Ken erbte von seiner Großtante eine alte Nähmaschine. Meine Tochter Tina war von Arbeit und Promotion viel zu sehr beansprucht, um sich mit dem Nähen zu befassen, also versuchte der unerschrockene Ken sein Glück. Als Nichte Annie und Vetter Jim den ersten Vertreter der neuen Generation produzierten, feierte Ken das Ereignis in Form eines selbstgenähten Matrosenanzugs für seinen neuen Neffen, der den beiden, dessen bin ich mir sicher, das Erlebnis gesteigerter

Männlichkeit verschaffte. Was Tina daran jedoch am meisten begeisterte, war die Tatsache, daß Ken den kleinen Anzug, nachdem er ihn fertiggenäht hatte, selbst einpackte und zur Post brachte und dann auch noch alles wieder saubermachte. Wenn das kein Mann ist!

DAS GEHEIMNIS DER EHE

»Schwimmlehrer haben bei Lehrgängen zum Schutz vor Ertrinken herausgefunden, daß die Gefahr zu ertrinken immer dann gegeben ist, wenn man vor dem Wasser Angst hat und sich krampfhaft über Wasser zu halten versucht. Wenn man sich dagegen dem Wasser anheimgibt, wird man bemerken, daß man sicher an der Oberfläche treiben, ruhig atmen und sich völlig entspannen kann. Die Anstrengung, sich vom Wasser nicht umfangen lassen zu wollen, führt zur Erschöpfung und kann tödlich sein.«
Frank Pittman

Wie beim Schwimmen geht es auch in einer Ehe um alles oder nichts. Es ist bestimmt keine Heldentat und vielleicht noch nicht einmal ungefährlich, nur teilweise verheiratet zu sein. Es kann passieren, daß die Beteiligten dabei verrückt werden.

Der Witz einer ehelichen Partnerschaft ist die ihr innewohnende prinzipielle Gleichheit. Jeder Versuch, vor dieser Gleichheit zu kneifen und sie zu unterlaufen, macht aus der Partnerschaft ein Schlachtfeld.

Wie groß auch immer bei Männern die Furcht vor der Macht der FRAU ist, sie müssen ihre Verkrampfung aufgeben und entspannt Wasser treten, bis sich in ihnen das beruhigende und wohlige Gefühl ausbreitet, vollkommen und rundum verheiratet zu sein, so unvollkommen die Partnerin oder sie selbst auch sein mögen.

Ein Mann hat Verpflichtungen und Verantwortung nicht nur gegenüber seiner Frau, sondern auch gegenüber sich selbst und der Ehe als solcher. Wenn er sich für etwas engagiert, das größer ist als seine eigene Person und seine eigene aufgeblasene Männlichkeit, kann das seinem männlichen Heroismus nur guttun. Ein Mann sollte nie vergessen, daß es sich nicht nur um IHRE, sondern auch um SEINE Ehe handelt, die IHN stärkt, erweitert und bereichert. Seine Ehe ist keineswegs ein übles weibliches Ränkespiel, nur dazu da, ihn um seine wertvolle Männlichkeit zu bringen.

MEIN LEBEN ALS EHEMANN

»In einer Ehe stehen die Chancen nur selten fifty-fifty. Viel eher sind sie in einem Moment hundert zu null und null zu hundert im nächsten.«
Billie Jean King

Ich bin ein »glücklich verheirateter« Mann. Das bedeutet überhaupt nicht, daß ich immer *glücklich* bin. Eines der Geheimnisse des Glücks liegt darin, sich das tägliche Auf und Ab über die ganze Breite der menschlichen Gefühlsskala zu gestatten, was ich auch tunlichst mache. Es bedeutet aber, daß ich immer *verheiratet* bin. Ich kämpfe nicht gegen mein Verheiratetsein an, und wenn ich schlecht gelaunt bin, gebe ich nicht meiner Ehe die Schuld.

Ich wäre vielleicht auch ein glücklicher Mann geworden, wenn ich eine andere Frau als Betsy geheiratet hätte, aber alle Frauen, die damals, als ich mich gern mit Schönheitsköniginnen am Arm sehen ließ, für mich in Frage gekommen wären, sind schließlich im Unglück gelandet und dürften mich wohl ebenfalls unglücklich gemacht haben. Wahrscheinlich sind Betsy und ich vor allem deshalb zusammen glücklich geworden, weil wir ohnehin einen Hang zum Glücklichsein haben. Vielleicht aber auch deshalb, weil wir nicht erwarten, immer nur glücklich zu sein. Wir sind eben total und rundum miteinander verheiratet, und das allein räumt schon mit den Dingen auf, die für gewöhnlich die Männer unglücklich machen: die von Untreue verursachten Schuld- und Angstgefühle, die nagende Unsicherheit, ob man den richtigen Partner geheiratet hat, die Frage, ob man seinen Partner überhaupt verdient hat oder, anders gesagt, ob man von seiner Frau geliebt wird. Betsy und ich wissen, daß wir nun mal auf Gedeih und Verderb zusammengehören. Wenn wir also glücklich sein wollen, dann müssen wir uns eben etwas einfallen lassen, damit wir gemeinsam glücklich werden können. Ein persönliches Glück, mit dem ich Betsy unglücklich machen würde, wäre für mich ein verteufelt elendes Glück.

Betsy und ich sind nun 32 Jahre verheiratet. Ich lernte sie kennen, als ich ein armer und stark unter Druck stehender Medizinstudent war. Unter uns Studenten reichte es vor lauter Erschöpfung noch nicht einmal zu Freundschaften. Wir hatten ganz gewiß nicht die Zeit, uns den üblichen Rendezvouszirkus mit Mädchen zu erlauben. Ich brauchte kein Rendezvous, ich brauchte jemanden, der mein Leben mit mir teilte. Ich vertraute mich Tante Emily an, die bei mir die Eltern vertrat, und sie machte mich mit der Tochter eines befreundeten Ehepaares bekannt. Betsy verbrachte den Sommer vor ihrem Universitätsabschlußjahr zu Hause. Als ich an ihrer Haustür klingelte, gab die Handbremse meines 1949er Dodge nach, den ich von Onkel Walter geerbt hatte, und der Wagen rollte rückwärts die abschüssige Auffahrt des Hauses von Betsys Eltern hinunter. Ich konnte gerade noch einen Blick auf die betörend schöne Betsy erhaschen, die von der Eingangstür aus zusah, wie ich mich bemühte, den sich selbständig machenden Wagen wieder einzufangen. Sie hielt sich den Bauch vor Lachen. Sie kannte keine Angst, weder vor sich selbst noch vor mir. Ich wußte, ich würde sie heiraten.

Betsy arbeitete in der Krankenhausverwaltung und sorgte für unseren Lebensunterhalt während meiner Zeit als Assistenzarzt. Tina wurde am selben Tag geboren, an dem ich an die psychiatrische Abteilung kam. Als ich in Atlanta und später in Denver mein Abschlußpraktikum absolvierte, blieb Betsy zu Hause und kümmerte sich um die kleinen Kinder. Ich mußte nicht besonders hart arbeiten, und wir hatten auch nicht viel Geld. Jeden Mittag radelte ich zum Essen nach Hause, spielte mit den Kindern, arbeitete Möbel auf und baute uns auch neue. Betsy beschäftigte sich mit allerlei Dingen, die ihr Spaß machten. Sie sang in einem Opernensemble und machte bei Vorschulprogrammen an der örtlichen Schule mit. Ich hatte vor, die Welt zu retten, und arbeitete an wichtigen Forschungsvorhaben, aber ich wollte nicht, daß die Arbeit meinem eigentlichen Leben in die Quere kam, das sich zu Hause bei Betsy und den Kindern abspielte. Wir waren glücklich.

Als ich in den sechziger Jahren wieder nach Atlanta zurück-
kehrte, wurde ich Leiter eines riesigen öffentlichen Gesundheitsdienstes. Es war eine große Sache, und ich schuftete mich zu Tode. Ich
vernachlässigte die Kinder und schob alles Betsy zu. Sie versuchte
meine Aufmerksamkeit zu gewinnen, aber ich war von meinem Amt
und der Wichtigkeit meiner Person völlig in Anspruch genommen.

Allmählich fühlte ich mich von meinem Job, mit dem ich die Welt
zu retten angetreten war, völlig ausgebrannt. Betsy fiel mittlerweile zu
Hause die Decke auf den Kopf. Sie wollte unbedingt arbeiten, wie alle
Frauen aus ihrer Familie. Aber mehr noch war ihr daran gelegen, daß
sich unser Leben ändert. Sie war nicht mehr bereit, die Kinder alleine
großzuziehen, während ich gelegentlich hereingeschneit kam, um zu-
sammenzubrechen. Mir ging endlich auf, daß ich als schriftstellernder
Psychiater zwei vollgültige Karrieren gleichzeitig verfolgte. Ich erklärte mich bereit, das Schreiben so lange zurückzustellen, bis die Kinder groß waren. Betsy erwog, ihr Studium fortzuführen, aber wir über-
legten uns, daß wir viel lieber zusammen als getrennt arbeiten würden.
Wir engagierten also die ruhige und verläßliche Susie als Kinderfrau,
und Betsy und ich eröffneten in der Nähe unserer Wohnung eine the-
rapeutische Praxis, wo wir nun seit nunmehr über 20 Jahren Tag für
Tag miteinander arbeiten.

Ich übernahm die familiären Aufgaben, die nach einem festen
Zeitplan abliefen: Ich kochte und beteiligte mich an der Fahrge-
meinschaft, die die Kinder in die Schule brachte. Betsy kümmerte
sich zu Hause und in der Praxis um die Finanzen. Es bildete sich eine
Arbeitsteilung heraus. Ich bin der Gärtner, Bettsy ist der Stallmeister.
Ich lege Rosenbeete an, züchte die Rosen und sprühe sie ein. Betsy
düngt und schneidet die Rosenstöcke und bringt mir jeden Morgen
eine Vase mit Rosen. Ich streiche die Wände, Betsy lackiert die Fensterrahmen. Ich mache Sanitär- und Elektroinstallationen, Betsy ta-
peziert.

Unsere Arbeitsteilung hat nichts mit Geschlechtsunterschieden zu
tun. Wir machen beide das, was uns Spaß macht, und dann streiten
wir uns, wer den Rest zu erledigen hat. Unsere Gleichheit wird nicht
durch einen festen Verteilungsplan garantiert, sondern durch unsere
Grundhaltung, in der die Partnerschaft Vorrang hat. Unsere Bezie-

hung war immer sehr kommunikativ, um nicht zu sagen, geräusch-
voll – wir geraten uns jeden Tag in die Haare, aber keiner von uns ist
verbissen darauf aus, sich durchzusetzen.

Wir haben es geschafft, eine gleichberechtigte Beziehung aufzubauen. Es gibt kaum Dinge, die wir tun, ohne vorher darüber Einvernehmen erzielt zu haben. Wenn ich zu Lehrveranstaltungen in der
Welt herumreise, reise ich mit Betsy zusammen. Ich brauche ihre
Fähigkeit, Situationen in die Hand zu nehmen. Ohne sie bin ich verloren. Wenn sie mir zuhört, langweilt sie sich nur selten, aber sie
kann sich sehr gut selbst beschäftigen, wenn sie es will. Die Aufmerksamkeit, die mir zuteil wird, erscheint ihr manchmal bedenklich,
da sie befürchten muß, daß ich mich selbst wieder zu ernst nehmen
könnte. Ihre größte Sorge ist, daß ich mich verbal vergaloppieren
und damit Schwierigkeiten für uns heraufbeschwören könnte. Ich
wage mich verbal oft zu weit vor und bringe mich damit leicht in
Verlegenheit, aber bis jetzt ist es noch nie zu einer Katastrophe gekommen. Das Gefühl der Unverwundbarkeit ist bei mir wesentlich
stärker als bei ihr.

Ohne sie könnte ich das, was ich mache, niemals leisten, und ich
möchte nicht wissen, was aus mir geworden wäre, wenn ich eine weniger selbstsichere Frau geheiratet hätte; eine von jenen, die von mir
erwartet hätten, daß ich für ihr Selbstwertgefühl sorge, und die mich
jedesmal, wenn sie einen schlechten Tag haben, als ihren Feind behandelt haben würden.

Betsy ist eine ungewöhnlich kluge Frau voller Selbstvertrauen.
Sie kann umwerfend komisch sein, und man weiß immer genau, was
sie denkt und was sie fühlt. Sie lacht über meine Witze und ißt, was
ich ihr auftische. Wir waren noch nicht lange verheiratet, da bekam
ich eine Glatze, und soviel ich auch trainieren mag, meine kurzen O-
Beine werden jedes Jahr spilleriger. Ich biete also keineswegs das Bild
eines romantischen Helden. Ich bin überhaupt kein romantischer
Was-auch-immer. Ich bin zwar sexy wie der Teufel, aber tanzen kann
ich auch nicht. Glücklicherweise weiß Betsy, daß ich sie liebe. Sie beherrscht das erstaunliche Kunststück, mich nicht vergessen zu lassen,
daß ich ein Schafskopf bin, während sie mir das Gefühl gibt, ein
Mann zu sein.

12 DAS LEBEN ALS VATER

»Jeder Blödmann mit einem Schwanz kann ein Kind machen; aber es
braucht einen echten Mann, um das Kind aufzuziehen.«
Larry Fishburne in »Boyz'n the Hood«

Im Jahr 1897 starb meine Urgroßmutter im Kindbett und hinterließ
fünf kleine Kinder und einen bestürzten Ehemann. Urgroßmutters
Familie schickte wegen der Kinder eine junge Frau als Hilfe, aber
mein armer Urgroßvater fürchtete sich derart davor, als alleinerzie-
hender Vater dazustehen, daß er zum großen Schaden aller Beteiligten die selbstsüchtige, unberechenbare junge Frau heiratete. Er nahm
eine Stellung als Handlungsreisender an und überließ die Kinder der
scheel angesehenen Stiefmutter. Meine zu dieser Zeit acht Jahre alte
Großmutter schwor sich damals, sich auf gar keinen Fall als alleinerziehende Mutter verschleißen zu lassen. Sie war eisern entschlossen, eine eigene berufliche Karriere einzuschlagen. Als sie achtzehn
war, löste sie ihre Verlobung mit einem jungen Arzt und heiratete
meinen Großvater, einen Farmerjungen. Sie hatte ihm als Bedingung
für eine Heirat das Versprechen abgenommen, daß er sich um die gesamte Ernährung kümmern und die Hauptlast der Kindererziehung
tragen würde. Er hielt sich auch daran, und das nicht einmal so un-
gern. Sowohl aus meinem Vater wie aus meiner Tante und deren jeweiligen Kindern wurden Eltern, die sich mit großer Begeisterung an
ihre Aufgabe machten.
  In vielen Familien bildet sich eine regelrechte Tradition geglück-
ter Elternschaft heraus, es sei denn, ein Griesgram wie mein Urgroßvater funkt dazwischen, der vor der wunderbaren Herausforderung, Leben zu schenken und es zu behüten, gekniffen hat. Mein

Urgroßvater ist vier gewaltigen Irrtümern aufgesessen: Erstens hielt
er das Aufziehen von Kindern für »Frauensache«. Zweitens glaubte
er, Frauen hätten dafür eine natürliche Begabung, so daß sie die
Sache automatisch besser machen würden, als ein Mann es je könnte.
Drittens dachte er, daß Kinder, die Mütter oder Stiefmütter haben,
keinen Vater bräuchten. Und viertens war ihm völlig entgangen, daß
das Aufziehen von Kindern die größte Freude, Herausforderung und
Offenbarung ist, die das Leben zu bieten hat. Meine Familie hatte das
Glück, daß mein Großvater die Irrtümer seines Schwiegervaters kor-
rigierte. Dennoch ist es bedauerlicherweise so, daß die meisten Männer in unserer Gesellschaft niemals zu den Einsichten kommen, die
meinem Großvater zuteil wurden:

Ist ein Kind erst einmal entwöhnt, so gibt es absolut nichts,
worum sich ein Mann nicht genauso gut wie eine Frau kümmern
könnte.

Ein Mann muß nicht auf allen Gebieten perfekt sein – das Kind
wird ihm schon beibringen, wie man seiner Elternfunktion gerecht
wird, und ihm alles vermitteln, was er über das Leben wissen muß.

Welchen Status auch immer ein Mann in den Augen der Welt
haben mag, Vaterschaft gibt ihm das Gefühl von Stärke, Solidität
und Wichtigkeit, so wie er seinerseits seinem Kind das Gefühl gibt,
geliebt und geschätzt zu werden.

Glücklicherweise ist Elternschaft kein leistungsorientiertes Unternehmen. Das alte Gerede von »sich voll und ganz einbringen müssen« ist eine faule Entschuldigung, um letztlich gar nichts zu tun. Als
erziehender Vater ist man einfach mit seinen Kindern zusammen und
erlebt eine Neuauflage der Freuden der eigenen Kindheit. Der Witz
der Sache liegt im Spielerischen.

Ein Vater, der sein Kind nicht nur mit dem Lebensnotwendigen
versorgt, sondern es aufzieht und fördert, gelangt zum vollen Erlebnis und Ausdruck seiner Menschlichkeit und Männlichkeit. Vater zu
sein ist das Männlichste, was ein Mann machen kann.

ANGST VOR DER VATERSCHAFT

Es gibt eine merkwürdige, tiefsitzende und allgemein verbreitete Angst vor dem Vatersein, die ich »Patriphobie« nennen möchte. Patriphobie kann vielerlei Formen annehmen. Adam verließ seine Frau und seine zwei kleinen Söhne; die Buben gab er zur Adoption frei. Benjamin ist Junggeselle, das heißt, ein »ewiger Junge auf der Suche nach Begleitung«. Er gibt sich mit Frauen solange ab, wie sie nicht von Heirat, Familie und Kinderkriegen reden. Caleb begann fremdzugehen, als seine Frau ihr erstes Kind erwartete. Daniel verfiel in einen überzogenen Depressionszustand und drohte, sich selbst in ein psychiatrisches Krankenhaus einzuliefern, falls seine Verlobte keine Abtreibung vornehmen lassen würde. Ephraim lief mit einer anderen Frau davon, während seine Frau im Kreißsaal lag. Francis nahm einen Job als Reisevertreter an, als seine Kinder noch klein waren; er ist kaum zu Hause. Gabriel sieht sich die ganze Nacht im Fernsehen Baseballübertragungen an und spielt das Wochenende über Golf; die Kinder läßt er von der Mutter großziehen. Hosea war noch keine dreißig, als er sich sterilisieren ließ. Er heiratete eine Frau, die Kinder mit in die Ehe brachte. Er sprang mit den Kindern derart rüde um, daß sie es vorzogen, bei ihrem leiblichen Vater zu leben. Isaak war mehrfach verheiratet. Von jeder Frau hat er Kinder, auf die er auch stolz ist, aber er macht keinerlei Anstalten, mit ihnen zusammenzuleben.

Alle diese Männer möchten ihr eigenes Hätschelkind sein, oder das Hätschelkind einer Frau. Sie wollen nicht erwachsen werden. Sie glauben, sie würden ein erfüllteres Leben haben, wenn sie keine weiteren Entwicklungsschritte mehr machen. Ein Kind wäre für sie nur ein Konkurrent und würde die Forderung an sie stellen, erwachsen zu werden. Es ist keineswegs so, daß diese patriphoben Burschen an so wichtigen Dingen arbeiten würden, daß sie von Kindern einfach nicht gestört werden dürften, wie beispielsweise eine Therapie für Aids zu entwickeln oder das Ozonloch zu stopfen – sie sind nur hauptberuflich damit beschäftigt, nicht erwachsen zu werden.

Die Frauen und Kinder, die von diesen Männern sitzengelassen wurden, denken vielleicht, sie trügen die Schuld daran, daß Männer aus den Verpflichtungen ihnen gegenüber aussteigen, und sie seien es nicht wert, in seinem Leben einen Platz einzunehmen. In Wirklichkeit hat die Problematik patriphober Männer nichts mit den von ihnen verlassenen Frauen und abgeschobenen Kindern zu tun, sondern sie rührt aus dem Verhältnis dieser Männer zu ihrem Vater her, der ihnen das Gefühl vermittelt hat, daß Vaterschaft eine Last ist.

Für diejenigen, die Kinder großziehen, seien es eigene oder die von anderen Leuten, gesunde oder schwer geschädigte Kinder, ist das nicht leicht zu begreifen. Denn sie wissen, das das Großziehen von Kindern die zentrale Erfahrung des Lebens ist, die ergiebigste Quelle von Weisheit und Selbsterkenntnis, ein Born von Stolz und Freude, das dauerhafteste Band zu einer Frau. Man weiß, daß das Vatersein der reichste Ausdruck von Männlichkeit ist, den das Leben zu bieten hat. Wieso sollte sich ein Mann all dies versagen? Bis heute stelle ich diese Frage. Die Antworten, die ich erhalten habe, machen sehr betroffen.

Manche Männer haben mir erzählt, sie hätten mit ihren Kumpels damals, als sie noch zwanzig waren, bei ein paar Bier oder ein paar Joints zusammengehockt und darüber gesprochen, wieviel mehr Spaß sie doch hätten als ihre Väter und daß sie keine Lust hätten, sich den Spaß dadurch kaputtzumachen, daß sie selbst Väter würden. Wie hätten sie auch ahnen können, daß ihre Väter im selben Augenblick ein noch größeres Vergnügen genießen konnten, bei dem Gedanken nämlich, daß ihre Söhne irgendwo mit ein paar Kumpeln bei ein paar Bier oder Joints zusammenhockten, um über den Sinn des Lebens zu philosophieren, und die Kameradschaft pflegten, die den Vätern aus ihrer eigenen Jugend so vertraut war.

Jung, wie diese Kerle waren, hatten sie Schwierigkeiten zu begreifen, was dem Leben ihrer Väter Sinn gab. Die Väter hatten sich abgestrampelt, um ihrer Familie ein Auskommen zu geben und den Kindern Möglichkeiten zu schaffen, die ihnen selbst versagt gewesen waren. Die Väter hatten in vor lauter Sorgen schlaflos verbrachten Nächten um Gebete, Flüche oder Zauberformeln gerungen, die ihren Kindern Schutz vor den Gefahren des Lebens gewähren sollten. Sie hatten Hoffnungen und Träume in ihre Sprößlinge investiert, die nun ihrerseits, wie vorauszusehen war, darauf beharrten, da stehenzubleiben, wo sie waren, anstatt das zu werden, was sich ihre Väter von ihnen erhofft hatten. Doch die Väter hatten versäumt, in den Söhnen ein Gespür dafür zu wecken, welche Erträge diese emotionalen Vorschußleistungen bei ihnen erbringen konnten.

Andere patriphobe Männer haben mir anvertraut, von welch gewaltigen Schuldgefühlen sie bedrückt werden, weil sie ihren Eltern so viel Ungemach bereitet hatten. Sie haben das Gefühl, sie hätten ihre Eltern auf einen Gang durch die Hölle geschickt. (Glauben wir eigentlich alle, in unserer Jugend ungebärdiger gewesen zu sein, als es tatsächlich der Fall war?) Diejenigen, die sich ihr jugendliches Rabaukentum immer noch zu Herzen nehmen, sollten sich klarmachen, daß diese Periode ein nur kurzes, absehbares und im Grunde komisches Intermezzo im gesamten Verlauf ihres Lebens war. Dennoch betrachten sich diese Männer als destruktive und verabscheuenswürdige Burschen, die über keinerlei Werte verfügen, die sie an eigene Kinder weitervermitteln könnten.

Wieder andere Männer haben immer noch nicht den Zorn gegenüber ihren Vätern überwunden, die sich in Nichts aufgelöst haben, fortgeblieben sind oder zuviel verlangt haben. Sie befürchten, selbst ein fragwürdiger Kerl zu sein und das Schicksal des Vaters zu wiederholen: Kinder aufzuziehen, die ihnen gegenüber die gleichen Vorbehalte haben wie sie selbst gegenüber dem Vater, der sie mißhandelt oder vernachlässigt hat.

Die überwiegende Mehrzahl der patriphoben Männer hatte natürlich Väter, die selbst schon nicht Vater sein wollten und uns eine Familientradition beschert haben, in der Männer zu belastet und schamgebeugt sind, um sich aufrappeln zu können und zu lernen, was es mit dem Vatersein auf sich hat. Männer, die Angst davor haben, Väter zu werden, haben nicht begriffen, daß Vatersein kein Auftrag ist, der in Perfektion zu absolvieren ist, sondern vielmehr ein Prozeß, der seinerseits den Mann perfektioniert. Das Endprodukt beim Großziehen von Kindern ist nicht das erwachsene Kind, sondern der sich als Elternteil bewährende Erwachsene. Das Kind, an dem sich der Erwachsene als Erzieher betätigt und durch das er sein eigenes Menschentum voll entfaltet hat, muß dann die gleiche Lektion wiederum an seinen eigenen Kindern üben und lernen. So und nicht anders geht das. Als

Eltern dürfen wir nicht vergessen, unseren Kindern vor allem für eines dankbar zu sein: daß sie uns die Gelegenheit gegeben haben, an ihnen unsere Fähigkeiten im Großziehen und Formen von Menschen erproben zu können. Wenn wir nicht dafür sorgen, daß unsere Kinder mitbekommen, was bei diesem Prozeß wirklich vorgeht, was wir dabei fühlen und was diese Gefühle für uns bedeuten, dann riskieren wir, daß sie glauben, darauf verzichten zu können. In diesem Fall würden sie den Eintritt in das produktivste Stadium ihrer Entwicklung verpassen, denn beim Aufziehen unserer Kinder müssen wir alles, was wir über die Entwicklung des Menschen, über Männlichkeit und Weiblichkeit und über den Sinn des menschlichen Lebens zu wissen glauben, in Frage stellen und überprüfen.

Den eigenen Kindern oder den Kindern anderer Leute ein Vater oder etwas Vergleichbares zu sein – ein Onkel, Mentor, Trainer, Lehrer oder Therapeut etwa – ist der Königsweg zum Mannestum. Wir gewinnen unsere Männlichkeit nicht dadurch, daß wir sie von einem Flaggenmast flattern lassen oder im Wettstreit vor einer kreischenden Menschenmenge messen und ausprobieren. Wir gewinnen sie, indem wir sie als Erziehende und Lehrende den Jungen und Mädchen vermitteln und ebenso jenen Männern und Frauen, die noch nie die Nähe eines Mannes erleben konnten und nicht wissen, was es mit Männern und Männlichkeit auf sich hat. Wenn Männer Kinder großziehen, wird nicht nur die Welt in ein bis zwei Generationen wieder in Ordnung sein, es wird ihnen auch das eigene Leben retten.

Wird diese Generation die heilende Kraft der Vaterschaft entdecken? Wenn ich mir die jungen Leute betrachte, die jetzt in das mannbare Alter eintreten, sehe ich viele patriphobe Burschen, die vor der Vaterschaft Reißaus nehmen, ich sehe aber auch solche, die sich auf das Risiko eines gleichberechtigten Verhältnisses zu einer Frau einlassen wollen. Es werden praxisbezogene Väter sein, wie wir sie in meiner Generation selten gekannt haben und schon gar nicht bei der Babyboom-Generation. Diese hat in patriphobischer Entschlossenheit das Erwachsenwerden verweigert und scheint nicht willens zu sein, sich auf irgendwelche Erfahrungen einzulassen, die ihnen den Weg in eine erwachsene Lebenshaltung weisen könnte. Mein Sohn, mein Schwiegersohn und meine Neffen sehnen sich nach Kindersegen, und zwar nicht bloß, um einfach Kinder zu haben, sondern um sie großzuziehen. Sie stehen nicht allein. In bezug auf das, was diese Burschen als Väter auf die Beine stellen werden, bin ich sehr optimistisch. Die Linie zeichnet sich klar ab: Wenn Jungen väterliche Zuwendung erfahren haben, wollen sie selbst Väter werden, wenn nicht, haben sie Angst davor.

JUNGEN UND MÄDCHEN

»Mit einem Sohn kann man seinen Spaß haben, aber bei einem Mädchen muß man Vater sein.«
Rogers und Hammerstein, »Karussell«

Was sind Kinder? Unsere Haltung gegenüber unserem Kind hängt entscheidend davon ab, worin für uns sein grundsätzliches Wesen besteht. Kinder mögen uns als zunächst blut-, später milchsaugende Parasiten erscheinen, die ihr Leben aus unserem Leben ziehen, ohne uns je etwas dafür zurückzugeben. Sie können bei uns Ekel hervorrufen: Babys sind undicht, und für eine ganze Weile tropfen allerlei wenig appetitliche Flüssigkeiten aus ihnen heraus. Wenn kleine Kinder aber erst einmal angefangen haben, uns anzulächeln, mit uns zu plappern und auf uns zuzulaufen, dann sind sie Sonne, Mond und Sterne in einem – es sei denn, kleine Kinder fallen für uns unter die Rubrik »Frauenarbeit«, die uns nichts angeht, bis die Kinder älter geworden sind. Bis dahin sind sie dann lediglich unsere Konkurrenten um die Zuneigung einer Frau.

Viele Männer haben zwar mit dem Aufziehen von Söhnen keinerlei Schwierigkeiten, aber bei einer Tochter bekommen sie Angst. In dem Musical »Karussell« von Rogers und Hammerstein bemerkt Billy Bigelow, daß seine Frau schwanger ist. Er singt ein Lied über die Freuden, die ihn erwarten, wenn er seinen Sohn großziehen wird, aber als ihm der Gedanke kommt, daß es ja auch eine Tochter sein könnte, gerät er in Panik.

Ich habe gelesen, daß die Väter von Söhnen weniger leicht eine Scheidung riskieren als Väter von Töchtern. Die Männer wissen viel-

leicht, daß sie für ihre Söhne ein bedeutsamer emotionaler Faktor
sind, aber sie sind sich darüber im unklaren, daß sie für ihre Töchter
nicht minder wichtig sind.

Wenn ein Mann möchte, daß aus seiner heranwachsenden Tochter eine starke und selbstsichere Frau wird, dann muß er Frauen
mögen und respektieren. Von seiner Einstellung hängt wesentlich
das Selbstwertgefühl seiner Tochter ab. Wenn der Vater der Ansicht
ist, Frauen seien schwach, bräuchten männlichen Schutz und »Wei-
berzeug« sei albern, dann wird sich seine heranwachsende Tochter
eben höchstwahrscheinlich beschränkt, schwach und albern vorkommen. Ihr Erfolg im Leben und in der Liebe liegt zu einem beträchtlichen Maß in seinen Händen. Während seine Tochter heran-
wächst, wird ein Vater so gut wie alles in Frage stellen müssen, was
er bisher über die Geschlechter und über den Unterschied von Männern und Frauen zu wissen glaubte.

Es gibt natürlich für einen Mann keinen besseren Zugang zum
Verständnis der Frauen, als eine Tochter großzuziehen und sich von
ihr im Verlaufe ihrer Pubertät, was seine Ansichten über die Geschlechter angeht, den Kopf zurechtrücken zu lassen. Meine Töchter und Nichten setzen mich diesbezüglich immer noch auf die
Schulbank. Wenn ein Vater seinen Drang bezähmen kann, Frauen
genau im unpassenden Moment zu kontrollieren oder zu beschützen, wenn er aufrichtig hofft, daß seine Tochter mit ihrer Geschlechtszugehörigkeit und ihrer Sexualität soviel Freude hat wie er
mit seiner eigenen, und wenn er ihr außerdem noch zugestehen
kann, gleichberechtigt die Welt zu erobern (oder auch nicht), ganz
wie sie es sich zutraut, dann können er und seine Tochter ein Leben
lang gute Kumpel bleiben, und er selbst wird endlich dem Geheimnis des Frauseins auf die Spur kommen.

GESCHIEDENE VÄTER

In der Scheidungsorgie der letzten Jahrzehnte rannten Männer rei-
henweise von zu Hause fort. Sie glaubten nicht daran, daß sie etwas
geben könnten, und meinten, sie müßten ihr Heldenglück woanders

finden. Ich würde gerne wissen, ob all diese Männer ihre Ehen so leichten Herzens aufgegeben hätten, wenn sie die Folgen für ihre Kinder gekannt hätten, und genauso gerne würde ich wissen, ob sie es getan hätten, wenn ihnen die Folgen für die eigene Person bekannt gewesen wären.

Einige Jahrzehnte lang versuchten wir uns einzureden, Kinder seien von vornherein so reif, daß sie keine Eltern brauchten. Kinder waren die eigentlichen Erwachsenen. In jenen Jahren der hochschießenden Scheidungszahlen glaubten wir ernsthaft, Kinder seien unverwundbar. Auf der Kinoleinwand wurden Kinder als dämonische Ausgeburten der Hölle dargestellt, wie etwa in »Rosemarys Baby« (1968), »Der Exorzist« (1973) und »Das Omen« (1976). Wir begegneten Kindern mit Mißtrauen, wähnten sie in der Rolle von voll zurechnungsfähigen Erwachsenen, die sich als hilflose Kinder gaben, um die Alten hinters Licht zu führen und ihnen Schuldgefühle aufzubürden. Wir redeten uns ein, daß Kinder auf sich selbst besser aufpassen könnten als wir.

In Martin Scorceses Film »Alice lebt hier nicht mehr« von 1975 stirbt der Ehemann der von Ellen Burstyn gespielten Alice, ein Lastwagenfahrer, und läßt sie nicht nur ohne einen Pfennig zurück, sondern auch in den Scherben eines Lebens, in dem sie noch nie eine eigene Entscheidung treffen mußte. Sie und ihr zwölfjähriger Sohn ziehen Hölzchen und machen sich daraufhin nach Westen auf. Alice schlägt sich als Kellnerin durch und hat eine Reihe von fürchterlichen Begegnungen mit fürchterlichen Männern. Bei jedem Reinfall erweist sich, daß der Junge gewitzter und praktischer ist als seine Mutter. Er ist ohne jeden Zweifel reifer und verläßlicher als die Männer, mit denen Alice es unterwegs zu tun bekommt. Wenn sie von der Arbeit heimkehrt, sinkt sie aufs Sofa und berichtet ihrem Sohn von ihren Problemen, während er ihr die müden Füße massiert. Sie reden sogar über vertrauliche Details ihres Sexuallebens. Schließlich taucht der richtige Mann auf und rettet die beiden.

Es gab damals eine ganze Reihe von Filmen zum Thema Scheidung, wovon die meisten entweder als alberne Komödie oder als tränenreiches Rührstück aufgezogen waren. Es gab aber auch ein paar Filme, die ernsthaft darum bemüht waren zu zeigen, was wir uns mit

einer Scheidung eigentlich antun. Das gilt besonders für Paul Mazurskys Film »Eine entheiratete Frau« von 1978 sowie für Allan Parkers und Bo Goldmans »Du oder beide« von 1982. In diesen damals
sehr aktuellen Filmen verließen die Väter wegen ihrer Affären das
eheliche Heim, woraufhin die Frau zusammenbrach und die Kinder
die Rolle der Erwachsenen im Haushalt übernehmen mußten. Als in
dem Film »Eine entheiratete Frau« Michael Murphy Jill Clayburgh
sitzenläßt, appelliert er sogar noch an ihr Mitleid. Sie schreit ihn wütend an, es sei doch seine Aufgabe, der Tochter beizubringen, was er
im Schilde führe. Dann lehnt sie sich an einen Straßenmast und
übergibt sich. Von da an ist die Tochter die Erwachsene. Als Murphys
Affäre sich abgekühlt hat, versucht er wieder zu Hause unterzukriechen, aber Clayburgh hat an Stärke gewonnen und braucht ihn nicht
mehr. Die Tochter schneidet zwar ein paar Grimassen, aber dann
zeigt sie eine beachtliche Reife und findet sich damit ab.

In »Du oder beide« kommt Diane Keaton dahinter, daß ihr schriftstellernder Ehemann Albert Finney ein Verhältnis hat. Sie stellt ihn
zur Rede, wobei einiges an Geschirr zu Bruch geht. Als sie sich bückt
und anfängt, die Scherben einzusammeln, wissen wir sofort, daß sie
die Flagge gestrichen und die Schlacht verloren hat. Er macht seinen
Abgang, und sie bricht zusammen, wir sehen sie mit einem Joint
zwischen den Lippen in der Badewanne sitzen. Die zwölfjährige
Tochter der beiden übernimmt die Haushaltsführung und die Versorgung ihrer drei jüngeren Schwestern. Das Mädchen weigert sich, mit
dem Vater zu sprechen oder von ihm eine Schreibmaschine als Geschenk anzunehmen. Sie ist wütend auf ihre Mutter, die sich für eine
Nacht wieder mit ihm aussöhnt, und auf ihre Geschwister, die ihren
Frieden mit ihm gemacht haben. In der Krise dieser Familie vertritt
sie die Stimme der Vernunft und der Reife. Sie ist diejenige, die klar
erkennt, daß das Verhalten des Vaters unakzeptabel ist.

Wir glaubten damals, eine Scheidung sei eine vorübergehende
Holperstrecke, aber letzten Endes doch eine Befreiung für die zu
Hause angeketteten Ehefrauen, wobei wir voraussetzten, daß das
Ganze für die Kinder ein Klacks war. Nachdem wir jedoch aus Judith
Wallersteins Buch »Second Chances« (Zweite Chancen) das erfahren
hatten, was wir alle schon längst wußten, aber nicht zugeben woll

ten – daß nämlich Scheidung eine Katastrophe für die Kinder ist –, konnten wir nicht mehr so tun, als ob Kinder das Geschehen nur so am Rande miterleben würden und nach ein paar weniger guten Jahren für sie alles wieder im Lot sei. Wir wissen jetzt, daß die Narben nicht verschwinden. Selbst wenn sich ein Kind nach einiger Zeit wieder völlig normal verhält, so liegt doch bei Menschen aus geschiedenen Ehen die Scheidungsrate wesentlich über der Norm. In auseinanderbrechenden Familien ist das Kind nicht der Ersatzerwachsene vom Dienst. Wir sollten das nicht vergessen.

ONKEL VATI

Der Artikel »Uncle Dad« (Onkel Vati) von C. W. Smith in der Nummer des »Esquire« vom März 1985 schockierte viele Männer; einige Patienten brachten mir in Tränen aufgelöst die Ausgabe mit. Smith schreibt: »Vor Jahren rief ich bei einem Studienkollegen aus dem College an, von dem ich eine ganze Weile nichts mehr gehört hatte. Er war geschieden, hatte aber wieder geheiratet. Ich fragte ihn, wie viele Kinder er jetzt hätte.

›Nur eines.‹

›Ich dachte, du hättest zwei.‹

›Ach, zum Teufel‹, knurrte er, ›du denkst an die Kinder, die ich mit Judy hatte. Die zählen nicht.‹«

Smith schreibt weiter: »Vielleicht soll ›die zählen nicht‹ bedeuten, daß er sich bei einem zweiten Anlauf bessere Chancen ausrechnete, nachdem er beim ersten Mal die Sache in den Sand gesetzt hatte, und er bot ›eines‹ als Beweis des gelungenen Neubeginns an… Wenn wir feststellen müssen, daß unser Bemühen lediglich die Frustration des Mißlingens produziert, dann lassen wir es eben sein… Die meisten der mir bekannten geschiedenen Väter versuchen trotz der damit verbundenen Schwierigkeiten und Kümmernisse irgendwie am Ball zu bleiben. Wir bilden eine Legion von Männern, die der Romancier Bryan Woolley einmal mit dem Begriff ›Onkel Vati‹ belegt hat. Im Unterschied zu Vatis, die andauernd auf Achse sind, ist es uns nicht einmal vergönnt, irgendwann ›nach Hause‹ zu kommen, wo man uns

willkommen heißt oder uns als Schiedsrichter bei einem Streit erwartet oder einen Wunsch an uns heranträgt. Unsere Kinder haben
an dem Verdacht zu kauen, von uns verstoßen worden zu sein. Wir
unterscheiden uns auch von Stiefvätern, denn wir wohnen nicht mit
den Kindern unter einem Dach, sondern vielfach in einer anderen
Stadt, vielleicht sogar mit anderen Kindern zusammen, gegenüber
denen unsere ›echten‹ Kinder den Argwohn hegen, sie würden den
besten Teil unserer Aufmerksamkeit abbekommen, … von uns, die wir
unsere Kinder mit einer Last von Schuldgefühlen im Stich gelassen
haben, die jedes unserer Urteile trüben muß. Wenn etwas schiefgeht,
gehen wir uns sofort selbst an die Kehle.«

King ist ein Schrank von einem Mechaniker, der jedermann das
Fürchten lehren kann, aber er wird zu Wachs in den Händen seiner
Kinder. Sein Vater war Trinker und hatte hinter dem Rücken seiner
Frau Verhältnisse mit anderen Frauen, bis er sie endlich ganz sitzenließ. Sie beging Selbstmord. King lebte eine Zeitlang bei einer Tante,
verbrachte aber den größten Teil seiner Kindheit im Waisenhaus. Die
neue Frau seines Vaters duldete ihn nicht um sich, da sie seine Familie für selbstmordgefährdet hielt. Sie befürchtete, wenn er sich das
Hirn aus dem Schädel schoß, würden ihre Kinder beunruhigt und die
Auslegeware versaut werden. Er schwor sich, daß er es bei sich selbst
niemals zu einer Scheidung kommen lassen würde.

King wurde erwachsen, heiratete Wilma und hatte drei Kinder mit
ihr. Er war nicht viel zu Hause, die meiste Zeit verbrachte er beim
Bowling. Dann besann sich seine Frau auf einmal darauf, daß sie les-
bisch und er ein Arschloch sei, das sie nicht in ihrer Wohnung haben
wollte. Auf einmal brach alles für ihn zusammen. Er hatte sich nicht
allzuviel um die Kinder gekümmert, aber er hatte das getan, was ihm
das wichtigste zu sein schien: es nicht zur Scheidung kommen zu lassen wie sein Vater. Wilma war es egal, ob er die Scheidung einreichte
oder nicht, solange er sie nur in Ruhe ließ.

King lebt jetzt in einem kleinen Appartement und steckt den
Hauptteil seiner Zeit und Energie in die Kinder. Von Wilma will er
sich nicht scheiden lassen, und er kann folglich auch nicht seine
Freundin heiraten, die sich rührend um ihn kümmert. Jedesmal,
wenn er soweit ist, mit der Scheidung ernst zu machen, bekommt er

Angstzustände, obwohl ihm seine Kinder in den Ohren liegen, er solle doch endlich der Realität ins Auge sehen und im Interesse aller einen Schritt voran machen. Aber King hat aus erster Hand die Schrecken einer Scheidung erlebt und möchte nicht, daß seine Kinder ihm gegenüber die gleichen Gefühle bekommen, die er immer noch gegenüber seinem Vater hegt.

Ich versuche ihn davon zu überzeugen, daß für Kinder das Schreckliche an einer Scheidung nicht die juristischen Formalitäten sind, sondern die vorangehenden Konflikte, der Verlust an Geborgenheit und Stabilität, der Verlust des Familiengefühls und vor allem der Verlust des Vaters, der so wie sein eigener Vater fortgeht, um sich ohne die Kinder ein neues Leben aufzubauen, und die Kinder der bedrängten Mutter zuschiebt. Aber hier hatten die Kinder durch das Zerbrechen von Kings Ehe ihren Vater gewonnen und nicht etwa verloren, und er hatte ebenfalls eine Familie gewonnen und nicht verloren.

King weiß sehr wohl, daß ihm die Wiederentdeckung seiner Kinder und seiner eigenen Vaterschaft mehr Sicherheit und Zugehörigkeitsgefühl zur Welt eingebracht hat als irgendeine seiner Beziehungen zu Frauen oder Freunden, als Freizeit, Spiel und Arbeit. Er hat sich dem Sinn des Lebens geöffnet und muß sich jetzt dafür rüsten, auch nach seiner Scheidung noch ein Vater zu sein.

VATERLOSE VÄTER

»An meines Vaters Hochzeitstag
war keiner da,
der ihn umarmte. Edle Einsamkeit
hielt ihn umfangen. Seitdem erbat er niemals Mitleid.
Seine Freunde dachten,
er sei heil. Für sich gehend konnt' er es ertragen.«
Robert Bly

Männern, deren eigener Vater an der Vaterschaft keine Freude hatte, muß das Vatersein vorkommen wie eine Operation, bei der das Kind

dem Vater das Blut genauso aussaugt wie der Mutter die Milch. Der
Vater muß arbeiten und sparen und wird obendrein am Ende des
Tages, wenn er nach Hause kommt, eine erschöpfte Frau vorfinden,
die ihre gesamte Energie in das Baby hat fließen lassen wie in ein Faß
ohne Boden. Einem solchen Mann muß es so vorkommen, als ver-
zehre das Baby das Leben seiner Eltern, ohne etwas dafür zurückzugeben.

Vom Vater im Stich gelassene Männer – sei es im wörtlichen oder
im übertragenen Sinn – werden sich der Vaterschaft vermutlich mit
zitternden Knien nähern. In der Verfilmung von Robert Andersons
Stück »Kein Lied für meinen Vater« gerät ein Sohn in den mittleren
Jahren (Darsteller: Gene Hackman) am Tage der Beerdigung der Mutter mit seinem alternden Vater (gespielt von Melvyn Douglas) aneinander. Der Sohn will bei dem alten Mann übernachten und hilft ihm,
sich fürs Zubettgehen fertigzumachen. Sie unterhalten sich über das
Leben des Alten. Er hatte einen gewalttätigen Säufer zum Vater, der
die Familie sitzenließ. Der Alte kümmerte sich damals um die jüngeren Geschwister und schlug sich als solider Bürger, guter Ernährer
und verläßlicher Familienmann durchs Leben, stolz darauf, alles das
zu sein, was sein Vater nicht war. Leider jedoch fehlt dem alten Mann
jegliche Wärme, und Verletzlichkeit zu zeigen ist ihm unmöglich.
Den von seinem Sohn so schmerzhaft empfundenen Mangel kann er
nicht erkennen: Das Großziehen der Kinder war ihm kein Quell der
Freude.

Der Sohn teilt dem Vater mit, daß er vorhabe, wieder zu heiraten
und fortzuziehen. Der Vater fühlt sich hintergangen und versucht
dem jüngeren Mann Schuldgefühle einzureden, weil er ihn verlassen
will. Der Sohn gesteht ihm, er habe immer nur Bewunderung und Respekt, jedoch nie Liebe für ihn empfinden können, er hege allerdings
die Hoffnung, daß sie doch noch eines Tages im selben Raum würden beieinandersitzen und sich unterhalten können. Zögernd und
ängstlich, aber einfühlsam und liebevoll lädt der Sohn den Vater ein,
mitzukommen und bei ihm zu wohnen. Der Vater jedoch weist das
Angebot zurück und verkündet sein unumstößliches und hartes
Credo: »Ich brauche niemanden. Ich kann auf mich selbst aufpassen.
Ich mußte immer auf mich selbst aufpassen. Wer braucht schon dich?

Raus! Ich habe mein ganzes Leben so gelebt, daß ich jedem Mann in die Augen blicken und sagen kann, er soll sich zum Teufel scheren!« In dieser Nacht verläßt der Sohn das Haus seines Vaters auf Nimmerwiedersehen.

Bei aller Bemühung und auch bei allem Erfolg, nicht so zu werden wie sein Vater, liegt die Tragödie des vaterlosen Vaters darin, daß er kein Vorbild dafür hat, wie ein Mann und Vater sein soll. Er hat nur eines, nämlich wie ein Mann und Vater *nicht* sein soll, und es ist nicht wahrscheinlich, daß er von selbst auf das richtige Bild kommt. Der alte Mann in »Kein Lied für meinen Vater« konnte nicht ahnen, daß der Schutzwall seiner würdevollen Beherrschtheit und seiner unantastbaren moralischen Überlegenheit, den er sich in der Auseinandersetzung mit dem eigenen Vater aufgebaut hatte, auch verhindern würde, daß sein Sohn ihm nahekam. Indem er sein Leben so lebte, daß er »jedem Mann ins Auge blicken und sagen konnte, er soll sich zum Teufel scheren«, schaffte er vielleicht ein Polster für seinen Stolz und seine Unabhängigkeit, aber er geriet in das Fahrwasser einer Männlichkeit, in welchem der Austausch von Liebe mit dem Vater und sogar mit dem eigenen Sohn ein Ding der Unmöglichkeit war. Er hatte zwar in einem für seinen Vater unerreichbaren Maß Ansehen und Stabilität gewonnen, aber gleichzeitig seinem Sohn jegliche Möglichkeit genommen, sich in irgendeiner Weise erkenntlich zu zeigen. Er war unfähig, seinem Sohn zu zeigen, daß er ihn brauchte und schätzte.

Es würde uns wohl nicht übermäßig schwerfallen, für den versoffenen Vater dieses stolzen Herrn, der irgendwo alleine nach einem verfehlten Leben sterben mußte, ein bißchen Zuneigung zu empfinden, und wir lieben ganz gewiß den zartfühlenden Enkel in dieser sich über drei Generationen hinziehenden Vatertragödie, aber gegen einen Vater, der fähig ist, uns in die Augen zu blicken und zum Teufel zu schicken, sträubt sich etwas in uns. Wir finden bei ihm zu wenig Verletzlichkeit, um Mitleid mit seinem Schmerz empfinden zu können, der für uns zwar auf der Hand liegt, für den ihm aber jedes Sensorium fehlt. Dieser Vater war durchaus froh, daß er gebraucht wurde, aber er selbst benötigte nichts von einem anderen Mann, auch nicht von seinem Sohn. Es gab kein Geben und Nehmen. Vaterlos, wie er war, wußte er nicht, daß Vatersein dem Vater genauso viel gibt wie dem Kind. Am Ende blieb der Sohn ohne den Segen seines Vaters. Er besaß daher nicht soviel Stärke und Weisheit, wie es nötig wäre, um für des Vaters Schutz und Wohlergehen zu sorgen und die männliche Rolle in diesem Verhältnis zu übernehmen. Das Heilwerden der beiden konnte nicht stattfinden, und das weitere Leben des Vaters wie des Sohnes vollzog sich in Einsamkeit.

HEILENDE VÄTER

»...sondern ich bin dein Vater, um den du so schmerzlich dich grämest. Also sprach er und küßte den Sohn; und über die Wange stürzten die Tränen zur Erde, die lange verhaltenen Tränen...
Da umarmte der Jüngling seinen herrlichen Vater mit Inbrunst, bitterlich weinend. Und in beiden erhob sich ein süßes Verlangen zu trauern. Ach sie weineten laut und klagender noch als Vögel, als scharfklauige Geier und Habichte, welchen der Landmann ihre Jungen geraubt, bevor sie flügge geworden.«
Homer, »Die Odyssee«

Die Brunnen der Sehnsucht werden sich bei Vater und Sohn mit Tränen füllen, und wie bei ihnen wird das Gefühlsleben eines jeden Mannes ertränkt werden, der nicht einen Zugang zu seinem Vater oder zu seinem Sohn finden kann, nicht die Kluft zwischen den Generationen überbrücken kann, der nicht seine Angst, seinen Zorn oder die Entschlossenheit, jeden Mann zum Teufel zu schicken, beiseite schieben kann. Wenn diese Verbindung nicht zustande kommt, sitzt der Mann hilflos auf dem trockenen, vom Strom der Geschichte und von seiner eigenen Vergangenheit und Zukunft abgeschnitten und von Frauen abhängig, wenn es in seinem Leben um Intimität und Liebe geht.

Ich habe den ganzen Tag Männer wie den von Melvyn Douglas verkörperten Alten aus »Kein Lied für meinen Vater« vor mir sitzen, die nie Sohn sein durften und deshalb nicht Vater sein können. Ich stoße aber auch auf Männer, die den Vater, und auf andere, die den

Sohn verloren haben und die trotzdem einen Weg zum Heil gefunden haben. Anstatt ihr Leben in der Sehnsucht nach väterlichem Segen und in der Unfähigkeit, diesen ihrerseits zu spenden, zu verbringen und ihre schamgebeugte Männlichkeit hinter Frauen zu verbergen, anstatt sich eigenes Wohlgefühl auf Kosten anderer Männer zu verschaffen, anstatt ihren Schmerz und ihre Einsamkeit zu verdrängen, haben sie in anderen Männern einen Mentor gefunden und haben sie sich Jungen gesucht, denen sie selbst Vater und Mentor sein können. Männer eignen sich Menschlichkeit an, indem sie Kinder aufziehen. Durch die Vaterschaft werden sie zu vollgültigen Männern, die in der Lage sind, anderen Menschen ihrerseits etwas zu geben, und die nicht ihr Leben damit vergeuden, immer noch in Wettbewerben anzutreten, immer noch Frauen zu verführen, immer noch die Situation unter ihrer Kontrolle haben zu wollen, um endlich im Gefühl zu leben, männlich genug zu sein.

Der erfolgreichste Film des Jahres 1991 war »Terminator II«, ein schrilles, technikstrotzendes Machwerk mit Arnold Schwarzenegger, der als Android aus der Zukunft gerade noch rechtzeitig in der Gegenwart eintrifft, um, während er nebenher Gebäude in die Luft sprengt und üble Burschen abmurkst, einen quirligen Bengel und dessen zähe Mutter zu retten. Er wird von dem kleinen Racker dazu angehalten, seine Kräfte nicht zum Töten von Menschen einzusetzen, und allmählich lernt die Muskelmaschine von dem Jungen, was menschliche Liebe ist. Als die Maschine ihre Selbstzerstörung vornehmen muß, ist sie sehr betrübt, hat sie doch durch das Kind so etwas wie ein Gefühl, lebendig zu sein, entwickelt. Fast schon ist die Maschine menschlich geworden. Wenn Männer eigenen oder auch fremden Kindern zum Vater werden, vollzieht sich etwas Ähnliches.

Ich möchte nachstehend die Geschichten einiger Männer erzählen, die ich bewundere. Sie entdeckten in sich den Drang, Vater zu sein, und sie sperrten sich nicht dagegen, sondern gaben ihm, auf die eine oder andere Weise, nach. Das Vatersein hat ihrem Leben einen Sinn gegeben.

CHRIS

Chris, einer meiner Freunde, hatte einen sehr beschäftigten Vater, der seine Familienfunktion vor allem ökonomisch definierte. Er führte sein Geschäft in den Bankrott, verfiel in eine Depression und beging schließlich Selbstmord, als Chris erst halbwegs erwachsen war. Chris erbte die Mutter, seine Schwester und die Schulden des Vaters. Unter seinen Onkeln und Chefs fand er Mentoren, und nach einiger Zeit hatte er die finanzielle Situation der Familie wieder in den Griff bekommen und war sogar recht wohlhabend geworden. Er arbeitete verbissen, war unglücklich, trank zuviel, war im Begriff, sich ein Magengeschwür zuzulegen, tat aber unbeirrbar, was man von einem Mann erwartet, ... selbst wenn es ihn umbringt.

Er hatte eine Frau geheiratet, die ihn sehr liebte, aber psychisch labil war. Das Paar hatte ein ganzes Haus voll Kinder, um die Chris sich jedoch wenig kümmerte, weil er sich völlig damit aufrieb, aus den von seinem Vater verursachten roten Zahlen wieder herauszukommen. Er schaffte es auch nicht, seiner labilen Frau das sichere Gefühl seiner Liebe zu geben. Sie rauchte ununterbrochen Marihuana und wurde immer seltsamer. Die älteren Kinder beklagten sich über ihr bizarres und furchteinflößendes Verhalten, und der Jüngste wurde still und verkroch sich.

Chris rang sich eine harte Entscheidung ab: Noch keine 40 Jahre alt, versilberte er seine Firma und begab sich in den Ruhestand, damit er mehr Zeit mit seiner Familie verbringen konnte. Seine Frau, die für ihr seltsames Verhalten immer seine ständige Abwesenheit verantwortlich gemacht hatte, gab nun seiner Anwesenheit die Schuld. Sie rutschte immer weiter ab und entfernte sich zusehends von ihrer Familie – erst hängte sie sich an eine Motorradrockerbande, und dann trat sie einer Sekte bei. Schrittchenweise kam es zur Scheidung. Chris ging ganz in der Erziehung seiner Kinder auf, und später, als sie älter waren, in seiner Funktion als Trainer ihrer Sportmannschaften. Als er nicht mehr ausschließlich für die eigenen Kinder dasein mußte, stellte er sich auf freiwilliger Basis anderen Jugendmannschaften als Trainer zur Verfügung, wo er junge Männer unter seine Fittiche nehmen konnte.

Als außer dem jüngsten alle anderen Kinder ihre Ausbildung abgeschlossen und auf den verschiedensten Gebieten sehr erfolgreiche Karrieren begonnen hatten, heiratete Chris ein zweites Mal. Seiner neuen Frau fiel es schwer, sich an die enge Vertrautheit seines Umgangs mit den inzwischen erwachsenen Kindern zu gewöhnen, die ihn mehrmals am Tag aus allen möglichen Teilen der Welt anriefen und immer noch gern auf seinem Schoß saßen. Der jüngste Sohn, ein zarter und hübscher Bursche, zeigte nach Jahren angstvollen Schweigens Talent als Schriftsteller. Sein Leben lang angestaute Emotionen ließ er ohne Scheu abfließen. Chris wird nicht müde, verlorene Söhne und Töchter aufzusammeln, denen ein bißchen Väterlichkeit gut bekommt, und weiß auch immer einen guten orthopädischen Chirurgen für meinen unfallgeschädigten Sohn. Ich nenne ihn St. Christophorus, in dem meine Mutter den Schutzpatron der Narren, Betrunkenen und Reisenden sah, der immer dann auftaucht, wenn es den Weg zu weisen gilt. Er ist ein sehr glücklicher Mann, der ein sehr sinnerfülltes Leben lebt.

DOC

Doc ist Chirurg, Thoraxspezialist, und außerdem der stärkste Mann in meinem Fitneßclub. Sein Vater war ein freundlicher Mann, dem absolut jedes Interesse an Körperlichem abging. Doc war entschlossen, daß es ihm niemals körperlich genug würde zugehen können. Er wuchs in ehrfürchtiger Bewunderung meines Schwagers Jimmy heran, der in seiner Jugend ein Sportas war und aus dem der einfühlsamste Internist und vornehmste Charakter wurde, den man sich denken kann. Doc ist ein zärtlicher Riese, der es genoß, Mentoren zu haben, und der es genauso genießt, selbst einer zu sein. Was er am meisten liebt, sind seine Kinder. Sein ältester Sohn war 18 Jahre alt, als er in der Silvesternacht bei einem Autounfall ums Leben kam. Eine betrunkene Frau hatte eine rote Ampel überfahren.

Ich schilderte Doc die letzte Szene des Films »Tender Mercies«, in dem Robert Duvall einen abgerissenen, versoffenen Countrysänger spielt. Die Frau, die er geheiratet hat, ist Mutter eines Sohnes, dessen

Vater im Krieg gefallen ist. Später erlebt er ein Wiedersehen mit seiner eigenen Tochter, die bald darauf ebenfalls umkommt. Der Sänger kommt vom Begräbnis seiner Tochter zurück, und während er einen Kohlkopf kleinschneidet, sagt er zu seiner Frau: »Ich weiß nicht, was mich mit meinem versoffenen Kopf in diesen Teil von Texas verschlagen hat, wo du dich voller Mitleid um mich gekümmert und mir geholfen hast, wieder alles auf die Reihe zu kriegen. Du hast mich geheiratet... Warum? Warum ist es dazu gekommen? Gibt es dafür einen Grund, und dafür, daß Sonnys Daddy im Krieg geblieben ist... und daß meine Tochter bei einem Autounfall ums Leben kam... Warum? Weißt du, ich kann dem Glück nicht trauen. Ich konnte es nie und werde es auch niemals können.«

Mehr wird nicht gesagt, aber der Sänger hat das Wunder begriffen, das darin lag, daß das Schicksal ihn mit Sonny zusammengebracht hat, nachdem er sein Kind und Sonny seinen Vater verloren hat. Er gibt Sonny einen Football, und sie gehen hinaus ins Freie und werfen sich gegenseitig den Ball zu. Damit endet der Film.

Doc war ein paar Monate lang sehr in sich gekehrt. Schließlich kam er wieder zum Trainieren. Damals begann er junge Burschen um sich zu versammeln, die ihm zu Füßen saßen und zu ihm aufsahen. Er wurde zu ihrem Mentor, was ihre körperliche Ertüchtigung betraf, er half ihnen, den Körper eines Athleten und das Herz eines Mannes zu entwickeln. Sie fühlen sich ihm gegenüber vermutlich so, wie er sich gegenüber meinem Schwager gefühlt hat.

Die Studenten des Internats, an dem sein Sohn gewesen war, haben durch eine Geldsammlung einen Fond mitfinanziert, aus dessen Mitteln ein Pavillon zur Erinnerung an Docs Sohn errichtet wurde. Doc hielt eine kurze Ansprache an die im Pavillon versammelte Studentenschaft. Er sagte: »Bud darf sehr zufrieden mit sich sein – ist er doch so vielen Menschen ein Begriff, daß ein Gebäude nach ihm benannt wurde! Ihr sollt wissen, daß ihr nicht weniger geliebt werdet als Bud. Wie auch immer euer Verhältnis zu euren Eltern aussehen mag, ihr seid für sie das Allerwichtigste in ihrem Leben. Sie sind auf euch nicht weniger stolz als ich auf meinen Sohn Bud.«

Doc verdient sein Brot damit, daß er Menschen das Leben rettet. Als Freizeitvergnügen kümmert er sich darum, daß jeder Junge etwas

Liebe abbekommt. Nach dem Unfall meines Sohnes Frank IV war Doc derjenige, der ihm einen Job besorgt hat.

ROGER

Roger war ein drahtiger kleiner Kerl. Er war nervös und zappelig und schwitzte meistens. Er sah aus, als würde starker Kaffee in seinen Adern fließen – schwarz. Seine Frau Jessie lebt seit 15 Jahren mit ihm zusammen, aber sie sagt, wenn sie ihn einmal lächeln sieht, dann allenfalls am Ende eines Wettlaufs, wenn er erschöpft zusammenbricht. Die beiden arbeiteten gemeinsam in ihrem Beruf. Sie bereisten die ganze Welt, um Spielzeug zu verkaufen. Sie wären auch ohne die Reiserei zurechtgekommen, aber er hätte mit all seiner Freizeit nichts anzufangen gewußt.

Rogers Vater war ein freudloser Mann, der einen Eisenwarenladen betrieb. In seinen Augen war das Interesse des Sohnes an Sport und Wettkämpfen eine Frivolität. Der Alte hatte sich nie vor die Tür seines Ladens bewegt, um bei einem von Rogers Wettkämpfen an der High-School zuzuschauen, und den verschiedentlichen Hochzeiten von Roger war er auch ferngeblieben. Feierlichkeiten und Partys waren ihm zuwider. Roger machte sich, so schnell er konnte, davon. Als jedoch seine damalige Flamme schwanger wurde, brach er das College ab, heiratete das Mädchen und nahm bei seinem Vater eine Stellung an. Bald kam sein Sohn Jerry auf die Welt. Eines Tages überfiel ihn das beklemmende Gefühl, genauso in der Falle zu sitzen wie sein Vater. Es gab so vieles, was er noch nicht getan, so viele Orte, die er noch nicht gesehen, so viele Frauen, die er noch nicht gehabt hatte. Er trennte sich im Einvernehmen von seiner Frau, verzichtete auf Jerry, ließ sich sterilisieren und zog hinaus in die Welt, um all die Dinge zu erleben, die sein Vater verpaßt hatte.

Fünfzehn Jahre später wanderten seine Gedanken immer wieder zu Jerry, aber er sagte sich, daß schon genug Schaden angerichtet war und daß Jerry ohne ihn vermutlich besser dran war. Das war auch die Meinung seiner Freunde und seines Vaters, und sogar ein Therapeut hatte ihn darin bestärkt. Es entzieht sich meiner Kenntnis, ob Jerry seinen Vater Roger brauchte, aber Roger hatte von seinem ziellos narzißtischen Leben und von seiner Lauferei die Nase voll. Er wollte wieder jemandem ein Vater sein. Bei seiner Frau Jessie, mit der er eine stabile Beziehung hat, fand er ein tränenreiches Verständnis. Sie riefen Jerry an.

Der inzwischen siebzehnjährige Jerry verstand sich mit seinem Stiefvater nicht besonders gut und ergriff die Gelegenheit beim Schopf, den so gut wie unbekannten Vater kennenzulernen. Es gab viel zu bereden, viel zu erklären, aber schon am Ende des ersten Zusammentreffens lagen sie sich in den Armen. Jerry wohnt jetzt bei seinem Vater, geht aufs College und ist seinem Vater dankbar, daß er ihn erlöst hat. Roger ist nur noch wenig auf Achse. Er vergnügt sich statt dessen mit Jerry bei gemeinsamem Sport und Spiel. Er hat gelernt zu lächeln und zappelt auch nicht mehr.

Seit er aus dem Hause des Vaters abgehauen ist, um ein anderes Leben zu finden, ist er zum ersten Mal ein glücklicher Mann. Der Unterschied zwischen seinem glücklichen Leben und dem unglücklichen Leben seines Vaters liegt einfach darin, daß Roger seine Energie dazu benutzt, seinem Sohn ein guter Vater zu sein, und nicht dazu, den Verdruß zu pflegen, den die Belastung durch ein Kind bedeuten kann.

MEIN LEBEN ALS VATER

»Ich bin beileibe nicht selten auf Männer gestoßen, die von der jauchzenden Freude, der nie geahnten Liebe sprachen, die in ihnen aufwallten, als sie zum ersten Mal ihre Nachkommenschaft erblickten; und selbst bei den überheblichsten meiner Geschlechtsgenossen kommt in diesem Zusammenhang das Wort ›Wunder‹ mit überraschender Regelmäßigkeit vor... Gleichwohl muß Wundern im allgemeinen ein bißchen nachgeholfen werden.«
Harry Stein

Mein Leben als Mann nahm am 5. Juli 1961 seinen Anfang. Am Morgen dieses Tages kam ich als Arzt an die psychiatrische Abteilung

meiner Klinik, und am Nachmittag brachte Betsy unser erstes Kind
Tina zur Welt. Es war nicht nur der glücklichste Tag meines Lebens,
sondern auch der Tag, der mir den größten Halt gab. Ich war jetzt
Vater und hatte von nun an Anteil an der Abfolge der Generationen.
Ich war ein Glied der biologischen und historischen Verkettung des
Menschengeschlechts geworden. Ich war nunmehr nicht nur mit der
Vergangenheit, sondern auch mit der Zukunft unserer menschlichen
Rasse verbunden. An diesem Tag endlich war ich zum Mann gewor-
den – obwohl ich immer noch nicht so recht wußte, wie man sich als
solcher zu verhalten hat.

Seit diesem Tag ist meine wichtigste Tätigkeit das Großziehen von
Kindern gewesen. Das Rohmaterial gaben unsere drei Kinder ab und
dazu noch sieben Nichten und Neffen, die uns in größerem oder klei-
nerem Ausmaß Anteil an ihrer Erziehung nehmen ließen. Alle zehn
haben für mich eine größere Rolle gespielt als ich für sie.

Tina war die älteste. Für mich war sie schlechthin vollkommen.
Ich vergötterte sie, ähnlich wie ich von meiner Mutter vergöttert
worden war. Ich habe sie nie kritisiert, geschweige denn bestraft.
Tina sagt heute, es sei ihr ziemlich unheimlich vorgekommen, daß
ich nichts an ihr auszusetzen gehabt hätte. Sie erinnert sich noch leb-
haft, wie bestürzend es auf sie wirkte, als ich mich ehrfürchtig
zurücklehnte und ihr versicherte, daß sie rundum vollkommen sei.
Sie glaubt, daß sie damals acht Jahre alt war. Heute ist Tina – wen
sollte das überraschen – das Ebenbild ihrer Mutter, ein kompetenter
und fähiger Mensch, der seine fünf Sinne hervorragend beisammen
hat – und einen Ehemann ähnlichen Zuschnitts. Passenderweise ist
sie Familientherapeutin geworden, und sie hat bereits ihren Doktor-
titel empfangen. Tina schreibt auch, und wir haben so manchen Artikel zusammen verfaßt.

Ich kann mich nicht erinnern, an der Erziehung von Ginger, unserer Jüngsten, mitgewirkt zu haben. Sie wurde in Denver geboren, als
ich mein Abschlußpraktikum machte und viel Zeit hatte, um mich mit
meinen Kindern zu befassen. Als sie zwei Jahre alt war, wurde ich Leiter des Gesundheitsdienstes von Atlanta. Meine Position rückte mich
derart ins Licht der Öffentlichkeit, daß ich an nichts anderes mehr
dachte. Ich war Anfang dreißig und gab mir alle Mühe, das mir zuge-

fallene wichtige Amt mit männlicher Entschlossenheit und Selbstsicherheit auszuüben, aber die Position im öffentlichen Rampenlicht
diente mir auch als Blitzableiter für meine immer noch nicht erlo-
schenen rebellischen Impulse. Ich trug immer noch Konflikte mit meinem Vater mit mir herum, der meiner Mutter nicht die von ihr
benötigte Hilfe hatte zuteil werden lassen. Ich war zu aggressiv, zu
konfliktbereit und verwickelte mich in zu viele fruchtlose politische
Auseinandersetzungen. Innerhalb von ein paar Jahren hatte ich das
gesamte Zuteilungssystem öffentlicher Gesundheitsfürsorge umge-
schmissen und war praktisch jedem auf die Füße getreten, der in irgendeiner Weise mein Vorgesetzter war. Ich war immer noch Sohn und
noch nicht Vater. Ich vernachlässigte meine Kinder und meine Aufgabe als Vater und somit auch meine Entwicklung zum Mann.

Ich machte eine private Praxis auf. Betsy arbeitete mit mir, ging
aber am frühen Nachmittag nach Hause, um für Ginger dazusein.
Wenn ich am Abend nach Hause kam, war Gingers Bedarf an elter-
lichem Zuspruch gedeckt. Die Kinder unseres Viertels waren zufällig
alle in Gingers Alter, und sie traf sich mit ihnen auf der Straße zum
Spielen. Ich glaube nicht, daß sie vor ihrem zwölften Lebensjahr viel
zu Hause war.

Meine anderweitige Beschäftigung hatte zwar nur ein paar Jahre
gedauert, aber Ginger war atemberaubend schnell groß geworden,
und ich hatte das meiste davon verpaßt. Ich versuchte, sie näher kennenzulernen, aber das war nicht einfach. Damals begriff ich, was
mein Vater empfunden haben mußte, als er aus dem Krieg zurück-
kam und keinen Kontakt zu mir finden konnte. Meine Kontaktsuche
dauert noch an. Ich bin voller Bewunderung für sie. Sie hat die atemberaubende Schönheit meiner Mutter, aber kaum etwas von deren
Unsicherheit. Sie ist eine hochtalentierte Sängerin und Schauspiele-
rin, und sie findet in mir ihren begeistertsten Fan. Sie wohnt jetzt bei
uns zu Hause, tritt in unserer Stadt im Theater auf und absolviert ein
Fachstudium als Familientherapeutin.

Frank ist ein Jahr jünger als Tina und vier Jahre älter als Ginger.
Sein Erziehung forderte mich am allermeisten. Ich bin sicher, daß
das Problem vor allem in meiner eigenen ungefestigten Männlichkeit lag, in meiner Angst, ich sei nicht Manns genug, um einen Sohn

großziehen zu können. Ich glaubte immer, ich müsse etwas *machen*, um ihm den Weg zum Mann zu ebnen, nämlich das, was mein Vater für mich zu tun unterlassen hatte. Ich ließ nicht locker, kritisierte ihn, trieb ihn an und stocherte in ihm nach Problemen, an denen ich mich erzieherisch austoben konnte.

Das kam wohl daher, daß Tina für mich die Vollkommenheit schlechthin verkörperte, und Frank war eben anders als Tina. Ich glaube, ich nahm einfach an, Frank müsse meine Fähigkeiten genauso selbstverständlich wie meinen Namen geerbt haben. Als großartiger Sportsmann und vielseitig begabte Persönlichkeit, die nicht meine verbale Einseitigkeit und intellektuelle Rastlosigkeit hatte, kam er mehr auf meinen Vater. Er konnte sich alles mühelos einprägen und gute Noten nach Hause bringen, wenn es sein mußte, aber er war kein Geistesjünger wie sein Vetter Jimmy, der im selben Schuljahr war. Warum bloß nicht, fragte ich mich.

Frank war meinem Vater wie aus dem Gesicht geschnitten, und er stellte alles dar, was ich gern gewesen wäre. Er hatte ein besonderes Talent, alles, was kaputtgegangen war, wieder zu reparieren, und wußte außerdem immer, wo die Dinge im Hause abgeblieben waren. Vom ersten Tag seiner Pubertät an waren die Mädchen wie wild hinter ihm her, und er war ihnen eine leichte Beute. Vor allem aber war er ein Sportler. In den Laufdisziplinen war er ein Allroundtalent. Er stellte eine Läufermannschaft zusammen, die die Meisterschaften unseres Bundesstaates gewann. Er gründete und trainierte eine Damenmannschaft. Über Jahre hin fanden sich sein Name und sein Bild jede Woche in der Zeitung. Die Presse feierte ihn, und später gedachte man seiner als Sportlegende.

Ich erinnere mich noch daran, wie er in der achten Klasse drauf und dran war, in Geschichte durchzufallen. Ich paukte mit ihm stundenlang den Unterschied von Vasco da Gama und Cabeza de Vaca. Meine Frustration wuchs, während er den Unterschied zwar immer noch nicht begriff, sich aber allmählich Sorgen über meinen Blutdruck machte. Er redete mir zu, ich sollte doch zur Lockerung vor dem Weiterbüffeln ein bißchen mit ihm laufen. Er hatte entlang des Baches, der hinter unserem Haus vorbeilief, einen kilometerlangen Querfeldeinparcours gebahnt. Ich ging mit ihm joggen, aber nach gut

zwei Kilometern mußte ich mich übergeben und fiel dabei in den
Bach. Er trug mich wieder nach Hause.

Wir rangen oft miteinander, aber als Frank älter wurde, wurde er
mir überlegen. Das machte uns beiden angst. Wir gingen zusammen
zu einem Therapeuten, als er eine Adoleszenzkrise hatte, bei der ich
wie üblich andauernd versuchte, ein Gefäß zu kitten, das überhaupt
nicht zerbrochen war. Der Therapeut sagte zu mir: »Der Junge ist
großartig. Heranwachsende benehmen sich eben so. Das müßten Sie
doch wissen. Warum lassen Sie Ihren Perfektionismus an diesem normalen, großartigen Menschen aus und legen seinem Heranwachsen
Hindernisse in den Weg?« Wie ich jetzt weiß, galt meine damalige
Besorgnis nicht der Frage, ob Frank o.k. war, sondern ob ich o.k. war.
Der Therapeut, der mich gut kannte, meinte, ich würde bei allem ein
bißchen zu sehr aufdrehen – ich sei zu aggressiv, zu energiegeladen,
zu *männlich* sozusagen. Durch ihn kam ich dazu, mein Machotum,
das mich so lange zur Nervensäge gemacht hatte, ein bißchen her-
unterzufahren. Er schaffte es, mir das einzige zu vermitteln, das zu
vermitteln meinem Vater nicht gelungen war: Das anerkennende
Einverständnis eines Mannes, daß auch ich ein Mann war und deshalb aufhören konnte, es jedem beweisen zu müssen.

Ich ließ mein männliches Imponiergehabe sein und begann, die
Männlichkeit zu studieren. Schritt für Schritt kam ich zu der Erkenntnis, daß wir alle, die wir mit dem Nimbus der Männlichkeit im
Kampf gelegen haben, im großen und ganzen von den gleichen Erfahrungen gezeichnet sind, aber aufgrund unseres Trainings gelernt
haben, nicht darüber zu sprechen. An dieser Stelle entschloß ich
mich, einen Schritt weiter zu gehen und Frank das zu geben, was mir
nie von einem Mann zuteil geworden war: Ich umarmte und küßte
ihn und schenkte ihm meine Liebe. Das gefiel ihm. Er sonnte sich in
meinem Segen und konnte mir von nun an erklären, was er sonst
noch von mir brauchte.

Frank sagte: »Dad, du machst dir immer Sorgen um mich und ver-
suchst mir pausenlos beizubringen, wie man alles besser macht. Es
macht mich bloß nervös, wenn ich merke, wieviel Sorgen du dir
machst. Meine Freunde, meine Trainer und meine Lehrer sind doch
auch nicht dumm, wenn ich einmal einen guten Rat brauche, und

wenn ich finde, daß es angesagt ist, kann ich doch zu einem Therapeuten gehen. Von dir will ich nur, daß du einfach da bist und dir
deinen Stolz auf mich anmerken läßt. Du kannst mir zusehen, mich
bewundern, mich liebhaben, aber halte dich raus, wenn es nicht gerade um Leben und Tod geht. Ansonsten brauchst du nichts zu machen, bloß einfach dasein. Es wäre natürlich schön, wenn du von Zeit
zu Zeit selber Mist baust, dann könnte ich gelegentlich deinen Retter spielen.«

Ich glaube, das ist das Geheimnis: Nicht einmischen, nichts ins
Lot bringen wollen, einfach dasein. Es funktionierte phantastisch, für
ihn und für mich. Als ich erst einmal aufgehört hatte, ihn auf Vordermann bringen zu wollen, kam wie von alleine alles aus ihm heraus, was ich ihm vermittelt hatte und was er von sich aus in sich trug.
Als erstes lenkten wir all die Energie, mit der ich ihn zu vervollkommnen versucht und mit der er meinen Perfektionierungsbemühungen widerstanden hatte, auf etwas Nützliches. Wir bauten
deshalb zusammen einen Erweiterungsbau mit vier Zimmern an
unser Haus an.

Frank war ein Triathlonsportler, bis er vor zwei Jahren beim Radfahren in South Carolina von einem Pritschenwagen überfahren
wurde. In der Zeit, als er sich immer wieder Operationen an seinem
zerquetschten Arm, seiner gerissenen Achillessehne und seiner angebrochenen Wirbelsäule unterziehen mußte, wohnte er bei uns zu
Hause. Er ist wieder ziemlich gut auf dem Damm. Er studiert und
kümmert sich um die Buchführung von Triathleten aus dem ganzen
Land. Nach sieben Operationen fängt er jetzt wieder an, unter Wettkampfbedingungen zu laufen, zu schwimmen und radzufahren. Er ist
mit der quirligen Gaybie verlobt, die prima in unsere Familie paßt
und zusammen mit Tante Julie im Büro für Öffentlichkeitsarbeit der
Klinik für behinderte Kinder arbeitet. Aus ihrem Heimatort auf dem
Lande bringt sie mir immer Fleisch zum Grillen und pikante Würstchen mit.

Frank und ich stehen uns sehr nahe. Wir gehen zusammen zum
Trainieren ins Fitneßstudio. Frank wird mir immer ähnlicher. Vielleicht ist es aber auch andersherum. Wir sind stolz aufeinander. Er
staunt, wieviel Gewicht ich auf der Bank drücken kann. Ich staune

über seine Intelligenz und seine diplomatischen Fähigkeiten. Er gibt
mir auf die verschiedenste Weise das zu verstehen, was mein Vater
nie zu mir gesagt hat und was Frank zu sagen ich mich endlich
durchgerungen hatte, nämlich, daß man den anderen als Mann akzeptiert und stolz auf ihn ist. Ich war natürlich auch auf meinen
Vater stolz, aber ich habe es ihm nie gesagt.

Nachdem mein Neffe Pitt zu Tode gekommen war, versammelte
sich unsere ganze Familie in einer Blockhütte am Fuße des Long's
Peak, des höchsten Berges im Rocky Mountains Nationalpark. Frank
und ich hatten diesen Berg mit Pitt zusammen bezwungen. Diesmal
bestiegen außer mir Tina, Frank, Ginger, Pitts Brüder Paul und Harrison, seine Schwester Virginia, seine Witwe Shannon sowie Betsys
Nichte Annie und ihr Mann den Long's Peak. Als wir zusammen auf
dem Gipfel standen, erzählten wir uns Geschichten von Pitt. Ich
fühlte mich körperlich ausgeglichen und geistig mit den anderen
verbunden, aber trotzdem konnte ich immer nur an meinen toten
Vater denken. Wäre er mit meinen Bemühungen, ein guter Vater und
Onkel zu sein, zufrieden gewesen? Eines der Kinder war nicht mehr
unter uns, aber der Junge war als Held gestorben. Die anderen Kinder waren alle erfolgreich, und was noch viel wichtiger war, sie
waren wunderbare Menschen. Ich wußte, Dad wäre einverstanden
gewesen. Er hätte mir seinen Segen erteilt. Dad war für mich zum
Helden geworden, und seit ich sein Wohlwollen zu spüren vermag,
empfinde ich ihn als Rückhalt und gute Kraft – auch wenn er mich
immer noch in Atem zu halten vermag.

Wenn ich meine Erfahrungen als Sohn und als Vater in der Rück-
schau betrachte, wird mir klar, daß ich an meinen Vater, an meinen
Sohn und an mich selbst zu hohe Anforderungen gestellt habe. Als
Neffe und Onkel und als Vater meiner Töchter habe ich besser abgeschnitten. In diesen Funktionen war ich nicht ganz so ichbezogen
und weniger verletzbar. Hier geriet mir mein männliches Selbstwertgefühl nicht andauernd in die Schußlinie. Wenn keine Angst im
Hintergrund lauert, ist es einfacher, die »Selbstdisziplinierung« zu
leisten, die den Kern der Männlichkeit, des Heroismus und der Väterlichkeit ausmacht.

Ich hatte immer ehrfurchtsvoll vor der Männlichkeit gekauert, da ich befürchtete, zuwenig davon zu haben. Ich glaubte, mein Vater verfüge über irgendeine magische Kraft, deren Weitergabe er mir vorenthielt, über ein Geheimnis, das er mir nicht verraten wollte. Als ich dann selbst Vater war, dachte ich, als Vater müsse ich für meinen Sohn irgend etwas Machtvolles und Außergewöhnliches tun oder es ihm begreiflich machen. Jede Schwäche, die ich an ihm entdeckte, beunruhigte mich dermaßen, daß ich uns beiden das Leben schwermachte. Frank entwickelte seine Männlichkeit nicht etwa dadurch, daß ich – ihn immerfort antreibend – ihm den Weg gewiesen habe, sondern zum bedeutenden Teil deshalb, weil er wußte, daß ich ihn liebe. Er wußte, daß ich seine Männlichkeit achte. Er machte mich stolz auf ihn und auf mich selbst. Er machte mich stolz auf uns als Männer.

BIBLIOGRAPHIE

LITERARISCHE QUELLEN

Albee, Edward: Wer hat Angst vor Virginia Woolf? (zitiert nach der Ausgabe: Frankfurt a. M. 1964)

Die Bibel. Einheitsübersetzung der Katholischen Bibelanstalt, Stuttgart 1980

Bly, Robert: The Man in the Black Coat Turns, New York 1981

Conrad, Joseph: Lord Jim (zitiert nach der Ausgabe: München 1991)

Conrad, Joseph: Das Herz der Finsternis (zitiert nach der Ausgabe: Frankfurt a. M. 1968)

Conroy, Pat: The Great Santini, Boston 1976

Conroy, Pat: The Prince of Tides, Boston 1986

Dumas, Alexandre: Die drei Musketiere

Flaubert, Gustave: Madame Bovary (zitiert nach der Ausgabe: Frankfurt a. M. 1976)

Homer: Die Odyssee. Übertragen von Johann Heinrich Voß, Leipzig und Wien 1781

Kipling, Rudyard: Mother O'Mine, 1891

Kundera, Milan: Die unerträgliche Leichtigkeit des Seins (zitiert nach der Ausgabe: München 1984)

Lawrence, D. H.: Sons and Lovers (dt. »Söhne und Liebhaber«)

Lawrence, D. H.: Women in Love (dt. »Liebende Frauen«)

Lawrence, D. H.: Kangaroo (dt. »Känguruh«)

Machiavelli, Niccolo: Il Principe (dt. »Der Fürst«)

Malory, Sir Thomas: Le Morte d'Arthur

Melville, Herman: Billy Budd

Shakespeare, William: Der Kaufmann von Venedig; Hamlet; König Heinrich IV.; König Heinrich V. (zitiert nach der Gesamtausgabe, Wiesbaden o. J.)

Smith, Sydney: Lady Holland's Memoir

Sophokles: Phädra

Thurber, James: The Thurber Carnival, New York 1944

Turgenev, Ivan: Väter und Söhne

Twain, Mark: The Adventures of Tom Sawyer (dt. »Die Abenteuer von Tom Sawyer«)

Wolfe, Tom: Bonfire of the Vanities, New York 1987 (dt. »Fegefeuer der Eitelkeiten«)

FACHLITERATUR UND ALLGEMEINES

Bly, Robert: Iron John, Reading 1990 (dt. »Eisenhans«)

Campbell, Joseph: The Hero With a Thousand Faces, Princeton 1949

Campbell, Joseph: The Power of Myth, New York 1988

Chesler, Phyllis: About Men, 1978

Cosby, Bill: Fatherhood, New York 1986

Demos, John: Past, Present and Personal: The Family and the Life Course in American History, Oxford 1986

Dickey, James: Deliverance, Boston 1970

Dinnerstein, Dorothy: The Mermaid and the Minotaur, New York 1976

Eisler, Riane: The Chalice and the Blade, San Francisco 1987

Farrell, Warren: Why Men Are the Way They Are, New York 1986

Fleming, Karl und Taylor, Anne: The First Time, New York 1975

Freud, Sigmund: Das Unbehagen in der Kultur, Frankfurt a. M. 1974

Fromm, Erich: Die Kunst des Liebens, Frankfurt a. M., Berlin, Wien 1974

Foucault, Michel: The History of Sexuality, New York 1978

Gilligan, Carol: In a Different Voice, Cambridge, Mass., 1982

Gilmore, David: Manhood in the Making, New Haven 1990

Grinker, Roy Sr.: Mentally healthy young men (Homoclites), in: Archives of General Psychiatry 6 (1962), S. 27–75

Hammarskjöld, Dag: Markings, New York 1989

Jones, Ernest: The Life and Works of Sigmund Freud, New York 1953

Kann, Mark: On the Man Question, Philadelphia 1991

Keen, Sam: Feuer im Bauch, Bergisch Gladbach 1992

King, Billie Jean: Billie Jean, 1974

Leeming, David Abrams: The World of Myth, Oxford 1990

Lerner, Gerda: The Creation of Patriarchy, New York 1986

Mailer, Norman: Cannibals and Christians, 1966

Mead, Margaret: Male and Female, Westport 1977

Moore, Robert und Gillette, Douglas: King, Warrior, Magician, and Lover, San Francisco 1990

Napier, Augustus Y.: Heroism, Men and Marriage, in: Journal of Marital and Family Therapy 17,1 (Jan. 1991)

Paglia, Camille: Die Masken der Sexualität, Berlin 1992

Pittman, Frank: Bringing Up Father, in: The Family Therapy Networker 12,3 (May–June 1988)

Pittman, Frank: The Masculine Mystique, in: The Family Therapy Networker 14,3 (May–June 1990)

Pittman, Frank: Private Lies: Infidelity and the Betrayal of Intimacy, New York 1989

Pittman, Frank: The Secret Passions of Men, in: Journal of Marital and Family Therapy 17,1 (Jan. 1991)

Pittman, Frank: Turning Points: Treating Families in Transition and Crisis, New York 1987

Schwarzenegger, Arnold und Hall, Douglas Kent: Arnold: The Education of a Bodybuilder, New York 1977

Smith, C. W.: Uncle Dad, in: Esquire, March 1985

Stein, Harry: One of the Guys, New York 1988

Tannen, Deborah:
    You Just Don't Understand,
    New York 1990
    (dt. »Du kannst mich einfach nicht
    verstehen«)
Tarvis, Carol: The Mismeasure of
    Woman, New York 1992
Tiger, Lionel: Men in Groups, New York
    1969

Vanggaard, Thorkil: Phallos, New York
    1972
Wallerstein, Judith S. und Blakeslee,
    Sandra: Second Chances, New York
    1989
Weiss, Robert S.: Staying the Course,
    New York 1990
Wolfe, Tom: The Right Stuff, New York
    1979

dialog
und praxis

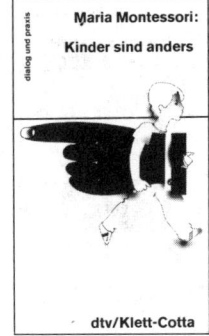

Kinder
Eltern
Familie

Verena Kast:
Wege aus Angst
und Symbiose
Märchen psycholo-
gisch gedeutet
dtv 35020

Mann und Frau
im Märchen
Psychologische
Deutung
dtv 35001

Familienkonflikte
im Märchen
Psychologische
Deutung
dtv 35034

Wege zur Autonomie
Märchen psycholo-
gisch gedeutet
dtv 35014

Kinder verstehen
Ein psychologisches
Lesebuch für Eltern
Hrsg. v.
Sophie von Lenthe
dtv 35017

Irène Kummer:
Wendezeiten im Leben
der Frau
Krisen als Chance zur
Wandlung
dtv 35051

Maria Montessori:
Kinder sind anders
dtv / Klett-Cotta
dtv 35006

Christiane Olivier:
Jokastes Kinder
Die Psyche der Frau
im Schatten der
Mutter
dtv 35013

Gerlinde Ortner:
Märchen,
die Kindern helfen
Geschichten gegen
Angst und Aggression
und was man beim
Vorlesen wissen sollte
dtv 35065

Jirina Prekop:
Der kleine Tyrann
Welchen Halt
brauchen Kinder?
dtv 35019

Anne Wilson Schaef:
Im Zeitalter der Sucht
Wege aus
der Abhängkeit
dtv 35022

Die Flucht vor der
Nähe
Warum Liebe,
die süchtig macht,
keine Liebe ist
dtv 35054

**dialog
und praxis**

**Kinder
Eltern
Familie**

Bruno Bettelheim:
Der Weg aus dem
Labyrinth
Leben lernen als
Therapie
dtv 15051

Themen meines
Lebens
Essays über Psycho-
analyse, Kinder-
erziehung und das
jüdische Schicksal
dtv 35062

Paula J. Caplan:
So viel Liebe,
so viel Haß
Zur Verbesserung
der Mutter-Tochter-
Beziehung
dtv 35060

Eugen Drewermann:
Lieb Schwesterlein,
laß mich herein
dtv 35050

Rapunzel, Rapunzel
laß dein Haar herunter
dtv 35056
Grimms Märchen
tiefenpsychologisch
gedeutet

Nancy Friday:
Eifersucht
Die dunkle Seite
der Liebe
dtv 35063

Sara Gilbert:
Morgen werde ich
schlank sein
Diät und Psyche
dtv 35064

Arno Gruen:
Der Verrat am Selbst
Die Angst
vor Autonomie
bei Mann und Frau
dtv 35000

Der Wahnsinn der
Normalität
Realismus als
Krankheit:
eine grundlegende
Theorie zur mensch-
lichen Destruktivität
dtv 35002

Falsche Götter
Über Liebe, Haß und
die Schwierigkeit des
Friedens
dtv 35059

Der frühe Abschied
Eine Deutung des
Plötzlichen Kindstodes
dtv 35066